영혼치유의 푸른 초장으로 인도하는 그리스도교 고전산책 (2)

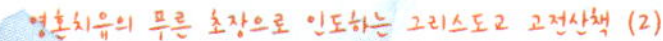

천로역정

존 번연과 함께
영혼치유의 깊은 오솔길을 걸어가는

____________________ 에게

이 책을 드립니다.

영혼치유의 푸른 초장으로 인도하는 그리스도교 고전산책 (2)

천로역정

지은이 | 존 번연
옮긴이 | 신선명
펴낸일 | 2012년 9월 20일
펴낸곳 | 아침영성지도연구원
등록일 | 1999년 1월 7일(제7호)
홈페이지 | www.achimhope.or.kr
총 판 | 선교횃불
전 화 | 02)2203-2739
팩 스 | 02)2203-2738
홈페이지 | www.ccm2u.com

영혼치유의 푸른 초장으로 인도하는 그리스도교 고전산책 (2)

천로역정

존 번연 지음 | 신선명 옮김

　　영혼치유의 푸른 초장으로 인도하는 그리스도교 고전산책의 두 번째 책으로 존 번연의 〈천로역정〉을 독자 여러분과 함께 나누게 되어 무척 기쁘고, 이 모든 일을 한 걸음 한 걸음 인도해 주시고 가능케 하신 하나님께 감사와 영광을 올려 드립니다.

　　사실, 이 〈천로역정〉은 전 세계적으로 볼 때 〈성경〉 다음으로 많이 읽히는 책인지라, 우리나라에도 많은 번역본이 나와 있음을 한눈에 알 수 있습니다. 그러나 우리 그리스도인들이 오늘의 언어로 좀 더 선명하게 그의 글을 읽고자 할 때 적잖은 어려움이 있다는 것도 다들 느끼고 있으리라 짐작합니다.

　　그래서 이번에 저희 아침영성지도연구원에서는 그리스도교 고전산책을 통한 영성수련 과정을 인도하면서, 〈천로역정〉과 관련된 전 세계의 많은 자료들을 다시 연구해 보고 아예 새로운 번역을 해서 오늘을 살아가는 한국 그리스도인들에게 좀 더 적중한 도움을 드려야겠다는 소박한 비전을 가슴에 품게 되었습니다. 그런 차원에서, 이 〈천로역정〉이 새롭게 나온 것입니다.

특히 이번에 저희 아침영성지도연구원이 펴낸 존 번연의 〈천로역정〉은 *Pilgrim's Progress* (Hodder Classics, 2010), *Pilgrim's Progress* (Barbour Books; abridged edition, 2010), *The Pilgrim's Progress* (Penguin Classics, 2009), *The Pilgrim's Progress: From This World to That Which Is to Come* (Crossway Books, 2009), *Pilgrim's Progress* (Barnes & Noble Classics Series, 2005), *The Pilgrim's Progress in Modern English* (Bridge-Logos Publishers; Rev Upd edition, 1998), *The Pilgrim's Progress* (Digireads.com, 2007) 중 가장 최근에 나온 국내외 관련 자료들을 면밀히 분석하고 심층 연구한 결과물임을 미리 밝혀드립니다. 단, 이것이 또다시 너무 학문적인 책으로만 비쳐져 크리스천 엄마, 아빠, 자녀 등 영성생활 현장의 일반 독자들에게 외면당하는 사태가 발생되지 않도록 본문 내 성경각주를 제외한 다른 참고자료들은 없애는 대신, 가장 현대적인 감각으로 다듬고 또 다듬었음을 널리 이해해 주시기 바랍니다.

그렇습니다. 저희는 고전 속에 길이 있다고 확신하고 있습니다. 영혼의 치유와 영혼의 돌봄을 위하여 이 세계적인 고전인 존 번연의 〈천로역정〉이 사랑하는 독자 여러분에게 소중한 영성지도 지침서가 되었으면 하고 두 손 모아 기도드립니다.

존번연은 1628년 베드퍼드 근처의 엘스토에서 태어났다. 그의 가족은 대대로 삼백년 동안 그곳에서 살았다. 그는 아버지의 직업을 이어받아 땜장이 일을 했는데, 지역의 문법학교에서 기초교육을 받은 뒤, 아마도 어린 나이에 수리공 도제가 되었던 것 같다.

존 번연을 제대로 이해하기 위해서는 그 시대의 역사적 상황에 비추어 그를 바라봐야 한다. 그는 1625년 찰스1세가 왕위에 오른 지 3년 뒤에 태어났다. 의회 내 반대세력은 왕의 세력을 견제하였다. 찰스1세는 정부와 교회를 정화하려는 ("청교도들"의) 시도를 묵살시키기 위해 의회를 해산시키고 십여 년간 의회가 없이 통치할 것을 선언하였다. 그러자 의회세력은 왕권에 맞서기 위해 군사를 동원하였다. 그들은 비성공회 신자들의 동조를 얻어냈다. 비성

공회 신자들은 영국의 왕과 교회가 지나치게 로마가톨릭교회에 호
의적이라고 판단했기 때문이다.

영국의 시민혁명(1642-1648)을 통해서 왕권 세력과 의회의 군
대가 서로 맞부딪쳤다. 정치적인 측면에서 보면 그것은 왕과 의회
간의 싸움이었다. 군주의 신적인 통치권과 의회의 주권, 개인의 시
민적, 종교적 권리 간의 다툼이었던 것이다. 그리고 종교적인 측면
에서 보면 영국 성공회와 비성공회 신자들 – 청교도 신자들, 침례교도
신자들, 장로교 신자들, 그밖에도 영국 성공회에 "순종하지" 않은 사람들 –
간의 다툼이었다. (정확히 표현하면, 로마가톨릭교회는 모든 이들
에게 두려움과 불신의 대상이었다.) 그리고 사회적 측면에서 보면,
급부상하는 중산층 – 상인, 제조업자, 자본가 – 의 "새로운 돈"과 작
위를 지닌 지주 귀족 세력의 옛날 돈 간의 다툼이었다. 한마디로
그 당시 영국은 격변의 시대를 겪고 있었으며, 정치와 종교 측면에
서 그야말로 피로 얼룩진 역사였다.

존 번연은 열여섯 살의 나이로 의회의 군대에 소집되어 두 해 동
안 찰스 왕권과 맞서 싸웠다. 결국 1649년에 찰스는 전쟁에서 졌
고 단두대에서 처형되었다. 그 뒤 올리버 크롬웰이 호민관 시대 –
본질적으로 군사독재시대 – 의 지도자가 되었다. 우리에게는 이런 이
름들이나 사건들이 그저 역사적인 보충설명에 지나지 않지만, 존
번연의 삶과 작품에는 보다 직접적인 영향을 미쳤다. 이 겸허한 땜
장이는 영국을 영원히 변화시켜버린 정치적, 종교적, 국가적 대소

동 속으로 휩쓸려 들어갔던 것이다.

크롬웰이 권력을 쥐자 모든 게 변했다. 그는 "개신교"에는 호의적이고 영국 성공회와 로마가톨릭교회에는 적대적이었다. 또 그는 거룩한 생활을 법으로 성문화하였다. 극장은 문을 닫고, 안식일 휴식은 강화되었으며, 겸손한 옷차림과 태도가 법으로 제정되었다. 그리고 – 로마가톨릭교회와 예전 중심의 영국 성공회만 제외하고 – 모든 교회들이 승인을 받았다.

존 번연은 군을 제대한 뒤 베드퍼드로 돌아왔다. 그리고 1649년에 메리와 결혼하여 네 자녀를 낳았다. 이 여인에 대해서는 알려진 게 거의 없다. 그녀가 결혼할 때 가져온 신부지참금에 관해 기록된 딱 두 권의 책 – 아서 덴트의 〈평범한 사람의 천로역정〉과 루이스 베일리의 〈경건의 실제〉 – 을 제외하면 말이다. 또 메리는 결혼할 때 자신의 실천적인 신앙과 친정아버지가 준 거룩함에 관한 이야기책들을 가지고 왔는데, 아마도 이것들이야말로 그녀의 남편 존 번연에게 가장 큰 선물이 되었을 것이다. 이 부부는 비록 가난했지만 – "접시나 스푼 같은 집안 살림조차도 넉넉지 못한 상황이었다" – 아내의 선물은 존 번연의 전반적인 삶과 작품을 위한 정신적 토대가 되어주었다.

(이십대 초반에) 결혼을 한 직후 번연은 존 기포드를 만났다. 그는 지역의 의사 겸 새로 구성된 침례교 목사였다. "거룩한 기포드 씨"는 번연에게 구원의 메시지를 전달하였다. 그로부터 이 년 뒤 (1653년), 번연은 침례를 받고 베드포드 회중의 일원이 되었다.

번연은 공교육을 받지 못했지만 열심히 책을 읽었고, 다양한 신학자들과 설교자들의 작품을 섭렵하였다. 그는 존 폭스의 〈행위와 업적〉("순교자의 책")을 아주 잘 알고 있었다. 그가 성경 다음으로 가장 소중하게 여긴 책은 바로 마르틴 루터의 〈사도바울의 갈라디아서 주석〉 영문판이었다. 물론 그것들도 결혼할 때 메리가 가져온 책들 가운데 하나였다.

존 번연의 저서들을 살펴보면, 그가 본인의 생각보다 훨씬 더 많은 책을 읽고 지식을 쌓았다는 사실을 알 수 있다. 현대적인 이미지 컨트롤 측면에서 보자면, 그는 자신의 학문적 경력 부족을 이용하여 자기와 같은 보통사람들 사이에서 오히려 더 많은 신용을 얻은 셈이었다. 그는 자기가 지닌 지식의 근본은 곧 성경이며, 하나님의 신비를 밝히는 데 필요한 통찰력과 지도를 제공해 준 것도 바로 성경이라고 주장하였다.

전향한 뒤로 번연은 열광적인 신자가 되었다. 성경을 연구하고 자신이 가장 존경하는 스승들을 연구하였다. 또 논문과 소책자들을 만들어 자기 신앙을 전파하고 그 신앙의 근거를 주장하였다. 그리고 나중에는 설교자가 되어 여러 도시를 순회하게 되었고, 힘 있는 메시지로 인하여 명성을 쌓게 되었다.

하지만 그 사이 정치적인 흐름이 또다시 바뀌었다. 크롬웰은 결코 의회가 쟁취하고자 했던 것 – 자유로운 의회, 그리고 언론과 출판의 자유 – 을 가져다주지 못했다. 중산층과 하위층 역시 그들이 쟁취하고자 했던 정치적 권리를 차지할 수 없었다. 권력은 여전히 지주들과 작위를 지닌 귀족들에게 편중되었다. 결국 호민관 시대는 실패로 끝났다. 크롬웰은 두 해만에 물러났고, 1660년 (찰스1세의 아들인) 찰스2세가 유럽 포로생활에서 돌아와 군주제를 부활시켰다. 그와 함께 영국 성공회도 다시 일어섰으며, 권력은 다시금 캔터베리로 집중되었다. 영국 성공회의 형태를 따르지 않는 종교적 모임은 새로운 법안을 통해 모두 금지되었고, 이 법을 어기는 사람은 수감되거나 추방되었다. 수천 명의 비성공회 목회자들이 이로 인해 가혹한 처벌을 받았다.

존 번연도 그 비성공회 설교자들 가운데 한 사람이었다 – 그는 법에 저촉되는 것임에도 불구하고 계속해서 설교를 멈추지 않았다. 1660년에 그는 보통의 경우처럼 석 달의 징역선고를 받았다. 하지만 결국은 십이 년 동안이나 수감생활을 해야만 했다. 설교를 그만 두겠다는 약속을 하지 않아서였다. 그는 하나님께서 명하신 일만을 하겠다고 맹세했다. – 그러지 못할 바엔 차라리 눈꺼풀에 이끼가 덮일 때까지 감옥에 있겠다고 했다.

그의 아내 메리는 두 딸과 두 아들을 남겨둔 채 1658년에 죽었다. 이듬해에 그는 열일곱 살밖에 안 되는 엘리자베스와 재혼하였다. 재혼 직후 번연은 수감되었고, 네 자녀는 엘리자베스에게 맡겨졌다. 그녀는 용감하게도 남편의 구명활동을 위해 런던까지 찾아갔다. 그리고 그것이 실패하자 지방의 권력자들에게 찾아가 남편을 석방시켜 달라고 탄원했다. 불행히도 그녀는 남편의 수감으로 인한 스트레스와 긴장감 때문에 첫 번째 아이를 유산하였다. 하지만 나중에 두 아이를 낳았다. 엘리자베스는 자녀들과 함께 남편을 자주 방문하여 열심히 격려하였다.

어쨌든 십이 년에 걸친 이 옥살이 기간에 번연의 신앙과 사상, 작품이 틀을 잡았다고 하는 데에는 의심의 여지가 없다. 그의 생애의 이십 퍼센트에 달하는 시간, 곧 삼십이 세부터 사십사 세에 이르기까지, 그는 감옥에 갇혀 지냈다. 자신의 종교적 확신 때문에 고난을 겪었고, 양심과 신앙 때문에 처벌을 받았던 것이다.

그동안 그는 가족의 행복과 안전을 무척 걱정했다. 자신이 죽거나 추방당하면 고아가 될 자녀들 – 특히 사랑하는 큰 딸 "앞 못 보는 메리" – 에 대한 깊은 불안감이 그의 글에도 고스란히 담겨 있다. 그 글에 따르면, 그는 자기 가족을 후원하기 위하여 "수만 개가 넘는 기다란" 구두끈을 만들었다고 한다.

번연을 억누르려는 권력자들의 시도에도 불구하고, 그는 오히려 감옥에서 신앙을 공유할 수 있는 새로운 기회를 제공받았다. 그는 때때로 베드포드 교회 예배에 참석하였고, 심지어는 설교도 했다. 또한 그는 새로운 신자들을 가르치고 도움을 청하러 오는 사람들을 지도해 주기도 했다. 하지만 무엇보다도 중요한 것은 저술 작업이었다. 수감생활 십이 년 동안 그는 아홉 권의 책을 저술하였다. 〈유익한 명상〉, 〈그리스도인의 행위〉, 〈거룩한 도시〉 등의 저서와

<괴수에게 넘치는 은혜>라는 자서전도 모두 그 시기에 쓰인 책이다. 이 자서전을 최고의 작품으로 손꼽는 사람들도 많이 있다. 그의 고전적인 작품 <천로역정>의 전반부도 역시 옥중에서 집필한 것이다.

번연은 1672년까지 수감생활을 했다. 그 해 찰스2세는 신교 자유 선언을 발표하고, 비성공회와 로마가톨릭교회도 양측에 반대되는 법을 일시 정지하였다. 하지만 그 이듬해에 의회가 그 선언을 취소하는 바람에, 1677년 다시금 잠깐 동안 수감되었다 – 영국 성공회의 교구 교회에 출석하지 않았기 때문이었다.

1672년에 감옥에서 출소한 뒤, 그는 베드포드 회중을 위한 설교와 목회활동을 재개하였다. 그리고 그 속에서 거룩한 친교의 위로와 치유를 발견하였다. 또한 그는 이웃 도시들을 순회하며 설교하였다. 때로는 런던이나 레딩처럼 먼 곳까지도 찾아갔으며, 사람들은 그의 설교를 들으려고 몰려들었다. 그의 설교는 갈수록 명성을 얻게 되었다. 그리고 그것은 어디까지나 그의 수감생활과 저서 – 1678년에 출판된 <천로역정>의 전반부를 포함해서 – 덕분이었다.

주님을 향한 열정과 헌신으로 인해 그는 "번연 주교"라는 호칭까지 얻게 되었다. 한마디로 유명 인사가 된 것이다.

그는 저술 작업에 빡빡한 설교 스케줄까지 모두 소화해 냈다. <천로역정> 출판 이후에도 <악인의 삶과 죽음>을 발표하였고, 1684년에는 다른 많은 책들과 더불어 <천로역정> 제2부를 발표하였다. 번연은 총 육십 권이 넘는 책을 저술하였다.

〈천로역정〉제1부와 제2부는 문체와 어조가 상당히 독특하다. 확실히 그것은 번연 자신의 개인적인 상황을 묘사한 것이다. 전반부는 그리스도인의 삶을 평생에 걸친 무서운 투쟁이라는 측면에서 묘사한다. 이렇게 두렵고 위험한 측면은 그가 옥중에서 집필한 다른 저서들, 특히 〈괴수에게 넘치는 은혜〉에서도 확연히 드러난다. 한편 〈천로역정〉의 후반부 – 순례자 크리스티안의 아내 크리스티아나의 좀 더 안정된 순례 – 는 그가 말년에 누렸던 고요와 평화를 반영해 준다.

1688년 8월, 번연은 한 가정의 분쟁을 해결해 주기 위하여 레딩으로 떠난다. 사십 마일을 여행하는 동안 역수같은 비를 만나는 바람에 그만 감기에 걸린 그는 친구와 함께 런던에 머물게 되는데, 과로와 여행으로 지쳐버린 탓에 열병을 이겨내지 못하고 8월 31일 끝내 눈을 감고 만다. 그는 런던의 번힐 필즈에 묻혔다.

오늘의 독자들에게는 크리스티안이라는 순례자에 관한 번연의 이야기가 다소 낯설고 구시대적인 것으로 들릴지도 모른다. 하지만 절대로 그렇지 않다! 우리의 신앙 여정은 아브라함과 사라의 본보기를 따라야 한다. "이들은 모두 믿음으로 살다가 죽었습니다. 그들은 약속된 것을 받지는 못하였지만, 그것을 멀리 바라보고 즐거워하였으며, 땅 위에서는 손과 나그네로 있다는 것을 인정하였습니다. 그들은 이렇게 말함으로써, 자기네가 본향을 찾고 있다는 것을 분명히 밝혔습니다."(히브리서 11:13~14)

우리는 이 땅의 나그네요 순례자다. 우리가 가는 길에는 크고 작은 미덕과 유혹들이 있다. 확실히 우리 모두는 순례자 크리스티안처럼 무거운 짐을 지고 투쟁해 왔으며, 그 짐을 어서 벗어버릴 날만을 학수고대하고 있다. 우리는 어려움의 언덕과 절망의 구렁텅이, 치욕의 골짜기를 지나왔다. 우리를 속여 길에서 벗어나게 하려 드는 속세의 현인도 만났고, 게으름과 건방짐과 위선자도 만났다.

노련하게 펼쳐지는 번연의 이야기 속에서 우리는 스스로 순례자가 되어 17세기의 위험한 진흙탕 길을 여행하게 된다. 그러면서 위험의 공포를 겪기도 하고, 도중에 피난처를 만날 때마다 행복을 느끼기도 한다. 또 번연의 영웅처럼, 우리는 외부의 위험요소들과 내면의 근심걱정으로 인해 시험을 받기도 한다. 거룩한 도시를 향한 우리의 여정에 온갖 위협이 닥친다. 어떻게 우리가 그 위험과 함정을 피할 수 있을까? 어떻게 하늘나라의 목표점에 도달할 수 있을까? 일단은 두려움을 떨쳐버림으로써 첫발을 내딛어야 한다. 크리스티안과 더불어 이 영적인 순례에 참여함으로써 하나님의 신실하심을 깨닫도록 하자.

주님,

주님의 영을 통해서

주님은 저희를 보호해 주십니다.

저희도 잘 알고 있습니다.

결국은 생명을 유산으로 받게 될 줄.

그러니

헛된 환상일랑 다 물러갈지어다!

저는 사람들의 말을 두려워하지 않으며

밤낮으로 노력을 아끼지 않을 것입니다.

순례자가 되기 위하여.

– 〈천로역정〉 제2부 본문을 토대로 한 찬양시,

"용사가 될 자" 중에서

천로역정의 내용

이 세상의 광야를 떠돌던 나는 우연히 어느 동굴 감옥에 이르러 몸을 눕혔다. 그곳에서 잠이 든 나는 꿈을 꾸었는데, 꿈속에서 누더기를 걸친 한 남자가 손에는 책을 들고 등에는 무거운 짐을 진 채로 자기 집을 등지고 서 있는 모습을 보았다. 그가 손에 든 책을 펼치더니, 눈물을 흘리고 몸을 떨면서 그 책을 읽어 내려갔다. 그리고는 더 이상 참을 수 없었는지, 비탄에 잠긴 목소리로 울부짖었다. "내가 어떻게 해야 구원을 얻겠습니까?"

– 존 번연, 〈천로역정〉 제1부

영어권에서 가장 영향력 있는 작품들 가운데 하나인 〈천로역정〉의 시작 부분이다. 지난 3세기 동안, 이 책은 수백 개의 언어로 번역되어 수백만 권이 넘게 출판되었다. 존 번연이 죽은 지 겨우 4년 만인 1692년에 벌써 이 책은 영어로만 십만 권이 넘게 인쇄되었다. 그 뒤 여러 세대를 걸치는 동안 이 〈천로역정〉은 영어권에서 성경 다음으로 많은 사랑을 받았다. 초기 개신교 선교사들도 성경 다음으로 이 〈천로역정〉부터 번역할 정도였다.

존 번연은 영어 성경에 자유로이 접근할 수 있는 제1세대에 속했다. 1611년에 킹 제임스 버전이 출간되자 왕의 명령에 따라 영국의 온 교회가 그것을 읽었고, 그 결과 영어적 상상력에 종교적 사상과 시적 심상이 깃든 풍요로운 일반 용어들이 등장하였다. 존 번연은 〈천로역정〉에서 신학적 입문서를 만들어 내기 위해 이 성서적 심상을 훌륭히 사용한다. 성서적 진리를 모험과 낭만과 영웅적 시도들이 빛나는 허구의 모험담으로 변형시킨 것이다. 그는 17세기 작가의 겸손한 목소리로 순례자에 관한 자기 꿈을 이야기한다. 멸망의 도시 출신으로서 거룩한 도시를 향해 가는 크리스티안이라고 하는 순례자의 여정에 얽힌 이야기를, 단순하지만 기억에 남을 만큼 인상적으로 풀어 나간다. 이 책의 후반부는 크리스티안의 아내인 크리스티아나와 네 아들들의 순례 여정에 관한 것이다.

차 례

제1부

『천로역정』
이 세상에서 장차 올 저 세상으로:
꿈의 비유를 통해 전해진 순례자의 길.

"내가 비유를 베풀었노라."
호세아 12장 10절

- 존 번연 -

1부에 대한 저자의 변

이 책을 쓰기 위해 처음 펜을 들었을 때는, 이 얇은 책이 이런 형태로 만들어질 거라고는 생각도 못했습니다. 사실은 다른 책을 쓰고 있었는데, 그 책이 다 완성될 무렵 나도 모르게 이 책을 쓰기 시작했던 것입니다.

이 복음의 시대에 성도들이 달려가야 할 길에 대해 쓰고 있다가, 갑자기 성도들의 여정과 영광을 향한 길의 비유가 떠올랐습니다. 스무 가지가 넘는 비유를 적고 나자, 또다시 스무 가지의 비유가 떠올랐습니다. 계속해서 새로운 비유들이 생각났고, 급기야는 석탄불에서 타오르는 불꽃처럼 거세졌습니다. 그대로 있다가는 무한정 타올라서 이제 거의 완성된 책까지도 불태워 버릴 것 같았습니다.

그래서 이 책을 쓰기 시작했습니다. 하지만 이런 식으로 시작한 책을 온 세계에 보여주고 싶지는 않았습니다. 어째서 이 책을 쓰는지 나 자신도 알 수 없었습니다. 이웃들을 기쁘게 해주려고 쓴 책은 확실히 아니었습니다. 그저 나만의 만족을 위해서 쓴 것이었습니다.

물론 한가한 시간을 이런 식의 낙서로 때우려는 생각은 없었습니다. 나를 그르치는 나쁜 생각들로부터 벗어나기 위한 것도 아니었습니다.

그냥 기쁜 마음으로 펜을 들었습니다. 생각나는 대로 재빨리 써내려갔습니다. 그런 식으로 계속 써내려가다가 마침내 펜을 놓았을 땐 제법 긴 글이 완성되었습니다.

이 글을 좀 더 다듬은 뒤 다른 사람들에게 보여주었습니다. 사람들이 내 글을 비난할지 찬성할지 궁금했기 때문입니다. 어떤 이는 "남겨두라" 했고, 어떤 이는 "없애버리라" 했습니다. 어떤 이는 "출판하라" 했고, 어떤 이는 "그러지 말라" 했습니다. 어떤 이는 "도움이 될 것"이라 했고, 어떤 이는 "아니라" 했습니다.

곤경에 빠진 나는 어떤 게 최선인지 알 수가 없었습니다. 그러다가 마침내 결론을 내렸습니다. 어차피 다들 의견이 분분하니 그냥 출판해버리자고 말입니다.

일단은, 출판하라는 사람과 하지 말라는 사람 중 누구의 조언이 더 나은지 한 번 시험해보고 싶었습니다.

그리고 좀 더 나아가서는, 이 책의 출판을 기대하는 사람들의 조언을 거절할 경우, 그들에게서 굉장한 기쁨을 빼앗는 게 아닐까 하는 생각이 들었습니다.

그래서 반대편 사람들에게 말했습니다. 그들의 의견을 무시하는 것 같아 미안하지만, 그래도 이 책의 출판을 원하는 형제들이 있으니, 좀 더 지켜본 다음에 판단을 내려달라고 말입니다.

읽고 싶지 않은 사람은 안 읽으면 그만이었습니다. 살코기를 좋아하는 사람이 있는가 하면, 갈비를 좋아하는 사람도 있는 법입니다. 나는 그들 기분을 누그러뜨리기 위해 좀 더 타일렀습니다.

이런 형태의 글을 쓰면 안 되는 이유라도 있는가? 이런 형태를 취하더라도 내 목표는 변하지 않는다. 당신들에게 유익한 글을 쓰는 것이 바로 내 목표다. 그런데 왜 안 된단 말인가? 흰 구름은 아무 것도 가져다주지 않지만, 먹구름은 비를 몰고 온다. 그렇다. 흰 구름이든 먹구름이든 은빛 빗방울만 내려준다면, 땅은 수확을 올림으로써 두 쪽 모두를 칭송할 것이고, 수확한 열매는 한꺼번에 저장될 것이다. 그렇게 되면 둘이 뒤섞여서, 어떤 게 어떤 건지 구별이 안 갈 것이다. 땅이 굶주려 있을 때는 둘 다 받아들이겠지만, 땅이 배부를 경우에는 둘 다 쏟아버릴 것이다. 두 쪽 모두의 축복을 하찮게 여길 것이다.

어부가 물고기 낚는 방법을 생각해봐라. 덫과 줄, 바늘, 갈고리, 그물 같은 도구들을 어떻게 사용하는지 봐라! 하지만 이런 도구들로 잡을 수 없는 물고기도 있다. 그런 물고기는 무슨 수를 써도 잡히지 않는다. 그저 손으로 직접 더듬어보고 붙잡는 수밖에 없다.

들새 사냥꾼은 어떤가? 엽총, 그물, 올가미, 등불, 종 등등, 일일이 열거하기도 힘들 정도로 많은 방법들을 동원한다. 기다가 걷고, 걷다가 서고, 자세 또한 가지각색이다. 하지만 이런다고 해서 마음껏 새를 잡을 수 있는 건 아니다. 어떤 새는 피리나 휘파람을 불어야 하지만, 어떤 새는 그랬다간 놓쳐버리기 십상이다.

만일 두꺼비의 머릿속에도 진주가 있고 굴 껍질 속에도 진주가 있다면, 아무도 예상치 못한 곳에 금보다 더 좋은 것이 들어 있다면, 엉뚱한 곳을 뒤지지 않을 사람이 어디 있겠는가? 이 얇은 책은, 겉으로 보기엔 훌륭하지만 내용은 빈약한 그런 책들과는 엄연히 다르다.

그러자 누군가가 이런 말을 했습니다. "글쎄, 이 책이 호된 시험을 견뎌낼 수 있을지는 나도 잘 모르겠네."

왜요? 무엇이 문제란 말입니까? "애매모호해." 그런들 어떻습니까? "꾸며낸 이야기 아닌가?" 그게 어때서요? 이처럼 모호하게 꾸며낸 이야기로 진리를 비추는 사람도 분명 있습니다.

"하지만 사람들은 사실적인 걸 원해." 그러지 말고 솔직하게 털어놓으시지요. "이런 건 나약한 이들을 물에 빠뜨리고 말아. 비유는 우리 눈을 멀게 하지."

물론 사실적인 글들은 사람들에게 신성한 것을 전달해줄 수 있습니다. 하지만 비유를 말한다고 해서 확실성이 부족하다는 증거가 어디 있습니까? 옛날에는 하나님의 율법, 복음의 율법도 모두 상징과 암시, 비유를 통해 전달되지 않았습니까? 분별력이 있는 자라면 결코 최고의 지혜를 비난하기 위해 그런 핑계를 대지 않을 것입니다. 아니, 오히려 몸을 굽히고, 하나님께서 쐐기와 올가미, 송아지와 양, 암소와 숫양, 새와 풀, 그리고 어린양의 피를 통해 무슨 말씀을 하시는지 알아내려고 할 것입니다. 그 속에서 빛과 은총을 발견하는 자는 복이 있습니다.

그러므로 내가 확실성이 부족하다든가, 투박하다든가 하는 섣부른 판단은 내리지 말아 주십시오. 겉으로 보기에는 확실하면서 사실은 그렇지 못한 게 많습니다. 비유라고 해서 무조건 멸시해서는 안 됩니다. 제일 해로운 것들을 쉽사리 받아들이거나, 유익한 것들을 금하는 일이 없도록 해야 합니다.

상자 속에 금이 들어 있듯이, 모호하고 희미한 글 속에도 진리가 들어 있습니다.

선지자들은 진리를 전달하기 위해 비유를 곧잘 사용했습니다. 그리스도와 그분의 제자들을 생각해 보십시오. 진리는 오늘날에도 그런 덮개로 덮여있다는 사실을 금방 알 수 있습니다.

감히 묻겠습니다. 온갖 지혜보다 그 문체와 표현이 뛰어난 성경에도 이렇게 모호한 상징과 비유들이 사방에 가득하지 않습니까? 바로 그 성경에서 광채가 흘러나와 가장 어두운 우리의 밤을 대낮처럼 밝혀주지 않습니까?

내 책이 모호하다고 비난하는 잔소리꾼의 삶을 들여다보면, 내 책보다 더 모호한 부분이 많습니다.

편견이 없는 사람이라면 화려하게 빛나는 잔소리꾼의 거짓말보다도 내 글의 의미를 훨씬 더 잘 이해할 것입니다. 진리는 비록 강보에 싸여 있을지라도, 판단의 근거를 제공하고 마음을 바로잡아 줍니다. 이해를 돕고, 아집을 꺾으며, 우리가 즐겨 상상하는 것들로 기억을 채워줍니다. 이런 식으로 우리의 문제를 진정시켜줍니다.

디모데는 확실한 말만 사용하고, 늙은 여인들의 비유에는 귀를 기울이지 않았습니다. 하지만 엄숙한 바울은 그 어디에서도 비유의 사용을 금한 적이 없습니다. 비유 속에는 최고로 조심스럽게 캐내야 할 금과 진주와 보석들이 숨겨져 있기 때문입니다.

한 마디만 더 하겠습니다. 오, 하나님의 사람이여, 이 책이 불쾌합니까? 내 글에 다른 옷을 입혔으면 좋겠습니까? 좀 더 표현을 많이 했으면 좋겠습니까? 그렇다면 다음 세 가지 해명을 하겠습니다. 그런 다음 나보다 훌륭하신 여러분의 고견을 따르겠습니다.

1. 나는 이런 방법이 거절당하리라고 생각지 않습니다. 나는 말이나 사물이나 독자들을 악용하지 않으며, 상징이나 비유를 무례히 취급하거나 적용하지도 않습니다. 그저 가능한 방법을 모두 동원하여 진리의 향상을 추구할 뿐입니다. 거절당할 거라고요? 아닙니다. 나는 가장 훌륭한 여러

분께 내 마음을 드러내고 선포하도록 허락 받았습니다(그 누구보다도 말과 행위로 하나님을 기쁘시게 해드렸던 이들이 증인입니다).

2. 나는 (나무처럼 고결한) 사람들이 대화체의 글을 쓴다는 것을 압니다. 하지만 그런 글을 쓴다고 해서 무시하는 사람은 아무도 없습니다. 만약 그들이 진리를 악용한다면 저주를 받아야 마땅합니다. 그런 의도로 사용된 기술 또한 저주를 받아야 할 것입니다. 하지만 우리는 하나님께서 기뻐하실 수 있도록 진리를 마음껏 뿜어내야 합니다. 맨 처음 우리에게 쟁기질을 가르쳐주신 분보다 더 우리 마음과 펜을 그분의 목적에 합당하게 인도해 줄 이가 어디 있겠습니까? 그분은 속된 것들을 성스럽게 만들어 주십니다.

3. 나는 성경 여러 곳에서 이와 비슷한 방식을 발견합니다. 하나를 설명하기 위하여 다른 하나를 끌어오는 방식 말입니다. 그러므로 내가 이 방식을 사용한다고 해서 진리의 빛이 사라지지는 않습니다. 아니, 오히려 이 방식을 통해 진리의 빛이 대낮처럼 밝아질 것입니다.

자, 그럼 본격적인 글을 쓰기에 앞서, 내 책이 지닌 이점부터 짚고 넘어가겠습니다. 그런 다음에는, 강한 자를 쓰러뜨리시고 약한 자를 일으켜 세우시는 그분의 손에 여러분과 이 책을 모두 맡기겠습니다.

이 책은 영원한 상을 받기 원하는 한 남자의 이야기를 들려줍니다. 그가 어디로부터 와서 어디로 가는지, 어떤 것은 내버려두고 어떤 것은 행동에 옮기는지를 들려줍니다. 그리고 달려갈 길을 다 간 후에 마침내 영광의 문에 이르는 이야기도 들려줍니다.

또한 이 책은 영원한 면류관이라도 받아쓴 것처럼 쏜살같이[지나치게 서둘러] 삶을 향해 뛰쳐나가는 사람들의 이야기도 들려줍니다. 그 이야기를 통해서 여러분은 그들이 왜 헛된 수고만 하다가 바보처럼 죽게 되는지를 알 수 있습니다.

여러분도 이 책의 조언을 받아들이면 순례자가 될 수 있습니다. 이 책의 지시를 잘 받아들이면 거룩한 곳으로 인도될 수 있습니다.

이 책은 게으른 이들을 부지런하게 만들고, 눈먼 이들의 눈을 뜨게 해줄 것입니다.

여러분은 뭔가 진기하고 유익한 것을 찾고 있습니까? 비유 속에서 진리를 찾고 싶습니까? 아니면 혹시 뭔가를 곧잘 잊어버립니까? 새해 첫날부터 십이월 마지막까지 모든 걸 기억하고 싶습니까? 그렇다면 내 환상 이야기를 읽어보십시오. 이것이 가시처럼 달라붙어, 절망에 빠진 이들을 위로해줄 것입니다.

이 책은 무관심한 사람의 마음까지도 움직일 수 있는 표현양식을 취하고 있습니다. 다소 낯설어 보일지도 모르지만, 분명 이 책은 온전하고 진실한 복음의 혈통을 지니고 있습니다.

여러분은 지금 울적한 기분에서 벗어나고 싶습니까? 우매한 이들과는 다른 기쁨을 누리고 싶습니까? 수수께끼와 해답을 읽고 싶습니까? 명상에 잠기고 싶습니까? 살코기[최상의 부위]를 뜯어먹는 게 좋습니까? 구름 탄 사람의 이야기를 듣는 게 좋습니까? 깨어 있는 채로 꿈을 꾸고 싶습니까? 웃으면서 동시에 울고 싶습니까? 아무런 해도 입지 않고 자신을 잃어버렸다가, 아무런 마법도 없이 되찾고 싶습니까? 잘 모르는 책을 읽고서, 자신이 축복을 받았는지 안 받았는지 알고 싶습니까? 그렇다면 이리로 와서, 머리와 가슴으로 내 책을 읽어보십시오.

– 존 번연

꿈의 비유를 통해 전해진
순례자의 길

이세상의 광야를 떠돌던 나는 우연히 어느 동굴 감옥에 이르러 몸을 눕혔다. 그곳에서 잠이 든 나는 꿈을 꾸었는데, 꿈속에서 누더기를 걸친 한 남자가 손에는 책을 들고 등에는 무거운 짐을 진 채로 자기 집을 등지고 서 있는 모습을 보았다(이사야 64:6; 누가복음 14:33; 시편 38:4). 그가 손에 든 책을 펼치더니, 눈물을 흘리고 몸을 떨면서 그 책을 읽어 내려갔다. 그리고는 더 이상 참을 수 없었는지, 비탄에 잠긴 목소리로 울부짖었다. "제가 어떻게 해야 구원을 얻겠습니까?"(사도행전 2:37; 16:30; 하박국 2:2,3)

이렇게 비참한 상태로 집에 돌아간 그는 최대한 자신을 억제했

다. 때문에 아내와 자녀들은 그의 고민을 알아차리지 못했다. 하지만 고민이 극도에 달하자 더 이상은 입을 다물고 있을 수 없었다. 마침내 그는 아내와 자녀들에게 사실을 털어놓았다. "사랑스런 여보! 나는 지금 무거운 짐에 짓눌려 아무 것도 할 수가 없소. 이번에 나는 우리 도시가 하늘에서 내려온 불에 몽땅 불타버릴 것이라는 정보를 입수했소. 무서운 재앙이 닥치면 당신과 나, 그리고 사랑스런 우리 아이들마저 비참한 최후를 맞게 될 거요. 그러니 구원받을 방법을 강구해야만 하오(아직은 뾰족한 수가 없지만 말이오)." 이 말을 들은 가족들은 깜짝 놀랐다. 그의 말이 진짜 같아서가 아니라, 머리가 약간 이상해진 것 같았기 때문이다. 마침 날이 저물고 있었다. 그들은 한 숨 푹 자고 나면 안정을 되찾을 거라는 생각에, 급히 그를 잠자리로 밀어 넣었다. 하지만 그에게는 밤도 낮만큼이나 괴로웠다. 끝내 잠을 이루지 못한 채, 한숨과 눈물로 밤을 지새웠다. 날이 밝자 가족들은 그가 한 숨도 못 잤다는 사실을 알게 되었다. 그가 다시 입을 열었다. "점점 더 상황이 악화되고 있소." 그가 똑같은 이야기를 되풀이하자 이번에는 아예 못 들은체했다. 혹시나 거칠고 험악한 태도를 취하면 정신을 차리지 않을까 싶어, 비웃기도 하고 꾸짖기도 하고 무시해버리기도 했다. 하지만 그는 자기 방에 틀어박혀 그들을 위해 기도하거나 자신의 비참함을 달랬다. 가끔은 들판을 홀로 거닐면서 책을 읽거나 기도를 하기도 했다. 그렇게 여러 날이 흘렀다.

하루는 (평소처럼) 책을 읽으면서 들판을 거닐다가, 마음이 너무나도 괴로워 지난번처럼 갑자기 울부짖었다. "제가 어떻게 해야 구원을 얻겠습니까?"(사도행전 16:30, 31)

꿈속에서 보니, 그는 금방이라도 달려 나갈 것처럼 이쪽저쪽을 두리번거렸다. 하지만 (내 생각에) 어디로 가야 할지 몰라 그대로 서 있는 것 같았다. 바로 그 때 전도자라고 하는 이가 다가와 물었다. "왜 울고 있습니까?"(욥기 32:23)

그러자 그가 대답했다. "선생님, 이 책을 통해서 제가 곧 죽어야 할 운명이요, 죽은 다음에는 심판이 따른다는 사실을 알았습니다(히브리서 9:27). 하지만 저는 죽는 것도 싫고(욥기 16:21,22), 심판을 견딜 수도 없습니다(에스겔 22:14)."

전도자가 물었다. "이 세상 삶은 악한 일들이 가득한데, 어째서 죽기가 싫단 말입니까?" 그러자 그가 대답했다. "제 등에 짊어진 이 짐 때문에 무덤보다 더 낮은 곳으로 가라앉아 도벳[지옥]에 떨어질까 두렵기 때문입니다(이사야 30:33). 선생님, 지금 당장은 감옥에 갇히거나 심판을 받지 않는다 해도, 그곳에 가면 분명히 처형을 당할 것입니다. 이런 생각을 하면 울지 않을 수 없습니다."

전도자가 물었다. "상황이 이런데, 왜 가만히 서 있는 겁니까?" 그가 대답했다. "어디로 가야 할지 통 모르겠습니다." 그러자 전도자가 양피지 한 장을 건네주었는데, 거기에는 다음과 같은 글자가 적혀 있었다. "임박한 진노를 피해 도망치십시오."(마태복음 3:7)

이 글을 읽은 그는 전도자를 쳐다보며 매우 조심스럽게 물었다. "도대체 어디로 도망친단 말입니까?" 그러자 전도자는 손을 들어 아주 넓은 들판을 가리키며 말했다. "저쪽에 있는 좁은 문이 보입니까?"(마태복음 7:13,14) 그가 대답했다. "안 보입니다." 전도자가 다시 물었다. "저기 반짝이는 빛은 보입니까?"(시편 119:105; 베드로후서 1:19) 그가 대답했다. "보이는 것 같습니다." 그러자 전도자가 이렇게 말했다. "저 빛만 바라보고 똑바로 걸어가면 문이 나타날 겁니다. 그 문을 두드리세요. 그러면 앞으로 어떻게 해야 할지 가르쳐 줄 겁니다." 나는 꿈속에서 그가 달리기 시작하는 것을 보았다. 그가 출발하자마자 아내와 자녀들이 뒤쫓아오면서 함께 돌아가자고 매달렸다. 하지만 그는 귀를 틀어막고 달리면서 이렇게 외쳤다. "생명! 생명! 영원한 생명이여!"(누가복음 14:26) 그는 뒤도 돌아보지 않고(창세기 19:17) 들판 한가운데로 도망쳤다.

이웃들도 밖으로 나와 그가 달리는 모습을 보았다(예레미야 20:10). 그를 향해 어떤 이들은 야유를 퍼붓고, 어떤 이들은 협박을 했으며, 어떤 이들은 뒤쫓아 달리면서 함께 돌아가자고 외쳤다. 그들 중에는 강제로라도 그를 끌고 와야겠다고 작정한 사람이 두 명 있었다. 한 사람은 완고함이었고, 한 사람은 유약함이었다. 그들이 맘먹고 뒤쫓아 오자 그는 금방 따라잡히고 말았다. 그가 물었다. "이웃들이여, 어째서 왔습니까?" 그들이 대답했다. "함께 돌아가자고 당신을 설득하러 왔습니다." 그러자 그가 말했다. "절대로 돌아갈 수 없습니다. 당신들은 지금 멸망의 도시에서 살고 있어요. 나 역시 그곳에서 태어났고요. 하지만 나는 당신들이 거기서 죽은 후 무덤보다 더 낮은 곳으로 가라앉아 지옥 불에 떨어지리란 사실을 알고 있습니다. 그러니 나와 함께 갑시다.”

완고함이 물었다. “뭐라고요! 우리더러 친구와 안락한 삶을 내버리란 말입니까?” 그러자 크리스티안(그의 이름)이 대답했다. “그렇습니다. 그 어떤 것도 내가 찾고 있는 것에는 감히 비할 수 없습니다(고린도후서 4:18). 나와 함께 가서 그것을 얻읍시다. 그러면 나처럼 잘될 것입니다. 내가 가는 곳은 모두가 나눠가질 정도로 풍요로운 곳이니(누가복음 15:17), 가서 내 말이 맞는지 한 번 확인해 봅시다.”

완고함 : “도대체 무엇을 찾고 있길래 세상까지 등져야 한단 말입니까?”

크리스티안 : “나는 썩지도 않고, 더러워지지도 않고, 낡아 없어지지도 않는 유산을 찾고 있습니다(베드로전서 1:4). 그것은 천국에 안전하게 보관되어 있어서(히브리서 11:16), 정해진 때가 되면 간절히 찾는 이들에게 주어질 것입니다. 원한다면 내 책을 읽어보십시오.”

완고함이 말했다. “쳇! 그 책 치우십시오! 우리와 함께 돌아갈 겁니까, 안 돌아갈 갑니까?”

크리스티안 : "안 돌아가겠습니다. 난 이미 쟁기에 손을 올려놓은 상태입니다."(누가복음 9:62)

완고함 : "그렇다면, 유약함 씨, 그냥 내버려두고 우리끼리 돌아갑시다. 저런 정신병자들은 재치 있게 대답하는 사람 일곱보다 자기가 더 지혜롭다고 생각하니까."(잠언 26:16)

그때 유약함이 말했다. "욕하지 마십시오. 선한 크리스티안의 말이 사실이라면, 그가 찾고 있는 것이 우리 것보다 더 낫지 않겠습니까? 나는 저 이웃과 함께 가고 싶은데요."

완고함 : "뭐라고요! 이 바보 같으니! 내 말대로 얼른 돌아갑시다. 저런 정신병자가 어디로 끌고 갈지 어떻게 알겠습니까? 자, 갑시다. 어서 돌아갑시다. 부디 현명한 판단을 내리란 말입니다."

크리스티안 : "그러지 말고, 유약함 씨, 나와 함께 갑시다. 내가 말한 것들을 가질 수 있음은 물론이요, 그보다 더 큰 영광도 얻을 수 있습니다. 정 못 믿겠으면 이 책을 읽어보세요. 여기 쓰인 진리는 모두 이것을 만드신 그분의 피로 확인된 것입니다."(히브리서 9:17~21)

유약함이 말했다. "자, 완고함 씨, 이제 내 마음을 정했습니다. 나는 이 선한 사람을 따라가서, 그와 운명을 함께 하겠습니다. 그나저나 그곳으로 가는 길은 알고 있습니까?"

크리스티안 : "전도자라는 분이 가르쳐줬습니다. 저 앞에 있는
좁은 문까지 서둘러 가면, 길을 알려줄 거라고 하더군요."
유약함 : "그럼 어서 갑시다."

그렇게 해서 두 사람은 함께 길을 떠났다.
완고함 : "난 집으로 돌아가야겠다. 저렇게 남의 말에 속아 환상
이나 뒤쫓는 사람들하고는 함께 갈 수 없지."

꿈속에서 나는 완고함이 돌아간 뒤 크리스티안과 유약함이 이야
기를 주고받으며 들판을 가로지르는 모습을 보았다. 그들이 나눈
대화는 이랬다.

크리스티안 : "유약함 씨, 지금 기분이 어떻습니까? 당신이 마
음을 바꾸고 나랑 함께 가게 되어서 정말 기쁩니다. 완고함 씨도
나처럼 보이지 않는 세력과 공포를 느꼈더라면 그렇게 쉽사리
돌아서진 못했을 겁니다."
유약함 : "자, 크리스티안 씨, 이제 우리 둘만 남았으니, 좀 더
자세히 말해보세요. 그것이 뭔지, 어떻게 누릴 수 있는지, 또 지
금 우리가 어디로 가고 있는지 말입니다."

크리스티안 : "마음으로는 잘 알고 있지만, 말로 표현하기는 어려워요. 하지만 당신이 그토록 알고 싶어 하니 내 책을 읽어드리지요."

유약함 : "당신 책에 쓰인 말들이 다 사실이라고 생각해요?"

크리스티안 : "그럼요. 절대로 거짓말을 안 하시는 분이 쓰신 책이니까요."(디도서 1:2)

유약함 : "거기에 뭐라고 쓰여 있는데요?"

크리스티안 : "영원한 왕국이 있는데, 우리는 영원한 생명을 얻고 그 왕국에 영원히 거하게 될 것입니다."(이사야 45:17; 요한복음 10:27~29)

유약함 : "좋네요. 또 어떤 말이 쓰여 있나요?"

크리스티안 : "우리는 영광의 면류관을 쓰고, 하늘에 빛나는 태양처럼 우리를 빛나게 해줄 옷도 입게 될 것입니다."(디모데후서 4:8; 요한계시록 3:4; 마태복음 13:43)

유약함 : "참으로 멋진 얘기군요. 또 다른 말은요?"

크리스티안 : "그곳에는 더 이상 눈물도 슬픔도 없을 것입니다. 그곳의 주인이신 그분이 우리 눈에서 모든 눈물을 닦아주실 테니까요."(이사야 25:8; 요한계시록 7:16, 17; 21:4)

유약함 : "그곳에서 우리는 어떤 사람들과 함께 지내게 됩니까?"

크리스티안 : "눈부신 스랍들, 그룹들(이사야 6:2)과 함께 지낼 것입니다. 또 우리보다 앞서 그곳으로 간 수천, 수만 명의 사람들

도 함께 할 것입니다. 그들 중 어느 누구도 우리에게 해를 입히지 않을 것입니다. 모두들 사랑이 넘치고 거룩하니까요.(디모데전서 4:16,17; 요한계시록 5:11) 우리 모두가 하나님과 함께 거닐고, 영원히 하나님 앞에서 인정을 받을 것입니다. 한 마디로, 그곳에서 우리는 금 면류관을 쓴 장로들(요한계시록 4:4), 황금 하프를 켜는 동정녀들(요한계시록 14:1~5), 그리고 세상에서 갈가리 찢기고 불에 타고 야수에게 먹히고 바다에 빠졌다가 사랑으로 그곳의 주님께 인도되어 불멸의 옷을 입게 된 사람들을 보게 될 것입니다.”(요한복음 12:25; 고린도후서 5:2,4)

유약함 : “듣기만 해도 황홀하네요. 하지만 이런 것들을 정말로 누릴 수 있겠습니까? 어떻게 해야 그들과 함께 지낼 수 있을까요?”

크리스티안 : “그 나라의 통치자인 주님께서 이 책에 분명히 적어놓으셨습니다. 간절히 원하면 그분께서 우리에게 거저 주실 거라고 말입니다.”(이사야 55:1,2; 요한복음 6:37; 7:37; 요한계시록 21:6; 22:17)

유약함 : “그 말을 들으니 참 기쁘군요. 자, 좀 더 빨리 걷도록 합시다.”

크리스티안 : “나는 등에 짊어진 이 짐 때문에 마음만큼 빨리 걸을 수가 없습니다.”

꿈속에서 보니, 이런 대화가 끝나갈 무렵 그들이 들판 한가운데 있는 진흙투성이 수렁에 도달했다. 조심성 없이 다가가던 그들은 그만 수렁에 빠지고 말았다. 그 수렁의 이름은 절망이었다. 그곳에서 한참을 허우적거리던 그들은 온몸에 더러운 진흙이 묻어 엉망진창이 되고 말았다. 더군다나 등에 짐까지 지고 있던 크리스티안은 수렁 속으로 점점 가라앉기 시작했다.

유약함이 물었다. "아! 크리스티안 씨, 여기가 어디입니까?"

크리스티안이 대답했다. "나도 잘 모르겠습니다."

이 말에 기분이 상한 유약함은 화를 내며 일행에게 따졌다. "지금까지 얘기했던 행복이 이런 겁니까? 초반부터 이런 곤경에 빠졌으니, 우리 여정이 끝난다 한들 무엇을 기대할 수 있겠습니까? 여기서 살아나가면 부디 날 위해서라도 당신 혼자 그 멋진 나라를 차지하십시오."

그는 안간힘을 쓰다가 간신히 진창에서 빠져나왔다. 자기 집 쪽 늪가로 기어올라간 그는 그대로 돌아가 버렸고, 크리스티안은 더 이상 그를 볼 수 없었다.

절망의 구렁텅이에 홀로 남은 크리스티안은 자기 집 쪽 늪가가 아니라 좁은 문 쪽 늪가로 빠져나가기 위해 사력을 다했다. 하지만 등에 짊어진 짐이 너무 무거워 도저히 빠져나갈 수가 없었다. 바로 그 때, 나는 꿈속에서 누군가가 그에게 다가가는 것을 보았다. 그 사람의 이름은 도움이었다. 도움이 그에게 대관절 여기서 무얼 하고 있냐고 물었다.

크리스티안이 대답했다. "예, 선생님, 전도자라는 분이 이 길로 가라고 하셨습니다. 저 문 쪽으로 가면 다가올 재앙을 피할 수 있다고 하셔서, 그곳으로 가다가 그만 여기 빠져버렸습니다."

도움 : "디딤대를 찾아보지 그랬습니까?"

크리스티안 : "너무 겁이 나서 다른 길로 도망치려다 오히려 빠져버렸습니다."

도움이 말했다. "자, 손을 내미십시오." 크리스티안이 손을 내밀자 도움이 끌어올렸다. 단단한 땅위에 그를 세워주고는, 가던 길을 계속 가라고 했다.(시편 40:2)

꿈속에서 나는 크리스티안을 끌어올려준 사람에게 다가가 물었다. "선생님, 멸망의 도시에서 저 문을 향해 가려면 반드시 이곳을 거쳐야 하는데, 불쌍한 여행자들이 좀 더 안전하게 지날 수 있도록 이 수렁을 고치지 않으실 겁니까?" 그러자 도움이 대답했다. "이 진흙투성이 수렁은 고칠 수가 없는 곳입니다. 죄의 확신에서 비롯된 찌꺼기와 오물이 계속해서 이 낮은 곳으로 흘러들기 때문이지요. 그래서 이곳 이름이 절망의 구렁텅이랍니다. 죄인이 자신의 잃어버린 조건을 깨달으면 그 영혼에 공포와 의심, 비관적인 생각이 차오르게 되는데, 그런 게 전부 이곳으로 흘러와 가라앉지요. 이 땅이 이렇게 엉망진창이 된 것도 다 그런 이유 때문입니다."

"왕께서도 이곳이 엉망이 되는 것을 원치 않으십니다.(이사야

35:3,4) 지난 천육백여 년 동안 왕께서 보내신 감독관의 지시대로 왕의 일꾼들이 이 땅을 고치려 했습니다. 내가 알기로, 지금까지 이만 대가 넘는 수레로 수백만 가지의 유익한 교훈을 여기게 쏟아 부었지요. 왕께서 통치하시는 곳곳마다 이곳을 고칠만한 유익한 교훈들을 사시사철 끝도 없이 실어 보내왔습니다(모두가 좋은 땅을 만드는 최상의 재료라고들 했지요). 하지만 이곳은 여전히 절망의 구렁텅이입니다. 아무리 노력해도 소용이 없어요."

"사실 이 수렁 한가운데에는, 율법을 제정하신 분의 지시에 따라 안전하고 견고하게 만들어진 디딤대가 있습니다. 그런데 너무 많은 오물들이 쏟아져 들어오거나 날씨가 급변할 때는 이 디딤대가

거의 안 보이지요. 설사 보인다 해도, 어지럼증에 사로잡힌 사람들은 바로 옆에 디딤대를 놔두고 진흙탕 속에 파묻히곤 합니다. 하지만 일단 저 문에만 도착하면 좋은 땅이 나올 겁니다."(사무엘상 12:23)

바로 그 때 꿈속에서 나는 유약함이 집에 도착한 것을 보았다. 이웃들이 그를 만나러 왔다. 어떤 이들은 다시 돌아온 그를 현명한 사람이라고 불렀고, 어떤 이들은 크리스티안을 따라가다 위험에 처한 그를 바보라고 불렀다. 겁쟁이라고 놀리면서 이렇게 말하는 사람도 있었다. "한 번 모험을 떠났으면, 그 정도 어려움쯤은 당연히 이겨내야지." 유약함은 사람들 사이를 살그머니 돌아다녔다. 하지만 마침내는 다시 자신감을 회복했고, 그 뒤로는 모두들 말을 바꾸어 불쌍한 크리스티안을 등 뒤에서 비웃기 시작했다.

이제 크리스티안은 홀로 외로이 길을 걸었다. 그 때 저 멀리서 들판을 가로질러 오고 있는 사람이 보였다. 길이 이어지는 곳에서 둘은 딱 마주쳤다. 그가 만난 신사는 속세의 현인 씨였다. 이 사람은 크리스티안의 집과 가까운 세속적 정책이라는 대도시에서 살고 있었으며, 크리스티안에 관해 어느 정도 알고 있었다. (크리스티안이 멸망의 도시를 떠난 얘기는 그가 살던 마을뿐만 아니라 다른 마을들에서도 유명한 화제가 되어 있었던 것이다.) 속세의 현인 씨는 한숨과 신음을 내뱉으며 힘겹게 걸어가는 그를 보고 크리스티안이 틀림없다고 생각했다. 그래서 크리스티안에게 말을 걸었다.

속세의 현인 : "여보시오, 이렇게 무거운 짐을 지고 도대체 어디를 가는 겁니까?"

크리스티안 : "정말이지, 나처럼 불쌍하게 무거운 짐을 지고 가는 사람도 없겠지요! 어디를 가냐고요? 선생님, 나는 저 앞에 있는 좁은 문을 향해 가고 있습니다. 그곳에 가면 이 무거운 짐을 벗을 수 있는 방법을 알게 될 테니까요."

속세의 현인 : "처자식은 있습니까?"

크리스티안 : "있지요, 하지만 이 무거운 짐을 짊어지고 있으려니, 그들과 함께 있어도 예전처럼 즐거움을 누릴 수가 없었습니다. 그래서 차라리 가족이 없다고 생각하려고요(고린도전서 7:29)."

속세의 현인 : "내가 충고 한 마디 해도 되겠습니까?"

크리스티안 : "좋은 말씀이라면 당연히 들어야지요. 지금은 좋은 충고가 절실히 필요한 때니까요."

속세의 현인 : "그렇다면 한마디 하겠습니다. 지금 당장 그 짐을 내려놓으십시오. 그러지 않으면 지금까지 하나님께서 내려주신 축복도 맘껏 누릴 수 없습니다."

크리스티안 : "나도 정말이지 그러고 싶습니다. 이 무거운 짐을 벗어버리는 게 내 소원입니다. 하지만 나 혼자서는 도저히 벗을 수가 없습니다. 이 나라에는 내 짐을 벗겨줄만한 사람이 한 명도 없어요. 그래서 이 길을 나선 겁니다. 내 짐을 벗기 위해서요."

속세의 현인 : "그 짐을 벗으려면 이 길을 가야 한다고 가르쳐준

사람이 누굽니까?"

크리스티안 : "내가 보기에 아주 위대하고 영화로운 분 같았습니다. 그분의 이름은 전도자라고 기억하고 있습니다."

속세의 현인 : "그런 충고를 하다니, 빌어먹을 놈! 이 세상에 그가 가르쳐준 길보다 더 위험하고 힘든 길은 없습니다. 그 사람 충고를 따르다보면 당신도 금방 알게 될 겁니다. 내 생각엔 벌써 무슨 일을 겪은 것 같네요. 절망의 구렁텅이 진흙이 잔뜩 묻은 걸 보니 말입니다. 하지만 그 수렁은 이 길에서 겪게 될 슬픔의 시작에 불과합니다. 당신보다 오래 산 내 말을 들으세요. 이 길에서 만나게 될 거라곤 피로와 고통, 굶주림, 위험, 헐벗음, 칼, 사자, 용, 그리고 어둠밖에 없습니다. 결국은 죽음밖에 없단 말입니다. 이것은 틀림없는 사실이에요. 수많은 사람들이 이미 확증했단 말입니다. 어쩌다가 낯선 사람의 말만 듣고 이리도 경솔하게 처신한 겁니까?"

크리스티안 : "하지만 선생님, 나는 선생님이 말씀하신 그 모든 것들보다 내 등에 짊어진 짐이 더 끔찍합니다. 이 짐을 벗어버릴 수만 있다면 이 길에서 무얼 만나도 상관없습니다."

속세의 현인 : "어쩌다가 그 짐을 지게 되었습니까?"

크리스티안 : "이 책을 읽은 뒤에 그렇게 되었습니다."

속세의 현인 : "그럴 줄 알았습니다. 자기 능력에 맞지도 않은 일에 쓸데없이 참견하다가 느닷없이 혼란에 빠져버린 저 나약한

이들처럼 당신도 그런 겁니다. 혼란에 빠진 사람들은 당신처럼 용기를 잃을 뿐만 아니라, 잘 알지도 못하는 것들을 얻기 위해 절망스러운 모험에 뛰어들지요.”

크리스티안 : “하지만 나는 무엇을 얻게 될지 잘 알고 있습니다. 내가 바라는 건 이 무거운 짐을 벗고 편안해지는 것입니다.”

속세의 현인 : “그런데 왜 하필이면 이리도 위험천만한 길에서 편안함을 추구하는 겁니까? (당신이 참을성 있게 내 말을 듣기만 한다면) 이 길에서 겪게 될 그런 위험요소들 없이 원하는 걸 얻을 수 있는 길을 특별히 가르쳐 드리지요. 해결책이 눈앞에 있어요. 내 말대로 하면 위험한 일을 겪지 않고 오히려 안전과 우정과 만족감까지 누리게 될 겁니다.”

크리스티안 : “선생님, 부디 그 비밀을 알려주십시오.”

속세의 현인 : “저기 보이는 마을(도덕성이라는 마을)에 합법성이라는 신사가 살고 있는데, 이름만큼 매우 신중하고, 당신처럼 짐을 진 사람들이 그 짐을 벗을 수 있도록 도와주는 재주를 지닌 분입니다. 또 내가 알기론, 지금까지 이런 좋은 일을 굉장히 많이 하셨어요. 게다가 그분은 무거운 짐 때문에 약간 돌아버린 사람들을 치료하는 기술도 지니고 있답니다. 그러니 그분께 가서 얼른 도움을 청하세요. 그분의 집은 여기서 채 1마일도 안 되는 곳에 있습니다. 그분이 집에 안 계실 경우엔, 그분의 아들인 공손함이라는 귀공자가 대신 있을 겁니다. 그도 아버지만큼이나

비상한 재주를 지니고 있으니, 그곳에 가면 분명히 그 짐을 벗을 수 있을 겁니다. 물론 그러지 않길 바라지만, 혹시라도 예전에 살던 곳으로 돌아가지 않을 생각이라면, 처자식더러 이 마을로 오라고 하십시오. 지금 여기엔 빈집이 여러 채 있으니, 그 중 하나를 적당한 가격에 얻을 수 있을 겁니다. 여기엔 싸고 좋은 물건들이 많으니, 분명히 행복한 삶을 살 수 있을 것입니다. 정직한 이웃들과 더불어 신뢰와 선행을 누리며 살게 될 겁니다."
크리스티안은 잠깐 망설이다가 이내 결심을 굳혔다. '이 신사가 하는 말이 사실이라면, 충고를 받아들이는 게 가장 현명한 일이겠지.' 그는 좀 더 자세히 물었다.

크리스티안 : "선생님, 그 정직한 분의 집으로 가려면 어느 길로 가야 합니까?"
속세의 현인 : "저기 높은 언덕이 보입니까?"
크리스티안 : "예, 아주 잘 보입니다."
속세의 현인 : "저 언덕을 넘어가면 맨 먼저 나오는 집이 바로 그분의 집입니다."

그리하여 크리스티안은 가던 길을 벗어나 합법성의 집으로 방향을 바꿨다. 하지만 막상 언덕밑에 이르고 보니 언덕이 너무 높은데다가 길도 무척 울퉁불퉁했다. 행여 그 언덕이 머리 위로 무너져

내리지나 않을까 두려워진 크리스티안은 더 이상 모험을 감행할 수가 없었다. 어찌할 바를 몰라 넋을 잃고 서 있는데, 설상가상으로 등에 진 짐까지 원래보다 더 무겁게 느껴졌다. 언덕위에서 불꽃이 번쩍이자, 크리스티안은 자기까지 불타버릴 것 같아 무서워졌다(출애굽기 19:16,18). 식은땀이 흐르고, 두려움 때문에 온몸이 떨렸다. 그제서야 속세의 현인 씨 충고를 받아들인 게 후회되기 시작했다. 때마침 전도자가 그를 만나러 오는 게 보였다. 수치심에 그의 얼굴이 달아올랐다. 전도자는 점점 더 가까이 오더니, 마침내 근엄하고 무서운 표정으로 크리스티안을 질책하기 시작했다.

전도자가 물었다. "크리스티안 씨, 여기서 도대체 뭘 하고 있습니까?" 크리스티안은 뭐라고 대답해야 할지 몰라, 아무 말 없이 그냥 서 있었다. 그러자 전도자가 다시 물었다. "멸망의 도시에서 울고 있던 사람이 당신 맞습니까?"

크리스티안 : "예, 선생님, 제가 바로 그 사람입니다."

전도자 : "내가 분명 좁은 문으로 가는 길을 알려주었잖습니까?"

크리스티안 : "예, 선생님, 맞습니다."

전도자 : "그런데 어쩌다가 이다지도 급히 방향을 틀어버렸단 말입니까? 길에서 벗어났잖습니까?"

크리스티안 : "절망의 구렁텅이에서 빠져나오자마자 한 신사를 만났는데, 그가 저 앞에 있는 마을로 가면 이 짐을 벗겨줄 사람

을 만날 거라고 했거든요.”

전도자 : “대관절 누구였습니까?”

크리스티안 : “신사처럼 생겼는데, 여러 가지 이야기를 들려주었습니다. 결국은 그에게 설득당해 여기까지 오게 되었지요. 하지만 막상 이 언덕에 와보니 길이 너무도 울퉁불퉁해서, 꼭 제 머리 위로 언덕이 무너질 것 같아 그만 멈춰선 것입니다.”

전도자 : “그 신사가 당신에게 무슨 말을 했습니까?”

크리스티안 : “어디로 가고 있냐고 물어서 대답해주었습니다.”

전도자 : “그랬더니 뭐라고 했습니까?”

크리스티안 : “가족이 있냐고 물어서 있다고 대답했지요. 하지만 가족과 함께 있어도 등에 짊어진 짐 때문에 예전처럼 즐거움을 누릴 수가 없다고 했습니다.”

전도자 : “그랬더니요?”

크리스티안 : “얼른 이 짐을 벗어버리라고 했습니다. 그래서 나도 편해질 방법을 찾고 있는 중이라고, 저 문에 이르면 구원의 장소로 가는 방향을 알게 될 거라고 말했습니다. 그랬더니 더 빠르고 편한 길을 가르쳐 주겠다고, 그 길은 선생님이 알려준 길 같은 어려움이 전혀 없다고 했습니다. 그 길로 가면 이 짐을 벗겨줄 재주를 지닌 사람의 집에 도착할 거라고 하더군요. 그 말을 믿고 가던 길에서 벗어나 이 길로 들어섰습니다. 하루라도 빨리 이 짐에서 벗어나고만 싶었거든요. 하지만 막상 이곳에 와보니 저런 게

있잖겠습니까? (이미 말한 것처럼) 위험한 일이 생길까 무서워 멈춰서버렸습니다. 이젠 정말 어찌해야 좋을지 모르겠습니다."

전도자가 말했다. "잠깐만 그대로 서 있으십시오. 하나님 말씀을 들려드리지요." 그는 부들부들 떨었다. 전도자가 말을 이었다. "여러분에게 말씀하시는 분을 거역하지 않도록 조심하십시오. 세상 사람의 경고를 무시해도 그렇게 벌을 받았는데, 하물며 하늘로부터 경고하시는 분을 배척하면 어떻게 되겠습니까?"(히브리서 12:25) "나의 의인은 믿음으로 살 것이다. 그가 뒤로 물러서면, 나의 마음이 그를 기뻐하지 않을 것이다."(히브리서 10:38) 전도자가 계속해서 말했다. "당신은 이 고통 속에 스스로 뛰어든 사람입니다. 가장 높으신 분의 충고를 거절하고, 평화의 길에서 발길을 돌려 파멸의 위험에 도달하고 말았습니다."

그러자 크리스티안이 전도자의 발아래 죽은 듯이 쓰러져 울었다. "아, 이를 어쩐단 말입니까! 이제 다 틀렸습니다!" 그 모습을 지켜보던 전도자가 오른손을 붙잡고 얘기했다. "사람들이 무슨 죄를 짓든지, 무슨 신성 모독적인 말을 하든지, 그들은 용서를 받을 것입니다."(마태복음 12:31) "의심을 떨치고 믿음을 가지십시오."(요한복음 20:27) 그러자 어느 정도 의식을 되찾은 크리스티안이 전도자 앞에 섰다. 하지만 몸은 여전히 부들부들 떨렸다.

전도자가 다음과 같이 말했다. "내가 앞으로 하는 말을 좀 더 주의 깊게 들으십시오. 당신을 현혹시켰던 자가 누군지, 그리고 당신이 찾아가려고 했던 자가 누군지 알려드리지요. 당신이 만난 사람은 속세의 현인이라는 잔데, 이름 그대로 세상에 속한 말만 하는 자입니다.(요한일서 4:5) (그렇기 때문에 그는 늘 도덕성 마을에 있는 교회를 다니지요.) 또 이름 그대로 이 세상에 속한 말을 가장 사랑하는데, 그리스도의 십자가 박해를 면하려는 것이지요.(갈라디아서 6:12) 그는 이처럼 세속적인 사람이기에, 내 길이 옳음에도 불구하고 방해를 일삼는 자입니다. 이 사람의 조언에는 반드시 경멸해야 할 세 가지가 있습니다.

1. 당신을 길에서 벗어나게 한 것.
2. 당신이 십자가를 혐오하게 만든 것.
3. 당신의 발걸음을 죽음의 통치 아래로 이끈 것.

첫째, 당신을 길에서 벗어나게 한 그를 경멸해야 합니다. 그런 그에게 동조한 당신의 행위 역시 경멸해야 해요. 그것은 속세의 현인이 한 충고 때문에 하느님의 충고를 거절하는 짓입니다. 주님은 이렇게 말씀하셨습니다. '너희는 좁은 문으로 들어가기를 힘써라.' (누가복음 13:24) '생명으로 이끄는 문은 너무나도 좁고, 그 길이 험해서, 그곳을 찾아

오는 사람이 별로 없다.' (마태복음 7:13,14) 지난번에 내가 가르쳐줬던 문이 바로 이 문입니다. 사악한 자들은 이 좁은 문으로 향하는 사람을 돌려세워 결국은 멸망으로 이끌지요. 그러니 당신을 그 길에서 벗어나게 한 자를 경멸하고, 그런 말에 귀를 기울인 당신 자신도 경멸하십시오.

둘째, 당신이 십자가를 혐오하게 만든 그를 경멸해야 합니다. 십자가는 애굽의 보물보다도 소중히 여겨야 합니다(히브리서 11:25, 26). 영광의 왕께서도 이렇게 말씀하시지 않았습니까? '누구든지 제 목숨을 구하고자 하는 사람은 잃을 것이라.' '누구든지 내게로 오는 사람은, 자기 아버지나 어머니나, 아내나 자식이나, 형제나 자매뿐만 아니라, 심지어 자기 목숨까지도 미워하지 않으면, 내 제자가 될 수 없다.' (마가복음 8:35; 요한복음 12:25; 마태복음 10:39; 누가복음 14:26) 진리의 말씀을 따르면 영원한 삶을 얻는 게 아니라 죽게 될 뿐이라고 꼬드기는 자의 가르침은 반드시 경멸해야 합니다.

셋째, 당신의 발걸음을 죽음의 통치 아래로 이끈 그를 경멸해야 합니다. 당신이 그 짐을 벗기 위해 찾아가려 했던 자는 결코 당신을 그 짐에서 해방시켜줄 수 없다는 사실을 명심하십시오.

당신이 그 짐을 벗기 위해 찾아가려 했던 자는 합법성이라
는 자입니다. 그는 자식들까지 다 노예로 매여 있는 어느
여종의 아들인데(갈라디아서 4:21~27), 그 여종은 아까 당신이
머리위로 무너질까 봐 두려워했던 바로 그 시내산이지요.
그 여종과 아들 스스로가 묶여 있는 처지인데, 어떻게 당
신을 자유롭게 해줄 수 있겠습니까? 이 합법성은 결코 당
신의 짐을 벗겨줄 수 없습니다. 지금까지 그가 해방시켜준
사람은 단 한 명도 없습니다. 앞으로도 없겠지요. 율법의
행위로는 결코 의인이 될 수 없습니다. 율법의 행위로 짐
을 벗은 사람은 아무도 없어요. 속세의 현인 씨는 이방인
이고, 합법성은 사기꾼입니다. 또 합법성의 아들 공손함으
로 말할 것 같으면, 인상은 좋지만 결국 위선자일 뿐, 결코
당신을 도울 수 없습니다. 내 말을 믿으세요. 그 주정뱅이
가 지껄이는 소리에 귀를 기울였다가는, 내가 가르쳐준 길
에서 벗어나 구원이 없는 길로 빠지고 말 겁니다.” 이 말을
마친 전도자가 자기 말을 확증해달라고 하늘을 향해 크게
소리쳤다. 그러자 말씀과 함께 산에서 불이 나와 불쌍한
크리스티안이 서 있는 곳으로 떨어졌다. 그는 머리카락이
곤두섰다. 그 말씀은 다음과 같았다. “율법의 행위에 의지
하는 사람은 누구나 다 저주 아래 있습니다. 기록된 바 ‘율
법책에 기록된 모든 것을 지키지 않는 사람은 다 저주 아

래 있다' 하였습니다."(갈라디아서 3:10)

꼼짝없이 죽게 된 크리스티안은 속세의 현인 씨를 만난 그 순간을 저주하며 울부짖기 시작했다. 그런 자의 충고에 귀를 기울이다니, 자신이 너무나도 바보 같았다. 그저 육신에서 흘러나왔을 뿐인 그 신사의 주장을 철석같이 믿고 옳은 길을 저버린 자신이 너무나도 수치스러웠다. 그는 전도자에게 다시 한 번 매달렸다.

크리스티안 : "선생님, 어떻습니까? 아직 희망이 있습니까? 지금이라도 다시 좁은 문 쪽으로 돌아갈까요? 그곳에 간다 해도 창피만 당하고 쫓겨날까요? 그 사람의 충고를 귀담아 들은 게 너무나도 후회스럽습니다. 어떻게 해야 제 잘못을 용서받을 수 있겠습니까?"

전도자가 그에게 말했다. "당신의 죄는 너무나도 큽니다. 두 가지 악을 행했으니까요. 당신은 선한 길을 저버리고, 금지된 길로 갔습니다. 하지만 그 문을 지키는 자는 사람들에게 호의를 베푸는 자니 분명히 당신을 받아줄 것입니다. 이제 다시는 방향을 트는 일이 없도록 하십시오. 안 그러면 '걸어가는 그 길에서 망할 것입니다. 그의 진노하심이 지체 없이 이를 겁니다.'"(시편 2:12)

이리하여 크리스티안은 처음에 가던 길로 다시 되돌아가기로 했다. 전도자는 그에게 입맞춤을 한 다음, 미소를 지으며 축복을 빌어주었다. 크리스티안은 서둘러 길을 떠났다. 길에서 마주친 사람에게 절대로 말을 걸지 않았으며, 행여 누가 말을 걸어와도 결코 대답하지 않았다. 마치 금지된 길을 가는 사람 같았다. 그는 속세의 현인 씨 충고를 듣고 떠나버렸던 바로 그 길로 다시 들어서기 전에는 결코 안전하지 않다고 생각했다. 마침내 크리스티안은 그 문에 도착했다. 문 위에는 "문을 두드려라, 열어 주실 것이다"(마태복음 7:7)라고 쓰여 있었다.

그는 서너 차례 문을 두드리면서 이렇게 말했다.

제가 여기로 들어가도 되겠습니까?
그분이 저를 불쌍히 여겨 문을 열어 주실까요?
자격도 없는 이 반역자를?
그렇게만 해주신다면 기필코 그분께
영원히 소리 높여 찬양을 올리겠습니다.

마침내 호의라는 이름의 엄숙한 사람이 문으로 나오더니, 어디서 온 누구며 왜 왔냐고 물었다.

크리스티안 : "짐을 지고 온 불쌍한 죄인입니다. 저는 멸망의 도시에서 왔는데, 곧 닥칠 진노로부터 구원을 받기 위해 시온산으로 가는 길입니다. 선생님, 그곳으로 가려면 이 문을 지나야 한다고 들었습니다. 저 좀 들여보내 주십시오."

호의 : "기꺼이 그러지요." 그가 문을 열어주었다.

크리스티안이 문 안으로 발을 막 내딛자, 호의가 얼른 잡아당겼다. 크리스티안이 물었다. "선생님, 왜 그러십니까?" 호의가 대답했다. "이 문에서 조금 떨어진 곳에 바알세불이라는 대장의 튼튼한 성이 있는데, 이 문에 다가오는 사람들이 안으로 들어가지 못하도록, 그 대장의 무리들이 화살을 쏘아대거든요." 크리스티안이 말했다. "하마터면 큰일 날 뻔했군요. 생각만 해도 소름이 끼칩니다." 크리스티안이 들어가자, 문을 지키던 자가 그를 이곳으로 안내한 사람이 누구냐고 물었다.

크리스티안 : "전도자가 여기로 와서 문을 두드리라고 했습니다. 그러면 선생님이 제가 할 일을 가르쳐주실 거라고 하던데요."

호의 : "당신 앞에 문이 열려 있습니다. 그 문은 아무도 닫지 못합니다."

크리스티안 : "드디어 지금껏 노력한 대가를 거두게 되었네요."

호의 : "그런데 어째서 당신 혼자입니까?"

크리스티안 : “제 주위에는 저처럼 위험을 깨달은 사람이 한 명도 없었거든요.”

호의 : “이웃들 중에 당신이 여기로 오는 것을 아는 사람이 있었습니까?”

크리스티안 : “그럼요, 아내와 아이들이 뒤쫓아 오면서 집으로 돌아가자고 소리쳤지요. 이웃들도 서서 소리치는가 하면, 쫓아오면서 돌아가자고 소리 질렀어요. 하지만 저는 손가락으로 귀를 틀어막고 계속해서 걸었습니다.”

호의 : “끝까지 뒤따라와서 돌아가자고 꼬드긴 사람은 없었습니까?”

크리스티안 : “있었지요. 완고함과 유약함이 그랬습니다. 하지만 날 설득할 수 없다는 걸 알고, 완고함은 비웃으며 돌아갔고, 유약함은 잠깐 동안 저와 함께 왔습니다.”

호의 : “그런데 왜 여기까지 같이 안 왔습니까?”

크리스티안 : “절망의 구렁텅이까지는 함께 왔습니다. 그런데 갑자기 수렁에 빠진 뒤 무척 실망한 유약함이 모험을 그만두겠다고 하더군요. 그리고는 자기 집에서 가까운 늪가로 기어올라 가더니, 자길 위해서라도 저 혼자 멋진 나라에 들어가라고 했습니다. 그 뒤로 그는 그의 길을 가고, 저는 저의 길을 오게 된 겁니다. 그는 완고함을 쫓아갔고, 전 이 문으로 왔지요.”

호의가 말했다. "저런, 가엾은 사람! 거룩한 영광의 가치가 고작 그 정도밖에 안 되다니요! 거룩한 영광을 얻으려면 그 정도 어려움은 당연히 이겨냈어야지요."

크리스티안이 말했다. "사실 저도 유약함보다 별로 나을 게 없는 사람입니다. 그가 자기 집으로 돌아간 것은 사실이지만, 저 역시 속세의 현인 씨 주장에 속아 그만 죽음의 길로 들어서고 말았으니까요."

호의 : "아니, 그가 당신 앞에 나타났단 말입니까? 저런! 보나마나 합법성 씨 손에 구원이 달려있다고 했겠지요! 둘 다 엄청난 사기꾼인데, 그런 자의 충고를 따르다니요!"

크리스티안 : "그러게 말입니다. 감히 그런 짓을 하다니. 합법성 씨를 찾아가다가, 아무래도 그 집 옆산이 제 머리위로 무너질 것 같아 멈춰 섰습니다."

호의 : "바로 그 산에서 수많은 사람들이 죽었답니다. 앞으로도 많은 사람이 죽겠지요. 그래도 당신은 거기서 살아나왔으니 정말로 다행입니다."

크리스티안 : "의기소침해져서 생각에 잠겨 있던 차에 다행히도 전도자를 다시 만났습니다. 그곳에서 그를 못 만났다면 무슨 일을 당했을지 몰라요. 그를 다시 만난 건 하나님의 자비입니다. 하나님의 자비가 아니었다면 이곳에 오지 못했을 겁니다. 그 산

에서 죽었어야 할 내가 지금 여기 서서 선생님과 애기를 나누다니! 이곳에 들어올 수 있게 해주신 은혜가 차고 넘칩니다!"

호의 : "이곳으로 오기 전에 무슨 일을 했든지, 우리는 결코 막지 않는답니다. 아무도 물리치지 않아요(요한복음 6:37). 그러니 크리스티안 씨, 나와 함께 갑시다. 어디로 가야 할지 가르쳐 드리지요. 저 앞을 보십시오. 좁은 길이 보이지요? 저게 바로 당신이 가야 할 길입니다. 이스라엘 민족의 조상들과 선지자들, 그리스도와 그의 사도들이 쌓아올린 저 길로만 똑바로 걸어가야 합니다."

크리스티안이 물었다. "하지만, 초행자가 길을 잃을 만한 갈림길이나 골목길은 없습니까?"

호의 : "많이 있지요. 이 길은 여러 길들과 접해있는데, 모두들 넓고 굽은 길입니다. 그래도 얼마든지 옳은 길과 그른 길을 구분할 수 있을 겁니다. 옳은 길은 좁고 똑바르니까요."(마태복음 7:14)

꿈속에서 보니, 크리스티안이 호의에게 등에 진 짐을 벗을 수 있게 도와달라고 부탁했다. 그때까지도 짐을 벗지 못하고 있었으며, 남의 도움이 없이는 결코 벗을 수 없었기 때문이다.

호의가 말했다. "그 짐이라면, 구원의 장소에 도착할 때까지 견뎌야 합니다. 거기 도착하면 등에서 저절로 떨어질 겁니다."

결의를 새롭게 다진 크리스티안은 여행을 계속하기로 했다. 이

문에서 조금만 더 가면 해석가의 집이 있는데, 그 집 문을 두드리
면 멋진 것들을 보게 될 것이라고 호의가 가르쳐주었다. 그리고는
크리스티안이 떠날 때 하나님의 축복을 빌어주었다.

그는 해석가의 집이 나타날 때까지 계속해서 걸었다. 마침내 해석가의 집에 도달한 그는 문을 여러 차례 두드렸다. 그러자 한 사람이 문으로 나오더니 누구냐고 물었다.

크리스티안 : "선생님, 지나가는 여행자인데, 이 집에 사시는 선한 분의 친구가 여기 와서 도움을 청하라고 일러줬습니다. 주인 어른과 얘기를 좀 나누고 싶은데요."

그 사람이 집주인을 부르러 갔다. 얼마 뒤에 집주인이 나와 원하는 게 뭐냐고 물었다.

크리스티안이 말했다. "선생님, 저는 멸망의 도시에서 나와 시온 산을 향해 가고 있습니다. 이 길 입구에 서 있던 사람이 저더러 이곳으로 가라고 했습니다. 선생님이 제 여행에 도움이 될 만한 멋진 것들을 보여주실 거라고 하던데요."

해석가가 말했다. "들어오십시오. 당신에게 도움이 될 만한 것들을 보여드리지요." 그는 하인에게 촛불을 켜라고 하더니 크리스티안에게 따라오라고 말했다. 그를 밀실로 안내하고는 하인에게 문을 열라고 했다. 하인이 문을 열자, 벽에 걸린 아주 엄숙한 사람의 그림이 크리스티안의 눈에 들어왔다. 그 사람의 모습은 이랬다: 눈을 들어 하늘을 보고 있었고, 손에는 최고의 책이 들려 있었으며, 입술에는 진리의 법이 쓰여 있었다. 세상은 그의 뒤편에 있었다.

그 사람은 머리에 황금 면류관을 쓰고서, 사람들에게 뭔가를 간청하듯이 서 있었다.

크리스티안이 물었다. "이것은 뭘 뜻하는 것입니까?"

해석가 : "이 그림 속 남자는 천에 하나 있을까 말까한 영웅입니다. 그는 자녀를 낳을 수도 있고(고린도전서 4:15), 해산의 고통을 겪을 수도 있으며(갈라디아서 4:19), 자녀가 태어나면 친히 돌볼 수도 있습니다. 보다시피 그는 눈을 들어 하늘을 보고 있으며, 손에는 최고의 책을 들었고, 입술에는 진리의 법이 적혀 있지요. 이것으로 죄인들에게 가려진 것들을 밝혀내는 게 그의 임무임을 알 수 있습니다. 그가 사람들에게 간청하는 것처럼 서 있지요? 또 세상이 그의 뒤에 내쳐져 있고, 그의 머리엔 면류관이 씌워진 것도 보이지요? 이것으로 그가 세상에 속한 것들을 몹시 싫어하고 경멸했으며, 또한 자기 주인께서 맡기신 일을 사랑했기에, 장차 올 세상에서 분명히 영광을 차지할 거라는 걸 알 수 있습니다."

해석가가 계속해서 말했다. "이 그림을 가장 먼저 보여준 것은, 그림 속의 남자야말로 당신이 지금 가고 있는 곳의 주인으로부터, 당신이 위기에 빠질 때마다 인도해줄 수 있는 권한을 부여 받은 유일한 사람이기 때문입니다. 그러니 이 그림을 눈여겨보십시오. 방금 본 것을 마음속에 깊이 새기세요. 그래야 혹 당신을 바르게 인도하는 척하면서 죽음의 길로 끌고 가는 사람들을 만나도 다시는 안 속지요."

말을 마친 그는 크리스티안의 손을 잡더니, 청소를 안 해 먼지가 수북이 쌓인 커다란 객실로 데려갔다. 잠시 방을 둘러본 해석가는 한 남자에게 먼지를 쓸라고 했다. 남자가 방을 쓸기 시작하자 먼지가 사방에 날렸다. 크리스티안은 숨도 제대로 쉴 수 없었다. 그러자 해석가가 곁에 서 있던 소녀에게 말했다. "물을 가져와 방에 뿌려라." 소녀가 물을 뿌리자 먼지가 깨끗하게 씻겨나갔다.

크리스티안이 물었다. "이것은 무슨 뜻입니까?"

해석가가 대답했다. "이 객실은 복음의 은총에 의해 한 번도 정화된 적이 없는 사람의 마음입니다. 먼지는 그 사람 전체를 불결하게 만든 원죄와 내적 타락이지요. 처음에 먼지를 쓸기 시작했던 남자는 율법이고, 물을 가져와 뿌린 소녀는 복음입니다. 당신도 보았듯이, 남자가 방을 쓸기 시작하자 금세 사방으로 먼지가 날려 청소는커녕 숨도 못 쉴 지경이었습니다. 이것으로 율법은 (행위로 인해) 죄가 가득한 마음을 씻어주는 것이 아니라 오히려 죄가 살아나게 하고(로마서 7:9), 죄의 힘을 키워주며(고린도전서 15:56), 죄를 증가시키기만 할(로마서 5:20) 뿐임을 알 수 있습니다. 죄를 찾아내고 금할 순 있어도 정복시킬 힘은 없는 겁니다."

"소녀가 방에 물을 뿌리자 먼지가 깨끗하게 씻겨나가는 걸 보았지요? 이것은 복음이 들어오면 마음에 신선하고 소중한 영향을 미치게 된다는 의미입니다. 소녀가 마룻바닥에 물을 뿌려 먼지를 씻어낸 것처럼, 죄를 무너뜨리고 굴복시킨 다음, 신앙으로 인해 영혼을 깨끗하게 만드는 겁니다. 그러면 그 영혼은 영광의 왕께서 들어와 사시기에 딱 좋은 곳이 됩니다."(요한복음 15:3; 에베소서 5:26; 사도행전 15:9; 로마서 16:25,26)

꿈속에서 보니, 해석가가 이번에는 그의 손을 잡고 작은 방으로 들어갔다. 그 방에는 어린아이 둘이 의자에 앉아 있었다. 형의 이름은 열정이고, 동생의 이름은 인내였다. 열정은 아주 불만스러워 보였고, 인내는 매우 차분해 보였다. 크리스티안이 물었다. "열정은 왜 저렇게 불만스러운 얼굴인가요?" 해석가가 대답했다. "통치자께서 가장 좋은 것들을 가지려면 내년까지 기다리라고 하셨거든요. 열정은 당장 그걸 갖고 싶어 안달이고, 인내는 기꺼이 기다리고 있는 것이지요."

바로 그때 어떤 사람이 보물이 가득한 가방을 들고 오더니, 그 가방을 열정의 발치에 쏟았다. 열정은 보물을 집어 들고서 기뻐했다. 그리고는 인내를 비웃었다. 하지만 얼마 뒤에 보니, 열정은 금세 보물을 다 써버리고 누더기만 걸치고 있었다.

크리스티안이 해석가에게 말했다. "이것을 좀 더 알기 쉽게 설명해 주십시오."

해석가가 말했다. "이 두 아이는 상징입니다. 열정은 이 세상 사람들을 상징하고, 인내는 장차 다가올 세상의 사람들을 상징하지요. 방금 보았듯이, 열정은 이 세상 사람들처럼 바로 지금 모든 걸 가지려 합니다. 그들은 지금 당장 좋은 것들을 다 가져야 직성이 풀립니다. 다음 세상까지 자기 몫을 기다릴 수가 없는 겁니다. '숲 속의 새 두 마리보다 수중의 새 한 마리가 더 소중하다'는 속담처럼, 그들에겐 다가올 세상의 좋은 것들에 대한 하나님의 증언보다 눈앞의 보물이 더 중요한 셈이지요. 하지만 보다시피 금세 보물을 다 써버리고 누더기만 남았답니다. 그런 사람들은 이 세상 끝날 모두 그렇게 될 겁니다."

크리스티안이 말했다. "이제 보니 여러 가지 면에서 인내야말로 정말 대단한 아이네요. ⑴ 가장 좋은 것들을 참고 기다렸기에, ⑵ 형이 모든 것을 잃고 누더기만 남았을 때에도 영광을 누리게 되었 잖아요."

해석가 : "한 가지가 더 있지요. 다음 세상의 영광은 결코 닳아 없어지지 않는다는 것 말입니다. 이 세상 영광은 갑자기 사라져 버립니다. 따라서 열정이 처음에 좋은 것들을 가졌다고 해서 결 코 인내를 비웃어서는 안 됩니다. 오히려 인내가 열정을 비웃어 야 할 겁니다. 그야말로 마지막에 가장 좋은 것들을 차지할 테니 까요. 처음은 마지막에게 자리를 내줘야 합니다. 앞으로 올 시간 은 마지막의 것이니까요. 마지막 뒤에는 아무것도 없습니다. 마 지막의 자리를 이어받을 자는 아무도 없습니다. 그러니까 처음

에 자기 몫을 받은 자는 그것을 다 써버린 다음 또다시 궁핍하게 되지만, 자기 몫을 마지막에 받는 자는 그것을 영원히 차지하게 되는 것이지요. 성경에도 부자에 관하여 다음과 같은 말씀이 실려 있습니다. '살아 있을 때에 너는 온갖 복을 다 누렸지만, 나사로는 온갖 불행을 다 겪었다. 그래서 그는 지금 여기에서 위로를 받고, 너는 고통을 받는다.'"(누가복음 16:25)

크리스티안 : "그러면 지금 있는 것들을 탐내지 말고 다가올 것들을 기다리는 게 좋겠군요."

해석가 : "그렇습니다. '보이는 것은 잠깐이지만, 보이지 않는 것은 영원하기 때문입니다.'(고린도후서 4:18) 하지만 그럼에도 불구하고, 현재 존재하는 것들과 우리의 현재 욕구는 서로 가까운 이웃입니다. 반대로, 장차 올 것들과 육체의 감각은 서로 낯선 사이지요. 그렇기 때문에 앞의 것들은 금방 친해지는 반면, 뒤의 것들은 점점 더 멀어지는 겁니다."(로마서 7:15~25)

꿈속에서 보니, 이번에는 해석가가 크리스티안의 손을 잡고 벽이 불타오르는 곳으로 데려갔다. 어떤 사람이 불을 끄기 위해 벽 앞에 서서 계속 물을 끼얹었지만, 불길은 점점 더 거세지기만 했다.

크리스티안이 물었다. "이것은 무슨 뜻입니까?"

해석가가 대답했다. "이 불은 마음속에 부어주시는 은총을 뜻합니다. 불을 끄려고 자꾸만 물을 끼얹는 사람은 사탄이고요. 하지만 보다시피 불은 꺼지기는커녕 점점 더 거세어지기만 합니다. 그 이유를 가르쳐드리지요.”

그는 크리스티안을 벽 뒤로 데려갔다. 어떤 남자가 기름항아리를 손에 들고 계속해서(하지만 아무도 몰래) 불에 기름을 끼얹고 있었다.

크리스티안이 물었다. “이건 무슨 의미입니까?”

해석가가 대답했다. “이분은 그리스도십니다. 계속해서 은총의 기름을 부어, 이미 마음속에서 시작된 일을 지키는 분이지요. 사탄이 끊임없이 물을 끼얹는데도 백성들 영혼에 여전히 은총이 가득한 건 다 그분 덕택입니다(고린도후서 12:9). 벽 뒤에 서서 불길을 지키는 그분을 보았지요? 이것이 주는 교훈은, 시험당하는 이들이 영혼 속의 은총을 지키는 게 너무나도 힘들다는 것입니다.”

이번에는 해석가가 크리스티안의 손을 잡고 쾌적한 곳으로 들어가는 게 보였다. 그곳에는 견고하고 아름다운 궁전이 세워져 있었다. 궁전을 바라보고 있노라니 크리스티안은 굉장히 기뻤다. 궁전 꼭대기에는 황금 옷을 입은 사람들이 거닐고 있었다.

크리스티안이 물었다. “우리도 저기로 들어갈 수 있을까요?”

그러자 해석가가 궁전 문 앞으로 그를 데리고 갔다. 그 문 앞에는 굉장히 많은 사람들이 안으로 들어가고 싶어도 들어가지 못하고 서 있었다. 정문에서 아주 가까운 곳에 한 남자가 탁자를 놓고 앉아 있었다. 탁자에는 정문을 통과하는 사람들의 이름을 적을 책

과 펜이 놓여 있었다. 또 문 옆에는 무장한 자들이 지키고 서 있었
는데, 문안으로 들어가면 금방이라도 해칠 것 같은 태세였다. 그것
을 보고 크리스티안은 깜짝 놀랐다. 사람들은 무장한 자들이 무서
워 하나둘 되돌아가기 시작했다. 그때 크리스티안은 아주 담대해
보이는 남자가 정문 앞에 앉아 있는 사람에게 다가가 이렇게 말하
는 걸 들었다. "선생님, 내 이름을 적으십시오." 그가 이름을 받아
적자, 남자는 칼을 뽑아 들고 머리에 투구를 쓴 다음 무장한 자들
쪽으로 돌진해갔다. 무장한 자들이 무지막지한 힘으로 공격했지
만, 그는 전혀 굴하지 않고 용맹스럽게 칼을 휘둘렀다. 결국엔 그
도 상처를 입고, 그를 막으려 했던 자들도 상처를 입었다(마태복음
11:12; 사도행전 14:22). 마침내 그는 그들 사이를 뚫고 궁전 안으로 들
어갔다. 그러자 안에 들어가 있던 사람들의 즐거운 목소리가 들려
왔다. 그들은 궁전 꼭대기로 올라가 이렇게 외쳤다.

들어오십시오. 여기로 들어오십시오.
영원한 영광을 차지할 것입니다.

안으로 들어간 남자는 그들처럼 황금 옷을 입었다. 크리스티안
은 미소를 지으며 말했다. "이것이 무슨 의미인지는 저도 알 것 같

습니다.”

크리스티안이 말했다. “이제 저도 다시 길을 떠나야겠습니다.” 그러자 해석가가 말했다. “안 됩니다. 몇 가지를 더 보여줄 테니, 다본 다음 길을 떠나십시오.” 그리고는 다시 크리스티안의 손을 잡고 아주 어두운 방으로 들어갔다. 한 남자가 철창 안에 갇혀 있었다.

그 남자는 무척이나 슬퍼보였다. 그는 두 손을 포갠 채 땅바닥만 내려다보고 앉아 있었다. 그리고는 마음이 괴로운 듯 한숨을 내쉬었다. 크리스티안이 물었다. “이것은 무슨 의미입니까?” 그러자 해석가는 직접 그 남자와 이야기를 나눠보라고 했다.

크리스티안이 남자에게 물었다. “당신은 누구입니까?” 남자가 대답했다. “나도 예전엔 이러지 않았답니다.”

크리스티안 : “예전엔 어떤 사람이었는데요?”

남자가 대답했다. “한때는 나도 자타가 공인하는 신앙고백자였답니다(누가복음 8:13). 나야말로 거룩한 도시에 들어갈 자격이 있다고 믿었기에, 그곳에 들어갈 생각에 들떠있었지요.”

크리스티안 : “그렇다면 지금은요?”

남자 : “지금은 절망에 빠져버렸습니다. 이 철창 속에 갇힌 것처럼 절망에 갇혀버렸습니다. 이제는 밖으로 나갈 수 없어요. 절대

로 못 나간단 말입니다!"

크리스티안 : "어쩌다 이 지경이 된 겁니까?"

남자 : "맑은 정신으로 경계하는 걸 그만뒀기 때문입니다. 정욕에 몸을 맡기고, 말씀의 빛과 하나님의 선을 거스르는 죄를 지어버렸지요. 성령을 상하게 만들어 떠나보내고, 사탄을 유혹하여 끌어들였습니다. 하나님을 노하시게 만들어 떠나보냈어요. 이제는 마음이 너무도 완악해져 회개할 수도 없습니다."

그 말을 듣고 크리스티안은 해석가에게 물었다. "이런 사람에게는 더 이상 희망이 없는 겁니까?" 해석가가 대답했다. "그에게 직접 물어보십시오."

크리스티안이 남자에게 물었다. "이제는 희망이 없습니까? 절망의 철창 속에 계속 갇혀 있어야 합니까?"

남자 : "예, 다른 방법이 없습니다."

크리스티안 : "왜요? 성자께서는 동정심이 많은 분이잖습니까?"

남자 : "내가 그분을 또다시 십자가에 못 박았거든요(히브리서 6:6). 그분의 인격을 모독하고(누가복음 19:14), 그분의 정의를 멸시하고, 그분의 피를 부정한 것으로 몰았지요. 은혜의 영도 모욕했답니다(히브리서 10:28,29). 그러다가 모든 언약으로부터 차단된 채 여기 갇히고 말았지요. 지금은 오로지 심판과 불같은 진노의 위

협, 끔찍하고도 무시무시한 위협만이 남았을 뿐입니다."

크리스티안 : "어째서 스스로를 이 지경까지 몰고 왔습니까?"

남자 : "이 세상의 정욕과 쾌락과 이익 때문이지요. 그때는 그런 즐거움 속에 크나큰 기쁨이 들어 있을 거라고 생각했습니다. 그런데 지금은 그 모든 것들이 끔찍한 벌레처럼 나를 물어뜯고 갉아먹는답니다."

크리스티안 : "하지만 지금이라도 회개하고 돌아서면 되지 않을까요?"

남자 : "하나님께서 나의 회개를 거절하셨습니다. 이제는 나의 믿음을 북돋워주시지도 않아요. 예, 그분이 직접 나를 이 철창 속에 가두셨답니다. 그러니 이 세상 누구도 나를 꺼내줄 수 없지요. 아, 영원! 영원! 영원히 겪게 될 이 고통을 어떻게 이겨낸단 말입니까?"

해석가가 크리스티안에게 말했다. "이 사람의 고통을 명심하고, 끊임없이 스스로를 경계하십시오."

크리스티안이 말했다. "끔찍한 일이군요! 하지만 맑은 정신으로 경계하고, 또 이 남자가 고통을 겪게 된 원인을 멀리하게 해주시라고 기도드리면, 하나님께서 도와주실 겁니다. 자, 선생님, 이제 저는 떠나야 하지 않겠습니까?"

해석가 : "한 가지 더 보여줄 게 있으니, 기다렸다가 보고 가십
시오."

그는 다시 크리스티안의 손을 잡더니 어느 방으로 데려갔다. 어
떤 사람이 침대에서 벌떡 일어나더니 부들부들 떨며 옷을 걸쳤다.
크리스티안이 물었다. "이 사람은 왜 이리도 떨고 있는 겁니까?"
해석가가 그 사람더러 떨고 있는 이유를 크리스티안에게 말해주라
고 했다.

그러자 그 사람이 이렇게 말했다. "어젯밤 꿈속에서 하늘이 갑자
기 캄캄해지는 걸 보았습니다. 천둥번개까지 마구 치는 바람에 너
무도 무서웠지요. 꿈속에서 고개를 들어보니 구름이 심상찮게 움
직였습니다. 그리고 위쪽에서 커다란 나팔소리가 들렸습니다. 어
떤 분이 수천 명의 하늘나라 백성들과 함께 구름 위에 앉아 있었는
데, 모두들 타오르는 불 속에 있었습니다. 하늘도 불길에 휩싸였지
요. 바로 그때 이런 음성이 들렸습니다. '죽은 이들이여, 일어나
라. 와서 심판을 받아라.' 그러자 바위가 부서지고 무덤이 열리더
니 죽은 이들이 나왔습니다. 일부는 기쁜 얼굴로 위를 쳐다보는 반
면, 일부는 산 아래 숨을만한 곳을 찾아 헤맸지요. 그런데 구름 위
에 앉아 있던 분이 책을 펼치더니 세상 사람들을 가까이 불렀습니
다. 하지만 그분 앞에는 맹렬한 불길이 타오르고 있어서, 그분과
세상 사람들 사이에는 마치 재판장과 피고처럼 거리가 생겼습니다

(고린도전서 15:52; 데살로니가전서 4:16; 유다서 1:15; 요한복음 5:28,29; 데살로니가후서 1:7,8; 요한계시록 20:11~14; 이사야 26:21; 미가 7:16,17; 시편 50:1~3; 말라기 3:2,3; 다니엘 7:9,10). 그때 구름 위에 앉아 있던 분이 그들에게 선포하는 소리가 들렸습니다. '먼저 가라지를 뽑아 단으로 묶어서 불태워 버려라.' (마태복음 3:12; 13:30; 25:30; 말라기 4:1) 그러자 내가 서 있던 바로 그곳에 끝도 안 보이는 구멍이 열렸습니다. 그 구멍의 입구에서 소름끼치는 소리와 함께 엄청나게 많은 연기와 그을음이 치솟았습니다. 그리고는 이런 목소리가 들렸습니다. '알곡은 곳간에 모아 들여라.' (누가복음 3:17) 수많은 사람들이 붙들려 구름 속으로 사라지고 결국은 나 혼자만 남았습니다(데살로니가전서 4:16,17). 숨을 곳을 찾아 헤맸지만 찾을 수가 없었습니다. 구름 위에 앉아 있던 분이 나를 계속 주시하고 계셨거든요. 나의 죄가 생각났고, 양심이 사방에서 나를 고소했습니다(로마서 2:14,15). 바로 그 순간에 잠에서 깨어났답니다."

크리스티안 : "하지만 어째서 이토록 두려워하는 겁니까?"

남자 : "심판의 날이 다가왔다는 생각이 들어서 그럽니다. 나는 아직 준비가 안 되어 있거든요. 가장 끔찍했던 건, 천사들이 여러 사람을 들어 올린 뒤 나 혼자만 남았다는 겁니다. 내가 서 있던 바로 그 자리에서 지옥 입구가 열렸습니다. 양심까지 나를 괴롭혔고, 심판관은 화가 난 얼굴로 계속해서 나만 보고 있었습니다."

그때 해석가가 크리스티안에게 물었다. "자, 이 모든 것들을 깊이 생각해 보았습니까?"

크리스티안 : "예, 희망과 공포가 동시에 생기네요."

해석가 : "이 모든 걸 반드시 명심하십시오. 그래야만 정신 똑바로 차리고, 가야 할 길로만 곧장 갈 수 있습니다."

크리스티안은 결의를 새롭게 다진 다음 여행을 계속하기로 했다. 해석가가 이런 말을 건넸다. "크리스티안 씨, 위로자께서 늘 당신과 함께 하시고 거룩한 도시에 이르는 길로 인도해주실 겁니다."

크리스티안은 길을 떠나면서 이렇게 노래했다.

여기에서 저는 진기하고 유익한 것들,

즐겁고 끔찍한 것들을 보았고,

제가 이미 시작한 일을

더욱 견고히 해주는 것들을 보았습니다.

이제는 그것들에 대해 생각하고,

그것들이 보여준 것을 새기겠습니다.

선한 해석가님께 감사를 드립니다.

꿈속에서 나는 크리스티안이 가는 길 양옆에 구원이라는 담장이 있는 것을 보았다(이사야 26:1). 크리스티안은 그 길로 달려갔다. 하지만 등에 진 무거운 짐 때문에 너무나도 힘이 들었다.

그는 약간 높은 지대까지 달려갔다. 그곳에는 십자가가 하나 서 있었고, 조금 아래쪽엔 무덤이 파여 있었다. 꿈속에서 보니, 크리스티안이 십자가에 다가서자마자 어깨가 느슨해지더니 등에 진 짐이 벗겨졌다. 바닥에 떨어진 짐은 굴러가다가 무덤 속으로 사라져 버렸다.

크리스티안은 기쁘고 후련한 마음에 즐거이 외쳤다. "그분의 고통으로 내가 안식을 얻었고, 그분의 죽음으로 내가 생명을 얻었네!" 그러더니 한참을 그대로 서 있었다. 십자가를 보자마자 짐에서 해방된 게 너무나도 놀랍고 경이로웠던 것이다. 그는 십자가를 보고 또 보았다. 두 뺨 위로 눈물이 흘러내렸다(스가랴 12:10). 크리스티안이 울면서 십자가를 바라보고 있을 때, 눈부신 세 사람이 다가와 인사를 했다. "그대에게 평화가 있기를!" 그리고는 첫 번째 사람이 이렇게 말했다. "네 죄가 용서함을 받았다."(마가복음 2:5) 두 번째 사람은 누더기를 벗기고 화려한 옷으로 갈아입혀 주었다(스가랴 3:4). 세 번째 사람은 그의 이마에 표시를 한 다음 봉인된 두루마리를 주었다. 계속 그것을 보면서 가다가, 거룩한 문에 이르면 건네주라고 했다(에베소서 1:13). 그 뒤 세 사람은 떠나갔다. 크리스티안은 너무도 기뻐 세 번이나 펄쩍 뛰어오르더니, 이런 노래를 부르면서

앞으로 나아갔다.

지금까지 나는 죄의 짐을 지고 있었지.
여태까지는 그 무엇도 내 슬픔을 덜어줄 수 없었다네.
이곳은 정말로 좋은 곳!
여기가 바로 환희의 시작 아닌가?

여기가 바로 내 등의 짐이 벗겨진 곳 아닌가?
여기가 바로 내 짐을 묶고 있던 끈이 풀린 곳 아닌가?
거룩한 십자가! 거룩한 무덤!
나를 위해 수치를 당하신 거룩한 분!

꿈속에서 보니, 그가 어느 골짜기에 도달했다. 그런데 발에 쇠고랑을 찬 세 사람이 길에서 조금 떨어진 곳에 잠들어 있었다. 한 사람은 단순함, 한 사람은 게으름, 한 사람은 건방짐이었다.

그들이 이렇게 누워 있는 걸 본 크리스티안은 다가가 큰 소리로 깨웠다. "끝도 모를 죽음의 바다가 바로 밑에 있는데, 돛대 꼭대기에서(잠언 23:34) 그토록 잠만 자다니요! 잠에서 깨어나 얼른 여길 떠나십시오. 족쇄를 벗고 싶다면 내가 도와드리겠습니다." 그는 또 이렇게 말했다. "우는 사자 같이 삼킬 자를 찾아 두루 다니는 자가 오면(베드로전서 5:8) 당신들을 먹어치우고 말 겁니다." 그러자 세 사람이 그를 올려다보았다. 단순함이 "아무런 위험도 안 보이는데요"라고 말했다. 게으름이 "잠이나 더 자야겠네요"라고 말했다. 건방짐이 "사람은 누구나 제힘으로 살아야 하는 법이지요"라고 말했다. 그들은 다시 잠이 들었고, 크리스티안은 계속해서 앞으로 나갔다.

하지만 그는 위험에 처한 그 사람들이 아무런 대가 없이 도와주려는 자신의 친절을 무시한 걸 생각하니 걱정이 되었다. 깨워줘도 마다하고, 충고해줘도 마다하고, 족쇄를 풀어준다 해도 마다하다니. 이런 걱정을 하고 있을 때 좁은 길의 왼쪽에서 두 사람이 담장을 넘어오는 게 보였다. 한 사람의 이름은 기회주의자였고, 또 한 사람의 이름은 위선자였다. 그들이 다가오자 크리스티안이 말을 건넸다.

크리스티안 : "여러분은 어디에서 와 어디로 가고 있습니까?"

기회주의자와 위선자 : "우리는 허영심의 땅에서 태어났는데, 찬양을 올리러 시온산으로 가고 있습니다."

크리스티안 : "그런데 어째서 이 길 입구에 있는 문으로 들어오지 않았습니까? '문으로 들어가지 않고 다른 곳으로 넘어 들어가는 사람은 도둑이요 강도다' 라는 글을 모릅니까?"(요한복음 10:1)

그러자 기회주의자와 위선자는 자기들 나라에서 문까지 돌아가자면 너무 멀다고, 그래서 보통은 자기들처럼 지름길로 가려고 담을 넘는다고 말했다.

크리스티안 : "하지만 그런 행동은 지금 우리가 가고 있는 거룩한 도시의 주인을 거역하는 짓이고, 그분의 뚜렷한 의지를 거스르는 짓 아닙니까?"

기회주의자와 위선자는 그런 일로 골치 아플 필요가 전혀 없다고 말했다. 이미 오래전부터 행해진 관습이며, 원한다면 그 관습이 천 년도 넘게 이어져왔다는 증거도 보여주겠다고 했다.

크리스티안이 말했다. "그렇지만 과연 법의 심판을 견딜 수 있을까요?"

기회주의자와 위선자는 그 관습이 이미 천 년도 넘게 이어져왔으니 공평하신 심판관께서도 합법적인 것으로 인정해 주시리라고 호언장담했다. 그리고는 이렇게 덧붙였다. "우리는 벌써 이 길로 들어섰는데, 어느 길로 들어왔느냐가 무슨 상관입니까? 한 번 들어왔으면 그만이지요. 당신은 문으로 들어와서 이 길을 가고, 우리는 담을 넘어와서 이 길을 가고 있는 것뿐입니다. 당신이 우리보다 나은 게 뭐 있습니까?"

크리스티안 : "나는 내 주님의 규율을 따라 걷고, 당신들은 자기 좋을 대로 규율을 거스르며 걷고 있는 것이지요. 이 길의 주인께서는 이미 당신들을 도둑으로 여기고 계십니다. 그러니 이 길 끝에 이르러도 의인이라 일컬음을 받지 못하겠지요. 당신들은 그분의 지시에 따르지 않고 마음대로 들어왔으니, 나갈 때도 그분의 자비를 얻지 못하고 스스로 나가게 될 겁니다."

이 말을 듣고도 그들은 아무런 대꾸가 없었다. 마치 당신 일이나 제대로 하라는 것 같았다. 내가 꿈속에서 보니, 그들은 별다른 대화도 없이 따로따로 길을 걸었다. 딱 한 번, 기회주의자와 위선자가 크리스티안에게, 법과 규정이라면 자기들도 그 못지않게 양심적으로 잘 지키고 있다고 말했다. 그리고는 이렇게 덧붙였다. "당신 이웃들 중 누군가가 벌거벗은 수치를 면하라고 주었을 게 뻔한 그 옷만 빼면, 당신이나 우리나 별로 다를 게 없어요."

크리스티안 : "당신들은 문으로 들어오지 않았으니 법과 규정으로도 구원받지 못할 겁니다(갈라디아서 2:16). 그리고 이 옷으로 말할 것 같으면, 지금 가고 있는 곳의 주님께서 직접 내게 주셨답니다. 당신들 말대로 벌거벗은 몸을 가리라고 주셨지요. 그전에는 누더기만 걸치고 있었으니, 정말로 친절하신 선물입니다. 그렇지만 이 옷은 나에게 평안을 주기도 합니다. 거룩한 도시의 문에 도달하면, 주님께서 금방 나를 알아보실 테니까요. 내 누더기를 벗기시던 그 날 아무런 대가도 없이 입혀주신 그분의 옷을 입고 있잖아요? 게다가 내 이마에는 표시가 새겨져 있습니다. 아마도 당신들은 알아채지 못했겠지요. 내 짐이 어깨에서 벗겨지던 날, 주님과 가장 친밀한 분들 가운데 한 분이 새겨준 표시랍니다. 또한 나는 이 길을 가는 동안 읽고 평안을 얻으라고 주신 봉인된 두루마리도 갖고 있습니다. 거룩한 문에 도달하면 확실한 징표로 그것을 건네주라고 하셨지요. 당신들은 문으로 들어오지

않았으니 분명히 이런 게 하나도 없겠지요."

　이 말에도 그들은 아무런 말이 없었다. 그저 서로를 바라보며 웃을 뿐이었다. 꿈속에서 보니, 그들은 더 이상 대화를 나누지 않고 계속해서 걷기만 했다. 크리스티안은 조금 앞서서 걸으며, 한숨을 쉬기도 하고 스스로를 위로하기도 했다. 때로는 눈부신 세 사람 중 한 명이 준 두루마리를 읽으면서 기운을 차리기도 했다.

　내가 보니, 그들이 계속해서 길을 걷다가 마침내 어려움이라는 언덕 밑에 이르렀다. 그곳엔 샘이 하나 있었고, 문에서 똑바로 이어진 길 말고도 두 갈래 길이 더 있었다. 하나는 아래쪽 오른편으로, 하나는 아래쪽 왼편으로 나 있었는데, 좁은 길은 어려움이라고 불리는 그 언덕 위쪽으로 나있었다. 크리스티안은 샘으로 가서(이사야 59:19) 물을 마시고 기운을 차렸다. 그리고는 언덕을 오르기 시작하면서 이렇게 다짐했다.

아무리 높아도 이 언덕을 올라가야지.
그 어떤 어려움도 나를 막지 못해.
이 길이 생명에 이르는 길임을 알기 때문이지.
자, 용기를 내자. 약해지지도 말고 두려워하지도 말자.
아무리 어렵다 해도 옳은 길을 걷는 쪽이 더 나아.
쉬운 길은 결국 멸망으로 이끌 테니까.

기회주의자와 위선자도 곧 언덕 밑에 도착했다. 그들 눈에는 언덕이 너무나도 높고 가파른 것 같았다. 다른 두 갈래 길을 본 그들은 언덕 너머 저편으로 가면 어차피 크리스티안이 올라간 길과 다시 합쳐질 거라고 생각하고는 두 갈래 길로 가기로 마음먹었다. 한쪽 길은 위험이었고, 다른 한쪽 길은 멸망이었다. 기회주의자는 위험의 길로 들어서서 넓은 숲에 이르렀고, 위선자는 곧장 멸망의 길로 들어서서 캄캄한 산들이 겹겹이 쌓인 광활한 들판에 이르렀다. 하지만 그곳에서 비틀거리다 쓰러진 위선자는 두 번 다시 일어서지 못했다.

꿈속에서 크리스티안의 뒤를 따라가 보니, 뛰다가 걷다가 하면서 언덕을 오르고 있었다. 가파른 곳을 오를 때에는 아예 손과 무릎으로 기어 올라갔다. 언덕중턱에는 지친 여행자들이 기운을 차릴 수 있도록 언덕주인이 만들어놓은 쾌적한 정자가 있었다. 크리스티안은 정자에 앉아 휴식을 취한 다음, 평안을 얻기 위하여 품속에서 두루마리를 꺼내 읽었다. 또 십자가 옆에 서 있을 때 받았던 옷을 들여다보며 새롭게 각오를 다졌다. 그런데 이렇게 잠시 즐거워하던 그가 꾸벅꾸벅 졸기 시작하더니 이내 깊은 잠에 빠져버렸다. 이윽고 해가 지고 밤이 찾아왔다. 그가 잠들어 있는 동안 손에서 두루마리가 미끄러졌다. 그 때 어떤 사람이 다가와 그를 깨웠다. "게으른 사람아, 개미에게 가서, 그들이 사는 것을 살펴보고 지혜를 얻어라."(잠언 6:6) 그 소리에 깜짝 놀라 잠이 깬 크리스티안은 서둘러 길을 떠났고, 언덕꼭대기에 이를 때까지 빠른 걸음으로 걸었다.

마침내 언덕꼭대기에 이르자, 반대편에서 두 사람이 쏜살같이 달려왔다. 한 사람은 소심함이었고, 또 한 사람은 의심이었다. 크리스티안이 그들에게 물었다. "선생님들, 뭐가 잘못되었습니까? 이 길이 아닌데요." 그러자 소심함이 대답하기를, 자기들은 시온 성으로 가는 길에 너무 힘든 일을 만났다고 했다. "이대로 가다간 더 많은 위험을 겪게 될 겁니다. 그래서 차라리 왔던 길로 되돌아가려고 합니다."

의심이 말했다. "그래요, 바로 코앞에 사자가 두 마리나 떡 버티고 있지 뭡니까. 잠들었는지 깨어있는지는 모르겠지만, 분명히 우리가 다가가면 갈기갈기 찢어죽일 겁니다."

크리스티안이 말했다. "정말 무서운 얘기네요. 하지만 어디로 도망친들 안전할 수 있겠습니까? 고향으로 돌아간다 해도, 그곳은 곧 지옥 불에 타고 말테니 분명 다 죽을 겁니다. 유일하게 안전한 곳이 있다면 바로 거룩한 도시지요. 그러니 모험을 계속해야만 합니다. 여기서 되돌아가면 죽음밖에 없어요. 앞으로 나아가는 동안 죽음의 공포를 느끼겠지만 그걸 견뎌내기만 하면 영원한 생명을 얻을 수 있습니다. 난 앞으로 계속 가겠습니다."

소심함과 의심이 언덕 아래로 달려 내려간 다음, 크리스티안은 가던 길을 재촉했다. 하지만 그들이 한 말을 다시 생각해보니 마음이 불안해지기 시작했다. 그는 두루마리를 읽고 안정을 찾기 위해 품속을 뒤졌다. 그런데 두루마리가 없었다. 너무나도 낙심한 크리스티안은 어찌할 바를 몰랐다. 안정을 찾기 위해서도 그게 필요했고, 거룩한 도시로 들어가기 위해서도 그게 필요했다. 그런데 그걸 잃어버리다니, 너무도 당황스러워 어찌할 바를 몰랐다. 그때 마침 언덕중턱의 정자에서 잠들었던 게 생각났다. 무릎을 꿇은 그는 어리석은 짓을 저지른 데 대해 하나님의 용서를 구하고 나서, 두루마리를 찾기 위해 뒤돌아섰다. 되돌아가는 내내 그가 느꼈을 슬픔을 어느 누가 헤아릴 수 있을까? 크리스티안은 언덕을 내려가는 내내 한숨을 쉬기도 하고 눈물을 흘리기도 했다. 지친 몸을 잠시 쉬어가라고 만들어놓은 곳에서 잠을 자다니 얼마나 어리석었던가, 그는 자신을 꾸짖고 또 꾸짖었다. 언덕을 내려가면서도 그는 여기저기를 자세히 살폈다. 여행을 하는 동안 여러 차례 평안을 안겨주었던 그 두루마리를 찾을 수 있기만 간절히 바라면서. 마침내 그가 잠들었던 정자가 보이기 시작했다. 그 정자를 보니, 정신마저 잠들어버렸던(요한계시록 2:5; 데살로니가전서 5:6~8) 자신의 악행이 새삼스레 떠올라 더더욱 슬픈 마음이 들었다. 그는 계속 걸으면서도, 죄의 잠에 빠졌던 것을 한탄하며 이렇게 부르짖었다. "아, 가엾은 인간! 대낮에 잠이 들다니! 그것도 이 어려움의 길 한복판에서! 순례자들의 영혼을 달래기 위해 언덕주인이 만들어놓은 정자에서 육신의 편안함을 찾다니!"

"헛걸음을 너무 많이 했구나! 이스라엘 민족에게도 이런 일이 있었지. 그들도 죄 때문에 홍해 길을 되돌아갔었어. 내가 죄의 잠에 빠지지만 않았어도 기쁜 마음으로 길을 걸었을 텐데, 이렇게 슬퍼하며 되돌아가다니! 계속 갔다면 지금쯤 얼마나 많이 갔을까! 한 번만 가면 될 길을 세 번이나 가게 생겼구나. 낮 시간을 완전히 허비해버렸으니, 이제 밤을 꼬박 새야겠지. 아, 그때 잠들지만 않았더라면!"

정자에 도착한 그는 잠시 앉아 눈물을 흘렸다. 슬픈 얼굴로 아래를 내려다보던 그의 눈에 두루마리가 들어왔다. 떨리는 손으로 얼른 주워 품속에 넣었다. 두루마리를 다시 찾았을 때의 그 기쁨이란! 이 두루마리는 그에게 생명의 담보였고, 원하는 곳으로 들어갈 수 있는 허가증이기도 했다. 그는 그것이 떨어져 있던 곳으로 눈길을 돌려주신 하나님께 감사를 드린 다음, 기쁨의 눈물을 흘리면서 다시 길을 떠났다. 아, 언덕꼭대기에 오르려고 얼마나 서둘러 걸었던가! 하지만 미처 오르기도 전에 해가 지기 시작했다. 그러자 정자에서 잠들어버렸던 어리석음이 다시금 떠올랐다. 그는 또다시 자신을 꾸짖기 시작했다. "오, 죄의 잠이여! 너 때문에 나는 이렇게 밤새워 길을 걷게 생겼구나! 해도 없는 캄캄한 길을 걷자니, 발밑이 어두워 보이지도 않은데, 무서운 짐승들의 소리까지 들어야 하는구나. 죄의 잠 때문에!" 갑자기 사자들을 보고 깜짝 놀랐다던 의심과 소심함의 말이 생각났다. 크리스티안은 다시 중얼거렸다. "그 짐승은 밤에 먹잇감을 찾아 돌아다니는데, 어둠 속에서 혹시 마주치면 어떻게 도망가지? 어떻게 해야 갈기갈기 찢기지 않고 도망칠 수 있을까?" 그는 계속해서 길을 걸었다. 자신의 불행한 처지를 슬퍼하다가 눈을 들어보니 아주 견고한 성이 보였다. 아름다움이라는 이름의 성은 오르막길 바로 옆에 세워져 있었다.

꿈속에서 보니, 크리스티안이 그 성에서 하룻밤 묵으려고 급히 걷고 있었다. 얼마 안 가 아주 좁은 길로 접어들었는데, 문지기의 오두막집은 그곳에서 겨우 몇 백 미터 떨어진 곳에 있었다. 하지만 그 길은 갈수록 좁아졌고, 길목에는 사자 두 마리가 앉아있는 게 보였다. 크리스티안은 생각했다. "의심과 소심함을 뒤돌아서게 했던 바로 그 사자들이구나." (사자들은 사슬에 묶여 있었지만 그는 알아채지 못했다.) 너무도 두려운 나머지 자기도 여기서 되돌아가야겠다는 생각이 들었다. 이제는 꼼짝없이 죽게 생겼기 때문이다. 바로 그때 오두막집에 있던 경계라는 이름의 문지기가, 돌아갈까 말까 망설이는 크리스티안을 발견하고 이렇게 소리쳤다. "그 정도로 힘이 약하십니까?(마가복음 4:40) 사자들은 사슬에 묶여 있으니 두려워하지 마십시오. 순례자들의 믿음을 시험해보고, 믿음이 없는 이들을 판별해내려는 것뿐입니다. 길 한가운데로 걸으면 절대 해치지 않습니다."

사자가 두려워 벌벌 떨면서도 크리스티안은 문지기가 가르쳐준 대로 걸어갔다. 사자는 과연 으르렁거리기만 할 뿐 덤벼들지 않았다. 손뼉을 치며 걷던 그는 문지기가 있는 문 앞에서 멈춰 섰다. 크리스티안이 문지기에게 물었다. "선생님, 이 집은 무얼 하는 곳입니까? 여기서 하룻밤 묵어도 되겠습니까?" 문지기가 대답했다. "이 집은 언덕의 주인께서 순례자들의 휴식과 안전을 위해 지은 집이랍니다." 이번에는 문지기가 크리스티안에게 어디서 와 어디로 가고 있느냐고 물었다.

    크리스티안 : "나는 멸망의 도시에서 나와 시온산으로 가는 길입니다. 하지만 이렇게 해가 졌으니, 괜찮다면 여기서 오늘밤 묵고 싶습니다."

문지기 : "당신 이름이 뭡니까?"

크리스티안 : "지금은 크리스티안이지만, 원래 이름은 타락함이었답니다. 하나님께서 셈의 장막에 살게 하신 야벳의 자손이지요."(창세기 9:27)

문지기 : "그런데 어쩌다 이렇게 늦었습니까? 벌써 해가 졌는데요."

크리스티안 : "좀 더 일찍 올 수도 있었습니다. 그런데 이 가엾은 인간이, 언덕중턱에 있는 정자에서 그만 잠이 들어버렸지 뭡니까! 그래도 잠을 자다가 증표를 잃어버린 걸 빨리 알아챘더라면 훨씬 더 일찍 도착했을 겁니다. 언덕꼭대기에 올라서야 비로소 증표가 없어진 걸 알고는, 비통한 마음으로 잠들었던 곳까지 되돌아가야 했지요. 결국은 그곳에서 증표를 찾아 여기까지 오게 된 겁니다."

문지기 : "그러면 이 집 아가씨를 한 명 불러드리지요. 당신 얘기가 맘에 들면, 집안 법도에 따라 당신을 다른 식구들에게 데려다줄 겁니다."

경계라는 이름의 문지기가 종을 울리자, 판단이라는 이름의 엄숙하고도 아름다운 소녀가 현관문으로 나오더니 왜 불렀냐고 물었다.

문지기가 대답했다. "이 사람은 멸망의 도시에서 시온산으로 가는 여행자인데, 날도 저물고 몸도 지쳤으니 오늘밤 여기서 묵게 해달라고 사정하더군요. 그래서 내가 당신을 불러주겠다고 했습니다. 당신이 이 사람과 얘기를 나눈 뒤에 집안 법도에 따라 판단할 거라고 말해주었지요."

판단이 그에게 어디에서 와 어디로 가느냐고 물었고, 크리스티안이 있는 그대로 대답했다. 어쩌다 이 길로 들어섰느냐는 물음에도 사실 그대로 대답했다. 그러자 도중에 무엇을 보았으며 누구를 만났느냐고 물었고, 크리스티안이 대답했다. 마지막으로 판단이 그의 이름을 물었다. 그가 대답했다. "나는 크리스티안입니다. 언덕의 주인께서 순례자들의 휴식과 안전을 위해 이 집을 지으셨다고 하니, 오늘밤 여기에서 묵고 싶은 마음이 훨씬 더 간절해지는군요." 그러자 미소를 띤 판단의 눈에 눈물이 맺혔다. 조금 있다가 그녀가 말했다. "다른 식구들을 더 불러오겠습니다." 그러더니 문으로 달려가서 신중함과 경건함, 그리고 자선을 불렀다. 그들은 크리스티안과 좀 더 얘기를 나눈 다음 가족들에게 데리고 갔다. 많은 식구들이 입구까지 나와 그를 맞아주었다. "어서 들어오세요. 주님의 축복을 받은 분. 이 집은 언덕의 주인께서 당신 같은 순례자들을 위해 지으신 집이랍니다." 그는 머리 숙여 인사하고 그들을 따라서 집안으로 들어갔다. 그가 자리에 앉자 그들이 마실 것을 내왔다. 저녁식사가 준비되는 동안 그들은 시간을 가장 의미 있게 보내기 위해, 돌아가면서 크리스티안과 특정한 대화를 나누기로 했다. 그리고는 대화를 나눌 당사자로 경건함과 신중함 그리고 자선을 지목하였다. 이렇게 해서 대화가 시작되었다.

경건함 : "자, 크리스티안 씨, 오늘밤 당신을 집안으로 맞아들일 만큼 우리는 당신을 사랑하고 있답니다. 그동안 순례를 하면서 겪었던 온갖 일들에 관해 이야기해 주세요. 아마 우리에게도 도움이 될 겁니다."

크리스티안 : "기꺼이 이야기해 드리지요. 여러분이 내 이야기를 듣겠다니 정말 기쁩니다."

경건함 : "애초에 어쩌다가 순례자가 되었나요?"

크리스티안 : "내 귀에 끔찍한 소리가 들려서 고향을 떠나게 되었답니다. 그곳에 계속 있으면 피할 수 없는 멸망이 닥칠 거라는 소리였지요."

경건함 : "그런데 어떻게 이 길로 들어오게 되었어요?"

크리스티안 : "모든 게 하나님의 뜻이었지요. 처음엔 멸망의 공포에 사로잡혀 갈피를 잡을 수가 없었습니다. 두려움에 떨며 울고 있는데, 마침 그때 전도자라는 분이 와서 좁은 문으로 가라고 인도해주셨지요. 그분이 아니었다면 이 길을 발견하지 못했을

테고, 또 이 길로 들어서지 않았다면 이 집에 들어오지도 못했을
겁니다."

경건함 : "해석가의 집은 들르지 않았나요?"

크리스티안 : "그분의 집에도 들러서 아주 많은 것들을 보았지
요. 거기에서 본 것들은 평생 잊지 못할 겁니다. 특히 다음 세 가
지를요. 첫째, 사탄의 훼방에도 불구하고 그리스도께서는 은혜
의 역사를 결코 멈추지 않으신다는 것. 둘째, 인간은 하나님의
자비를 소망하면서도 멀찍이 달아나 죄를 짓는다는 것. 셋째, 잠
을 자다가 심판의 날이 닥치는 걸 본 사람의 꿈 이야기."

경건함 : "오, 그 사람이 꿈 이야기를 들려주던가요?"

크리스티안 : "예, 정말로 끔찍한 꿈이었지요. 그 이야기를 들으
면서 마음이 아프긴 했지만, 그래도 듣길 잘했다는 생각이 들었
습니다."

경건함 : "해석가의 집에서 본 건 이게 다인가요?"

크리스티안 : "아닙니다. 그가 나를 어느 견고한 성으로 데려갔
는데, 그 안에 있는 사람들은 모두 황금 옷을 걸치고 있었습니
다. 그때 한 용맹스러운 남자가 나타나더니, 문 앞을 가로막고
있던 무장한 자들을 뚫고 성안으로 들어갔습니다. 그러자 성 안
에 있던 사람들이 그에게 들어오라고 하더니 영원한 영광을 선
사했답니다. 그야말로 황홀한 순간이었지요! 정말이지, 그 선하
신 분의 집에 열두 달 내내 머물고 싶은 마음이 굴뚝같았지만,

그래도 다시 길을 떠나야만 했습니다.”

경건함 : “도중에 다른 건 보지 못했나요?”

크리스티안 : “보았고말고요. 얼마 못 가서 나무에 달려 피를 흘리는 분을 보았지요. 그분을 본 바로 그 순간 내 등에 있던 짐이 떨어져 나갔습니다. 너무나도 무거운 짐 때문에 괴로워 죽을 뻔했는데, 마침내 그 짐을 벗게 된 거죠. 아주 신기한 일이었습니다. 그런 건 이제까지 한 번도 본 적이 없었으니까요. (도저히 눈을 뗄 수 없어) 마냥 바라만 보고 있는데, 눈부신 세 사람이 다가왔습니다. 한명은 내 죄가 용서함을 받았다고 증언했고, 한명은 내 누더기를 벗기더니 이 화려한 옷으로 갈아입혀 주었습니다. 그리고 또 한명은 내 이마에 표시를 한 다음 이 봉인된 두루마리를 주었지요.” (그는 품속에서 두루마리를 꺼냈다.)

경건함 : “하지만 이것들 말고도 본 게 더 있을 텐데요?”

크리스티안 : “지금까지 얘기한 건 그야말로 최상의 것들이지요. 물론 다른 것들도 보았습니다. 길 바로 옆에서 발에 쇠고랑을 찬 채로 자고 있는 세 사람을 보았지요. 그들 이름은 단순함, 게으름, 건방짐이었습니다. 그런데 아무리 깨워도 안 일어나더군요. 또 몰래 담을 넘어와 시온산으로 가는 척하는 기회주의자와 위선자도 보았습니다. 그들은 내가 무슨 말을 해도 믿지 않더니 금방 사라져버리더군요. 하지만 내가 이 언덕을 오르면서 가장 힘들었던 건 바로 사자들의 입을 통과하는 것이었습니다. 정말이

지, 문 앞에 서 있던 선한 문지기가 아니었다면, 어쩔 줄 몰라 헤매다가 결국 되돌아갔을 겁니다. 지금 여기 있게 된 걸 하나님께 감사드립니다. 나를 맞아준 여러분께도 감사를 드리고요.”

신중함은 몇 가지를 더 질문해서 그의 대답을 듣고 싶었다.

신중함 : “때로는 떠나온 고향이 생각나지 않던가요?”

크리스티안 : “물론 생각났지요. 하지만 남은 건 수치심과 혐오감뿐입니다. 만일 떠나온 고향이 그리웠다면 얼마든지 돌아갈 수 있었을 겁니다. 하지만 내가 바라는 것은 더 좋은 나라, 곧 하늘나라입니다.”(히브리서 11:15,16)

신중함 : “그래도 고향에서 가까이했던 것들에 대한 미련이 조금은 남아있지 않나요?”

크리스티안 : “물론 남아있지요. 내 뜻과는 정반대로 말입니다. 특히 내면의 세속적인 생각들에 대한 미련이 남아있습니다. 나뿐만 아니라 고향사람들 전부가 마찬가지입니다. 하지만 지금은 그 모든 것들이 슬픔에 불과하답니다. 만일 내 맘대로 선택할 수 있다면 다시는 그런 것들을 택하지 않을 겁니다. 나는 선을 행하려고 하는데, 그런 내게 아직도 악이 붙어 있어요.”(로마서 7:15,21)

신중함 : “때로는 혼란스럽던 일들이 모두 해결된 것처럼 여겨지지 않았나요?”

크리스티안 : “드물지만 그런 적도 있었지요. 그런 순간은 마치 순금과도 같았답니다.”

신중함 : “당신을 괴롭히던 일들이 모두 사라진 것처럼 여겨진 게 무엇 때문이었는지 기억합니까?”

크리스티안 : “그럼요. 십자가에서 보았던 것을 떠올릴 때도 그렇고, 이 화려한 옷을 바라볼 때도 그렇지요. 또 품속에 넣고 다니는 이 두루마리를 들여다봐도 그렇고, 지금 가고 있는 곳을 생각해도 그렇답니다.”

신중함 : “어째서 그토록 시온산을 가고 싶은 겁니까?”

크리스티안 : “십자가에 달려 돌아가신 그분이 그곳에서 사시는 모습을 꼭 보고 싶습니다. 또 그곳에 가면 지금까지 나를 괴롭히고 있는 온갖 것들을 벗어던지고 싶어요. 그곳엔 죽음이 없다고 하니(이사야 25:8; 요한계시록 21:4), 내가 가장 좋아하는 사람들과 함께 그곳에서 살 겁니다. 나는 정말로 그분을 사랑합니다. 그분이 제 짐을 벗겨주셨으니까요. 나는 내면의 병 때문에 지쳤습니다. 이제는 죽음이 없는 곳에서 친구들과 계속 ‘거룩, 거룩, 거룩’을 외치고 싶습니다.”

그러자 자선이 크리스티안에게 물었다. “가족은 있나요? 결혼은 했고요?”

크리스티안 : "예, 아내도 있고 어린 자식들도 넷 있지요."

자선 : "그런데 왜 데리고 오지 않았어요?"

크리스티안은 눈물을 흘리며 이렇게 말했다. "오, 얼마나 그러고 싶었는지 모릅니다! 하지만 모두들 내가 순례를 떠나는 것을 결사반대했답니다."

자선 : "그래도 계속 설득해서 그들에게 닥칠 위험을 깨닫게 했어야지요."

크리스티안 : "물론 나도 노력했습니다. 하나님께서 우리 도시가 멸망하는 모습을 보여주신 것에 대해 이야기했지만, 농담하는 줄로만 알더군요."(창세기 19:14)

자선 : "그들이 당신의 말을 믿을 수 있도록 하나님께서 축복해 주시기를 기도했나요?"

크리스티안 : "그럼요. 간절히 기도했습니다. 내 아내와 가엾은 아이들이야말로 나에게 가장 소중한 존재였으니까요."

자선 : "멸망에 대한 당신의 공포와 슬픔을 그들에게 얘기해줬나요? 당신에겐 멸망이 확실히 보였을 텐데요."

크리스티안 : "얘기하고, 또 얘기했습니다. 식구들도 내 안색과 눈물과 몸을 떠는 모습에서, 심판의 날이 코앞에 닥친 데 대한 두려움을 읽었을 겁니다. 그래도 나와 함께 떠날 마음은 없었던

모양입니다."

자선 : "그들은 어째서 함께 갈 수 없다고 하던가요?"

크리스티안 : "아내는 이 세상을 잃을까봐 두려워했고, 아이들은 어리석은 청춘의 쾌락에 마음을 빼앗겼지요. 모두들 이런저런 이유로, 나 혼자 이렇게 방황하도록 내버려두었답니다."

자선 : "당신이 헛된 삶을 살았기에 당신의 말이 설득력을 잃었다는 생각은 안 드나요?"

크리스티안 : "맞습니다. 그리 훌륭한 삶을 살지는 못했습니다. 살면서 많은 잘못을 저질렀다는 걸 나도 잘 압니다. 제아무리 주장이나 설득으로 다른 사람들에게 좋은 일을 권면하더라도, 살아온 행적이 나쁘면 아무 소용이 없다는 것도 잘 알고 있습니다. 하지만 이것만은 자신 있게 말할 수 있습니다. 내 꼴사나운 행동 때문에 순례에 반대하는 사람이 안 생기도록 무척이나 신중하게 행동했다고 말입니다. 그런데 사람들은 오히려 내가 지나치게 의롭다고, 별로 악해 보이지 않은 일들까지도 거부한다고 비난했습니다. 만일 내 행동이 그들을 방해했다면, 그것은 내가 하나님께 죄를 짓는 것이나 이웃에게 악을 행하는 것에 너무 미숙했기 때문일 겁니다."

자선 : "사실 가인이 동생을 증오한 것도, 자기 행동은 악했는데 동생이 한 일은 의로웠기 때문이지요(요한일서 3:12). 만일 당신 아내와 자녀들이 이런 이유로 당신을 거스른 거라면, 결코 선과 화

해하지 않았을 겁니다. 결국 당신은 그들의 피로부터 스스로를
구원해 낸 셈이네요."(에스겔 3:19)

내가 꿈속에서 보니, 저녁식사가 준비될 때까지 그들이 이런 대
화를 나누다가, 준비가 끝나자 식사를 하려고 자리에 앉았다. 식탁
에는 좋은 음식과 포도주가 잘 차려져 있었다. 식탁에서 나눈 대화
는 온통 언덕의 주인에 관한 것이었다. 그분이 무슨 일을 왜 했는
지, 그리고 어째서 이 집을 지었는지. 그들의 대화를 통해 나는 그
분이 죽음의 세력을 쥐고 있는 자(히브리서 2:14,15)와 싸워 이긴 위대
한 전사였다는 사실을 알게 되었다. 그 일로 그분 역시 커다란 위
험에 처하게 되었지만, 오히려 그 때문에 나는 더욱 그분을 사랑하
게 되었다.

그들의 말에 따르면, 그분은 많은 피를 쏟았다고 한다. 그 말이
사실일 거라고 나는 믿는다(크리스티안도 그렇게 말했다). 하지만
그분이 은총의 영광을 쏟아 부었던 것은 모두 자기 나라에 대한 순
수한 사랑에서 비롯된 것이었다. 그 가족들 중 몇 명은 그분이 십
자가에서 죽은 뒤로도 그분을 만났고 직접 얘기도 나눴다고 했다.
그리고 그분이 불쌍한 순례자들을 정말로 사랑한다고 말하는 걸
들었다고 증언했다. 동서양을 막론하고 그런 분은 다시 없을 거라
고 했다. 그리고는 자신들의 얘기를 뒷받침해줄만한 증거로, 그분
이 가난한 이들을 위해 이 일을 하느라 자기 영광까지도 던져버린

것, 그분 혼자서는 결코 시온산에서 살지 않겠노라고 말하는 걸 들었다는 것을 내세웠다. 또한 그들은 그분이 수많은 순례자들을 왕자로 삼아주었다고 했다. 가난한 자건 비천한 자건, 신분에 상관없이 말이다(사무엘상 2:8; 시편 113:7).

그들은 밤늦도록 대화를 나누다가, 주께서 보호해주실 것을 믿고 잠자리에 들기로 했다. 순례자에게는 위층의 커다란 침실을 내주었는데, 그 방은 해돋이를 볼 수 있도록 동쪽으로 창이 나 있었다. 평화라는 이름의 그 방에서 크리스티안은 잠이 들었다. 날이 밝아오자 잠에서 깬 그는 다음과 같이 노래했다.

지금 여기가 어딘가?
순례자들을 위한
예수님의 사랑과 돌봄이 아닌가?
이로써 내 죄는 용서를 받았고,
나는 이미 천국 가까이 왔다네!

아침이 되자 모두들 일어났다. 좀 더 대화를 나눈 뒤, 그들은 그곳의 진기한 것들을 보여줄 테니 둘러보고 떠나라고 했다. 그러더니 맨 먼저 그를 서재로 데려가서 까마득한 옛날의 기록들을 보여주었다. 꿈속에서 본 바에 따르면, 그들이 보여준 것은 언덕의 주인의 족보였다. 그분은 옛날부터 계신 분의 아들로서, 영원한 세대를 통해 왔다. 거기에는 그분의 행적과 그분이 고용한 수백 명의 이름이 좀 더 자세히 기록되어 있었고, 어떻게 그들을 긴 세월과 자연의 쇠퇴에도 무너지지 않는 곳에 거하게 하셨는지도 기록되어 있었다.

그들은 그분의 종들이 행한 업적도 읽어 주었다. 그들이 어떻게 나라들을 정복했는지, 어떻게 정의를 지켜냈는지, 어떻게 약속의 성취를 얻었는지, 어떻게 사자 입을 막았는지, 어떻게 사나운 불을 껐는지, 어떻게 칼날을 피했는지, 어떻게 나약함을 버리고 강해졌는지, 어떻게 싸움에서 용맹을 떨쳤는지, 어떻게 외국의 적들과 싸워 이겼는지(히브리서 11:33,34).

그리고는 그 집의 나머지 기록들도 읽어주었는데, 과거에 그분의 인격과 행적을 무참히 짓밟았던 이들에게까지 얼마나 큰 은혜를 부어주셨는지를 알 수 있었다. 또한 이곳에는 다른 유명한 것들에 대한 기록도 아주 많았다. 크리스티안은 그것들을 모두 둘러보았다. 옛날부터 지금까지의 일들이, 확실히 성취된 예언과 계시들이, 적들의 두려움과 놀람이, 순례자들의 위로와 위안이 모두 거기 있었다.

다음날은 그를 무기창고로 데려갔다. 거기에는 칼과 방패, 투구, 가슴받이, 온갖 기도, 그리고 닳지 않는 신발 등, 주님께서 순례자들에게 주신 온갖 장비들이 즐비했다. 주님을 섬기는 자가 하늘의 별만큼 많다 하더라도 결코 부족함이 없을 정도였다.

그들은 주님의 종들이 기사를 행할 때 사용했던 도구들을 보여주었다. 모세가 썼던 지팡이, 야엘이 시스라를 죽였던 망치와 말뚝, 기드온이 미디안 군대를 무찔렀던 항아리와 나팔과 등불도 보여주었고, 삼갈이 블레셋 사람 육백 명을 쳐 죽였던 소를 모는 막대기도 보여주었다. 또 삼손이 블레셋 사람을 천 명이나 쳐 죽였던 나귀 턱뼈, 다윗이 가드 사람 골리앗을 죽였던 무릿매와 돌, 그리고 주님께서 포획을 위해 부활하시는 날 죄인들을 죽이실 칼도 보여주었다. 그 외에도 아주 훌륭한 물건들을 많이 본 크리스티안은 매우 기뻤다. 그렇게 하루가 가고, 그들은 다시 잠자리에 들었다.

꿈속에서 보니, 크리스티안이 다음날 아침 길을 떠나려 하자 그들이 하루만 더 머물라고 했다. 그들이 말했다. "날이 밝으면 유쾌한 산을 보여 드리지요." 유쾌한 산은 지금 있는 곳보다 거룩한 도시에 더 가깝기 때문에, 그 산을 보고 나면 마음이 좀 더 편안해지리라는 것이었다. 결국 그들 말대로 하루를 더 머물기로 했다. 날이 환하게 밝자 그들은 집 꼭대기로 그를 데려가더니 남쪽을 바라보라고 했다. 남쪽을 바라보니 아주 먼 곳에 가장 유쾌한 산의 나라가 보였다. 그 나라는 숲과 포도밭, 온갖 과일들, 꽃, 샘과 분수로 아름답게 꾸며져 무척이나 즐거워 보였다(이사야 33:16,17). 크리스티안이 그 나라의 이름을 묻자, 임마누엘의 땅이라고 가르쳐주었

다. 그들이 말했다. "이 언덕처럼 저곳도 모든 순례자들이 드나드
는 곳이랍니다. 그곳에 가면 거기 사는 목자들이 거룩한 도시의 문
을 보여줄 겁니다."

　크리스티안은 이제 길을 떠나야겠다고 말했다. 그들도 흔쾌히
그러라고 했다. 그들이 말했다. "하지만 떠나기 전에 우선 무기창
고로 갑시다." 그를 무기창고로 데려간 그들은, 도중에 공격을 받
을지도 모른다며 머리부터 발끝까지 온갖 방어물을 챙겨주었다.
길 떠날 채비를 마친 크리스티안은 친구들과 함께 문으로 갔다. 그
리고는 문지기에게 다른 순례자들이 지나가는 걸 보았느냐고 물었
다. 문지기가 대답했다. "예, 보았습니다."

　크리스티안이 물었다. "혹시 아는 사람이었습니까?"

　문지기 : "이름을 물어보았더니 믿음이라고 하더군요."

　크리스티안이 말했다. "아, 내가 아는 사람입니다. 내 고향사람
인데다, 아주 가까운 이웃이지요. 지금쯤 얼마나 앞서갔을까요?"

　문지기 : "지금쯤이면 언덕 밑에 도달했을 겁니다."

　크리스티안이 말했다. "그럼 문지기 선생님, 주께서 함께 하시
길, 그리고 저에게 베풀어주신 친절에 대해서도 주께서 커다란 복

으로 갚아주시길 빕니다.”

  그런 다음 그는 길을 나섰다. 판단과 경건함, 자선, 신중함이 언
덕 밑까지 배웅해주겠다고 했다. 그들은 언덕을 함께 내려가며 지
난 얘기를 되풀이했다. 크리스티안이 말했다. “언덕을 올라오기가
무척이나 힘들었는데, 이제 보니 내려가는 것 역시 위험하군요.”

경건함이 말했다. "맞아요, 당신처럼 실족하지 않고 이 치욕의 골짜기를 내려가기란 여간 어려운 일이 아니지요." 그들이 말했다. "그래서 우리가 언덕 아래까지 함께 가는 겁니다." 그는 다시 아주 조심스럽게 내려가기 시작했다. 그럼에도 불구하고 몇 번 미끄러지고 말았다.

꿈속에서 보니, 크리스티안이 언덕 밑에 도착하자, 선한 일행들이 그에게 빵 한 덩어리와 포도주 한 병, 그리고 건포도 한 송이를 건네주었다. 그들과 작별한 뒤 그는 계속 걸었다.

하지만 이 치욕의 골짜기에서 불쌍한 크리스티안은 커다란 난관에 봉착하고 말았다. 얼마 못 가서, 그를 만나러 들판을 가로질러 오는 더러운 마귀, 아볼루온을 발견한 것이다. 너무나도 무서워진 크리스티안은 이대로 돌아가 버릴까 하고 망설였다. 하지만 다시 생각해보니, 등쪽에는 갑옷이 없었다. 자칫 아볼루온에게 등을 보였다가는 화살에 맞을 가능성이 더 컸다. 결국 그는 무조건 앞으로 나아가기로 작정했다. "살기 위해선 앞으로 나가는 게 최선책이야."

앞으로 가던 그는 마침내 아볼루온과 마주쳤다. 그 괴물을 보니 소름이 끼쳤다. 그가 자랑하는 물고기 비늘이 온몸에 덮여 있었고, 용처럼 날개가 달려 있었으며, 발은 마치 곰 같았다. 또 배에서는 불과 연기가 피어올랐고, 입은 마치 사자 입 같았다. 그가 크리스티안에게 다가서더니 오만한 얼굴로 질문하기 시작했다.

아볼루온 : "너는 어디에서 와서 어디로 가고 있느냐?"

크리스티안 : "온갖 악이 난무하는 멸망의 도시에서 나와 시온 산을 향해 가고 있다."

아볼루온 : "그 도시는 전부 내 것이고, 내가 그곳의 왕이자 신인데, 그러면 너도 내 신하가 아니냐? 그런데 어째서 왕을 피해 달아나느냐? 너를 내 종으로 부릴 마음이 없었다면, 당장 죽였을 것이다."

크리스티안 : "네 나라에서 태어난 건 사실이다. 하지만 너를 섬기는 일은 너무 힘든데다가, 네가 주는 대가로는 도저히 살 수가 없었다. '죄의 대가는 죽음'(로마서 6:23)이니까. 그래서 몇 년간 다른 신중한 사람들처럼 나 자신을 바꿀 수 있는지 알아봤다."

아볼루온 : "자기 신하를 쉽게 놓아줄 왕은 천지에 없다. 나도 너를 놓아줄 생각이 없다. 네 일과 대가에 대한 불평은 알아들었으니 이제 그만 돌아가라. 내 나라가 여유로워지면 꼭 갚아주겠다고 이 자리에서 약속한다."

크리스티안 : "하지만 난 이미 만왕의 왕이신 분을 섬기고 있다. 그런데 어찌 네게로 돌아가는 게 공정하다 하겠느냐?"

아볼루온 : "여우 피하려다 호랑이 만난다더니, 네가 딱 그 짝이구나. 하지만 그를 섬기는 척하다가 금세 실족하여 내게로 돌아오는 이들이 아주 많지. 너 역시 그럴 테고, 결국엔 다 잘 될 것이다."

크리스티안 : "나는 그분께 믿음을 바쳤고 충성도 맹세했다. 그런데 어찌 뒤돌아서서 반역자가 된단 말이냐?"

아볼루온 : "넌 이미 나를 배반했다. 하지만 내게로 되돌아온다면 기꺼이 용서해주겠다."

크리스티안 : "네게 맹세했던 건 철모르던 시절의 일이다. 지금 내가 섬기고 있는 분은 분명 내가 너와 함께 저지른 죄까지도 모두 용서해주실 것이다. 오, 파멸의 아볼루온아! 솔직히 말해서, 나는 그분을 섬기는 일과 대가, 그분의 종들과 정부, 그분의 동료와 나라가 더 좋다. 그러니 더 이상 나를 설득하려 들지 마라. 나는 그분의 종이니 그분을 따르겠다."

아볼루온 : "냉정하게 잘 생각해봐라. 이 길을 가는 동안 무엇을 만날 것 같으냐? 그의 종들 중 대부분이 나와 내 길을 거스르다가 결국엔 비참한 최후를 맞게 된 것을 너도 알지 않느냐? 얼마나 많은 이들이 수치스러운 죽음을 당했느냐! 또 너는 나보다 그를 섬기는 게 더 낫다고 생각하는 모양이지만, 그는 자기를 섬기던 이들을 구하기 위해 지금 있는 곳에서 나온 적이 한 번도 없다. 그러나 나로 말할 것 같으면, 온 세상이 잘 아는 것처럼, 힘으로든 속임수로든, 나에게 충성하다가 그에게 붙잡힌 이들을 수없이 여러 번 구해주었다! 그러니 너도 내가 구해주겠다."

크리스티안 : "그분께서 구하지 않고 참으신 것은 그들의 사랑을 시험하기 위함이었다. 끝까지 충성을 다하는지 보시려고 말

이다. 또 너는 그들이 비참한 최후를 맞았다고 하지만, 사실 그
것이야말로 최고로 영광스러운 일이다. 그들은 당장의 구원 같
은 건 바라지도 않는다. 영광을 얻기 위해 참고 있기 때문이다.
왕께서 그분의 영광과 천사들의 영광 가운데 오실 때에, 그들도
모두 영광을 얻게 될 것이다."

아볼루온 : "넌 그를 섬기는 일에 충실하지도 않았으면서 무슨
대가를 받을 거라고 생각하느냐?"

크리스티안 : "오, 아볼루온아, 대관절 내가 그분께 충실하지 못
한 게 무엇이란 말이냐?"

아볼루온 : "초반에 절망의 구렁텅이에 빠져 거의 질식할 뻔했
을 때 넌 마음이 약해졌었다. 또 네 왕이 짐을 벗겨줄 때까지 참
아야 하는데도, 그 짐을 벗으려고 잘못된 길로 들어섰다. 게다가
죄의 잠에 빠져 가장 귀중한 물건을 잃어버렸고, 사자를 만났을
때는 하마터면 되돌아갈 뻔했지. 여행 중에 보고 들은 것들을 얘
기할 때에도 넌 모든 말과 행동에 대해 은근히 자만심을 품고 있
었다."

크리스티안 : "다 맞는 얘기다. 그것 말고도 아주 많다. 하지만
내가 섬기고 존경하는 분은 자비로우셔서 얼마든지 용서하실 것
이다. 네 나라에 있을 때에는 이런 약점들이 나를 지배하는 바람
에, 그 속에서 허우적대며 얼마나 탄식하고 후회했는지 모른다.
하지만 지금은 왕께 모두 용서받았다."

그러자 아볼루온이 지독하게 화를 내며 소리 질렀다. "나는 그 왕의 원수다. 그의 인격과 법과 백성을 모두 증오하지. 난 너의 앞길을 가로막으려고 왔다."

크리스티안 : "조심해라, 아볼루온. 여기는 왕의 길, 거룩한 길이니 함부로 행동하지 마라."

그러자 아볼루온이 다리를 쫙 벌리고 길을 막으면서 말했다. "나는 두려울 게 없으니, 죽을 각오나 해라. 지옥 굴에서 나는 네 길을 막겠노라고 맹세했다. 이제 네 영혼을 죽여야겠다."

아볼루온이 그의 가슴에 불화살을 쏘았다. 하지만 그는 손에 든 방패로 막아내어 위기를 넘겼다.

크리스티안은 자신이 분발해야 할 때라고 생각하고 칼을 뽑아들었다. 아볼루온도 빗발치듯 화살을 퍼부어댔다. 크리스티안은 이리저리 화살을 피했으나 머리와 손발에 상처를 입고 말았다. 그가 주춤거리며 물러서자 아볼루온이 재빨리 공격해왔다. 하지만 곧 용기를 되찾은 크리스티안은 최대한 용감하게 맞서 싸웠다. 반나절이 넘도록 치열한 싸움이 계속되었고, 크리스티안은 완전히 지쳐버렸다. 상처까지 입은 상태여서 점점 더 약해질 수밖에 없었다.

기회를 엿보던 아볼루온이 크리스티안에게 바싹 달려들더니 전력을 다해 그를 내동댕이쳤다. 그러자 크리스티안의 손에서 칼이 떨어졌다. 아볼루온이 소리쳤다. "이제 승리는 내 것이다!" 그리고는 크리스티안을 죽도록 짓눌렀다. 크리스티안은 서서히 삶을 포기하기 시작했다. 하지만 아볼루온이 이 선한 사람의 숨통을 끊으려고 최후의 일격을 가하려는 순간, 크리스티안은 민첩하게 손을 뻗어 칼을 움켜잡았다. 하나님의 도우심 덕분이었다. 그는 이렇게 외쳤다. "내 원수여, 나를 보고 즐거워하지 마라. 나는 쓰러져도 일어날 것이다."(미가 7:8) 그는 필사적으로 칼을 찔러 넣었다. 치명적인 부상을 입은 아볼루온이 뒤로 물러섰다. 크리스티안은 다시 공격하며 외쳤다. "그러나 이 모든 일에 우리를 사랑하시는 분으로 인해 우리가 넉넉히 이긴다."(로마서 4:7) 그러자 아볼루온이 용의 날개를 펼치더니 부리나케 달아나버렸다. 그리고 다시는 나타나지 않았다(야고보서 4:7).

이 전투에서 아볼루온의 끊임없는 고함소리와 소름끼치는 포효 소리를 나처럼 직접 보고 들은 사람이 아니라면 감히 상상조차도 못할 것이다. 아볼루온은 마치 용처럼 소리를 질러댔고, 크리스티안은 한숨과 신음을 토해냈다. 양날의 칼로 아볼루온에게 부상을 입힌 걸 알아차렸을 때, 그는 지금까지 한 번도 보여준 적이 없는 기쁜 표정을 지었다. 사실 그는 미소를 지으며 하늘을 올려다보았다! 그야말로 내가 본 전투들 가운데 가장 끔찍한 전투였다.

전투가 끝나자 크리스티안이 말했다. "사자의 입에서 구해주시고 아볼루온을 물리치도록 도와주신 그분께 여기에서 감사를 드려야겠다." 그리고는 다음과 같이 노래했다.

이 마귀의 대장, 거물 바알세불이
나를 멸망시키려고
갑옷 입은 마귀를 보냈습니다.
소름끼치는 마귀가 성을 내며 사납게 덤벼들었지만
거룩한 미가엘이 도와주셔서
칼로 찔러 재빨리 도망치게 만들었습니다.
그러므로 그분께 영원한 찬송을 드리고
그분의 성스러운 이름에 늘 감사와 축복을 드립니다.

그러자 생명의 나뭇잎 몇 장을 든 손이 그에게 다가왔다. 그 나뭇잎을 전투에서 부상당한 곳에 붙이자 즉시 나았다. 그는 그곳에 앉아 얼마 전에 받은 빵과 포도주를 먹었다. 기운을 차린 그는 손에 칼을 쥐고서 길을 떠나며 이렇게 말했다. "다른 적을 만날지도 몰라." 하지만 이 치욕의 골짜기에서는 아볼루온 외에 그 누구와도 부딪히지 않았다.

치욕의 골짜기 끝에 도달하니, 죽음의 어둠이라는 골짜기가 나타났다. 거룩한 도시로 가려면 길 한가운데 있는 그곳을 반드시 통과해야만 했다. 이 골짜기는 아주 적막한 곳이기에, 예언자 예레미야는 이곳을 "광야, 사막과 협곡의 땅, 가뭄과 죽음의 어둠이 드리운 땅, (그리스도인만 빼고) 아무도 다니지 않고 아무도 살지 않는 땅"(예레미야 2:6)이라고 묘사했었다.

이제 크리스티안은 아볼루온과의 전투보다 더 힘든 일을 겪게 될 것이었다.

그때 꿈속에서 보니, 크리스티안이 죽음의 어둠 골짜기에 막 들어서려는 순간 두 사람이 나타났다. 좋은 땅을 나쁜 땅이라고 일부러 속여 급히 돌아가게 만든 이들의 자손이었다.

크리스티안 : "당신들은 어디로 가고 있습니까?"

그들이 말했다. "돌아가십시오, 돌아가! 생명과 평화를 얻으려면 얼른 돌아가란 말입니다."

크리스티안이 물었다. "아니, 왜요? 무슨 문제라도 있습니까?"

그들이 대답했다. "있다마다요! 당신이 가고 있는 이 길을 우리도 최고 먼 데까지 갔다가 되돌아오는 길입니다. 하마터면 되돌아오지도 못할 뻔했지요. 조금만 더 멀리 갔어도 당신에게 이 소식을 전하지 못했을 겁니다."

크리스티안이 물었다. "도대체 무엇을 만났는데요?"

남자들 : "죽음의 어둠 골짜기를 거의 다 지났을 무렵, 정말 운 좋게도, 우리 앞에 놓인 위험을 보았답니다."(시편 44:19; 107:10).

크리스티안이 물었다. "무얼 보았단 말입니까?"

남자들 : "우린 봤습니다! 그 골짜기가 얼마나 캄캄하고 가파른 지를 말입니다. 또 도깨비와 사티로스, 나락의 용들도 봤습니다. 그 골짜기에서는 사슬에 매여 너무나도 비참하게 고통당하는 사람들이 끊임없이 울부짖고 외치는 소리가 들렸습니다. 낙담하게 만드는 혼란의 구름이 그 골짜기를 뒤덮고 있었고, 죽음도 그 골짜기 위로 날개를 펼치고 있었지요. 한마디로, 그곳은 정말로 끔찍하고 질서가 하나도 없는 곳이었답니다."(욥기 3:5; 10:22)

크리스티안이 말했다. "아무리 그래도 이 길은 내가 바라는 천국으로 인도해줄 길입니다."(시편 44:18,19; 69:14,15; 예레미야 2:6)

남자들 : "정 그렇다면 당신은 이 길로 가십시오. 우린 가지 않겠습니다."

그들과 헤어진 크리스티안은 앞으로 계속 걸어갔다. 행여 누군가가 공격을 하지 않을까 무서워 손에 칼을 쥐고서.

꿈속에서 보니, 이 골짜기 입구 오른쪽에는 아주 깊은 도랑이 파여 있었다. 그 도랑은 모든 시대에 걸쳐 소경이 소경을 인도하다 둘 다 빠져 비참하게 멸망한 곳이었다. 또한 입구 왼쪽에는 아주 위험한 수렁이 있었다. 아무리 선한 사람도 그곳에 빠지면 발 딛을 곳을 찾지 못했다. 다윗 왕도 한 번 그 수렁에 빠진 적이 있었는데, 만일 그분께서 꺼내주시지 않았다면 질식해 죽고 말았을 것이다.

그 사이로 나 있는 길 역시 아주 좁아보였다. 선한 크리스티안은 조금씩 앞으로 나갔다. 어둠속에서 길을 찾으려니, 이쪽 도랑을 피하려다 저쪽 수렁에 빠질 뻔하기도 하고, 저쪽 수렁을 피하려다 이쪽 도랑에 빠질 뻔하기도 했다. 그렇게 계속 가면서 한숨을 푹푹 쉬는 소리가 내 귀에까지 들렸다. 그런 위험들 말고도 이 길은 너무 어두웠다. 앞으로 나가려고 발을 들어 올렸다가도 어디에 내려 놓아야 할지 알 수 없을 때가 많았다.

이 골짜기의 중간쯤에 지옥의 입구가 보였는데, 그 지옥은 길옆에 떡 버티고 서 있었다. 크리스티안은 생각했다. "이제 어떻게 하지?" 이따금 불과 연기가 엄청나게 솟았고, 불꽃과 소름끼치는 소리도 뒤따랐다(이것은 아볼루온처럼 크리스티안의 칼로 무찌를 수 있는 게 아니었다). 그는 칼을 도로 집어넣고 다른 무기를 꺼냈다. 바로 온갖 기도(에베소서 6:18)였다. 그가 울부짖는 소리가 내 귀에 들렸다. "오, 주여, 주께 간구합니다. 내 영혼을 건지소서(시편 116:4)." 이렇게 기도하며 아주 한참을 걸어갔다. 하지만 불꽃은 여전히 그를 덮칠 것만 같았다. 슬픔에 잠긴 목소리들과, 앞뒤로 부리나케 달리는 소리들이 들렸다. 이러다가 갈기갈기 찢기거나 길 위의 진흙처럼 짓밟히는 게 아닌가 하는 생각이 가끔씩 들었다. 이렇게 끔찍한 광경을 바라보고 이렇게 소름끼치는 소리를 계속 들으면서 몇 마일을 걸어갔다. 어느 곳에 이르자 그를 만나러 오는 마귀들의 목소리가 들리는 것 같았다. 걸음을 멈춘 그는 어떤 게 가장 좋은 방법인지 궁리하였다. 반쯤은 되돌아가고 싶은 생각도 들었지만, 다시 생각해보니 이미 골짜기를 절반 정도는 지나왔을 것 같았다. 그는 지금까지 얼마나 많은 위험을 물리쳐야 했는지를 떠올렸다. 지나온 길을 되돌아가느니 차라리 앞으로 계속 가는 게 더 나을 것 같았다. 그래서 결국은 앞으로 나가는 쪽을 선택했다. 마귀들이 점점 더 가까이 다가오는 소리가 들렸다. 이윽고 마귀들이 목전에 이르렀을 때, 그는 가장 기운찬 목소리로 이렇게 외쳤다. "주 하나님의 힘으로 걸어가야지." 그러자 마귀들이 물러서더니 더 이상 다가오지 않았다.

　여기에서 간과하면 안 될 게 하나 있다. 이 가엾은 크리스티안이 자신의 목소리도 구별 못할 정도로 당황해버렸다는 것이다. 불타는 나락의 입구를 지나가려던 바로 그때, 사악한 이들 가운데 하나가 그의 뒤로 조용히 다가오더니 지독하고 불경스러운 욕설을 쉬지 않고 속삭였다. 그는 이 욕설이 자기 마음에서 나온 것이라고 철석같이 믿어버렸다. 그리고 이것은 지금까지 겪은 온갖 시련들보다 훨씬 더 지독한 것이었다. 그토록 사랑하던 분을 이제 와서 자기 입으로 모독하다니. 물론 이 소리를 안 들을 수도 있었다. 하지만 그에게는 귀를 막을만한 분별력도 없었고, 이 욕설이 어디에서 들려오는지 분간할만한 정신도 없었다.

이렇게 절망적인 상태로 크리스티안은 한참을 걸었다. 그런데 어떤 사람이 앞서 걸으면서 이런 말을 하는 것 같았다. "내가 비록 죽음의 그늘 골짜기로 다닐지라도, 주께서 나와 함께 계시고, 주의 지팡이와 막대기로 나를 위로해 주시니, 내게는 두려움이 없습니다."(시편 23:4)

그는 무척이나 기뻤다.

첫째, 이제는 자기 외에도 하나님을 경외하는 이들이 이 골짜기에 있다는 것을 알았으니까.

둘째, 어둡고 음침한 곳일지라도 하나님은 그들과 함께 계신다는 것을 깨달았으니까. 그는 생각했다. "그런 분이 왜 나와 함께 계시지 않겠어? 이곳에 있는 방해물들 때문에 못 느끼는 것뿐이야."(욥기 9:11)

셋째, (따라잡을 수만 있다면) 그들과 나란히 걸을 수 있다는 희망이 생겼으니까.

그는 계속 걸으면서 앞에 가는 사람을 불러보았다. 하지만 아무 대답도 들리지 않자, 역시 자기 혼자뿐이라는 생각이 들었다. 차츰 날이 밝아왔다. 크리스티안이 말했다. "그분이 죽음의 어둠을 여명으로 바꾸셨구나."(아모스 5:8)

아침이 밝자 그는 뒤를 돌아보았다. 되돌아가고 싶어서가 아니라, 자신이 어둠속에서 어떤 위험들을 통과했는지, 밝은 빛 아래서 확실히 보고 싶어서였다. 이쪽의 도랑과 저쪽의 수렁도 좀 더 자세히 들여다보고, 그 사이로 난 길이 얼마나 좁은지도 살펴보았다. 도깨비와 사티로스, 나락의 용들도 보았다. 그것들은 꽤 멀리 있었다. 날이 밝자 더 이상 다가오지 않았다. "그분은 어둠 가운데서도 은밀한 것들을 드러내시며, 죽음의 그늘조차도 대낮처럼 밝히신다"(욥기 12:22)고 기록된 것처럼, 모든 것이 그의 앞에 밝히 드러났다.

크리스티안은 자신이 그 적막한 길의 온갖 위험들을 극복해낸 것에 큰 감명을 받았다. 이전에는 막연히 두렵게만 여겨졌던 위험들이, 이제는 좀 더 분명하게 보였다. 날이 밝았으므로 똑똑히 볼 수 있게 된 것이다. 이때쯤 해가 솟은 것은 크리스티안에게 그야말로 자비와도 같았다. 지나온 죽음의 그늘 골짜기도 위험했지만, 앞으로 가야 할 절반은 훨씬 더 위험했기 때문이다. 지금 서 있는 곳부터 골짜기 끝까지는 온통 함정과 올가미, 덫 천지였다. 여기저기 올가미가 널려있고, 함정과 덫, 깊은 구덩이와 비탈이 사방에 있어서, (이 길의 절반을 지나온 것처럼) 어두운 밤이었다면, 영혼이 천개라 할지라도 모두 잃을 것 같았다. 하지만 다행히도 지금은 해가 뜨고 있었다. 그가 이렇게 말했다. "그 때에는 하나님이 그 등불로 내 머리 위를 비추어 주셨고, 빛으로 인도해 주시는 대로, 내가 어둠 속을 활보하지 않았던가?"(욥기 29:3)

이 빛 가운데 그는 골짜기 끝까지 나아갔다. 꿈속에서 보니, 골짜기 끝에는 이 길을 앞서갔던 순례자들, 그리고 수많은 사람들의 피와 뼈와 유골과 시체가 있었다. 왜 이런 게 있을까 궁금해 하고 있는데, 그리 멀지 않은 곳에 동굴이 하나 보였다. 그것은 옛적에 교황과 이교도라는 두 거인이 살던 동굴이었다. 그러니까 이 뼈와 피와 유골과 시체는 두 거인의 권력과 폭정으로 인해 잔인하게 죽어간 사람들의 것이었다. 크리스티안은 별다른 위험이 없이 이곳을 지나갔다. 나는 꿈속에서 그것을 보고 처음에는 의아하게 생각했지만 금방 그 이유를 알 수 있었다. 이미 오래전에 이교도가 죽었던 것이다. 교황은 아직 살아 있었지만, 나이가 많은데다가 젊어서 혹독한 전투를 많이 치른 탓에 완전히 미쳐버렸다. 관절도 딱딱하게 굳어서 이제는 동굴입구에 앉아 순례자들이 지나갈 때 히죽거리거나 손톱을 물어뜯는 것밖에 할 수가 없었다.

내가 보니, 길을 걷던 크리스티안이 동굴입구에 앉아있는 노인을 발견하고 당황하는 빛이 역력했다. 그 노인은 크리스티안을 뒤따라오지는 못했지만, "너희가 모조리 불타 죽기 전에는 절대로 고칠 수 없어"라고 소리를 질러댔다. 하지만 크리스티안은 평안한

마음으로 아무 사고 없이 노인 옆을 지나갔다. 그는 다음과 같이
노래를 불렀다.

오, 놀라운 세상(달리 뭐라고 표현해야 할지)!
여기 이 골칫거리에서 나를 건져주시다니!
여기서 날 건져주신 손에 축복을!
어둠의 위험과 마귀와 지옥과 죄가
이 골짜기를 지나는 동안 나를 에워쌌고,
함정과 올가미와 덫과 깊은 구덩이가
내 앞길을 막았기에,
쓸모없고 어리석은 내가
걸려 넘어지고 빠질 수도 있었건만
지금 이렇게 살아있으니,
예수님께 왕관을 씌워드려야지.

다시 길을 떠난 크리스티안은 순례자들이 앞을 내다볼 수 있도
록 배려해놓은 오르막길에 이르렀다. 거기에 올라 앞을 내다보던
그는 저만치 앞서가고 있는 믿음을 발견했다. 그는 큰소리로 외쳤
다. "어이, 여보세요, 거기 있어 봐요. 나랑 함께 갑시다." 믿음이

뒤를 돌아보자 그가 다시 외쳤다. "기다려요, 내가 갈 때까지 거기 있어요." 믿음이 대답했다. "안 돼요, 내 목숨이 위험하단 말입니다. 피의 복수자가 뒤쫓아 오고 있어요."

이 말을 듣고 조금 흥분한 크리스티안은 전력을 다해 믿음을 따라잡았고 급기야는 그를 앞지르게 되었다. 꼴찌가 첫째가 된 셈이었다. 믿음을 앞질렀다는 생각에 잘난 체하며 웃던 크리스티안은 그만 발을 헛딛는 바람에 비틀거리다 넘어져버렸다. 그가 일어나지도 못하고 끙끙거리자 믿음이 와서 일으켜주었다.

꿈속에서 보니, 둘이 아주 다정하게 걸으면서, 순례 중에 겪은 일들을 도란도란 얘기하고 있었다. 크리스티안이 먼저 말을 꺼냈다.

"존경스럽고 사랑스러운 내 형제 믿음 씨, 당신을 따라잡을 수 있어서 참 기쁘군요. 또 우리가 이토록 즐겁게 동행할 수 있도록 하나님께서 우리 영혼을 달래주시니 정말로 기쁩니다."

믿음 : "친구여, 나는 처음부터 당신과 함께 마을을 떠날 생각이었답니다. 하지만 당신이 먼저 출발해버렸기 때문에 나 혼자 그 먼 길을 올 수밖에 없었지요."

크리스티안 : "그러면 내 뒤를 좇아 순례를 떠날 때까지 얼마 동안이나 멸망의 도시에 머물렀습니까?"

믿음 : "더 이상 버틸 수 없을 때까지 있었습니다. 당신이 떠난 직후, 우리 도시가 곧 하늘로부터 내려온 불에 불타 없어질 거라

는 엄청난 소문이 돌았답니다."

크리스티안 : "뭐라고요! 당신 이웃들이 그런 소리를 했습니까?"

믿음 : "예, 모두들 한참동안 떠들어댔습니다."

크리스티안 : "그런데도 당신 말고는 아무도 그 위험을 피해 떠나지 않았단 말입니까?"

믿음 : "그야말로 소문만 무성했지요. 그들이 정말로 그렇게 믿었다고는 생각하지 않습니다. 몇 사람이 당신과 그 무모한 여행을 비웃는 소리를 들었거든요. 그들은 당신의 순례를 그렇게 불

렀지요. 하지만 난 우리 도시가 하늘로부터 내려온 유황불에 멸망할 거라고 믿었습니다. 지금도 그렇게 믿고 있고요. 그래서 이렇게 도망쳐온 것입니다."

크리스티안 : "혹시 유약함이라는 이웃의 소식은 듣지 못했습니까?"

믿음 : "들었습니다. 당신을 따라가다가 절망의 구렁텅이에 빠졌다고들 하더군요. 그는 별 말이 없었지만, 진흙 같은 게 몹시 묻은 걸 보니 틀림없는 것 같았습니다."

크리스티안 : "이웃들은 그에게 뭐라고 하던가요?"

믿음 : "돌아온 후로 그는 온갖 사람들로부터 엄청난 비웃음을 당했답니다. 사람들은 그를 조롱하고 멸시하고 일감도 거의 안 맡겼습니다. 그래서 도시를 떠나기 전보다도 몇 갑절 힘들게 지내게 되었지요."

크리스티안 : "그런데 이웃들이 왜 그랬는지 모르겠군요. 그가 저버린 길을 본인들은 그토록 멸시하면서 말입니다."

믿음 : "오, 그들이 이렇게 떠들더군요. '그를 목매달아라. 저 변절자! 그의 신앙고백은 거짓이었어!' 내 생각엔, 하나님께서 그 길을 저버린 그를 교훈으로 삼으시기 위해, 일부러 하나님의 원수들이 그를 야유하도록 자극하신 것 같습니다."(예레미야 29:18,19)

크리스티안 : "그곳을 떠나기 전에 직접 얘기해보지 않았습니

까?"

믿음 : "딱 한 번 길에서 마주쳤습니다. 그런데 자기가 한 짓이 부끄러웠는지 길 건너편으로 가버리더군요. 그래서 말도 못 걸었습니다."

크리스티안 : "그랬군요. 그래도 처음에는 그에게 희망을 걸었는데, 이제는 그 도시가 멸망하는 날 그도 죽을까봐 무섭군요. '개는 자기가 토한 것을 도로 먹는다' 는 속담과 '돼지는 몸을 씻고 나서, 다시 진탕에 뒹군다' 는 속담이 그에게 딱 어울릴 것 같습니다."(베드로후서 2:22)

믿음 : "나도 그가 죽을까봐 두렵습니다. 하지만 누가 그걸 막을 수 있겠습니까?"

크리스티안이 말했다. "자, 믿음 씨, 이제 그 이야기는 그만두고 우리랑 좀 더 직접적으로 관련이 있는 얘기를 나눕시다. 오는 길에 무슨 일들을 겪었는지 말해 보십시오. 분명히 여러 가지 일을 겪었겠지요? 안 그랬다면 기적이고요."

믿음 : "당신이 빠졌던 그 수렁을 피해 문까지는 별다른 위험 없이 갔습니다. 도중에 딱 한 사람 만났는데, 음란함이라는 여자가 나를 해치려 들었지요."

크리스티안 : "용케도 그 여자의 덫을 잘 피했군요. 요셉도 그

여자 때문에 위험했지만 결국은 당신처럼 잘 피했답니다. 하마터면 목숨까지 빼앗길 뻔했지요(창세기 39:11~13). 도대체 그 여자가 무슨 짓을 했습니까?”

믿음 : “어찌나 알랑거리던지, 안 겪어본 사람은 절대로 모를 겁니다. 둘이서 다른 길로 가자고, 그러면 책임지고 모든 걸 만족시켜 주겠노라고 장담하더군요.”

크리스티안 : “허, 선한 양심의 만족을 약속한 건 아니었겠지요.”

믿음 : “내 말이 바로 그겁니다. 세속과 정욕의 온갖 만족을 약속한 거지요.”

크리스티안 : “그 여자에게서 도망치게 해주신 하나님께 감사를 드립시다. ‘음행하는 여자의 입은 깊은 함정이니, 주님의 저주를 받는 사람이 거기에 빠진다’ 고 하지 않았습니까?”(잠언 22:14)

믿음 : “하지만 내가 과연 그 여자로부터 완전히 도망쳤는지 어땠는지는 알 수 없습니다.”

크리스티안 : “왜요? 당신이라면 그 여자가 원하는 대로 따르지 않았을 게 확실한데요.”

믿음 : “물론 나를 더럽히지는 않았습니다. ‘그 여자의 걸음은 스올을 보고 치닫는다’ 는 옛말이 생각났거든요(잠언 5:5). 그 여자의 외모에 홀리지 않으려고 아예 눈을 감아버렸습니다(욥기 31:1). 그랬더니 마구 욕설을 퍼붓더군요. 어쨌든 난 계속 걸었습니다.”

크리스티안 : “오는 길에 다른 공격은 받지 않았습니까?”

믿음 : "어려움이라는 언덕 밑에서 한 늙은이를 만났는데, 나더러 어디로 가는 누구냐고 묻더군요. 거룩한 도시로 가는 순례자라고 대답했더니 그 늙은이가 이러는 겁니다. '정직한 사람 같아 보이는데, 대가를 지불할 테니 나와 함께 살지 않겠나?' 그래서 나도 어디 사는 누구냐고 물었습니다. 그랬더니 자기는 속임수라는 마을에 사는 첫 사람 아담이라고 했습니다(에베소서 4:22). 도대체 무슨 일을 하는 사람이며, 대가는 무엇을 줄 것이냐고 물었더니, 자기 일은 수많은 기쁨이고, 대가는 마지막에 그의 후계자가 되는 거라고 하더군요. 그래서 내친김에 어떤 집에서 사는지, 다른 종들도 있는지 물어봤습니다. 자기 집에는 온 세상 고상한 것들이 가득하고, 종들은 자기 자손들의 종이라고 하더군요. 그래서 자녀가 몇이나 되냐고 물었습니다. 딸만 셋인데, 육신의 욕망, 눈의 욕망, 살림살이의 자랑거리(요한일서 2:16)라고 하더군요. 자기 딸들과 결혼하고 싶으면 해도 된다고 했어요. 그래서 내가 얼마나 오랫동안 함께 살길 바라느냐고 물었더니, 자기가 살아 있는 동안은 함께 지내야 한다고 했습니다."

크리스티안 : "그래서 결국 어떻게 하기로 했어요?"

믿음 : "사실 처음엔 그와 함께 살고 싶은 마음도 들었습니다. 제법 공평한 사람 같았거든요. 그런데 대화를 나누다가 문득 이마를 봤더니, '옛사람을 그의 행실과 함께 벗어버리라' 고 적혀 있었습니다."

크리스티안 : "그래서 어떻게 했습니까?"

믿음 : "지금은 아무리 아첨을 떤다 해도 일단 자기 집에 데려가고 나면 노예로 팔아버릴 거라는 생각이 강하게 들었습니다. 그래서 그만 얘기하라고, 당신 집근처에는 얼씬도 안하겠다고 했습니다. 그랬더니 마구 욕을 퍼부으면서, 다른 사람을 보내 내 영혼을 더 비참하게 만들어버리겠다고 했습니다. 빨리 떠나야겠다는 생각에 막 뒤돌아서는데, 그 늙은이가 나를 꽉 붙잡고는 확 잡아채는 게 느껴졌습니다. 어찌나 아픈지 꼭 살점이 떨어져나가는 것 같았지요. 그래서 울면서 소리쳤습니다. '아, 나는 비참한 사람입니다.' (로마서 7:24) 그리고는 언덕을 다시 올랐답니다."

"언덕을 절반쯤 올라가서 뒤를 돌아보니, 어떤 사람이 쏜살같이 내 뒤를 좇고 있었는데, 결국은 정자가 세워진 곳에서 따라잡히고 말았습니다."

그러자 크리스티안이 말했다. "바로 그 정자에서 나도 쉬었습니다. 그러다 깜빡 잠이 드는 바람에 이 두루마리까지 잃어버렸답니다."

믿음 : "어허, 내 말을 끝까지 들어보세요. 그 사람이 다가오더니 일언반구도 없이 날 쳤습니다. 얻어맞고 쓰러져서 시체처럼 누워 있다가 잠시 후 정신을 차리고 왜 그러냐고 따져 물었습니다. 그 남자 말인즉슨, 내가 첫 사람 아담에게 은근히 끌렸기 때

문이라고 했습니다. 그리고는 또 다시 내 가슴을 사정없이 쳤습니다. 뒤로 나가떨어진 나는 그의 발치에 시체처럼 뻗어버렸습니다. 그 뒤 가까스로 정신을 가다듬고는 울며 매달렸습니다. 하지만 그는 '난 자비를 베풀 줄 모른다' 고 말하면서 다시 나를 쓰러뜨렸습니다. 그 때 어떤 사람이 와서 말리지 않았다면 분명히 맞아죽고 말았을 겁니다."

크리스티안 : "누가 그를 말렸습니까?"

믿음 : "처음엔 그가 누군지 몰랐습니다. 그런데 내 옆을 지나칠 때 보니 손과 옆구리에 구멍이 있더군요. 분명히 우리 주님이셨을 겁니다. 그런 일이 있고 나서 나는 다시 언덕을 올라갔습니다."

크리스티안 : "당신을 따라잡았던 남자는 바로 모세입니다. 그는 용서란 걸 모른답니다. 자기 법을 어긴 사람들에게 자비를 베푸는 법이 없지요."

믿음 : "나도 잘 압니다. 그 때가 처음이 아니었으니까요. 예전에 집에서 편안하게 살고 있을 때에도 한 번 찾아와서는, 계속 거기 있으면 집을 불태워버리겠다고 했습니다."

크리스티안 : "그런데 모세를 만났던 그 언덕 꼭대기에서 집 한 채를 못 봤습니까?"

믿음 : "집도 보고, 그 전에 사자도 봤지요. 하지만 정오경이라 그런지 사자들은 잠을 자는 것 같았습니다. 아직 해가 지려면 멀었기에, 문지기 옆을 그냥 지나 언덕을 내려왔답니다."

크리스티안 : "당신이 지나가는 걸 봤다고 문지기가 그러더군요. 당신도 그 집에 들렀으면 참 좋았을 텐데. 그 집 사람들이 절대로 못 잊을 진기한 것들을 아주 많이 보여주었거든요. 그건 그렇고, 치욕의 골짜기에서는 아무도 못 만났습니까?"

믿음 : "웬걸요, 불평이라는 자를 만났는데, 자기랑 되돌아가자고 꼬드기더군요. 그 골짜기에는 아무런 명예도 없다면서요. 그리고 그 길을 가는 것은 곧 교만과 거만, 자만, 속세의 영광 같은 친구들을 죄다 배신하는 거라고 했습니다. 바보같이 그 골짜기를 지나가는 날에는 내 친구들이 굉장히 화낼 거라고 하더군요."

크리스티안 : "그래서 뭐라고 대답했습니까?"

믿음 : "그가 말한 친구들이 내 친척인 건 맞지만(사실 그들은 나와 친척관계였거든요), 내가 순례자가 된 뒤로는 그들도 나를 버렸고 나도 그들을 거부했다고 말했습니다. 이제는 남이나 다름없는 사이라고 말입니다. 게다가 이 골짜기에 대해서도 그가 뭔가 크게 착각한 것 같다고 말해줬습니다. '사람의 마음이 오만하면 멸망이 뒤따르지만, 겸손하면 영광이 뒤따른다'(잠언 18:12; 16:18)고 적혀있으니까요. 나는 그의 판단에 따르기보다는, 가장 현명한 자가 중요하게 여겼던 영광을 위해 이 골짜기를 지날 거라고 말했습니다."

크리스티안 : "그 골짜기에서 다른 사람은 더 안 만났고요?"

믿음 : "수치심이라는 자를 만났는데, 이번 순례 길에서 만난 사

람들 가운데 가장 안 어울리는 이름을 가진 자 같았습니다. 수치심을 아는 자라면 논쟁하다가도 상대방 말을 받아들여야 할 텐데, 이 뻔뻔스런 수치심은 절대로 안 그러더군요.”

크리스티안 : “그가 어쨌는데요?”

믿음 : “아이고, 말도 마십시오. 신앙생활 자체를 거부했습니다. 신앙생활에 신경을 쓰는 건 한심하고 저속하고 비열한 짓이라면서요. 그는 예민한 양심은 비겁한 것이고, 또 말과 행동을 경계하면서 이 시대의 화려한 영혼들이 익숙해져 있는 자유를 멀리하는 사람은 모두의 놀림감이 될 뿐이라고 했습니다. 그리고 바보가 아닌 이상, 위대하거나 부유하거나 지혜로운 사람들 아니면 그 누구도 내 의견에 찬성하지 않을 거라고, 모든 것을 다 잃을지도 모르는 모험을 아무도 감행하지 않을 거라고 큰소리를 쳤습니다(고린도전서 1:26; 3:18; 빌립보서 3:79; 요한복음 7:48). 게다가 그는 이 시대의 순례자들이 주로 처해 있는 낮고 천한 조건과 가난을 거부했고, 또 순례자들은 온갖 자연과학에 대해 너무나도 무지하고 이해력이 부족하다고 했습니다. 예, 한마디로 그는 모든 걸 비판했습니다. 일일이 다 열거하기도 벅찰 정도로 말이지요. 그는 설교시간에 앉아서 흐느껴 울거나 슬퍼하는 것도 수치스러운 일이고, 집으로 돌아가면서 한숨을 쉬거나 신음을 하는 것도 수치스러운 일이며, 사소한 잘못 때문에 이웃에게 용서를 빌거나 이웃의 물건을 돌려주는 것도 수치스러운 일이라고 했습니

다. 또 신앙은 위대한 것들을 조금 악하다는(물론 그는 이것을 좀 더 나은 이름으로 불렀지요) 이유로 멀리하게 만들고, 비천한 것들을 신앙적 형제라는 이유로 존경하게 만든다고 했습니다. '이런 건 수치스러운 일 아닙니까?' 하고 그가 묻더군요."

크리스티안 : "그래서 뭐라고 대답했습니까?"

믿음 : "대답이요? 첨엔 아무 말도 할 수 없었습니다. 그렇게 따지고 드니까 얼굴이 확 달아오르더군요. 이 수치심이라는 자에게 한 방 먹은 겁니다. 거의 박살이 날 뻔했는데, 다행히도 '사람들이 높이 평가하는 그러한 것은, 하나님이 보시기에 혐오스러운 것이다'(누가복음 16:15)라는 말씀이 떠올랐습니다. 가만히 생각해보니, 이 수치심이 말한 것들은 죄다 인간에 관한 것뿐이고, 하나님이나 그분의 말씀에 관한 것은 하나도 없었습니다. 게다가 최후의 심판 때 우리의 생사를 결정하는 것은 이 세상의 교만한 영혼들이 아니라 가장 높으신 분의 지혜와 법이라는 사실도 떠올랐습니다. 결국 하나님께서 최고라고 평가하시는 게 정말로 최고라는 생각이 들었습니다. 이 세상 모두가 반대한다 해도 말입니다. 하나님께서는 그분의 신앙심을 더 좋아하시고, 예민한 양심을 더 좋아하십니다. 하늘나라를 위해 스스로 바보가 되는 사람이야말로 가장 지혜로운 사람이고, 그리스도를 사랑하는 가난뱅이가 그리스도를 미워하는 이 세상 최고의 권력자들보다 더 부자입니다. '수치심, 내 구원을 가로막는 이 원수, 썩 물러가라.

나의 통치자이신 주님보다 너를 더 좋아할 것 같으냐? 행여나 그렇다면 주님이 다시 오실 때 내 어찌 그분을 뵐 수 있겠느냐?(마가복음 8:38) 그분의 길과 종들을 수치스러워한다면 어찌 축복을 기대할 수 있겠느냐?' 하지만 이 수치심은 정말로 뻔뻔스러운 놈이었습니다. 도저히 떨쳐버릴 수가 없었습니다. 그는 내 마음을 어지럽히려는 듯, 신앙생활의 약점들에 대해 끊임없이 속삭였습니다. 마침내 나는, 아무리 그래봤자 헛수고일 뿐이라고, 그가 경멸하는 것을 나는 가장 영광스럽게 여긴다고 말했습니다. 그렇게 해서 이 끈질긴 놈을 떨쳐낼 수 있었답니다. 그에게서 완전히 벗어난 뒤에 나는 이렇게 노래했습니다.

하늘의 부르심에 순종하는 이들이
처하게 되는 시험은 너무나도 많고
육신에 들어맞아
닥치고 또다시 닥치니,
시도 때도 없이 우리는 시험에 빠지고
시험을 이겨내며, 시험을 물리친다네.
오, 순례자, 순례자들이여,
방심하지 말고 용감하게 힘을 내시길."

크리스티안 : "내 형제여, 당신이 이놈을 그토록 용감하게 물리 쳤다니 참 기쁩니다. 당신 말대로 정말 안 어울리는 이름이군요. 뻔뻔스럽게도 우리를 따라와 모든 사람들 앞에서 망신을 주고 선한 것을 부끄러워하게 만들려 하다니. 그처럼 무례한 자가 아 니라면 상상조차 못할 일이지요. 우리, 앞으로도 계속 그에게 맞 섭시다. 그가 아무리 허세를 부려도 바보에 불과하니까요. 솔로 몬은 '지혜 있는 사람은 영광을 물려받고, 미련한 사람은 수치를 당할 뿐이다(잠언 3:35)' 라고 말했답니다."

믿음 : "용감하게 이 세상에 진리를 전하기 위해서는, 수치심과 맞설 수 있도록 그분께 도움을 청해야 할 것 같습니다."

크리스티안 : "맞습니다. 그나저나 그 골짜기에서 다른 사람은 안 만났습니까?"

믿음 : "더 이상은 안 만났습니다. 그 골짜기를 내려와 죽음의 어둠 골짜기를 지나는 동안은 날이 환했습니다."

크리스티안 : "그것 참 다행이었군요. 내 경우는 완전히 달랐답 니다. 기나긴 여정 끝에 겨우 그 골짜기에 들어섰는데, 아볼루온 이라는 더러운 마귀를 만나 끔찍한 전투를 치렀답니다. 하마터면 죽을 뻔했습니다. 아볼루온이 나를 바닥에 쓰러뜨리고 깔아뭉갤 때는 정말로 죽는 줄 알았지요. 내가 바닥에 쓰러질 때 그만 칼을 놓치자, 그는 승리가 자기 것이라고 외쳤습니다. 하지만 내가 하 나님을 소리쳐 부르자, 그분께서 내 소리를 들으시고 그 모든 시

련에서 날 건져주셨지요. 그 뒤 죽음의 어둠 골짜기로 들어갔는
데, 거의 절반은 빛이 전혀 없이 걸었습니다. 그곳에서 죽고 말거
라는 생각이 사라지지 않더군요. 하지만 결국 날이 밝고 태양이
솟았습니다. 그 뒤로는 훨씬 더 편하고 조용하게 지나왔지요."

두 사람이 길을 가다가, 믿음이 문득 고개를 돌려보니 수다쟁이
라는 남자가 약간 떨어져서 걷고 있는 게 보였다. 이 길은 셋이서
나란히 걸을 수 있을 만큼 넓었다. 그는 키가 컸고, 멀리서 볼 땐
제법 잘생겨 보였는데, 가까이서 보니 그렇게 잘생긴 것은 아니었
다. 믿음은 그에게 자기를 소개했다.

믿음 : "여보세요, 어디 가십니까? 당신도 하늘나라로 가고 있
습니까?"

수다쟁이 : "예, 바로 그곳에 가고 있습니다."

믿음 : "그것 참 잘됐군요. 우리와 동행하면 좋을 것 같네요."

수다쟁이 : "좋고말고요. 당신들과 꼭 함께 가고 싶습니다."

믿음 : "자, 그럼 함께 갑시다. 가면서 유익한 것들에 대한 이야
기를 나누도록 하지요."

수다쟁이 : "당신들이건 누구건, 유익한 것들에 대한 이야기라
면 얼마든지 좋습니다. 이렇게 선한 일에 관심이 많은 분들을 만
나 참 기쁩니다. 사실 (여행을 하면서) 유익한 것에 신경을 쓰는

사람은 거의 없지요. 오히려 무익한 것들에 대한 이야기를 더 좋
아합니다. 그것 때문에 지금까지 무척 괴로웠답니다."

믿음 : "정말 통탄할 일이네요. 하늘에 계신 하나님에 관한 이야
기보다 더 이 세상 사람들 혀와 입이 가치 있게 사용되는 일이
어디 있다고."

수다쟁이 : "그렇게 확실히 말해주니 정말 통쾌하군요. 하나님
에 관한 것보다 더 즐겁고 유익한 얘기가 어디 있겠습니까? (만
일 사람들이 훌륭한 것들을 통해 기쁨을 누린다면) 그보다 기쁜
일도 없을 겁니다. 예를 들어서, 역사나 신비로운 일들에 관한
대화를 통해 기쁨을 누린다거나, 기적이나 불가사의나 표적에
관한 얘기를 좋아한다면, 성경만큼 그런 것들을 재미나게 기록
해놓은 게 또 어디 있겠습니까?"

믿음 : "맞습니다. 그러니 우리는 그런 것에서 유익함을 찾는 데
중점을 두고 대화를 나눠야 합니다."

수다쟁이 : "내 말이 바로 그겁니다. 그런 것에 관한 대화가 최
고로 유익합니다. 그걸 통해 수많은 지식도 얻을 수 있고, 이 세
상 것들이 무익한 데 비해 저 위의 것들은 유익하다는 점도 알
수 있으니까요. 게다가 거듭남이 필요하다는 것, 인간이 부족하
다는 것, 그리스도의 의로우심이 필요하다는 것도 그걸 통해 알
수 있지요. 또 그걸 통해서, 회개와 믿음과 기도와 고난 같은 것
들의 의미도 알 수 있고, 복음의 위대한 약속과 위안을 알고 위

로를 받을 수도 있답니다. 그걸 통해서, 거짓 주장을 반박하는 방법과 진리를 변호하는 방법, 무지를 깨우치는 방법도 배울 수 있고요."

믿음 : "구구절절 옳은 얘기입니다. 당신에게서 이런 말을 들으니 기쁘기 그지없습니다."

수다쟁이 : "정말 애석하게도 이런 게 부족하기 때문에, 영생을 위해선 신앙이 필요하고 또 영혼 속에도 은총의 역사가 필요하다는 사실을 이해하는 사람이 그토록 적은 겁니다. 그런 것도 모르고 율법의 행위 속에 사는 자들은 절대로 하늘나라를 얻을 수 없는데 말입니다."

믿음 : "미안하지만 이런 천상의 지식은 하나님의 선물이지요. 인간이 제아무리 노력하고 그것에 관해 대화를 나눈다고 해서 얻을 수 있는 게 아니랍니다."

수다쟁이 : "그거야 나도 잘 알지요. 하늘이 주시지 않으면, 사람은 아무것도 받을 수 없답니다. 모든 게 다 행위가 아니라 은총으로 받는 것이니까요. 굳이 증거를 원한다면 성경 말씀을 백 개도 넘게 댈 수 있습니다."

믿음이 말했다. "자, 그럼 이번에는 무엇에 관한 얘기를 나눠볼까요?"

수다쟁이 : "당신 좋을 대로. 난 우리에게 유익하기만 하다면 하늘의 것이나 세상의 것이나, 도덕적인 것이나 복음적인 것이나, 거룩한 것이나 신성모독적인 것이나, 외국의 것이나 국내의 것이나, 좀 더 본질적인 것이나 부수적인 것이나, 뭐든지 좋습니다."

이 말에 놀란 믿음은 크리스티안에게로 돌아가(둘이서 이런 얘기를 나누는 동안 크리스티안은 혼자서 걷고 있었다) 조용히 얘기했다. "정말 멋진 일행을 만났습니다! 분명 저 사람은 아주 훌륭한 순례자가 되겠네요."

그러자 크리스티안이 조심스럽게 미소를 지으며 말했다. "저 사람은 그 혀로 자기를 모르는 사람 스물을 현혹시키고도 남을 겁니다."

믿음 : "아니, 저 사람을 압니까?"

크리스티안 : "알다 뿐이겠습니까? 저 사람 자신보다도 더 잘 압니다."

믿음 : "어떤 사람인데요?"

크리스티안 : "저 사람 이름은 수다쟁이랍니다. 우리 마을 사람이지요. 저 사람을 모르다니 참 이상하네요. 하긴 우리 마을이 하도 넓으니까."

믿음 : "누구 아들입니까? 어디 살았지요?"

크리스티안 : "달변가의 아들로 수다바닥에 살았습니다. 저 사

람을 잘 아는 이들은 수다바닥의 수다쟁이라고 불렀답니다. 혀를 잘 놀리기는 하지만 참 안 됐어요.”

믿음 : “아니, 내가 보기엔 썩 괜찮은 인물 같던데요.”

크리스티안 : “잘 모르면 그럴 수도 있습니다. 겉으로 봐서는 최고 같으니까요. 하지만 알고 보면 정말로 추한 사람입니다. 당신이 저 사람을 멋지다고 하니까 어느 화가의 작품이 생각나네요. 멀리서 볼 땐 최고로 멋진 그림이었는데, 아주 가까이서 보니 그야말로 형편없었답니다.”

믿음 : “미소를 지으면서 그런 말을 하니까 왠지 농담 같은데요.”

크리스티안 : “(미소는 짓고 있지만) 이런 일에 농담을 하거나 거짓으로 남을 비난하는 것은 하나님께서 금하신 일이랍니다. 저 사람에 관해 좀 더 알려드리지요. 저 사람은 누구하고나 일행이 되고, 아무 얘기나 잘 지껄인답니다. 선술집에 앉아서도 방금 당신과 얘기한 것처럼 말하고, 술이 들어가면 들어갈수록 더 시끄러워져요. 저 사람은 마음에도, 집에도, 생활태도에도 절대 신앙심이 없어요. 그저 혀만 놀려댈 뿐이지요.”

믿음 : “정말입니까? 그럼 저 사람한테 속았네요.”

크리스티안 : “속다마다요! 완전히 속은 겁니다. ‘그들은 말만 하고, 실행하지는 않는다’(마태복음 23:3)는 말씀을 명심하십시오. ‘하나님의 나라는, 말에 있지 않고, 능력에 있습니다.’(고린도전서 4:20) 저 사람이 기도와 회개, 신앙, 거듭남에 관해 수다를 떨어

대지만, 순전히 말뿐입니다. 난 저 사람 가족과 잘 아는 사이여서, 집에서나 밖에서 어떻게 행동하는지 모두 지켜봤습니다. 그러니 내 말은 틀림없는 사실입니다. 저 집안은 계란흰자가 아무 맛도 안 나는 것처럼 신앙심이 전혀 없는 집안입니다. 기도도 없고, 회개의 증거도 없지요. 정말이지, 저 사람보다 더 지독한 방식으로 하나님을 섬기는 자도 없을 겁니다. 저 사람을 아는 모든 이들에게 그야말로 신앙의 오점이자 치욕이자 수치입니다(로마서 2:24,25). 온 마을을 다 뒤져봐도 저 사람에 대해 좋게 말하는 이가 없습니다. 모두들 '밖에선 신도, 안에선 악마' 라고 부를 정도지요. 불쌍한 가족들도 다 아는 사실입니다. 워낙 무례하고 악담을 잘하는데다가 종들에게도 분별없이 행동하기 때문에, 다들 무슨 말을 해야 할지, 어떻게 대처해야 할지 모르는 것뿐이지요. 저 사람을 겪어보고 나면 다들 '그를 상대하느니 차라리 터키인을 상대하고 말겠다. 차라리 터키인 손에 맡기는 게 더 공평하겠어' 라고 말할 정도랍니다. 이 수다쟁이는 (가능한 한) 사람들을 딛고 일어서서 갈취하고, 기만하고, 속이려 드는 자입니다. 게다가 자기 아들들도 똑같이 키우고 있어요. 아들에게서 어리석은 소심함(예민한 양심의 겉모습을 그는 이렇게 부르더군요)이라도 발견할라치면, 바보멍청이라고 욕하면서 절대 일도 안 맡기고 남들에게 추천도 안 해주지요. 내 생각에, 저 사람의 악행 때문에 걸려 넘어진 이들이 아주 많은 것 같습니다. 하나님께서 막아주시지 않는다면 앞으로 더 많은 사람들을 멸망시킬 겁니다.”

믿음 : “그렇군요. 당신은 저 사람을 잘 알고, 또 그리스도인으로서 그렇게 말하니, 당신 말을 믿어야겠지요. 어떤 악의가 있어서 그렇게 말한다고는 생각 안 합니다. 사실이 그렇기 때문에 그렇게 말했겠지요.”

크리스티안 : “저 사람을 잘 몰랐다면 나도 당신처럼 생각했을 겁니다. 믿음의 원수들에게서 그런 얘기를 들었다면 틀림없이 중상모략이라고 생각했겠지요. 선한 사람들의 이름과 공언은 악한 이들의 입에 자주 오르내리니까요. 하지만 내가 알고 있는 것들만으로도 얼마든지 그의 유죄를 입증할 수 있습니다. 게다가 선한 사람들은 그를 수치스럽게 여길 뿐 아니라 형제나 친구로도 여기지 않습니다. 그 이름을 듣기만 해도, 그를 아는 사람들은 모두 얼굴을 붉힐 지경이지요.”

믿음 : “이제는 나도 말과 행동이 별개라는 걸 알았으니, 앞으론 더 조심해서 분별해야겠군요.”

크리스티안 : “예, 영혼과 육체가 서로 별개이듯이, 말과 행동도 전혀 다르답니다. 영혼이 없는 육체가 시체에 불과한 것처럼, 행함이 없는 말은 시체에 지나지 않습니다. 신앙심을 지닌 영혼이야말로 실질적인 부분이지요. ‘하나님 아버지께서 보시기에 깨끗하고 흠이 없는 경건은, 어려움을 겪고 있는 고아들과 과부들을 돌보아 주고, 자기를 지켜 세속에 물들지 않게 하는 것입니

다.'(야고보서 1:27; 22~26) 그런데 수다쟁이는 이걸 전혀 모릅니다. 듣고 말하는 것만으로도 선한 그리스도인이 될 거라고 생각하고 자기 영혼을 속이는 겁니다. 하지만 듣는 건 그저 씨를 뿌리는 것뿐이고, 말만으로는 마음과 삶에 열매를 맺을 수 없습니다. 그 열매에 따라 최후의 심판 날 심판을 받을 텐데 말입니다(마태복음 13:23). 그 날이 오면 '믿었느냐, 안 믿었느냐?' 가 아니라 '행함이 따랐느냐, 말뿐이었느냐?' 라는 질문으로 심판을 받을 겁니다. 세상 끝 날은 추수 때에 비유되는데(마태복음 13:30), 추수를 하는 이들은 열매 외에 아무 것도 신경 쓰지 않는답니다. 신앙이 없는 것은 절대로 받아들여주지 않지요. 내가 이런 말을 하는 것은 그 날에 수다쟁이의 공언이 아무런 의미도 없다는 것을 알려주기 위해서입니다."

믿음 : "당신 말을 들으니 모세가 부정한 짐승에 관해 설명한 게 떠오릅니다(레위기 11:3~7; 신명기 14:6~8). 짐승 가운데서 굽이 갈라진 쪽발이면서 새김질도 하는 짐승은 모두 먹을 수 있다고 했지요. 하지만 새김질을 하더라도 굽이 갈라지지 않았거나, 굽이 두 쪽으로 갈라진 쪽발이더라도 새김질을 하지 않는 짐승은 부정하다고 했습니다. 토끼도 새김질은 하지만 굽이 갈라지지 않았으므로 부정한 짐승이지요. 이렇게 볼 때 수다쟁이와 닮은 점이 많네요. 수다쟁이는 새김질을 합니다. 지식을 추구하고, 말씀을 곱씹지요. 하지만 굽은 갈라져 있지 않습니다. 죄인의 길에서 갈라

져 나오지 못하는 겁니다. 수다쟁이도 토끼처럼 굽이 갈라져 있지 않은 개나 곰의 발을 가지고 있기 때문에 부정합니다.”

크리스티안 : “내가 아는 한 당신이 한 말은 참된 복음 같군요. 거기에 하나를 추가하자면, 사도바울은 말이 많은 이들을 일컬어 ‘울리는 징이나 요란한 꽹과리’(고린도전서 13:1~3)라고 했답니다. ‘생명이 없는 악기도 음색이 각각 다른 소리를 낸다’(고린도전서 14:7)고도 했고요. 생명이 없다는 것은 곧 참된 신앙과 복음의 은총이 없다는 뜻입니다. 그러니 아무리 천사의 방언으로 말을 할지라도 생명의 자녀들과 더불어 하늘나라에 거할 수가 없는 겁니다.”

믿음 : “아이고, 처음 당신 말을 들었을 때는 저 사람과 함께 가는 게 조금 마음에 들지 않는 정도였는데, 이제는 구역질이 날 것 같습니다. 어떻게 해야 떼어버릴 수 있을까요?”

크리스티안 : “내가 충고하는 대로만 하면, 저 사람도 금방 당신과 함께 가는 게 메스꺼워질 겁니다. 하나님께서 저 사람 마음을 움직여 변화시켜 주시지 않는다면 말입니다.”

믿음 : “어떻게 하면 됩니까?”

크리스티안 : “자, 저 사람에게 가서 신앙의 힘에 관해 진지한 대화를 시작해 보십시오. (틀림없이 그러겠지만, 저 사람이 신앙의 힘을 인정하면) 그의 마음과 집과 생활태도에도 신앙의 힘이 들어있느냐고 똑똑히 물어보십시오.”

믿음이 수다쟁이에게 돌아가 말을 걸었다. "자, 힘내세요. 기분은 어때요?"

수다쟁이 : "아주 좋습니다. 그나저나 지금쯤이면 상당히 많은 얘기를 나눴어야 하는 건데 말이죠."

믿음 : "뭐, 지금부터 시작합시다. 아까 주제는 나한테 정하라고 했으니까, 이것에 관해 한 번 얘기해보도록 합시다. 어떤 사람의 마음속에 하나님의 구원의 은총이 들어있다면 그것을 어떻게 알 수 있을까요?"

수다쟁이 : "그렇다면 사물의 힘에 관한 대화가 되겠군요. 아주 좋은 질문이네요. 그건 내가 가르쳐 드리지요. 짧게 대답하자면 이렇습니다. 첫째, 하나님의 은총이 마음속에 들어있다면 죄에 격렬히 반대할 겁니다. 둘째 –"

믿음 : "아, 잠깐만요! 한 번에 한 개씩만 생각해보자고요. 영혼이 죄를 경멸함으로써 하나님의 은총이 드러난다고 하는 게 더 맞는 말 같은데요."

수다쟁이 : "도대체 죄에 반대하는 것과 죄를 경멸하는 게 뭐가 다릅니까?"

믿음 : "오! 전혀 다르지요. 정책적으로 죄에 반대하는 이들도 신앙적인 반감이 없다면 결코 죄를 경멸할 수 없으니까요. 설교단에서는 죄에 반대한다고 떠들어대는 이들도 마음과 집과 생활

태도에 죄가 넘친다는 말을 많이 들었습니다. 요셉의 여주인도 아주 신성한 사람처럼 큰소리로 떠들어댔지만 눈도 깜짝 안하고 요셉과 부정을 저지르려 했지요(창세기 39:11~15). 죄에 반대한다고 떠들어대는 이들은, 자녀를 무릎에 올려놓고 말괄량이, 개구쟁이라고 야단쳐놓고서 금방 껴안고 입 맞추는 엄마나 다를 게 없답니다."

수다쟁이 : "지금 나를 함정에 빠뜨리려는 겁니까?"

믿음 : "아니, 그게 아닙니다. 그저 당신 말을 바로잡으려는 것뿐이지요. 어쨌든, 마음속에서 은총의 역사를 발견할 수 있는 두 번째 증거는 무엇입니까?"

수다쟁이 : "복음의 신비에 대한 풍부한 지식입니다."

믿음 : "그것이 첫 번째에 와야겠네요. 하지만 첫째든 꼴찌든, 그건 틀렸습니다. 복음의 신비에 관한 지식이 풍부하다 할지라도 영혼 속에 은총의 역사가 없는 경우도 있으니까요. 제아무리 온갖 지식을 갖춘 사람이라도 결과적으로 하나님의 자녀가 아닐 수 있습니다(고린도전서 13:2). 그리스도께서 '너희가 이것들을 모두 깨달았느냐?'라고 물으셨을 때, 제자들은 '예'라고 대답했습니다. 그러자 그리스도께서 이렇게 덧붙이셨지요. '너희가 이것을 알고 그대로 하면 복이 있다.' 그리스도께서는 아는 것이 아니라 행하는 것에 복이 있다고 하셨습니다. 행함이 없는 지식도 있기 때문입니다. 주인의 뜻을 알면서도 행하지 않는 사람처럼

말입니다. 천사처럼 많이 안다고 해서 다 그리스도인은 아닙니다. 그러니 당신의 증거는 맞지 않습니다. 사실 지식은 수다쟁이나 허풍쟁이를 기쁘게 하는 것에 불과한 반면, 행함은 하나님을 기쁘시게 하는 것입니다. 물론 지식이 없이 마음이 선할 수는 없겠지요. 지식이 없는 마음은 부질없습니다. 그러므로 지식에는 두 가지가 있는 셈이죠. 사물에 대한 꾸밈없는 사색에 머무르는 지식, 그리고 믿음, 사랑의 은총과 더불어 마음으로부터 하나님의 뜻을 행하게 만드는 지식, 이렇게 두 가지 말입니다. 첫 번째 지식은 수다쟁이밖에 만족 못시킵니다. 참된 그리스도인은 두 번째 지식이 없이는 결코 만족할 수 없지요. '나를 깨우쳐 주십시오. 내가 주의 법을 살펴보면서, 온 마음을 기울여서 지키겠습니다(시편 119:34)' 라는 구절도 있지 않습니까?"

수다쟁이 : "또 함정을 파고 있군요. 지금 우리가 교훈을 늘어놓자는 게 아니지 않습니까?"

믿음 : "그렇다면 이 은총의 역사를 어떻게 발견할 수 있는지, 다른 증거에 관해서 한 번 말씀해보십시오."

수다쟁이 : "싫습니다. 또 반대할 게 뻔한데요."

믿음 : "정 그렇다면 내가 한 번 말해볼까요?"

수다쟁이 : "그거야 당신 자유지요."

믿음 : "영혼 속에 있는 은총의 역사는 당사자뿐만 아니라 주변 사람들에게도 밝히 드러나게 되어 있답니다."

"은총의 역사를 지닌 사람의 경우는 이렇습니다. 은총의 역사는 죄에 대한 확신을 안겨줍니다. 특히 본성의 더럽힘과 불신앙의 죄에 대해서요. 예수 그리스도에 대한 믿음으로 하나님의 손에서 자비를 얻지 못한다면 분명히 저주를 받겠지요. 이런 깨달음은 슬픔과 수치심을 안겨줍니다(시편 38:18; 예레미야 31:19; 요한복음 16:8; 로마서 7:24; 마가복음 16:16; 갈라디아서 2:16; 요한계시록 1:6). 게다가 자기 안에서 세상의 구세주를 발견하고 또 생명을 위해서는 그분과 가까이 있어야 한다는 절대적인 필요성도 깨닫게 됩니다. 주님을 따르고픈 굶주림과 갈증도 느끼게 되지요. 주리고 목마른 이들은 약속을 받아냈습니다. 구세주에 대한 믿음이 강한 이들은 기쁨과 평안을 누리고, 거룩한 것들을 사랑하며, 그분을 더 많이 알고 이 세상에서 그분을 섬기고 싶어 합니다. 그런데, 은총의 역사가 당사자에게 밝히 드러난다고 말은 했지만, 이것이 과연 은총의 역사인가를 분별하기는 아주 어렵답니다. 이미 타락해버린 이성이 잘못 판단하도록 마음을 유도하기 때문이지요. 그러니, 이것이 은총의 역사라고 확실히 결론내리기 전에 우선 마음속에 은총의 역사가 들어있는지 없는지부터 아주 신중하게 판단해야 합니다."(요한복음 16:9; 갈라디아서 2:15,16; 사도행전 4:12; 마태복음 5:6; 요한계시록 21:6)

"또 주변사람들에게는 이런 식으로 은총의 역사가 드러납니다.

1. 그리스도에 대한 경험적 신앙고백

2. 그 신앙고백에 합당한 경건한 삶, 곧 마음의 경건과 (가족이 있는 자라면) 가족의 경건과 생활태도의 경건. 신앙고백은 마음속으로 은밀히 자기 죄를 경멸하도록 하고, 가정에서도 죄를 억누르고 경건을 조장하도록 만들지요. 위선자나 수다쟁이처럼 말로만 그런 게 아니라, 믿음과 사랑 안에서 실제로 말씀의 힘에 순종하는 겁니다(욥기 42:5; 시편 50:23; 에스겔 20:43; 마태복음 5:8; 요한복음 14:15; 로마서 10:10; 빌립보서 1:27). 자, 이제 은총의 역사와 그것의 발견에 관한 짧은 설명을 마쳤으니, 내 말에 이의가 있다면 얘기해 보십시오. 아무런 이의도 없다면 두 번째 질문으로 넘어가고요."

수다쟁이 : "없어요. 아무 이의도 달지 않고 그냥 듣겠습니다. 자, 두 번째 질문은 뭡니까?"

믿음 : "두 번째 질문은 바로 이것입니다. 당신 자신은 은총의 역사를 경험하고 있습니까? 당신의 삶과 생활태도가 그것을 증명하고 있습니까? 그게 아니라면 당신 신앙은 행함과 진리가 아니라 말이나 혀에만 있는 것 아닙니까? 이 질문에 대답할 때는 부디 위에 계신 하나님께서 '아멘' 하실 수 있는 말, 당신 양심이 허락할 수 있는 말만 하십시오. 스스로 자기를 내세우는 사람이 아니라 주께서 내세우시는 사람만 인정을 받을 수 있으니까요. 말과 생활태도가 서로 다르다면 온 이웃들에게 거짓말을 하는 셈이고, 그건 크나큰 죄악입니다."

이 말에 수다쟁이의 얼굴이 붉어지기 시작했다. 하지만 곧 아무렇지도 않은 듯 이렇게 대답했다. "경험이니, 양심이니, 하나님이니 하면서, 당신 말의 정당성을 그분께 호소하는 것 같군요. 내가 기대한 대화는 이런 게 아닙니다. 그런 질문에는 별로 대답하고 싶지 않습니다. 굳이 문답식으로 교리를 가르칠 작정이 아니라면, 그 질문에 대답할 수 없습니다. 행여 그럴 작정이라 해도, 당신의 판단은 사양하렵니다. 그나저나 어째서 내게 그런 질문을 하는 겁니까?"

믿음 : "당신이 말하는 걸 보고 아무래도 말뿐이라는 생각이 들었기 때문입니다. 솔직히, 당신은 말로만 신앙을 외칠 뿐, 생활태도는 입술의 신앙고백과 다르다는 얘기를 들었습니다. 당신은 그리스도인들에게 얼룩과도 같아서, 당신의 부정한 생활태도 때문에 그들의 신앙심이 약해졌고, 당신의 사악한 길에서 벌써 여럿이 넘어졌으며, 지금도 많은 사람들이 멸망의 위기에 처해있다고 하더군요. 당신의 신앙과 선술집, 탐욕, 부정, 맹세, 거짓, 어리석은 동료들, 이 모두가 일치합니다. 창녀가 모든 여인들의 수치인 것처럼, 당신 역시 모든 신앙고백자들의 수치입니다."

수다쟁이 : "떠도는 소문만 듣고 성급한 판단을 내리다니, 당신처럼 짜증스럽고 우울한 사람하고는 더 이상 함께 못가겠습니다. 잘 가십시오."

　수다쟁이가 가고 나자 크리스티안이 믿음에게 다가와 말했다. "이렇게 될 거라고 했지요? 당신의 말은 그 사람의 욕망과 일치할 수 없습니다. 그러니 자기 삶을 개선하느니 차라리 당신과 함께 가는 걸 포기해버린 것이지요. 내 말처럼 결국 가버렸군요. 그냥 가라고 둡시다. 손해는 그 사람이 보게 되어 있으니까요. 어쨌든 이제 그와 함께 갈 걱정은 없네요. 계속 함께 갔다간 우리 사이만 틀어질 뻔했습니다(그러고도 남을 사람입니다). 사도들은 '그런 이들을 모두 멀리하라' 고 말했지요."

믿음 : "그래도 그 사람과 잠시나마 대화를 나눈 게 기쁩니다. 어쩌면 그가 생각을 바꿀지도 모르니까요. 어쨌든 난 똑똑히 얘기했으니, 그가 멸망한다 해도 내 책임은 아니지요."

크리스티안 : "그래요, 아주 똑똑히 잘 얘기했습니다. 요즘 사람들과 이렇게 신실한 대화를 나누는 일은 좀처럼 없지요. 신실한 대화는 오히려 많은 이들의 혐오감을 살 뿐이랍니다. 이 수다쟁이 같은 바보들이 말로만 신앙심에 대해 떠들어댈 뿐, 정작 생활태도는 방탕하고 무익하기 때문입니다. 그들은 (경건한 사람들에게 상당한 인정을 받으면서) 세상을 어지럽히고, 그리스도교를 더럽히고, 순수한 이들을 상하게 한답니다. 모쪼록 모두들 당신처럼 처신했으면 좋겠습니다. 그러면 그들이 좀 더 신앙에 순종하든가, 신도들과 동행하는 게 너무 힘들어 떠나든가 할 테니까요."

그러자 믿음이 이렇게 말했다.

그들은 길에서 본 것들에 관해 대화를 나누면서 힘든지도 모르고 계속 걸었다. 황무지를 통과하는 중이라, 만일 대화를 나누지 않았다면 틀림없이 지쳐 쓰러졌을 것이다.

황무지가 거의 끝나갈 무렵 믿음이 문득 뒤돌아보니 누군가 따라오는 게 보였다. 그를 알아본 믿음이 크리스티안에게 말했다. "오! 저기 오는 게 누구지요?" 크리스티안이 뒤돌아보더니 말했다. "내 독실한 친구 전도자시네요." 믿음이 말했다. "예, 내게도 독실한 친구지요. 문으로 가는 길을 가르쳐준 분입니다." 그때 전도자가 다가와 인사를 했다.

전도자 : "사랑하는 그대들과 그대들을 도와주신 분께 평화를."

크리스티안 : "아, 잘 오셨습니다, 전도자여. 선생님을 만나니 지난날 제게 베풀어주신 친절과 제 영원한 선을 위해 지칠 줄 모르고 애써주신 노고가 떠오르는군요."

믿음이 말했다. "정말 반갑습니다. 오, 친절한 전도자여, 우리 가없은 순례자들은 선생님의 동행을 얼마나 열망하는지 모릅니다!"

전도자가 말했다. "지난번에 헤어진 뒤로 어떻게들 지냈습니까? 무슨 일을 만나 어떻게 처신했습니까?"

그러자 크리스티안과 믿음이 도중에 무슨 일들이 생겼는지, 어떤 시련을 겪어가면서 거기까지 왔는지 모두 말했다.

전도자가 말했다. "여러분이 온갖 약점들에도 불구하고 승리를 거둬가면서 오늘까지 이 길을 계속 걸어왔다니 정말로 기쁘기 한량없습니다."

"자, 나는 씨를 뿌리고 여러분은 거둬들였으니, 우리 모두 기뻐합시다. '씨 뿌리는 이와 거두는 이가 함께 기뻐할'(요한복음 4:36) 날이 다가오고 있습니다. 끝까지 버티십시오. '지쳐서 넘어지지 않으면, 때가 이를 때에 거두게 될 것입니다.'(갈라디아서 6:9) 여러분 앞에 불멸의 면류관이 있습니다. '여러분도 면류관을 받을 수 있도록 달리십시오.'(고린도전서 9:24~27) 하지만 면류관을 얻기 위해 멀리까지 간 사람도 중간에 끼어든 사람에게 뺏기는 수가 있습니다. 그러니 '여러분이 가진 것을 굳게 붙잡고, 아무도 그 면류관을 빼앗지 못하게 하십시오.'(요한계시록 3:11) 여러분은 아직도 악마의 사정거리 안에 있습니다. '여러분은 죄와 맞서 싸우지만, 아직 피를 흘리기까지 대항한 일은 없습니다.' 하늘나라를 언제나 눈앞에 두고, 보이지 않는 것들을 굳건히 믿으십시오. 이 세상의 것들은 하나도 마음에 두지 마십시오. 그리고 무엇보다도, 여러분의 마음과 그것의 욕망을 잘 지켜보십시오. 그것들이야말로 '가장 거짓되고 극도로 사악하니까요.' 단호한 태도를 취하십시오. 천지의 모든 힘이 여러분들 편입니다."

그러자 크리스티안이 전도자의 훈계에 감사를 드린 다음, 앞으로의 여정에 도움이 될 얘기를 더 들려달라고 했다. 그가 예언자라는 사실을 잘 알았기에, 앞으로 어떤 일들이 닥칠 것이며 어떻게 해야 그 일들을 이겨내고 극복할 수 있는지도 잘 알고 있을 것이라 생각해서였다. 믿음 역시 같은 생각이었다. 전도자가 다음과 같이 말했다.

"여러분, 복음의 진리 말씀에서 '하나님 나라에 들어가려면, 반드시 많은 환난을 겪어야 한다'는 것과, '어느 성읍에서든지, 투옥과 환난이 여러분을 기다리고 있다'는 것을 들었을 겁니다. 그러니 순례의 여정에서 환난을 겪지 않으리라는 기대는 버리십시오. 여러분은 이미 몇 가지 증거를 겪었고, 이 순간부터는 더 많은 증거를 겪게 될 것입니다. 자, 보다시피 이 황무지도 거의 끝나갑니다. 이제 곧 여러분 눈앞에 한 마을이 나타날 테고, 그 마을에 들어가면 여러분을 죽이려고 혈안이 된 원수들에게 비정하게 둘러싸일 겁니다. 여러분 중 한 명은, 아니면 둘 다, 피로써 신앙고백을 확인해야 합니다. 하지만 '죽도록 충성하십시오. 그러면 왕께서 생명의 면류관을 여러분에게 주실 것입니다.' 그곳에서 죽음을 당하는 사람은 그 죽음이 너무도 잔인하여 엄청난 고통을 겪게 되겠지만, 그래도 살아남은 사람보다는 오히려 나을 겁니다. 가장 먼저 거룩한 도시에 도착할 뿐만 아니라, 살아남은 사람이 나머지 여정에서 겪게 될 온갖 비극들도 피할 수 있으니 말입니다. 자, 그 마을에 들어가면 이 말이 그대로 이루어질 테니, 내 말을 기억하고 용감하게 힘을 내십시오. 신실하신 창조주 하나님께 여러분의 영혼을 맡기십시오."

꿈속에서 보니, 황무지를 벗어난 그들의 눈앞에 공허라는 마을이 나타났다. 그 마을은 일 년 내내 공허의 시장이라고 하는 장이 섰는데, 그런 이름이 붙은 것은 그 마을 자체가 덧없기 때문이기도 하고, 거기에서 파는 물건이나 그곳으로 모여드는 사람 모두가, '모든 것이 헛되다'고 한 지혜자의 말처럼, 헛되기 때문이기도 했다.

이 장터는 새로 선 게 아니라 옛날부터 계속 있었던 것이었다. 그 기원은 다음과 같다.

약 오천년 전, 정직한 크리스티안과 믿음처럼, 거룩한 도시를 향해 걸어가는 순례자들이 있었다. 그런데 그 순례자들이 이 공허의 마을을 지나 거룩한 도시로 가는 여정임을 알아챈 바알세불과 아볼루온, 레기온의 무리들이 여기에 장터를 세울 음모를 꾸몄다. 그들은 일 년 내내 이 시장에서 온갖 무익한 것들을 팔 작정이었다. 그리하여 이 장터에서는 집, 땅, 직업, 지위, 명예, 등용, 칭호, 나라, 왕국, 정욕, 쾌락 같은 온갖 종류의 상품과 창녀, 아내, 남편, 자식, 주인, 종, 생명, 피, 육체, 영혼, 은, 금, 진주, 보석 같은 온갖 종류의 기쁨이 거래되었다.

또 이 장터에서는 온갖 종류의 마술, 속임수, 오락, 유희, 익살, 흉내, 불량배 짓, 사기가 늘 판을 쳤다.

피처럼 붉은 도둑질과 살인, 간통, 거짓맹세도 아무 거리낌 없이 벌어졌다.

또, 소규모의 장터에도 저마다 고유한 이름을 지닌 길과 거리가 있어서 그 이름에 어울리는 상품을 판매하듯이, 이 공허의 시장에도 (각 나라와 왕국에 따라) 고유한 장소와 길과 거리 이름을 붙여 놓아서 원하는 곳을 금방 찾을 수 있었다. 영국 거리, 프랑스 거리, 이탈리아 거리, 스페인 거리, 독일 거리가 있어서 저마다 여러 종류의 무익한 물건들을 팔았다. 하지만 어느 시장이나 특별히 한 가지 상품이 가장 큰 인기를 차지하는 것처럼, 여기는 로마 상품이 가장 잘 팔렸다. 이런 현실에 대해 영국과 몇몇 나라는 매우 못마땅하게 여겼다.

아까도 말했듯이, 거룩한 도시로 가는 길은 반드시 이 떠들썩한 장터가 있는 마을을 통과해야만 했다. 거룩한 도시에 가고 싶지만

이 마을을 피하고 싶은 사람은 '이 세상 밖으로 나가야 했다.'(고린
도전서 5:10) 왕의 왕께서 당신의 나라로 가시기 위해 이 마을을 지나
시던 날에도 물론 장이 열렸다. 이 시장의 주인인 바알세불이 그분
께 자신의 무익한 물건들을 사면 이 장터의 주인으로 삼겠다고 꼬
드겼다. 하지만 그분은 그것을 거부하고 그냥 지나치셨다. 그래도
그분은 영화로운 분이었기에, 바알세불은 이 거리 저 거리 끌고 다
니면서 오랫동안 이 세상의 모든 왕국을 보여준 다음, 그 신성한
분이 스스로 가치를 떨어뜨리고 그 무익한 물건들을 사게 하려고
유혹하였다. 하지만 그분은 이 무익한 것들에 전혀 마음을 주지 않
고, 동전 한 닢 쓰는 일 없이 마을을 떠나셨다(마태복음 4:8~10; 누가복
음 4:5~8). 이처럼 공허의 시장은 오랜 옛날부터 있었던 아주 큰 장
터였다.

이미 말한 것처럼, 이 순례자들 역시 공허의 시장을 지나야만 했
다. 그들이 장터에 막 들어서자마자 온 시장 사람들이 몰려들었다.
마을 전체가 그들로 인해 일대 소동이 일었는데, 거기에는 몇 가지
이유가 있었다.

첫째, 순례자들은 이 장터에서 장사를 하는 사람들과 전
혀 다른 옷을 입고 있었다. 그래서 온 시장 사람들이 그들
을 뚫어지게 쳐다본 것이었다. 어떤 이들은 그들을 바보라

고 불렀고, 어떤 이들은 미치광이, 또 어떤 이들은 기이한 인간이라고 불렀다.

둘째, 장터 사람들은 순례자들의 옷차림뿐만 아니라 언어도 이상하게 생각했다. 아무도 알아들을 수 없는 언어였다. 순례자들은 당연히 가나안 말을 사용했고, 이곳 상인들은 이 세상 사람들이었기 때문이다. 온 시장 사람들은 서로를 외국인으로 여기고 있었다.

셋째, 이 두 가지보다 상인들이 더 재미있어한[놀란, 당황한] 것은 바로 이 순례자들이 자신들의 상품을 완전히 무시한다는 점이었다. 그들은 아예 상품을 쳐다보지도 않았다. 사람들이 아무리 물건 좀 사라고 외쳐도, 손가락으로 귀를 틀어막고 '내 눈이 헛된 것을 보지 않게'(시편 119:37) 해주시라고 기도하면서, 마치 그들의 시민권은 하늘에 있다는 듯이(빌립보서 3:20) 하늘을 쳐다보았다.

한 사람이 그들의 행동을 보고 비웃는 듯이 물었다. "당신들이 찾는 건 도대체 무엇입니까?" 하지만 그들은 엄숙한 얼굴로 그 사람을 바라보며 이렇게 대답했다. "우리는 진리를 사려고 합니다."(잠언

23:23) 이 말을 들은 사람들은 더욱 더 그들을 멸시하였다. 어떤 이들은 조롱하고, 어떤 이들은 비웃었으며, 어떤 이들은 비난하고, 어떤 이들은 그들을 덮치자고 부추겼다. 결국 장터에는 일대 소동이 벌어졌고, 그야말로 아수라장이 되어버렸다. 이 얘기가 시장의 우두머리에게 전달되자, 그가 재빨리 시장으로 내려왔다. 그는 자신의 심복들에게 그들을 붙잡아 장터를 온통 어지럽힌 죄를 추궁하라고 명령했다. 이리하여 순례자들은 재판장으로 끌려갔다. 심문을 하는 이들이 순례자들에게 도대체 그런 이상한 옷을 걸치고 어디에서 와 어디로 가는 길이냐고 물었다. 그들은 이 세상의 나그네요 순례자인데, 하늘 예루살렘에 있는 본향으로 돌아가는 길이라고 대답했다(히브리서 11:13~16). 또 그들은 이 마을 사람들이나 상인들에게 아무런 해도 입히지 않았으며, 그저 누군가가 무얼 찾고 있냐고 묻길래 진리를 사려 한다고 대답했을 뿐이라고 했다. 하지만 심문을 하는 이들은 그들의 말을 믿지 않았다. 미치광이 아니면 시장을 혼란에 빠뜨리기 위해 온 자들이 틀림없다고 몰아세웠다. 그들을 붙잡아 채찍질을 하고 더러운 오물을 뿌린 다음, 시장 사람들 모두가 구경할 수 있도록 우리에 가뒀다. 순례자들은 한동안 우리에 갇힌 채 사람들의 조롱거리가 되거나 욕설과 보복의 대상이 되었다. 시장의 우두머리는 그런 그들을 보고 계속 비웃어댔다.

그러나 순례자들은 그 모든 걸 견뎌냈다. 욕설을 욕설로 갚지 않고 오히려 축복하였으며, 나쁜 말에도 좋은 말로 대응하고, 상처를 입힌 자들에게도 친절을 베풀었다. 그 장터에는 편견이 덜하고 좀 더 주의 깊은 사람들이 더러 있었는데, 그들이 마침내 순례자들을 계속 학대하는 것은 천한 짓이라며 저지하고 나섰다. 그러자 화가 난 사람들이 그들도 우리에 갇힌 자들이나 다를 바 없는 악당이라며 대들었다. 그들도 이 재난에 동조한 한패가 틀림없다는 것이었다. 이에 반대편 사람들은, 자기들이 아는 한 순례자들은 아주 조용하고 근엄했으며 아무도 해치려 한 적이 없다고 되받아쳤다. 오히려 시장 사람들을 우리에 가두어 웃음거리로 만들어야 한다고 했다.

이렇게 여러 차례 공방이 오고간 뒤에(그러는 동안에도 순례자들은 그들 앞에서 아주 지혜롭고 엄숙하게 행동했다) 마침내 싸움이 붙었고 모두들 상처를 입게 되었다. 그 뒤 가엾은 순례자들은 다시금 심문을 하는 이들 앞에 끌려갔다. 심문자들은 방금 장터에서 벌어진 소동이 모두 그들 책임이라고 했다. 그리고는 잔인하게 채찍질을 하고 사슬을 채우더니 온 시장을 이리저리 끌고 다녔다. 아무도 그들 편에 서서 변호하거나 동조하지 못하도록 본을 보이고 겁을 주려는 의도였다. 하지만 크리스티안과 믿음은 더욱 지혜롭게 행동했고, 그들에게 쏟아지는 온갖 치욕과 수치를 참을성 있게 견뎌냈다. 그리하여 시장에는 그들 편에 선 이들이 생겨났다(반대편 사람들과는 비교할 수 없을 정도로 적었지만). 이로 인해 반대편 사람들은 더욱 더 분노했고, 결국은 이 두 사람을 죽이기로 작정했다. 그들은 이 둘이 시장사람들을 현혹했으므로 우리에 가두거나 사슬을 채우는 것만으로는 부족하며 반드시 사형에 처해야 한다고 협박하였다.

결국은 다른 명령이 떨어질 때까지 순례자들을 다시금 우리에 가두라는 판정이 내려졌다. 그들은 순례자들을 우리에 가두고 족쇄를 단단히 채웠다.

이제 두 사람은 신실한 친구 전도자로부터 들었던 말들을 다시금 되새기며, 앞으로 그들에게 닥칠 거라고 했던 시련과 길에 대해서 더욱 더 결심을 굳혔다. 그들은 시련을 겪게 되는 쪽이 오히려

더 나을 거라며 서로를 위로했다. 그리고는 서로 자기가 뽑히게 해 달라고 마음속으로 빌었다. 하지만 만일 자기가 뽑히지 않더라도, 만물을 다스리시는 그분의 현명하신 섭리에 모든 걸 맡기고 자신이 처한 상황을 기꺼이 받아들이기로 했다.

재판 시간이 정해지자 그들은 유죄선고를 내리기 위해 순례자들을 심판대로 끌고 나왔다. 이윽고 때가 되었다. 순례자들은 원수들 앞에 소환되었다. 재판장의 이름은 선을 증오하는 지배자였다. 순례자들의 죄목은 형식상 조금 다르기는 하지만 그래도 본질적으로는 같았다. 시장의 질서를 어지럽히고, 마을에 소동과 분란을 일으켰으며, 자기 우두머리가 만든 법을 경멸하고, 도당을 끌어들여 위험천만한 생각에 동조하도록 만든 원수라는 것이었다.

그러자 믿음이 자기는 그저 가장 높으신 분을 대적하는 이들에게 대항한 것뿐이라고 대답했다. 그가 말했다. "또 나는 소동을 일으키지 않았습니다. 나는 평화를 사랑하는 사람입니다. 우리 편에 선 사람들은 그저 우리의 진실과 무죄를 인정하고 악에서 선으로 돌아섰을 뿐입니다. 그리고 당신들이 말하는 왕은 우리 주님의 적인 바알세불이니, 나는 그와 그의 사자들에게 도전할 것입니다."

이에 누구든지 피고에 맞서 자기 왕을 변호할 사람이 있으면 앞으로 나와 말하라는 명령이 떨어졌다. 질투와 미신, 아첨꾼이 나왔다. 재판장은 그들에게 피고를 아느냐고 물은 다음, 왕의 편에 서서 변호하라고 했다.

먼저 질투가 앞으로 나와 이렇게 말했다. "재판장님, 저는 이 사람을 오래전부터 알고 있었습니다. 이 영광스러운 자리에서 증언하건대 – "

재판장 : "잠깐. 증인에게 선서를 시키십시오."

그들은 질투에게 선서를 시켰다. 이윽고 질투가 말했다.

"재판장님, 이 사람은 그럴 듯한 이름을 가졌지만 사실은 우리나라에서 가장 타락한 작자입니다. 왕뿐 아니라 국민과 법과 관습도 전혀 존중하지 않고, 보통 믿음과 거룩함의 원칙이라고 부르는 자신의 불충한 개념을 모든 사람들에게 퍼뜨리는 데에만 혈안이 되어 있습니다. 한번은 이 사람이 그리스도교의 신앙과 공허의 마을의 관습은 완전히 정반대여서 절대로 공존할 수 없다고 말하는 걸 들었습니다. 재판장님, 이것은 우리의 훌륭한 행동뿐 아니라 그런 행동을 하는 우리들까지 싸잡아 비난하는 것입니다."

재판장이 그에게 물었다. "더 할 말이 있습니까?"

질투 : "재판장님, 할 말은 많지만 법정을 따분하게 만들고 싶지 않습니다. 다른 분들이 증언을 한 뒤에 필요한 것이 있다면 기꺼이 더 증언하겠습니다."

그 다음으로 그들은 미신을 불러 자기 왕을 변호하라고 했다. 먼저 선서를 한 뒤에 그는 증언을 시작하였다.

미신 : "재판장님, 저는 이 사람과 별로 잘 알지도 못하고, 또 더 알고 싶은 마음도 없습니다. 하지만 이것만은 잘 압니다. 요전 날 우리 마을에서 둘이서 나눈 대화에 비춰볼 때, 이 사람은 아주 위험한 존재입니다. 그는 분명 우리 신앙이 헛된 것이므로 그 누구도 하나님을 기쁘시게 할 수 없다고 말했습니다. 재판장님, 그의 말인즉슨 우리가 헛된 것을 숭배하고 있으니 그 죄로 인해 결국은 저주를 받게 된다는 게 아니고 무엇이겠습니까? 이상입니다."

다음으로는 아첨꾼이 선서를 하고, 왕의 편에 서서 증언을 하게 되었다.

아첨꾼 : "재판장님, 그리고 여러분, 저는 이 사람과 오랫동안 알고 지내면서, 결코 해서는 안 될 말을 지껄이는 것을 여러 번 들었습니다. 그는 우리의 고귀하신 왕 바알세불을 비웃었으며, 그분의 고귀하신 동료들, 곧 대장과 세속적 쾌락, 사치, 허영심의 욕망, 호색한, 탐욕, 그리고 나머지 고귀하신 분들을 모두 경멸했습니다. 또한 그는 모두가 자기 같은 마음만 먹는다면 이 고귀하신 분들 가운데 한 명도 이 마을에 남겨두지 않을 것이라고

했습니다. 게다가 지금 자신의 재판을 맡고 계신 재판장님을 감히 부도덕한 놈이라 비난하고, 우리 마을 귀족들 모두에게도 그런 욕을 퍼부었습니다."

아첨꾼이 말을 마치자 재판장이 피고를 향해 이렇게 말했다. "이 변절자에 이단자, 배신자야, 이 정직한 사람들이 너에 대해 증언하는 것을 들었느냐?"

믿음 : "내 자신을 변호하기 위해 몇 마디 해도 되겠습니까?"
재판장 : "야, 이놈아, 넌 더 이상 살 가치도 없는 놈이다. 이 자리에서 당장 죽여야 마땅하다. 하지만 우리가 얼마나 점잖은지를 모두가 알 수 있도록, 네 말을 들어주겠다. 그러니 이 타락한 변절자야, 얼른 얘기해봐라."
믿음 : "1. 먼저 질투 씨가 한 말에 대답을 하겠습니다. 나는 결코 그런 말을 한 적이 없습니다. 다만 하나님의 말씀과 반대되는 규칙이나 법이나 관습이나 사람은 그리스도교와 완전히 정반대되는 것이라고 얘기한 것밖에 없습니다. 이 말이 틀렸다면 한 번 증명해보십시오. 그러면 기꺼이 여러분 앞에서 내 말을 취소하겠습니다.
2. 두 번째로 미신 씨의 증언에 대해 말하겠습니다. 나는 단지 하나님을 경배하기 위해서는 신적인 믿음이 요구되며, 하나님

뜻의 신적인 계시 없이는 신적인 믿음도 있을 수 없다고 말한 것밖에 없습니다. 신적인 계시에 어긋나는 하나님 예배와 믿음은 인간적인 신앙에 불과할 뿐, 영원한 생명은 결코 얻을 수 없는 믿음이라고 말했습니다.

3. 아첨꾼 씨가 한 말에 대해서라면, (나는 비난받을만한 말은 하나도 안 했습니다) 이 마을의 왕과 아까 아첨꾼 씨가 말한 수행원들 모두가 이 마을과 나라보다는 지옥에 더 어울린다고 했습니다. 그러니 주님께서 내게 자비를 베푸실 겁니다."

그러자 재판장이 (이제까지 서서 모든 것을 지켜보던) 배심원들에게 말했다. "배심원 여러분, 이 자가 우리 마을에서 얼마나 큰 소동을 피웠는지 아실 겁니다. 또 이 훌륭한 사람들의 증언과 피고의 답변, 자백까지 모두 들으셨습니다. 이제 그를 교수형에 처할지 이대로 살려둘지는 여러분의 손에 달렸습니다. 하지만 먼저 여러분께 우리 법부터 알려드리겠습니다."

"우리 왕의 신하인 파라오 대제 시절에는, 이교를 믿는 자들이 번성하고 강해져서 왕께 대적하는 것을 막기 위해 사내아이를 모두 강에 던지도록 했습니다(출애굽기 1:22). 또 왕의 신하 느부갓네살 시절에는, 금 신상 앞에 엎드려서 절을 하지 않는 사람은 그 즉시 불타는 화덕 속에 던져 넣도록 했습니다(다니엘 3:6). 게다가 다리우스 시절에는, 왕 말고 다른 신이나 사람에게 무엇을 간구하는 자는 누구든지 사자 굴에 처넣도록 했습니다(다니엘 6:7). 이제 이 반역자가 생각뿐만 아니라 말과 행동으로도 이 법들의 기초를 무너뜨렸으니, 절대로 묵과해서는 안 됩니다."

"파라오 시절에는 악을 예방한다는 가정 하에 법이 만들어졌으며 아무런 범죄도 일어나지 않았습니다. 그런데 지금은 범죄가 일어났습니다. 피고가 말하는 것을 여러분도 들으셨습니다. 그가 이미 자기 죄를 실토했으니 마땅히 사형에 처해야 할 것입니다."

배심원들이 밖으로 나갔다. 그들의 이름은 장님 씨, 무가치 씨, 욕설 씨, 정욕 씨, 무절제 씨, 성급함 씨, 거만 씨, 증오 씨, 거짓말쟁이 씨, 잔인함 씨, 혐오감 씨, 그리고 앙심 씨였다. 그들은 피고에 대해 저마다 개별적인 평결을 내린 다음 재판장 앞에서 만장일치로 유죄를 결정했다. 가장 먼저 배심원장인 장님 씨가 이렇게 말했다. "이 사람은 틀림없이 이단자입니다." 다음으로 무가치 씨가 말했다. "저런 작자는 세상에서 추방해야만 합니다." 그러자 욕설 씨도 이렇게 말했다. "맞습니다. 생김새부터가 맘에 안 들어요." 정욕 씨가 말했다. "도저히 참을 수가 없습니다." 무절제 씨도 말했다. "저도 그렇습니다. 늘 제 길을 비난하기만 했지요." 성급함 씨가 말했다. "그를 목매달아야 합니다." 거만 씨가 말했다. "저 쓸모없는 인간." 증오 씨가 말했다. "그를 보고 있노라니 화가 치밀어 오릅니다." 거짓말쟁이 씨가 말했다. "그는 사기꾼입니다." 잔인함 씨가 말했다. "교수형도 그에겐 과분합니다." 혐오감 씨가 말했다. "그를 빨리 해치워버립시다." 마지막으로 양심 씨가 말했다. "세상을 다 준다고 해도 이 사람과는 어울리지 않겠습니다. 그러니 당장 사형선고를 내립시다."

결국 그들은 사형선고를 내렸다. 믿음은 사형선고를 받고 원래 있던 곳으로 옮겨졌다. 그 뒤 이 세상에서 가장 잔인한 방법으로 처형을 당했다.

그들은 자기들 법에 따라 믿음을 밖으로 끌어내서는, 먼저 채찍질을 한 다음 주먹으로 쳤다. 그리고는 칼로 몸을 찌르고, 돌로 친 다음 검으로 쑤셨다. 그리고 마지막으로 불에 태워 재를 만들었다. 이렇게 믿음은 최후를 맞이하였다.

내가 꿈속에서 보니, 군중들 뒤에서 마차 한 대와 말 두 마리가 믿음을 기다리고 있다가 (믿음의 원수들이 그를 해치우자마자) 마차에 태우고는 나팔소리와 함께 구름위로 올라가더니, 가장 빠른 길로 거룩한 문에 이르렀다. 한편 크리스티안은 잠시 후에 다시 감옥으로 옮겨졌다. 그리고는 한동안 거기에 갇혀 있었다. 하지만 만물을 다스리시는 분께서는 그들의 분노의 힘까지도 손아귀에 쥐고 계셨기에, 크리스티안이 그들로부터 도망쳐 길을 계속 갈 수 있게 만들어 주셨다.

크리스티안은 길을 가면서 다음과 같이 노래하였다.

아, 믿음이여,
그대는 신실하게 주님을 향한 믿음을 고백했으니
축복을 받을 것입니다.
온갖 헛된 쾌락에 빠진 믿음 없는 이들이
지독한 곤경에 처해 부르짖을 때.
노래하십시오.
믿음이여, 노래하십시오.
당신의 이름을 남기십시오.
그들이 당신을 죽였지만,
당신은 여전히 살아 있습니다.

꿈속에서 보니, 크리스티안은 혼자가 아니었다. (공허의 시장에서 크리스티안과 믿음 두 사람의 말과 행동, 그리고 고난을 목격한) 소망이라는 사람이 크리스티안을 따라나섰다. 그는 크리스티안과 형제의 언약을 맺은 뒤 일행이 되고 싶다고 했다. 그리하여 믿음은 죽어서 진리를 증명하고, 그가 불탄 재에서 또 한 사람이 일어나 크리스티안과 함께 순례를 떠나게 되었다. 이 소망이 크리스티안에게 말하기를, 머지않아 더 많은 시장 사람들이 자기들 뒤를 따르게 될 것이라고 했다.

내가 보니, 재빨리 시장을 벗어난 그들이 앞서가고 있던 사심이라는 사람을 따라잡았다. 그들이 물었다. "선생님, 당신은 어느 나라 사람이고, 또 어디까지 가십니까?" 그러자 그는 다정한 말이라는 마을에서 왔으며 거룩한 도시로 가고 있는 중이라고 대답했다. 그러면서도 자기 이름은 끝내 밝히지 않았다.

크리스티안이 물었다. "다정한 말이요? 거기에도 선한 사람들이 살고 있습니까?"

사심이 대답했다. "예, 그럴걸요."

크리스티안이 다시 물었다. "선생님을 뭐라고 부를까요?"

사심 : "당신과 나는 서로 모르는 사이지만, 당신도 이 길을 가고 있다니 서로 동행하면 좋겠지요. 그러기 싫다고 해도 별 상관 없고요."

크리스티안이 말했다. "이 다정한 말이라는 마을에 관해 나도 들은 적이 있습니다. 내 기억에 따르면 아주 부유한 곳일 걸요."

사심 : "당신 말이 맞습니다. 그곳에 사는 내 친척도 엄청난 부자랍니다."

크리스티안 : "실례지만 그곳에 사는 친척이 누구인지 물어도 될까요?"

사심 : "마을 사람들 거의 전부가 내 친척입니다. 변절자 님, 편

의주의자 님, 다정한 말 님의 조상들이 처음 그 마을의 이름을 정했지요. 또 순조로움 씨와 양방향 대면 씨, 무엇이든지 씨가 있고, 내 어머니의 형제인 우리 교회 목사 일구이언 씨도 있습니다. 그리고 솔직히 말해서 지금의 나는 고상한 귀족이지만, 내 증조부는 노 젓는 뱃사공에 불과했고, 나 역시 그 일로 많은 재산을 모았답니다."

크리스티안 : "결혼은 했고요?"

사심 : "예, 내 아내는 고결한 흉내 부인의 딸로, 아주 영예로운 가족을 둔 매우 고결한 여자랍니다. 교육을 잘 받은 덕택에 왕에서 소작인에 이르기까지 누구와도 허물없이 지내는 법을 잘 알지요. 사실 우리는 좀 더 엄격한 신앙을 지닌 사람들과 두 가지 사소한 차이점을 지니고 있답니다. 첫째, 절대로 바람과 조수에 맞서지 않습니다. 둘째, 신앙이 은신을 신고 순탄한 길을 가는 동안에는 최고로 열심입니다. 박수갈채를 받으며 빛 가운데로 걷는 동안에는 그분과 함께 하는 걸 좋아하지요."

크리스티안이 소망 쪽으로 몸을 기울이며 속삭였다. "아무래도 이 사람은 다정한 말 마을의 사심이라는 사람 같네요. 정말 그렇다면 우리는 천하의 불량배와 동행하게 되는 겁니다." 그러자 소망이 말했다. "그에게 물어보시지요. 내 생각엔 자기 이름을 수치스러워할 사람이 아닌 것 같은데요." 크리스티안이 다시 그에게로 다가가 말했다. "선생님, 듣자하니 당신은 세상의 온갖 이치를 꿰뚫고 있는 분 같군요. 당신이 누군지 대강 짐작이 갑니다. 내 생각이 틀리지 않다면 다정한 말 마을의 사심 씨가 분명한데요."

사심 : "그건 내 이름이 아닙니다. 사실은 나를 감당할 수 없는 자들이 붙여준 별명이지요. 나보다 앞서 태어났던 선한 사람들처럼 나 역시 그런 비난을 참아내야 한답니다."

크리스티안 : "하지만 사람들이 당신을 그렇게 부르는 데는 다 그만한 이유가 있는 것 아니겠습니까?"

사심 : "오, 절대로 안 그렇습니다! 그들이 이런 별명을 붙이게 된 이유를 굳이 들라고 한다면, 내가 무슨 판단을 내릴 때마다 시기를 잘 맞춰서 늘 이득을 얻기 때문이지요. 재산이 굴러들어오는 건 내가 축복을 받았기 때문인데, 심술궂은 자들이 괜히 나를 비난하는 겁니다."

크리스티안 : "당신은 정말이지 내가 익히 들어온 그 사람 맞네요. 솔직히 말해, 당신한테는 이 별명이 정말 잘 어울립니다."

사심 : "당신 생각이 정 그렇다면 나도 어쩔 수 없군요. 나와 함께 가다보면 내가 얼마나 좋은 일행인지 곧 알게 될 겁니다."

크리스티안 : "우리와 함께 가려면 바람과 조수에 맞서야 하는데, 당신 생각은 우리와 다를 것 같네요. 신앙은 은신을 신고 있을 때뿐만 아니라 누더기를 입을 때조차도 간직해야 하고, 박수

갈채를 받을 때뿐만 아니라 사슬에 매일 때조차도 변치 말아야 하는 겁니다."

사심 : "내게 신앙을 강요하거나 뽐내지 마십시오. 그냥 자유롭게 당신과 동행하도록 내버려 두십시오."

크리스티안 : "당신이 우리 제의를 받아들이지 않는다면 한 발자국도 함께 가지 않겠습니다."

그러자 사심이 말했다. "나도 오랜 원칙을 버리지 않겠습니다. 이제까지 아무런 손해도 없이 오히려 이득을 봤으니까요. 정 나와 함께 가기 싫다면, 당신들이 나를 따라잡기 전처럼 다시 혼자 가야겠군요. 가다보면 또 누군가가 나를 따라잡을 테고, 그 사람은 기꺼이 나와 동행하려 할 겁니다."

꿈속에서 보니, 크리스티안과 소망이 사심을 버리고 저만치 앞서나갔다. 그들이 문득 뒤를 돌아보니 세 사람이 사심을 따라잡았고 사심이 그들에게 의례적으로 인사하는 게 보였다. 사심에게 찬사를 보낸 세 사람의 이름은 세상소유자 씨, 돈사랑 씨, 구두쇠 씨였다. 그들은 소시 적에 모두 북쪽 갈망나라 장터마을에 있는 사랑쟁취 학교의 푸념선생 제자였기 때문에 서로 잘 아는 사이였다. 푸념선생은 그들에게 폭력이나 협잡, 아첨, 거짓말로 혹은 신앙을 가장하여 이득을 취하는 기술을 가르쳐 주었고, 이 네 사람은 그 기술을 제대로 익혀 저마다 학교를 차릴 수 있을 정도가 되었다.

서로 인사를 나눈 뒤 돈사랑 씨가 사심에게 물었다. "우리 앞에 가고 있는 사람들은 누군가?" 크리스티안과 소망이 저만치 보였다.

사심 : "아주 먼 나라 사람들인데, 그들 방식대로 순례를 하고 있는 중이라네."

돈사랑 씨 : "저런! 기다렸다가 우리랑 함께 가면 좋을 텐데! 저 사람들이나 우리나 순례를 하고 있는 건 마찬가지 아닌가?"

사심 : "그야 그렇지. 하지만 저 사람들은 너무 엄격하고 자기 의견만 지나치게 고집하는데다가, 남의 견해는 완전히 무시해버리는 자들이야. 아무리 독실한 사람이라도 자기들 생각과 완전히 일치하지 않으면 절대로 함께 가지 않으려고 할 걸?"

구두쇠 씨 : "그럼 안 되지. 지나치게 올바른 사람은 그 엄격함 때문에 자기 외에 모두를 판단하거나 비난하기 쉽다고 하지 않았나? 그나저나 저 사람들과 자네는 무엇이 어떻게 차이나던가?"

사심 : "그러니까, 저 사람들은 완고한 고집대로, 온갖 궂은 날씨에도 불구하고 서둘러 길을 가야 한다고 주장하지만, 나는 적당한 바람과 조수를 기다리는 편이지. 또 저들은 하나님을 위해 온갖 위험요소들을 감수하지만, 나는 내 생명과 재산을 지키기 위해 온갖 이익을 차지한다네. 게다가 저들은 남들이 모두 반대할지라도 끝끝내 자기 의견을 고수하지만, 나는 내 안전이 보장되는 한도 내에서만 신앙을 지키지. 저들은 누더기를 걸치고 멸

시를 받아도 신앙을 지키지만, 나는 은신을 신고 박수갈채를 받으며 빛 가운데로 걸을 때에만 신앙을 지킨다네."

세상소유자 씨 : "그게 훨씬 낫지. 자네 생각대로 밀고 나가게. 난 자기 소유를 지킬 자유가 있는데도 어리석게 잃고 마는 사람은 그야말로 바보라고 생각하니까. 우리는 뱀같이 슬기로워지자고. 해가 나있을 때 풀을 말려야 해. 호기를 놓쳐선 안 되지. 꿀벌도 겨울 내내 가만있다가 즐겁게 이득을 취할 수 있을 때 분발하지 않던가? 하나님은 때로 비도 주시고 햇빛도 주신다네. 저 두 사람이 굳이 빗속을 뚫고 가야 한다고 고집하는 바보들이라면, 우린 우리대로 좋은 날씨를 기다리면 되지. 나는 하나님의 선하신 축복이 확실히 임하는 경우에만 내 신앙을 고집한다네. 이성이 있는 사람이라면, 우리가 하나님께서 주신 이생의 좋은 것들을 고집한다고 해서 뭐가 나쁘다고 하겠는가? 아브라함과 솔로몬도 신앙 안에서 부자가 되었고, 욥도 선한 사람은 황금을 먼지처럼 쌓아올릴 것이라고 했지. 자네 말을 들으니, 앞에 가는 저들은 결코 그런 사람이 못되는구면."

구두쇠 씨 : "이 문제에 대해 우리 모두 같은 생각이니, 더 이상 왈가왈부할 필요가 없을 것 같네."

돈사랑 씨 : "맞아, 이 문제에 대해서는 그만 얘기하자고. 성경도 이성도 믿지 않는 자들은(우리는 두 가지 다 믿는데 말이야) 자신의 자유도 모르고 자신의 안전도 추구하지 않는 법이지."

사심 : "여보게들, 어차피 우리는 순례를 하고 있는 중이니, 좀 더 좋은 방향으로 기분전환을 해보세. 그런 의미에서 내가 문제를 하나 내지. 자, 목사든 상인이든, 어떤 사람이 자기 앞의 이익을 취하여 이생의 선한 축복을 받게 되었다고 가정해보세. 그런데 그 축복을 받으려면 최소한 겉보기만이라도 이제까지 전혀 신경 쓰지 않았던 종교를 굉장히 열심히 믿어야 한다는 거야. 그렇다면 이런 방법으로 자기 목적을 달성한 사람은 과연 정직한 사람인가 아닌가?"

돈사랑 씨 : "뭘 말하려는 건지 알겠네. 이 친구들만 괜찮다면 내가 한 번 대답해보지. 우선 목사의 경우를 생각해보자고. 존경할만한 인물인데도 교회에서 받는 월급은 아주 적은 목사의 눈에 훨씬 위대하고 보수가 많은 일이 포착되었다고 해보세. 그는 이 기회를 붙잡았어. 좀 더 열심을 내고, 좀 더 자주 열광적으로 설교하고, 사람들이 원하는 대로 자기 원칙을 일부 변경하면서까지 말이야. 난 이 목사가 이보다 더한 일을 한다 해도 여전히 자신의 소명을 따른 정직한 사람이라고 생각해. 왜냐?

1. 좀 더 많은 보수를 받고픈 욕망은 법적으로 정당하니까 (이건 절대로 부정할 수 없어). 그건 신의 섭리야. 그러니 가능하기만 하다면 양심의 가책 없이 얼마든지 얻을 수 있지.

2. 좀 더 많은 보수를 받고픈 욕망 덕분에 좀 더 열심을 내고 좀 더 열광적인 설교를 했으니까. 결국 그는 좀 더 훌륭한 사람이 되었고, 좀 더 하나님의 뜻에 합당하게 자기를 발전시켰지.

3. 사람들의 기분을 맞춰주기 위해 자기 원칙의 일부를 버렸으니까. 이건 세 가지 사실을 증명해주지.
　(1) 그가 자기를 부정하는 기질이 있다는 것,
　(2) 친절하고 상냥한 태도를 지녔다는 것,
　(3) 그러니 목사직을 수행하기에 딱 맞는 사람이라는 것.

4. 결론적으로 말하자면, 대를 위해 소를 희생한 목사의 행위를 탐욕스럽다고 비난해선 안 된다는 거야. 오히려 이 일로 여러 면에서 발전을 이룩했으니, 자신의 소명을 따르고 선을 행할 수 있는 기회를 포착한 거라고 봐야지.

두 번째로, 상인의 경우를 생각해보세. 자, 벌이가 신통찮은 한 상인이 신앙인이 된 다음 가게도 넓히고, 돈 많은 아내도 얻고, 가게 손님도 훨씬 더 늘었다고 가정해보자고. 내 생각에는 이것도 법적으로 전혀 하자가 없네. 왜냐?

1. 신앙인이 된다는 건 이유야 어쨌든 간에 좋은 일이니까.

2. 돈 많은 아내를 얻는다거나 가게 손님이 는다는 건 전혀 불법이 아니니까.

3. 신앙인이 됨으로써 이런 걸 얻는 사람은, 스스로가 선해짐으로써 선한 것들을 얻는 것이니까. 그러니 신앙인이 됨으로써 부자 아내, 많은 손님, 높은 이득을 취하는 건 어쨌든 선한 일이지. 이런 걸 얻으려고 신앙인이 되는 것도 상당히 도움이 되는 일이라네."

돈사랑 씨가 이와 같이 대답하자 모두들 박수갈채를 보냈다. 그들은 이것이 가장 건전하고 유익한 대답이라고 결론지었다. 아무도 이 말에 반박할 수 없을 거라 생각했기 때문이었다. 그들은 아까 사심을 거부했던 크리스티안과 소망을 불러 세워 이 질문으로 한 바탕 공격을 퍼붓기로 작정했다. 그들이 뒤따라가며 부르자 크리스티안과 소망이 걸음을 멈추고 기다렸다. 그들은 사심 대신에 세상소유자 씨가 질문을 하는 것으로 정했다. 세상소유자 씨라면 크리스티안과 소망도 아까 사심과의 사이에 있었던 감정의 찌꺼기 없이 대답을 해줄 게 분명하다고 생각해서였다.

그들은 크리스티안과 소망에게 다가가 짤막하게 인사를 건넸다. 그런 다음 세상소유자 씨가 나서서 질문을 하고는, 대답할 수 있으면 해보라고 했다.

그러자 크리스티안이 대답했다. "신앙만 있다면 갓난아기라도 그런 질문쯤 쉽게 대답할 수 있습니다. 요한복음 6장을 보면 빵 때문에 그리스도를 좇는 것도 불법이라고 하셨습니다. 그러니 세상을 얻고 즐기기 위해 그리스도와 신앙을 핑계 대는 것은 얼마나 혐오스러운 일입니까! 그런 생각을 품는 건 그야말로 이교도들이나 위선자, 악마, 마법사밖에 없지요.

1. 이교도들의 경우는 이랬습니다. 야곱의 딸과 가축이 탐났던 하몰과 세겜은, 할례를 받는 것 외에는 방도가 없음을 알고 동료들에게 이렇게 말했습니다. '그들이 할례를 받는 것처럼, 우리 쪽 남자들이 모두 할례를 받아야 한다는 것입니다. 그렇게 하면, 그들의 양떼와 재산과 집짐승이 모두 우리의 것이 되지 않겠습니까?' 그들이 원하는 건 단지 야곱의 딸과 가축뿐이었고, 신앙은 그저 그것들을 얻기 위한 구실에 지나지 않았습니다. 그 이야기를 끝까지 읽어보십시오(창세기 34:20~24).

2. 위선적인 바리새인의 신앙도 마찬가지였지요. 기도를 오래하는 척했지만, 그들의 숨은 목적은 오직 과부의 집을 빼앗는 것이었답니다. 그 벌로 하나님께 크나큰 저주를 받았지요(누가복음 20:46,47).

3. 악마 유다의 신앙도 이랬습니다. 그는 돈을 위해 신앙인이 되었고 돈을 손에 넣었지만, 결국 모든 걸 잃고 멸망하고 말았지요.

4. 마법사 시몬의 신앙도 마찬가지였답니다. 그는 돈을 내고 성령을 받아 그것으로 더 많은 돈을 벌려 했다가, 결국은 베드로의 심판을 받고 말았지요(사도행전 8:19~22).

5. 세상 때문에 신앙을 지닌 자들은 결국 세상 때문에 신앙을 버릴 게 뻔하지 않습니까? 유다도 세상 때문에 신앙인이 되었다가 결국 세상 때문에 신앙과 주님을 팔아넘겼지요. 그러니 당신들처럼 그 질문에 긍정적으로 대답하고 그런 대답을 진정한 것으로 받아들이는 사람은 이교도에 위선자, 악마입니다. 그런 행위에 대해 반드시 벌을 받고 말 겁니다."

크리스티안이 이렇게 대답하자, 그들은 아무 말도 못하고 서로를 쳐다보기만 했다. 소망도 크리스티안의 대답이 옳다고 했다. 그들 사이에는 무거운 침묵이 흘렀다. 사심 일행이 비틀거리며 뒤로 물러섰다. 크리스티안과 소망이 지나갈 수 있도록 길을 비켜준 것이다. 앞으로 나가면서 크리스티안이 소망에게 말했다. "인간의 심판 앞에서도 이렇게 꼼짝 못하는데, 하물며 하나님의 심판은 어떻게 견디겠습니까? 흙으로 빚은 그릇 앞에서도 제대로 처신 못하면서, 어찌 불같은 진노를 견딜 수 있겠습니까?"

다시 앞서서 걷던 크리스티안과 소망은 안락이라는 아름다운 들판에 이르렀다. 그곳은 아주 쾌적했지만, 워낙 좁은 곳이라 금방 지나가버렸다. 저 멀리 이득이라는 작은 언덕이 보였다. 그 언덕에는 은광이 하나 있었다. 은광은 좀처럼 보기 드문 것이라서, 이 길을 지나가던 사람들 여럿이 그것을 구경하려고 나락 끝으로 바싹 다가갔다가 그만 땅이 꺼져 죽기도 했다. 또 그곳에서 몸을 다쳐 죽을 때까지 평생 불구로 지낸 사람도 있었다.

꿈속에서 보니, 은광 바로 건너편에 선 데마(디모데후서 4:10)가 이리 와서 구경하라고 (신사처럼) 여행자들을 불러 모으고 있었다. 그가 크리스티안과 소망에게도 이렇게 말했다. "여보세요! 이리 와보세요. 여러분에게 보여줄 게 있습니다."

크리스티안 : "이 길을 벗어날 정도로 볼만한 가치가 있는 게 무

엇입니까?"

데마 : "여기 은광이 있습니다. 보물을 찾기 위해 은광을 파고 있는 사람도 여럿 있고요. 당신들도 이리 오십시오. 조금만 수고하면 부자가 될 수 있답니다."

그러자 소망이 말했다. "한번 가봅시다."

크리스티안이 말했다. "난 싫습니다. 예전에 이곳에 관해 들은 적이 있습니다. 얼마나 많은 사람들이 죽임을 당했는지 말입니다. 게다가 그 보물이란 것도 순례자들을 가로막는 함정일 뿐이지요."

말을 마친 크리스티안이 데마를 불렀다. "그곳은 위험하지 않습니까? 그런 식으로 수많은 순례자들의 길을 가로막은 것 아닙니까?"

데마 : "부주의한 사람만 아니라면 별로 위험하지 않습니다." 하지만 이렇게 말하는 데마의 얼굴이 붉게 물들었다.

그러자 크리스티안이 소망에게 말했다. "흔들리지 말고 우리 길이나 계속 갑시다."

소망 : "장담하건대, 사심이 여기오면 데마의 유혹을 받자마자 금방 달려갈 겁니다."

크리스티안 : "그야 당연하지요. 그의 원칙이 그 길로 이끌 테니

까요. 십중팔구 거기서 죽을 겁니다.”

데마가 다시 그들을 불렀다. “이리 와서 한 번 보지 그래요?”

그러자 크리스티안이 가차 없이 말했다. “데마, 당신은 주님의 올바른 길을 가로막는 원수입니다. 당신도 여기서 길을 벗어나 이미 위대하신 재판장님께 심판을 받았으면서(디모데후서 4:10), 왜 우리까지 같은 벌을 받게 하려고 합니까? 조금이라도 이 길을 벗어났다가는, 우리 주 왕께서 분명히 아시고 우리가 그분 앞에 서는 날 수치를 주실 겁니다.”

그러자 데마가 다시 외쳤다. 자기도 형제니 조금만 기다려주면 함께 가겠노라고 했다.

크리스티안이 물었다. “당신 이름이 무엇입니까? 아까 내가 불렀던 그 이름 아닙니까?”

데마 : “맞습니다. 내 이름은 데마입니다. 아브라함의 자손이지요.”

크리스티안 : “당신을 압니다. 당신도 증조부 게하시와 부친 유다의 전철을 그대로 밟고 있군요. 당신의 행위는 악마 같은 장난에 지나지 않습니다. 당신 부친은 배신자가 되어 스스로 목매달아 죽었지요? 결국 당신도 그런 대접밖에 못 받을 겁니다(열왕기하 5:20~27; 마태복음 26:14,15; 27:1~5). 왕께 나아가면 당신이 여기서 한 짓을 다 아뢸 테니 그리 아십시오.”

그런 다음 그들은 가던 길을 재촉했다.

이 때 사심 일행이 나타났다. 그들은 데마가 한 번 부르자마자 곧장 그리로 건너갔다. 거기서 그들이 나락 끝으로 다가갔다가 떨어졌는지, 은을 캐기 위해 내려갔는지, 아니면 끊임없이 솟아나는 안개에 질식해 바닥에서 숨졌는지, 그건 확실히 모르겠다. 어쨌든 그들은 두 번 다시 그 길에 나타나지 않았다.

크리스티안이 다음과 같이 노래를 불렀다.

사심과 은광의 데마가 죽이 잘 맞는구나.
하나가 부르니 다른 하나가 달려가네.
둘이서 돈을 나눠 가지려고.
그러다 둘 다 이 세상에 묶여
더 이상 앞으로 나가질 못한다네.

꿈속에서 보니, 순례자들이 그 들판의 맞은편에 도착했다. 그곳 길가에는 오래된 기념비가 하나 서 있었는데, 그 모양이 하도 이상해서 둘 다 관심을 갖고 들여다보았다. 그것은 꼭 여자 모양의 기둥 같았다. 하지만 보고 또 봐도 그게 뭔지 알 수가 없었다. 이윽고 소망이 그 기둥의 머리위에 새겨진 이상한 글씨를 발견했다. 학자가 아닌 그는 (교육을 많이 받은) 크리스티안을 불러 그것을 알아볼 수 있냐고 물었다. 그러자 크리스티안이 다가와 그 글씨를 한참 들여다보더니 '롯의 아내를 기억하라' 는 의미라고 가르쳐주었다. 그 둘은 이것이 롯의 아내가 멸망을 피해 소돔에서 도망치다가 탐욕 때문에 뒤돌아보는 순간 변해버렸다던 바로 그 소금기둥이 틀림없다고 결론지었다(창세기 19:26). 갑작스레 놀라운 광경을 목격하게 된 그들은 다음과 같은 대화를 나눴다.

크리스티안 : "아, 정말로 시기적절한 일이네요. 이득이라는 언덕에서 데마의 유혹을 물리친 바로 다음에 이런 광경을 보게 되다니 말입니다. 당신도 하마터면 유혹에 넘어갈 뻔했지요? 만일 그가 원하는 대로 건너갔더라면, 분명히 이 여자처럼 뒤에 오는 사람들의 구경거리가 되었을 겁니다."

소망 : "내가 너무 어리석었습니다. 롯의 아내가 지은 죄나 내 죄가 다를 바 없으니, 내가 지금 이 여자처럼 되지 않은 게 신기할 정도입니다. 이 여자는 잠깐 뒤돌아봤을 뿐이고, 나는 은광을 구경하고 싶은 마음까지 품었는데 말입니다. 그저 하나님의 은총에 감사할 뿐입니다. 잠시나마 그런 생각을 했다는 게 정말 수치스럽군요."

크리스티안 : "앞으로도 도움이 되도록, 여기서 본 것들을 마음

깊이 새겨둡시다. 이 여자는 소돔이 멸망할 때 죽지 않았으니 심판 하나는 피한 셈이지만, 결국은 다른 심판을 받아 이처럼 소금 기둥이 되어버린 것입니다.”

소망 : “맞습니다. 이 여자는 우리에게 경고와 본보기가 될 것입니다. 똑같은 죄를 지어서는 안 된다는 경고도 되고, 이 경고에도 불구하고 죄를 짓는 자는 심판을 받게 된다는 본보기도 되는 것이지요. 고라와 다단, 아비람, 그리고 죄 가운데 멸망한 이백오십 명도 사람들에게 경고와 본보기가 되었습니다(민수기 16:31,32; 26:9,10). 무엇보다 놀라운 건 이 여자가 (길에서 한 걸음 벗어난 것도 아니고) 단지 뒤를 돌아보았다는 이유 하나만으로 이렇게 소금기둥이 되었는데, 데마 일행이 어찌 저리도 대담하게 보물을 쫓아갈 수 있느냐 하는 것입니다. 그것도 이 여자가 심판을 받았다는 증거가 이렇게 잘 보이는 곳에서 말입니다. 눈만 들면 이렇게 빤히 보이는데요.”

크리스티안 : “그야말로 놀라운 일입니다. 그들의 마음이 점점 더 무모해졌다는 증거지요. 재판장이 보는 데서 소매치기를 하는 자라고 해야 할지, 아니면 교수대 밑에서 지갑을 훔치는 자라고 해야 할지. 소돔사람들이 ‘대단히 악했다’고 하는 이유는, 주께서 그들에게 친절을 베푸셔서 소돔 땅을 마치 에덴동산처럼 만드셨는데도 불구하고 그들이 ‘주님 앞에서’, 곧 주님이 보시기에 죄인이었기 때문입니다(창세기 13:10~13). 그것이 주님의 질투

심을 자극하여 하늘의 주님이 내리실 수 있는 가장 뜨거운 불의 재앙을 초래한 것이지요. 그러니, 이들처럼 눈앞에 본보기가 계속 보이는데도 불구하고 죄를 짓는 자들은 가장 혹독한 심판을 받을 수밖에 없는 것 아니겠습니까?"

소망 : "그렇고말고요. 우리들, 특히 내가 이런 본보기가 되지 않다니 얼마나 자비로운 일입니까! 하나님께 감사드리고, 하나님을 경외하며, 롯의 아내를 늘 기억하는 계기로 삼아야겠습니다."

그때 꿈속에서 보니, 그들 앞에 상쾌한 강이 나타났다. 다윗왕은 이 강을 '하나님의 강'이라 불렀고, 요한은 '생명수의 강'이라 불렀다(시편 65:9; 요한계시록 22:1; 에스겔 47:1~9). 이 강의 기슭을 따라 그들의 길이 이어져 있었다. 따라서 크리스티안 일행은 아주 기쁜 마음으로 길을 걸었다. 강물을 마셨더니 기분도 좋아지고 지친 영혼도 회복되었다. 강기슭 양쪽에는 푸른 나무들이 서 있었는데, 온갖 열매가 열리고 이파리도 약재로 쓰이는 좋은 나무였다. 그들은 기쁜 맘으로 이 나무의 열매를 먹고, 또 소화불량이나 여행에 지친 이들을 괴롭히는 여러 가지 질병을 예방하기 위해 이파리도 먹었다. 이 강의 양쪽에는 백합이 아름답게 핀 초원이 있었다. 이곳은 사시사철 푸르른 곳이었다. 여기라면 안심하고 누울 수 있을 것 같았기에, 그들은 드러누워 잠을 잤다(시편 23:2; 이사야 14:30). 잠에서 깬 그들은 다시금 나무열매를 따먹고 강물을 마신 다음 또다시 한

숨 잤다. 며칠을 이렇게 보내면서 그들은 노래를 불렀다.

이 투명한 강물이
길 위의 순례자들을 위로하기 위해
소리 없이 흐르는 모습을 보라.
푸른 초원과 향기로운 냄새, 맛있는 열매를 내는구나.
이 나무가 내는 열매와 이파리가 얼마나 기분 좋은지 안다면
가진 걸 다 팔아서라도 이 들판을 사려고 하겠지.

하지만 (아직 여정이 끝나지 않았기에) 다시 길을 떠나야만 했다. 그들은 마지막으로 먹고 마신 다음 길을 떠났다.

꿈속에서 보니, 얼마 못 가서 강과 길은 서로 갈라져버렸다. 그들은 굉장히 실망했다. 하지만 길을 벗어날 수는 없었다. 갈라진 길은 아주 울퉁불퉁했다. 긴 여행으로 발이 아픈 순례자들의 영혼은 그 길 때문에 낙담하고 말았다(민수기 21:4). 그들은 걸으면서도 계속 좀 더 나은 길이 나타나기만을 학수고대했다. 얼마쯤 가다 보니 길 왼쪽에 지름길 초원이라고 하는 곳이 나타났다. 그곳으로 넘어가는 계단도 있었다. 크리스티안이 소망에게 말했다. "이 초원이 만일 우리가 가는 길과 나란히 붙어있으면 계단을 넘어갑시

다.” 계단 있는 곳까지 가서 앞을 내다보니, 과연 담장 너머의 길과 나란히 뻗어있었다. 크리스티안이 말했다. “바라던 대로입니다. 이 길이 더 쉽겠군요. 자, 어서 넘어갑시다.”

소망 : “하지만 이 길로 가다가 우리 길을 놓치면 어떻게 합니까?”

크리스티안이 말했다. “그런 일은 없을 겁니다. 자, 보십시오. 두 길이 나란히 뻗어있지 않습니까?”

크리스티안의 설득으로 소망도 함께 계단을 넘었다. 그쪽 길로 넘어가니 발이 아주 편했다. 그런데 저만치 앞서가는 사람이 보였다. 그 사람의 이름은 쓸모없는 자신감이었다. 그에게 이 길이 어디로 나있냐고 물으니, 이렇게 대답했다. “거룩한 문으로 가는 길입니다.” 그러자 크리스티안이 말했다. “자, 내 말이 맞지요? 우린 지금 제대로 가고 있는 겁니다.” 그들은 그 사람의 뒤를 따랐다. 하지만 밤이 되자 주변이 너무 캄캄해서 앞서가는 사람이 보이지 않았다.

그 때 앞서가던 사람(쓸모없는 자신감)이 발밑을 제대로 보지 못하고 그만 깊은 함정에 빠지고 말았다. 땅주인이 허영심 많은 바보들을 잡기 위해 파놓은 함정이었다. 그곳에 떨어진 그는 갈래갈래 찢어지고 말았다(이사야 9:16).

크리스티안 일행도 그가 떨어지는 소리를 들었다. 무슨 일인지 알고 싶어 불러봤지만, 돌아오는 건 신음소리뿐이었다. 그러자 소망이 물었다. "여기가 어딥니까?" 하지만 크리스티안은 믿음을 잘 못된 길로 인도했다는 생각에 차마 말을 잇지 못했다. 설상가상으로 비가 쏟아지면서 천둥번개까지 무섭게 치기 시작했다. 강물이 순식간에 불어났다.

소망이 속으로 신음을 하며 말했다. "오, 그냥 내 길을 계속 갔어야 했는데!"

크리스티안 : "이 길이 우리 길에서 벗어날 줄 누가 생각이나 했겠습니까?"

소망 : "애초에 난 꺼림칙했습니다. 그러게 선생님께 조용히 주의도 줬잖습니까. 선생님이 나보다 나이가 많기 때문에 조심스럽게 얘기한 겁니다."

크리스티안 : "저런, 화내지 마십시오. 당신까지 길을 벗어나게 하고 이렇게 절박한 위험에 빠뜨려서 정말 미안합니다. 부디 날 용서하십시오. 사악한 의도로 그런 건 아니니까요."

소망 : "아, 안심하십시오. 용서해드릴 테니까. 이것도 결국은 우리에게 좋은 결과를 가져다주리라고 믿어야지요."

크리스티안 : "당신처럼 자비로운 친구와 함께 할 수 있어서 정말 기쁩니다. 자, 여기 이렇게 있지 말고 얼른 되돌아갑시다."

소망 : "예, 이번에는 내가 앞장서겠습니다."

크리스티안 : "안 됩니다. 당신만 괜찮다면 내가 앞장서겠습니

다. 혹시라도 위험한 일이 닥치면 내가 먼저 부딪혀야지요. 이렇게 우리가 길을 벗어난 건 다 나 때문이니까요.”

소망이 말했다. “아닙니다. 그러면 안 됩니다. 그렇게 괴로운 심정으로 앞장서 가다가는 또다시 길을 잘못들 수 있습니다.”

그렇게 서로를 격려하고 있을 때 어떤 음성이 들려왔다. “네가 전에 지나갔던 길과 대로를 잘 생각하여 보아라. 돌아오너라(예레미야 31:21).” 하지만 강물이 너무 불어나서 돌아가는 길도 무척 위험했다. (그것을 보고 나는 길을 벗어나는 것은 쉽지만 다시 되돌아가기는 무척 어렵다는 생각을 했다.) 그들은 되돌아가기 위해 모험을 감행했다. 하지만 너무 어두운데다가 강물도 많이 불어났기 때문에, 열 번도 넘게 물에 빠지곤 했다.

아무리 애를 써도 그날 밤 안으로는 도저히 계단까지 되돌아갈 수 없었다. 도중에 작은 피난처를 발견한 그들은 날이 샐 때까지 거기 앉아 있었다. 그러다가 너무 지친 나머지 그만 잠이 들고 말았다. 거기서 별로 멀지 않은 곳에 의심의 성이 있었는데, 그 성의 주인은 절망 거인이었고, 그들이 자고 있는 땅 역시 그 거인의 소유였다. 아침 일찍 일어나 들판을 거닐던 거인이 자기 땅에서 자고 있는 크리스티안과 소망을 발견했다. 무섭고 험악한 목소리로 그들을 깨운 거인은 그들이 어디에서 왔고 또 자기 땅에서 무엇을 하고 있었는지 물었다. 그들은 순례자인데 그만 길을 잃었노라고 대답했다. 그러자 거인이 말했다. "어젯밤 너희는 내 땅에 불법 침입하여 짓밟고 잠까지 잤다. 그러니 나와 함께 가주어야겠다." 그들은 거인보다 약했기 때문에 어쩔 수 없이 따라나섰다. 게다가 그들도 스스로의 잘못을 알고 있었기에 반박할 말이 없었다. 거인은 그들을 앞세워 자기 성으로 데려갔다. 그리고는 아주 어둡고 더러운 지하 감옥에 가뒀다. 두 사람의 영혼에 악취가 스며들었다. 그곳에서 두 사람은 수요일 아침부터 토요일 밤까지 빵 한 조각, 물 한 모금 먹지 못한 채 갇혀있었다. 빛도 한 줄기 안 비쳤고, 어떻게 해야 할지 물어볼 사람도 하나 없었다. 이렇게 그들은 사랑하는 사람들과 이웃에게서 멀리 떨어진 곳에서(시편 88:8) 불행을 겪게 되었다. 크리스티안은 자신의 경솔한 판단 때문에 이런 불행에 빠지게 된 것이 더욱 더 슬펐다.

절망 거인에게는 무기력함이라는 아내가 있었다. 잠자리에 든 거인이 아내에게 그 날 아침에 있었던 일을 얘기했다. 불법 침입자 둘을 지하 감옥에 가두었는데, 그들을 어떻게 하면 좋겠냐고 물었다. 그러자 아내가 그 둘이 어디에서 온 누구이며 어디로 가는 중이었느냐고 물었다. 거인이 대답하자, 아내는 다음 날 아침 그들을 무자비하게 두들겨 패라고 충고했다. 다음 날 아침 거인은 무거운 돌능금나무 몽둥이를 들고 지하 감옥으로 내려갔다. 한 마디 대꾸도 없는 그들을 일단 호되게 꾸짖은 다음, 그들에게 달려들어 무자비하게 두들겨 팼다. 그들은 몸을 뒤척이지도 못할 정도로 만신창이가 되고 말았다. 거인이 몽둥이를 거두고 나간 다음 그들은 거기 남아 자신들의 비참한 신세를 한탄하며 슬퍼하였다. 그렇게 아무 것도 못한 채 그저 한숨과 쓰라린 탄식으로 하루를 보냈다.

그날 밤 거인과 아내는 다시금 그들에 관한 이야기를 나눴다. 그들이 아직도 살아있다는 말에, 무기력함은 절망 거인에게 그들 스스로 목숨을 끊게 만들라고 충고했다. 다음 날 아침 거인은 다시금 험악한 표정으로 그들을 찾아갔다. 어제 맞은 매 때문에 굉장히 고통스러워하고 있는 그들을 보고, 거기서 살아나간다는 건 절대로 불가능하니 칼로 찌르든지, 목을 매든지, 아니면 독약을 마시든지, 스스로 목숨을 끊으라고 했다. 그가 이렇게 말했다. "그렇게 고통스러운데 굳이 살아야 할 필요가 어디 있겠느냐?" 하지만 그들은 제발 보내달라고 애원했다. 그러자 거인이 험악한 얼굴로 그들을 노려보더니 다짜고짜 달려들었다. 틀림없이 그들을 죽일 작정이었다. 하지만 거인은 갑자기 발작을 일으켰고(화창한 날이면 가끔씩 발작을 일으키곤 했다), 한동안 손을 움직이지 못했다. 거인이 물러간 뒤 그들은 앞으로 어떻게 해야 할지, 거인의 충고를 따라야 할지 말아야 할지 의논하기 시작했다.

크리스티안이 말했다. "사는 게 이토록 비참하니 앞으로 어쩌면 좋단 말입니까? 이렇게라도 살아야 하는 건지, 아니면 차라리 죽어야 하는 건지 정말 모르겠습니다. 내 영혼은 이렇게 사느니 차라리 목매달아 죽는 편이 낫겠고, 이 지하 감옥보다는 차라리 무덤이 편할 것 같습니다(욥기 7:15). 그냥 거인이 시키는 대로 해버릴까요?"

소망 : "확실히 지금 상황은 끔찍하기 그지없습니다. 나도 이런 식으로 영원히 사는 것보다는 차라리 죽는 게 훨씬 낫다고 생각합니다. 하지만 잘 생각해보십시오. 지금 우리가 가고 있는 나라의 주님께서는 '살인하지 말라' 고 하셨습니다. 이건 다른 사람에게만 해당되는 말이 아닙니다. 그러니 거인의 충고대로 우리 자신을 죽여서는 안 됩니다. 남을 죽이는 자는 육체를 살인할 뿐이지만, 스스로를 죽이는 자는 육체와 영혼을 동시에 죽이는 것입니다. 게다가 선생님은 무덤 속이 더 편하겠다고 했는데, 그렇다면 살인자가 반드시 가게 될 지옥을 잊은 겁니까? 살인자는 영원한 생명도 얻을 수 없습니다. 다시 한 번 생각해봅시다. 모든 법이 절망 거인 손에 달린 건 아니니까요. 내가 알기로는, 우리처럼 그자에게 붙잡혔다가 도망친 사람들이 있었습니다. 세상을 만드신 하나님께서 혹 절망 거인을 죽게 하실지 누가 알겠습니까? 언젠가는 우리를 여기 가뒀다는 사실조차 잊어버릴 수도 있고, 조만간 우리 앞에서 또다시 발작을 일으켜 손발을 못 움직일 수도 있는 것 아닙니까? 만일 그런 일이 또 벌어지면 이번에는 최대한 용기를 내서 그의 손아귀를 벗어나도록 해봅시다. 지난번에는 바보처럼 그럴 엄두도 못 냈지요. 자, 조금만 더 참고 힘을 냅시다. 행복한 해방의 날이 올 수도 있으니, 우리 스스로 살

인자가 되지는 말자고요."

소망이 이런 말로 크리스티안의 마음을 다독거려주었다. 그들은 하루 종일 어둠 속에서 슬프고 참담한 심정으로 이런 얘기를 나눴다.

저녁나절에 거인이 다시 지하 감옥으로 내려왔다. 죄수들이 자기 충고대로 했는지 알아보러 온 것이었다. 하지만 그들은 아직 살아있었다. 사실 아직까지 살아있다고는 해도, 며칠 동안 먹지도 마시지도 못한데다가 거인에게 맞아서 큰 상처를 입었기 때문에 겨우 숨만 쉬고 있는 정도였다. 그런데도 거인은 그들이 살아있는 걸 보고 지독하게 화를 내면서, 자기 충고를 따르지 않았으니 아예 이 세상에 태어난 것을 후회하게 해주겠다고 협박했다.

이 말에 두 사람은 벌벌 떨었다. 크리스티안은 잠시 기절했다가 정신을 차리기도 했다. 그들은 다시금 거인의 충고를 받아들일지 말지 의논하기 시작했다. 그냥 거인의 충고대로 하자는 크리스티안의 말에 소망이 반박했다.

"지금까지 얼마나 씩씩하게 행동했는지 돌이켜보십시오. 아볼루온도 선생님을 어쩌지 못했고, 죽음의 어둠 골짜기에서도 아무 일 없었잖습니까? 선생님처럼 온갖 고난과 공포와 경악을 이겨낸 사람이, 이렇게 떨고만 있다니요! 선생님보다 훨씬 약한 나도 선생님과 함께 이 지하 감옥에 갇혀있지 않습니까? 나도 선생님만큼 이 거인에게 매질을 당했고, 선생님만큼 못 먹고 못 마셨습니다. 나도 선생님만큼 빛도 없는 이곳에서 탄식하고 있습니다. 그렇지만 우리, 조금만 더 참아냅시다. 공허의 시장에서 선생님이 얼마나 용감하게 행동했는지 떠올려보십시오. 사슬에 묶여 우리에 갇혔을 때도, 피 흘려 죽게 되었을 때도 전혀 겁내지 않았잖습니까? 최대한 끈기 있게 참아냅시다(적어도 그리스도인에 걸맞지 않은 수치는 당하지 말아야지요)."

그날 밤 거인이 잠자리에 들자, 그의 아내 무기력함이 죄수들에 관해 물었다. 거인의 충고를 받아들였냐고. 그러자 거인이 대답했다. "아주 억센 놈들이야. 스스로 죽는 것보다는 온갖 고난을 견디는 쪽을 선택했거든." 그러자 무기력함이 말했다. "내일은 성 안뜰로 끌고 가서 당신이 그동안 죽인 자들의 뼈와 해골을 보여주세요. 그런 다음 다른 순례자들처럼 그들도 일주일 안에 갈가리 찢어버리겠다고 확실히 못박아 둬요"

다음날 아침 거인은 그들을 성 안뜰로 끌고 나가 아내가 말한 대로 모든 걸 보여줬다. 그리고는 말했다. "이들도 한때는 너희 같은 순례자였지. 너희처럼 내 땅을 불법 침입했기에 내가 갈가리 찢어 죽였다. 너희도 앞으로 열흘 안에 이렇게 죽여 버리겠다. 자, 이제 다시 굴로 내려가라." 지하 감옥으로 가는 내내 거인은 그들을 매질했다. 그들은 토요일을 온통 탄식으로 보냈다. 밤이 되어 다시 잠자리에 든 거인과 무기력함은 죄수들에 관해 의논했다. 늙은 거인은 아무리 두들겨 패고 충고를 해도 그들이 죽지 않는 이유를 모르겠다고 했다. 그러자 그의 아내가 말했다. "누군가 그들을 구하러 올 거라고 믿고 있던가, 아니면 자물쇠를 비틀어 열만한 도구를 갖고 있는 게 아닐까요?" 거인이 말했다. "당신이 그렇게 생각한다면 내일 아침 뒤져봐야겠는걸."

토요일 자정 무렵부터 두 사람은 기도를 시작해 거의 새벽 무렵까지 계속했다.

아침이 되기 직전, 갑자기 크리스티안이 반쯤 실성한 사람처럼 흥분해서 외쳤다. "이런 바보 같으니라고! 얼마든지 자유롭게 길을 갈 수 있는데, 이런 끈적끈적한 지하 감옥에 누워 있다니! 내 품 속엔 약속이라고 하는 열쇠가 있는데. 이 열쇠만 있으면 의심의 성에 있는 그 어떤 자물쇠라도 다 열 수 있는데." 그러자 소망이 말했다. "와, 정말 반가운 소식이네요. 어서 그 열쇠를 품에서 꺼내 열어봅시다."

크리스티안이 품속에서 열쇠를 꺼내 지하 감옥 문을 열어보았다. 열쇠를 돌리자 빗장이 벗겨지면서 문이 금세 열렸다. 크리스티안과 소망 두 사람은 거기서 빠져나가 성 안뜰로 연결된 바깥문에 이르렀다. 그 문도 열쇠로 열고 나갔다. 이번에는 철문이 나타났다. 그 문도 열어야만 했다. 자물쇠가 무척 단단해 보였지만 열쇠로 열어보니 그것도 쉽게 열렸다. 그들은 재빨리 도망치기 위해 문을 밀었다. 그런데 철문이 밀리면서 요란한 소리가 났고, 그 소리에 그만 절망 거인이 잠에서 깨고 말았다. 거인은 급히 일어나 죄수들을 붙잡으려 했지만, 다시금 발작이 일어나 손발을 움직일 수 없었다. 그리하여 거인은 죄수들이 도망치는 것을 그냥 두고 볼 수밖에 없었다. 그들은 쉬지 않고 도망쳐서 이윽고 왕의 길에 들어섰다. 이제는 안전했다. 거인의 구역을 벗어난 것이었다.

예전의 그 계단으로 다시 돌아온 그들은, 뒤에 오는 사람들이 절망 거인의 손아귀에 걸려들지 않도록 그 계단에 표시를 해둘만한 방법이 없나 궁리하기 시작했다. 그러다가 마침내 그 계단 옆에 기둥을 하나 세우고 다음과 같은 글을 새겨 넣기로 했다. '이 계단을 올라가면 절망 거인이 다스리는 의심의 성이 나오는데, 그 거인은 거룩한 나라의 왕을 경멸하여 그분의 거룩한 순례자들을 멸망시키려 드는 자다.' 그 뒤로는 많은 순례자들이 이 글을 읽고 위험을 피할 수 있었다.

글을 다 새긴 다음 그들은 다음과 같이 노래를 불렀다.

길을 벗어난 후에야 알았다네.
금지된 땅을 밟으면 어떻게 되는가를.
그러니 우리 뒤에 오는 사람들은 부디 조심하시기를.
경솔하게 행동하다가 우리처럼 큰 탈나지 않도록.
불법침입해서 그의 죄수가 되지 않도록.
그의 성은 의심이요, 그의 이름은 절망이라네.

그들은 길을 계속 가다가 유쾌한 산에 이르렀다. 이 산은 앞에서 얘기했던 언덕의 주인 것이었다. 산을 오르니 정원과 과수원, 포도밭, 그리고 분수가 나타났다. 그들은 거기서 물도 마시고 몸도 씻었다. 그리고 포도밭에서 마음껏 배를 채웠다. 산꼭대기에 이르니 양을 치는 목자들이 길가에 서 있었다. 순례자들은 그들에게 다가가 (지친 순례자들이 길에서 다른 사람과 이야기를 나눌 때 보통 그러는 것처럼) 지팡이에 몸을 기대며 물었다. "이 유쾌한 산은 누구 것입니까? 당신들이 치고 있는 이 양들은요?"

목자들 : "이 산은 임마누엘의 땅입니다. 그분의 도시에서 보면 여기가 보인답니다. 이 양들도 그분의 것인데, 그분은 이 양들을 위해 생명까지 바치셨지요."(요한복음 10:11,15)

크리스티안 : "그럼 이 길이 거룩한 도시로 가는 길인가요?"

목자들 : "맞습니다."

크리스티안 : "거기까지 얼마나 걸립니까?"

목자들 : "거기 사는 사람들 말고는, 아주 오래 걸린답니다."

크리스티안 : "가는 길이 안전합니까, 아니면 위험합니까?"

목자들 : "의로운 백성은 그 길을 따라 살아가지만, 죄인은 비틀거리며 넘어진답니다."(호세아 14:9)

크리스티안 : "여기 혹시 지치고 힘없는 순례자들이 쉴만한 곳이 없습니까?"

목자들 : "이 산의 주인께서 우리에게 '나그네 대접하기를 게을리 하지 마라'(히브리서 13:2)고 명령하셨습니다. 여러분 앞에 아주 좋은 장소가 있답니다."

꿈속에서 보니, 그들이 여행을 하고 있다는 것을 눈치 챈 목자들이 몇 가지 질문을 던졌다. "어디에서 오셨습니까?" "어쩌다 길을 떠나게 되었습니까?" "어떻게 지금까지 버틸 수 있었지요? 이곳으로 떠난 사람들 가운데 여기까지 온 사람은 거의 없는데 말입니다." (그들은 지금껏 그랬던 것처럼 목자들의 질문에도 모두 답해 주었다.) 그들의 대답을 듣고 즐거워진 목자들은 아주 상냥한 얼굴로 말했다. "유쾌한 산에 오신 걸 환영합니다."

그 목자들의 이름은 지식, 경험, 조심, 그리고 진심이었다. 그들이 둘의 손을 잡더니 자기들 천막으로 데려가 잘 차려진 음식을 함께 먹자고 했다. 게다가 이런 말까지 덧붙였다. "여기에 잠시 머무

르면서 우리랑 친하게 지내시지요. 이 유쾌한 산에서 나는 좋은 것들로 위로도 받고요." 둘은 기꺼이 머물겠다고 했다. 그리고는 밤이 너무 깊었으므로 그만 잠자리에 들었다.

꿈속에서 보니, 다음날 아침 목자들이 크리스티안과 소망을 불러 함께 산을 오르자고 했다. 그들은 한참을 함께 걸으면서 사방에 펼쳐진 유쾌한 경관을 구경하였다. 그때 한 목자가 다른 목자에게 말했다. "이 순례자들에게 놀라운 걸 보여줄까요?" 그러기로 한 목자들은 우선 실수라고 하는 아주 가파른 언덕꼭대기로 그들을 데려갔다. 그리고는 바닥을 내려다보라고 했다. 크리스티안과 소망이 바닥을 내려다보니, 그 꼭대기에서 추락해 갈가리 찢어진 사람들이 여럿 보였다. 크리스티안이 물었다. "이것이 무슨 뜻입니까?" 그러자 목자들이 되물었다. "육체의 부활에 대한 믿음과 관련해서, 후메내오와 빌레도의 말에 귀를 기울였다가 실수를 저지른 사람들의 이야기 들어보셨지요?."(디모데후서 2:17,18) 둘이 대답했다. "예, 들어봤습니다." 그러자 목자들이 말했다. "저 바닥에 갈가리 찢겨 누워있는 이들이 바로 그 사람들입니다. 보다시피 저들은 아직도 묻히지 못하고 그대로 있습니다. 너무 높이 기어오르거나 산 가장자리에 너무 가까이 다가가지 않도록 조심하라는 본보기인 셈이지요."

다음으로 그들은 두 사람을 주의라는 산꼭대기로 데려가더니 아주 먼 곳을 바라보라고 했다. 그들 말대로 먼 곳을 바라보자, 거기 있는 무덤들 사이를 몇 사람이 오르내리고 있었는데, 자꾸 무덤에 걸려 비틀거리고 무덤들 사이를 빠져나오지 못하는 것으로 보아 장님들 같았다. 크리스티안이 물었다. "이것은 무슨 의미입니까?"

그러자 목자들이 되물었다. "이 산에 들어서기 직전, 길 왼편에 초원으로 가는 계단이 있지 않았습니까?" 둘이 대답했다. "있었습니다." 그러자 목자들이 말했다. "그 계단은 절망 거인이 다스리는 의심의 성으로 곧장 가는 길이랍니다. (무덤 사이에 있는 사람들을 가리키며) 저들도 그 계단에 이르기까지는 여러분처럼 순례를 하고 있었답니다. 그런데 오른쪽 길이 너무 험해서 초원으로 들어섰다가 그만 절망 거인에게 붙잡혀서 의심의 성에 갇혀버렸지요. 거인은 그들을 지하 감옥에 한동안 가둬두었다가 마침내 두 눈을 뽑고 저 무덤들 사이로 데려가더니 저렇게 하루 종일 헤매도록 내버려두고 가버렸습니다. '슬기로운 길에서 빗나가는 사람은 죽은 사람들과 함께 쉬게 될 것이다'(잠언 21:16)고 한 현인의 말씀이 그대로 이루어진 셈이지요." 그 말에 크리스티안과 소망이 서로를 바라보며 눈물을 흘렸다. 하지만 목자들에게는 아무 말도 하지 못했다.

꿈속에서 보니, 목자들이 또 다른 곳으로 두 사람을 데려갔는데, 언덕 한쪽에 문이 달려 있었다. 그들이 문을 열고는 안을 들여다보라고 했다. 안을 들여다보니 아주 캄캄하고 연기가 자욱했다. 불타오르는 소리와 덜커덕 소리, 괴로움에 울부짖는 소리가 들리는 것 같았다. 유황 냄새도 풍겼다. 크리스티안이 물었다. "이것은 무슨 의미입니까?" 그러자 목자들이 대답했다. "이 문은 지옥으로 가는 샛길입니다. 위선자들, 그러니까 에서처럼 장자 상속권을 파는 자나, 유다처럼 자기 스승을 파는 자, 알렉산더처럼 복음을 모욕하는 자, 혹은 아나니아와 그의 아내 삽비라처럼 거짓을 말하고 남을 속이는 자들이 가는 길이지요."

소망이 목자들에게 물었다. "하지만 그들도 하나같이 순례자의 모습을 하고 있지 않았습니까?"

목자들 : "예, 그들도 아주 오랫동안 순례자의 길을 걸었답니다."

소망 : "그토록 비참하게 쫓겨나지 않고 계속 순례를 했더라면 지금쯤 얼마나 갔을까요?"

목자들 : "아마 이 산 근처까지는 갔을 겁니다."

그 말에 순례자들이 서로를 바라보며 말했다. "강하신 분께 힘을 달라고 울부짖어야겠군요."

목자들 : "예, 그래야 할 겁니다. 그 힘을 쓸 일이 생길 테니까요."

순례자들은 이제 그만 길을 떠나야겠다고 말했고, 목자들도 그러라고 했다. 그들은 산이 끝나는 곳까지 함께 걸으며 이렇게 말했다. "여기에서 순례자들에게 거룩한 도시의 문을 보여줍시다. 우리 망원경을 사용할 줄 안다면 말입니다." 순례자들은 그 제안을 금방 받아들였다. 그리하여 목자들이 그들을 청명이라는 높은 언덕 꼭대기로 데려갔다. 그곳에서 망원경을 건네주며 들여다보라고 했다.

　둘은 망원경 속을 들여다보려 했지만, 바로 전에 목자들이 보여준 광경이 자꾸 생각나 손이 떨리는 바람에 제대로 들여다볼 수가 없었다. 그래도 어렴풋이 문처럼 생긴 것과 그곳의 영광을 본 것 같았다. 둘은 길을 떠나면서 노래를 불렀다.

목자들을 통해 비밀을 알았다네.
다른 이들은 아무도 모르는 비밀을.
그러니 깊고 오묘한 신비를 찾으려면
목자들을 찾아가기를.

　그들이 막 출발하려는데 한 목자가 지도책을 주었다. 두 번째 목자는 아부쟁이를 조심하라고 경고했고, 세 번째 목자는 매혹의 땅에서 잠들지 않도록 조심하라고 일렀다. 그리고 네 번째 목자는 하나님의 축복을 빌었다. 그 때 나는 꿈에서 깼다.

　다시 잠이 든 나는 꿈속에서 그 순례자들이 산을 내려가 거룩한 도시로 이어지는 길을 걷고 있는 것을 보았다. 이 산 바로 아래쪽에는 왼편으로 자부심의 나라가 펼쳐져 있었다. 그 나라에서 이곳 순례자들이 걷고 있는 길까지 좁고 꼬불꼬불한 오솔길이 나있었다. 마침 그 나라에서 아주 활기찬 젊은이 하나가 나왔다. 그의 이름은 무지였다. 크리스티안이 그에게 어디에서 왔으며 어디로 가고 있느냐고 물었다.

무지 : "예, 선생님, 저는 저기 왼쪽에 있는 나라에서 태어났는데, 거룩한 도시로 가려고 합니다."

크리스티안 : "그런데 자네는 그 문을 어떻게 통과할 생각인가? 무척 힘들 텐데."

무지가 대답했다. "다른 선한 사람들이 하는 대로 따라해야지요."

크리스티안 : "그곳에 가면 그 문이 열리도록 보여줄 만한 거라도 있는가?"

무지 : "저는 주님의 뜻을 알고 선한 삶을 살아왔습니다. 모두에게 빚진 걸 다 갚았고, 기도와 금식도 했고, 십일조와 기부금도 냈습니다. 게다가 이 길을 가기 위해 고향까지 등졌습니다."

크리스티안 : "하지만 자네는 이 길 초입에 있는 좁은 문을 통과하지 않았잖은가? 저 꼬불꼬불한 오솔길로 들어왔지. 그러니 자네가 어떻게 생각하든, 최후의 심판 날 그 도시로 들어가지 못하고 도둑이나 강도로 고발당하지나 않을까 모르겠네."

무지 : "선생님들이나 저나 서로에 대해 아무 것도 모르니, 그냥

자기 나라의 신앙을 따르기로 하지요. 모든 게 다 잘 풀릴 겁니다. 그리고 아까 말씀하신 그 문이 우리나라에서 너무 멀리 떨어져 있다는 건 온 세상이 다 아는 이야기입니다. 우리나라에서 그 문으로 가는 길을 아는 사람도 별로 없을 겁니다. 하지만 어쨌든 우리나라에는 이 길로 금방 들어설 수 있는 기분 좋은 초록 오솔길이 있으니, 그 문으로 가는 길을 아냐 모르냐가 뭐 그리 대수겠습니까?"

크리스티안은 스스로 지혜롭다고 자부하는 젊은이를 보고, 소망에게 낮게 속삭였다. "저런 사람보다는 오히려 미련한 사람에게 더 희망이 있겠지요."(잠언 26:12) 그리고는 이렇게 덧붙였다. "어리석은 자는 길을 갈 때에도, 생각 없이 자기의 어리석음을 누구에게나 드러낸답니다(전도서 10:3). 자, 어떻게 할까요? 저 젊은이와 좀 더 얘기를 나눌까요, 아니면 우리가 한 말을 좀 더 생각해보도록 지금은 그냥 내버려두었다가, 나중에 다시 도와줄 방법을 찾아보도록 할까요?"

그러자 소망이 말했다.

저 무지가 잠시 우리가 한 말을 생각해보고,
부디 하나님의 충고를 거절하지 않도록 합시다.

그는 진짜로 중요한 게 뭔지를 아직도 모릅니다.
하나님께서는 지혜가 없는 자들을 결코
(비록 그들도 하나님이 만드시긴 했지만)
구원하지 않겠노라고 말씀하셨는데 말입니다.

그리고는 이렇게 덧붙였다. "한꺼번에 모든 걸 알려주는 건 좋지 않은 방법 같군요. 지금은 그냥 내버려뒀다가, 나중에 저 젊은이가 받아들일 수 있게 되면 그 때 말해줍시다."

두 사람은 무지보다 앞장서 걸었다. 한참을 걷자 아주 어두운 오솔길이 나왔다. 거기에서 그들은 일곱 귀신이 일곱 개의 질긴 끈으로 묶어서 끌고 가는 한 남자를 보았다. 그 남자는 언덕 저편에서 보았던 바로 그 문으로 끌려가고 있었다(마태복음 12:45; 잠언 5:22). 크리스티안 일행은 벌벌 떨기 시작했다. 하지만 귀신들은 그 남자를 끌고 지나쳐버렸다. 그가 누군지 알고 싶은 마음에 뒤를 돌아본 크리스티안은 아마도 배교 마을에 사는 변절자들 중 한 명일 것 같다는 생각을 했다. 하지만 체포당한 도둑처럼 고개를 푹 숙이고 있어서 그 남자의 얼굴을 제대로 볼 수가 없었다. 그런데 소망이 뒤를 돌아보니, 그 남자의 등에 이런 글이 적힌 종이가 붙어있었다. "음란한 신앙고백자, 지독한 배교자."

그때 크리스티안이 소망에게 말했다. "이 근처에 사는 어떤 선한 사람에게 생긴 일을 들은 적이 있는데, 저 모습을 보니 그 이야기가 생각나는군요. 진심이라는 마을에 살던 옅은 믿음이라고, 아주 착한 사람이었지요. 지금부터 그 이야기를 들려드리겠습니다. 이 길 입구에는 대로의 문에서 시작되는 오솔길이 하나 있는데, 툭하면 살인이 벌어진다고 해서 죽은 자의 오솔길이라는 이름이 붙었지요. 이 옅은 믿음이란 사람도 한때는 우리처럼 순례자였습니다. 그런데 우연히 거기 앉았다가 그만 잠이 들고 말았답니다. 그때 마침 겁쟁이, 의심, 유죄라고 하는 억센 사기꾼들이 대로의 문에 난 오솔길을 내려왔습니다. 그 삼형제는 옅은 믿음을 발견하자마자 전속력으로 달려왔지요. 그 선한 사람은 이제 막 잠에서 깨어 길을 떠나려는 참이었고요. 삼형제가 그에게 달려들어 꼼짝 마라고 위협하는 바람에 백짓장처럼 하얗게 질려버린 옅은 믿음은 싸우기는커녕 도망갈 엄두조차 못 냈습니다. 그때 겁쟁이가 '지갑을 내놓으라'고 했습니다. (돈을 빼앗기고 싶지 않아) 그가 머뭇거리자, 의심이 달려들어 주머니를 뒤지더니 은 자루를 꺼냈습니다. 그러자 그가 '도둑이야! 도둑이야!' 하고 소리쳤습니다. 그랬더니 유죄가 손에 들고 있던 커다란 몽둥이로 그의 머리를 내리쳤고, 그는 그만 땅바닥에 고꾸라지고 말았지요. 금방이라도 숨이 끊어질 것처럼 피를 흘리며 쓰러져 있는데도 도둑들은 구경만 하고 서 있었지요. 그런데 누군가 그 길로 다가오는 소리가 들렸습니다. 그들은 굳건한 신뢰의 마을에 사는 크신 은혜일지도 모른다며 벌벌 떨더니, 그 선한 사람을 그냥 내버려둔 채 달아나버렸습니다. 잠시 후 정신이 돌아온 옅은 믿음은 가까스로 일어나 다시 길을 떠났답니다.”

소망 : “도둑들이 그가 가진 걸 모두 빼앗아갔습니까?”

크리스티안 : “아닙니다. 보물을 숨겨둔 곳은 샅샅이 뒤지지 않았기 때문에 그대로 간직할 수 있었지요. 하지만 그 선한 사람은 잃어버린 돈 때문에 너무도 괴로웠습니다. 도둑들이 돈을 거의 몽땅 빼앗아갔으니까요. 물론 보물은 안 털렸고, 돈도 조금 남아 있긴 했지만, 남은 여정을 계속하기에는 턱없이 부족했습니다. (내가 잘못들은 게 아니라면) 그는 여행을 하는 내내 목숨을 부지하기 위해 구걸을 할 수밖에 없었다고 합니다. 보물을 팔아치울 수는 없었으니까요. 구걸도 하고 별짓 다했지만, 남은 여정의 대부분은 배고픔에 허덕였다고 하더군요.”(베드로전서 4:18)

소망 : “그런데 도둑들이 거룩한 문에 들어갈 수 있는 허가증을 빼앗지 않았다니, 좀 이상하지 않습니까?”

크리스티안 : “나도 그게 이상합니다. 아무리 잘 숨겼다 해도 그런 걸 놓칠 도둑들이 아닌데 말입니다. 더군다나 그는 겁에 질려 있었기 때문에 뭘 숨길 만한 정신도 없었을 텐데요. 어쨌든 도둑들이 그 보물을 놓친 것은, 그 사람의 노력 때문이 아니라 선하신 분의 섭리 덕택이었다고 봐야지요.”(디모데후서 1:12~14; 베드로후서 2:9)

소망 : “그래도 도둑들이 그 보물은 빼앗아가지 않았으니 그걸

로 위로를 삼아야겠군요.”

크리스티안 : “물론 그걸 제때 사용했다면 아주 큰 위로가 되었을 겁니다. 하지만 내가 듣기로는, 빼앗긴 돈에 대한 미련 때문에 남은 여정 내내 그 보물을 하나도 사용하지 않았다고 하더군요. 사실 남은 여정의 대부분은 보물을 아예 잊고 있었고, 어쩌다 기억이 날 때에도, 잃어버린 돈 생각이 새록새록 떠올라 금방 잊어버리곤 했다는군요.”

소망 : “저런, 가엾은 사람! 정말이지 너무도 슬펐겠군요.”

크리스티안 : “그럼요, 이루 말할 수 없이 슬펐겠지요! 우리에게 만일 그런 일이 생겼다면, 우리가 만일 그 사람처럼 낯선 곳에서 강도를 당하고 상처까지 입었다면 얼마나 슬펐겠습니까? 슬프고 괴로운 마음에 죽지 않은 게 이상할 정도지요. 들리는 말로는, 남은 여정 내내 슬픔에 잠긴 채 쓰라린 불평만 퍼부어댔다고 하더군요. 만나는 사람마다 붙잡고, 자기가 어디서 어떻게 강도를 당했는지, 그 강도들이 누구며 무엇을 빼앗아갔는지, 또 어떤 상처를 입고 어떻게 간신히 도망쳤는지 얘기했다고 합니다.”

소망 : “그는 왜 보물들을 팔거나 저당 잡혀서 경비를 충당하지 않았을까요? 그랬더라면 편히 여행할 수 있었을 텐데 말입니다.”

크리스티안 : “이제 보니 당신도 껍질을 막 깨고나온 새 같은 말을 하는군요. 뭣 때문에 그걸 저당 잡히겠습니까? 또 팔면 도대체 누구에게 판단 말입니까? 그가 강도를 당한 나라 사람들은 아

무도 그의 보물을 중요하게 여기지 않을뿐더러, 그 사람 역시 그런 식의 위로는 바라지도 않았을 겁니다. 게다가, 거룩한 도시의 문에서 그 보물이 없으면 들어가지도 못하고 쫓겨날 텐데요(그는 그걸 너무도 잘 알고 있었지요). 그럴 바에야 차라리 만 번이라도 강도를 만나 나쁜 짓을 당하는 게 낫지요.”

소망 : “어째서 그렇게 가시 돋친 말을 합니까? 에서도 죽 한 그릇에 장자 상속권을 팔았잖습니까?(히브리서 12:16) 장자 상속권은 그에게 가장 귀중한 보물이었는데도 말입니다. 옅은 믿음이라고 보물을 팔지 말라는 법이 어디 있겠습니까?”

크리스티안 : “그래요, 에서도, 다른 많은 사람들도 장자 상속권을 팔았습니다. 하지만 바로 그랬기 때문에 그 비열한 자는 최고의 축복을 받지 못한 겁니다. 에서와 옅은 믿음, 그리고 그 두 사람이 가진 것을 구별할 줄 알아야 합니다. 에서의 장자 상속권은 상징적인 것이었지만, 옅은 믿음의 보물은 그렇지 않았습니다. 또 에서는 식욕을 으뜸으로 쳤지만, 옅은 믿음은 안 그랬지요. 에서는 육체의 욕구를 채우고 싶어 했지만, 옅은 믿음은 안 그랬습니다. 더욱이 에서는 자신의 욕망을 채우는 데에만 급급해서 다른 건 생각할 겨를도 없었습니다. 그래서 이렇게 말했던 겁니다. ‘이것 봐라, 나는 지금 죽을 지경이다. 지금 나에게 맏아들의 권리가 뭐 그리 대단한 거냐?’ (창세기 25:32) 하지만 옅은 믿음은, 비록 옅은 믿음밖에 가질 수 없는 게 그의 운명이었지만, 그 옅

은 믿음으로도 절제를 잘 지켜, 에서처럼 보물을 파는 대신 소중히 여겼습니다. 에서가 아주 조금이라도 믿음을 가졌다는 얘기는 그 어디에도 없습니다. 그러니 그처럼 자기 육체의 욕망만 중요시하는 사람이 장자 상속권뿐 아니라 영혼과 가진 모든 것을 지옥의 악마에게 팔아넘긴다 해도 전혀 놀라울 게 없지요(그것을 지켜낼 만한 믿음도 없는 자니까요). 그런 자와 동행하는 것은 당나귀를 옆에 둔 것과도 같으니, '그 짐승이 발정하면 누가 그것을 가라앉힐 수 있겠습니까?' (예레미야 2:24) 그런 자들은 마음이 정욕에만 가있으니 무슨 수를 써서라도 그걸 얻으려 할 겁니다. 하지만 옅은 믿음은 전혀 그렇지 않았습니다. 그의 마음은 신적인 것에 쏠려있었습니다. 그의 삶은 영적인 것으로, 하늘에서 비롯된 것이었습니다. 그런 기질을 지닌 사람이 (설사 누가 그의 보물을 사겠다고 나선다 한들) 어찌 보물을 팔아 무익한 것들로 마음을 채우려 하겠습니까? 건초로 배를 채우기 위해 돈을 내는 사람이 어디 있겠습니까? 그 누가 멧비둘기에게 까마귀처럼 썩은 고기를 먹고 살라고 할 수 있겠습니까? 믿음이 없는 자들은 세상의 욕망 때문에, 가진 것뿐만 아니라 덤으로 자신까지 얼마든지 저당 잡히고 담보 넣을 수 있습니다. 하지만 믿음이 있는 사람, 믿음을 지키는 사람은, 아무리 가진 게 없어도 절대로 그럴 수가 없습니다. 그러니 당신이 실수한 것이지요."

소망 : "그건 나도 인정합니다. 그래도 너무 심한 말을 들으니까

화가 나더군요.”

크리스티안 : “아, 난 그저 껍질을 깨고 나오자마자 아직 발길도 닿지 않은 길을 이리저리 뛰어다니려 드는 활기찬 새에 비유했을 뿐입니다. 그러니 신경 쓰지 마십시오. 논쟁의 본질만 생각합시다. 그러면 우리 사이도 좋아질 겁니다.”

소망 : “알았습니다. 그런데 아무리 생각해봐도 이 세 사람은 겁쟁이들인 것 같군요. 생각해보십시오. 길에서 누가 오는 소리 좀 들었기로서니 그렇게 냅다 도망쳐버리다니요? 왜 옅은 믿음은 좀 더 용기를 내지 않았을까요? 내 생각엔, 일단은 버텨보다가 도저히 방법이 없을 때 포기해도 됐을 텐데 말입니다.”

크리스티안 : “그 도둑들을 겁쟁이라고 하는 사람도 많지만, 막상 자기에게 일이 닥치면 그런 걸 알아채기가 힘들답니다. 게다가 옅은 믿음은 용기가 없는 사람이었습니다. 당신 생각엔, 일단은 버텨보고 나서 포기해도 될 것 같겠지만, 그건 어디까지나 지금 도둑들이 우리 곁에 없으니까 그런 겁니다. 막상 그 사람처럼 도둑과 맞닥뜨리게 되면 당신도 생각이 확 바뀔 겁니다.”

“그들이 지옥 왕을 섬기는 신하라고 한번 생각해봅시다. 여차하면 그 왕이 도우러 올 테고, 그 왕의 목소리는 마치 사자의 포효 소리와 같습니다(베드로전서 5:8; 시편 7:2). 나도 옅은 믿음처럼 그들을 만난 적이 있는데, 정말 끔찍했습니다. 세 악당이 달려들자 나는 그리스도인답게 저항했습니다. 그런데 그들이 주인을 부르자 금세 주인이 나타났지요. 마침 하나님께서 주신 증거의 갑옷을 입고 있었기에 망정이지, 하마터면 개죽음을 당할 뻔했습니다. 하지만 그렇게 갑옷을 입고 있는데도 용감하게 버티기가 무척이나 힘들었답니다. 그런 싸움을 직접 겪어보지 않고서는 그 누구도 장담할 수 없지요."

소망 : "그런데 그 도둑들은 크신 은혜가 올지 모른다는 짐작만으로도 도망을 쳤군요."

크리스티안 : "예, 그들이나 주인이나, 크신 은혜가 나타나기만 하면 줄행랑을 치고 만답니다. 그는 왕의 투사니 이상한 일도 아니지요. 물론 옅은 믿음과 왕의 투사를 구별할 줄은 알지요? 왕의 신하라고 해서 모두 투사가 되는 것은 아니랍니다. 모든 신하들이 그 투사처럼 용감하게 싸울 수는 없습니다. 작은 아이들이 모두 다윗처럼 골리앗을 물리칠 수 있겠습니까? 굴뚝새가 황소처럼 강할 수 있겠습니까? 강한 사람이 있으면 약한 사람도 있는 법입니다. 믿음이 강한 사람이 있는가 하면 믿음이 약한 사람도 있기 마련이지요. 옅은 믿음은 약한 사람이기에 지고 만 겁니다."

소망 : "크신 은혜가 도우러 왔으면 좋았을걸."

크리스티안 : "아마 크신 은혜가 왔더라도 역부족이었을 겁니다. 물론 그는 무기도 능숙하게 잘 다루고 상대를 무력으로 협박할 수도 있습니다. 하지만 겁쟁이나 의심이나 유죄가 한꺼번에 덤벼들 경우 바닥에 쓰러지고 말 겁니다. 쓰러지고 나면 아무리

그라고 한들 무엇을 할 수 있겠습니까?”

“크신 은혜의 얼굴을 가까이서 보면 흉터와 상처가 많이 있는데, 그것만 봐도 내 말이 옳다는 걸 알 수 있습니다. 한번은 그가 (싸움터에서) ‘살 희망마저 잃을 지경에 이르렀다’고 말하는 걸 들은 적이 있습니다. 이 억센 놈들 때문에 다윗 같은 사람도 신음하고 슬퍼하고 고함쳤잖습니까! 당대의 투사였던 헤만(시편 88편)과 히스기야 역시, 이놈들의 공격을 막아내려고 분발했지만 결국은 갑옷이 심하게 찢겨져버렸습니다. 베드로도 한때는 용감하게 덤벼들려 했지만, 누군가 그를 보고 사도들의 우두머리라고 하자, 결국은 어린 소녀조차 무서워 벌벌 떠는 꼴이 되고 말았습니다.”

“게다가 그들의 왕은 휘파람만 불어도 금방 나타났습니다. 한 번도 나타나지 않은 적이 없었지요. 언제든지 부르기만 하면 곧바로 나타났어요. 그를 보고 다들 이렇게 말한답니다. ‘칼을 들이댄다 하여도 소용이 없고, 창이나 화살이나 표창도 맥을 못 춘다. 쇠도 지푸라기로 여기고, 놋은 썩은 나무 정도로 생각하니, 그것을 쏘아서 도망치게 할 화살도 없고, 무릿매 돌도 아예 바람에 날리는 겨와 같다. 몽둥이는 지푸라기쯤으로 생각하며, 창이 날아오는 소리에는 코웃음만 친다.’ (욥기 41:26~29) 이러니 그 누가 당해내겠습니까? 물론 욥의 말이 항상 곁에 있고 그 말을 탈 만한 기술과 용기가 있는 사람이라면 훌륭히 싸울 수도 있겠지요. 욥기에 보면 이런 대목이 있습니다. ‘그 목에 흩날리는 갈기를 달아 준 것이 너냐? 네가 말을 메뚜기처럼 뛰게 만들었느냐? 사람을 두렵게 하는 그 위세 당당한 콧소리를 네가 만들어 주었느냐? 앞발굽으로 땅을 마구 파대면서 힘껏 앞으로 나가서 싸운다. 그것들은 두려움이라는 것을 모른다. 칼 앞에서도 돌아서지 않는다. 말을 탄 용사의 화살 통이 덜커덕 소리를 내며, 긴 창과 짧은 창이 햇빛에 번쩍인다. 나팔소리만 들으면 머물러 서 있지 않고, 흥분하여, 성난 모습으로 땅을 박차면서 내달린다. 나팔을 불 때마다 힝힝 하고 콧김을 뿜으며, 멀리서 벌어지는 전쟁 냄새를 맡고, 멀리서도 지휘관들의 호령과 고함 소리를 듣는다.'"(욥기 39:19~25)

"하지만 당신과 나 같은 보행자들은 절대로 적과 마주쳐서는 안 됩니다. 남이 패했다는 얘길 들어도, 우리라면 좀 더 나았을 거라고 호언장담하지 말아야 합니다. 자신이 용감하다는 생각에 만족해서도 안 됩니다. 그러다가 시련에 부딪히면 최악의 결과를 맞게 될 테니까요. 아까 말한 베드로가 바로 그 증거지요. 그는 호언장담을 했습니다. 예, 우쭐한 마음에, 그 누구보다 굳세게 스승 편을 들겠다고 큰소리를 쳤지요. 하지만 베드로처럼 금방 그놈들에게 패해 무릎을 꿇은 사람이 또 어디 있습니까?"

"그러니, 왕의 길에서 누군가 강도를 당했다는 말을 들었을 때 우리가 해야 할 일은 두 가지입니다. 첫째, 갑옷을 입은 다음 반드시 손에 방패를 들어야 합니다. 방패가 없으면 리워야단이 무지막지하게 덤빌 때 결코 쓰러뜨릴 수가 없습니다. 사실 우리에게 방패가 없다면 아무도 우리를 겁내지 않을 겁니다. 그러기에 기술을 지닌 자도 이렇게 말했습니다. '무엇보다도, 믿음의 방패를 손에 드십시오. 여러분은 그것으로, 악한 자가 쏘는 모든 불화살을 막아 끌 수 있을 것입니다.'"(에베소서 6:16)

"또 왕께서 우리와 함께 하시고 호위해 주시기를 간청하는 게 좋습니다. 이 때문에 다윗은 죽음의 어둠 골짜기를 기쁘게 지날 수 있었지요. 모세 역시, 하나님 없이 나가느니 차라리 죽는 게 낫겠다고 말했습니다(출애굽기 33:15). 오, 그분이 우리와 함께 하신다면 수만 명이 몰려온다 한들 뭐가 두렵겠습니까?(시편 3:5~8; 27:1~3) 하지만 그분 없이는 제아무리 당당한 구원자라도 죽을 수밖에 없습니다."(이사야 10:4)

"나도 예전에 그들과 싸운 적이 있습니다. (전적으로 그분의 선하심 덕택에) 이렇게 살아있지만, 결코 내가 용감했다고 자랑할 수는 없습니다. 더 이상 그런 공격을 받지 않는다면 정말 좋겠지만, 모든 위험이 다 사라진 건 아니겠지요. 그래도 아직까지 사자나 곰의 습격을 받지 않았으니, 앞으로 닥칠 이교도들의 학대에서도 하나님이 우릴 건져주시기만 바랄 뿐입니다."

그런 다음 크리스티안이 다음과 같이 노래했다.

가엾은 옅은 믿음!
도둑들에게 둘러싸여 강도를 당했는가?
이것을 명심하라.
믿는 자, 신앙이 있는 자는
만 명도 물리칠 수 있지만
믿지 않는 자는
단 세 명도 물리칠 수 없다네.

그들은 가던 길을 재촉했다. 그들 뒤를 무지가 따랐다. 조금 가다 보니 두 갈래 길이 합쳐진 곳이 나타났다. 두 길 모두 그들이 가야 할 길처럼 곧게 뻗어있는 것 같았다. 어느 길로 가야 할지 몰라 한참을 망설이고 있는데, 흰 옷을 걸친 구릿빛 남자가 다가와서는 왜 거기 서 있느냐고 물었다. 그들은 거룩한 도시로 가는 중인데 어느 길로 가야 할지 몰라 서 있는 거라고 대답했다. 그러자 그 남자가 말했다. "이리 오십시오. 나도 그곳에 가는 길입니다." 그리하여 그들은 새로 합쳐진 길로 들어섰다. 하지만 사실 이 길은 그들이 가려고 하는 도시로부터 점점 더 멀어지게만 할 뿐이어서, 조금만 있으면 그 도시로부터 완전히 멀어질 태세였다. 그러나 이 사실을 알아채기도 전에 두 사람은 그만 올가미에 걸리고 말았다. 꼼짝없

이 말려든 두 사람은 어쩔 줄 몰라 했다. 바로 그때 구릿빛 남자의 등에서 흰옷이 벗겨졌다. 그제서야 무슨 일이 벌어졌는지 눈치 챘지만, 도저히 빠져나올 수가 없었다. 그저 한참을 울고만 있었다.

크리스티안이 소망에게 말했다. "이제야 내 잘못을 깨달았습니다. 목자들이 아부쟁이를 조심하라고 경고하지 않았습니까? '이웃에게 아첨하는 사람은 그의 발 앞에 그물을 치는 사람이다'(잠언 29:5)고 한 현인의 말대로, 우리가 딱 그런 사람을 만났습니다."

소망 : "게다가 길을 잘 찾을 수 있도록 목자들이 지도책도 줬는데, 그걸 들여다볼 생각도 못하고 이렇게 파괴자의 길로 들어서 버렸습니다. 다윗이 우리보다 현명했습니다. 그는 '남들이야 어떠했든지, 나만은 주께서 하신 말씀을 따랐기에, 약탈하는 무리의 길로 가지 않았습니다'(시편 17:4)라고 했잖습니까."

그들은 이렇게 올가미에 걸린 채 비탄에 잠겨 있었다. 바로 그때 눈부신 사람이 가는 노끈으로 만든 채찍을 들고 오는 게 보였다. 그가 그들을 보더니, 어디에서 왔고 또 거기에서 뭘 하고 있느냐고 물었다. 그들은 시온으로 가고 있는 가엾은 순례자인데 흰옷을 입은 구릿빛 남자 때문에 길을 벗어났노라고 대답했다. "자기도 거기로 가는 길이라며 우리더러 따라오라고 했습니다." 그러자 채찍을 든 사람이 말했다. "그는 빛의 천사로 변장한 거짓 사도, 아부쟁이입니다."(다니엘 11:32; 고린도후서 11:13,14,15) 그런 다음 그물을 찢고 그들을 꺼내주었다. "나를 따라오십시오. 당신들이 가던 길로 다시 데려다주겠습니다." 이렇게 말한 그는 그들이 아부쟁이를 따라가느라 떠났던 길로 다시 데려다 주었다. 그리고는 이렇게 물었다. "어젯밤은 어디에서 묵었습니까?" 그들이 대답했다. "유쾌한 산에서 목자들과 함께 지냈습니다." 그러자 목자들이 준 지도책을 가지고 있지 않느냐고 물었다. 그들이 대답했다. "가지고 있습니다." 그가 다시 물었다. "그런데도 그 지도책을 꺼내 확인하지 않았단 말입니까?" 그들이 대답했다. "예." 그가 물었다. "어째서요?" 그들은 깜빡 잊어버렸다고 했다. 그러자 그가 아부쟁이를 조심하라는 목자들의 경고를 듣지 않았느냐고 물었다. 그들이 대답했다. "들었습니다. 하지만 그렇게나 고상한 사람이 아부쟁이일 거라고는 상상도 못했답니다."(로마서 16:17,18)

꿈속에서 보니, 그가 그들에게 엎드리라고 명령했다. 그들이 엎드리자 그가 따끔하게 매질을 하기 시작했다. 그들이 걸어야 할 옳은 일을 가르쳐 주려는 것이었다(신명기 25:2; 고린도후서 6:26,27). 매질을 하면서 그가 말했다. "나는 내가 사랑하는 사람은 누구든지 책망도 하고 징계도 합니다. 그러므로 열심을 내어 노력하고, 회개하십시오."(요한계시록 3:19) 그런 다음 그는 길을 계속 가되 목자들이 한 말을 부디 명심하라고 일렀다. 그들은 그의 친절함에 감사를 드린 다음 옳은 길을 따라 조심스레 걸으면서 다음과 같이 노래하였다.

길 따라 걷고 있는 여러분,
이리 와서 타락한 순례자들에게
어떤 일이 벌어졌는지 보십시오.
그들이 올가미에 걸려든 것은
선한 충고를 가볍게 여겨 금세 잊어버렸기 때문입니다.
물론 그들은 구조를 받았습니다.

하지만 보다시피 따끔하게 매질을 당했습니다.
그러니 여러분도 이것을 주의하십시오.

한참을 걷던 중 그들은 아득히 먼 곳에서 홀로 조심스레 그들 쪽
으로 다가오고 있는 사람을 발견했다. 크리스티안이 소망에게 말
했다. "저기 시온을 등지고 오는 사람이 있군요. 우리를 만나러 오
고 있는데요."

소망 : "나도 보입니다. 또 아부쟁이일지도 모르니 이번에는 조
심합시다." 그가 점점 더 가까이 오더니 마침내 그들 앞에 멈춰
섰다. 그의 이름은 무신론자였다. 그가 그들에게 어디로 가고 있
느냐고 물었다.
크리스티안 : "시온산으로 가고 있습니다."

그러자 무신론자가 박장대소를 했다.

크리스티안 : "그 웃음은 무슨 의미입니까?"
무신론자 : "당신들처럼 무식한 사람을 보니 웃음이 나오네요.
그렇게 따분한 여행을 하다니 말입니다. 그 여행에서 얻을 수 있
는 건 고통뿐이랍니다."

크리스티안 : "아니, 왜요? 우리가 들어가지 못할 거라고 생각합니까?"

무신론자 : "들어간다고요! 당신들이 꿈꾸는 그런 곳은 이 세상 어디에도 없습니다."

크리스티안 : "하지만 장차 올 세상에는 있습니다."

무신론자 : "우리나라에 있을 때에도 당신들처럼 철석같이 믿는 사람들의 이야기를 들었습니다. 그 뒤로 무려 이십년 동안이나 이 도시를 찾아 돌아다녔지만, 지금까지 아무 것도 발견하지 못했어요."(전도서 10:15; 예레미야 22:12)

크리스티안 : "우리는 둘 다 그곳을 찾을 수 있다고 들었고 또 그렇게 믿고 있습니다."

무신론자 : "나도 고향에 있을 때 그 말을 믿지 않았더라면 이렇게 멀리까지 찾아 나서지도 않았을 겁니다. 결국 난 아무 것도 찾지 못했습니다(내가 당신들보다 훨씬 더 먼 곳까지 찾아다녔으니, 그런 곳이 있다면 분명히 발견했겠지요). 난 지금 고향으로 다시 돌아가는 길입니다. 찾을 수도 없는 것을 찾아다니느라 버려두고 왔던 것들을 이제는 다시 즐겨볼 생각입니다."

그러자 크리스티안이 소망에게 물었다. "이 사람 얘기가 사실일까요?"

소망 : "조심하십시오. 이 사람도 아부쟁이니까요. 이런 사람들 얘기에 귀를 기울였다가 이미 겪었던 일을 떠올려보십시오. 아니! 시온산이 없다니요? 우리는 이미 유쾌한 산에서 그 도시의 문을 보지 않았습니까? 또 지금 우리는 믿음을 갖고서 길을 가고 있지 않습니까?"(고린도후서 5:7) 소망이 계속해서 말했다. "채찍을 든 사람이 다시 오기 전에 얼른 길을 갑시다. 이런 건 오히려 선생님이 나에게 가르쳐야 할 교훈이지만, 이번에는 내가 선생님께 교훈을 들려줘야겠군요. '아이들아, 지식의 말씀에서 벗어나게 하는 훈계는 듣지 말아라.'(잠언 19:27) 자, 이 사람의 말에는 귀를 기울이지 말고 영혼의 구원을 믿읍시다."(히브리서 10:35)

크리스티안 : "내가 그런 질문을 한 것은 우리 믿음의 진리를 의심해서가 아닙니다. 사실은 당신에게서 마음의 정직이라는 열매를 꺼내기 위해 그런 겁니다. 이 사람이 이 세상의 신 때문에 눈이 먼 자라는 사실은 나도 잘 압니다. 이제 우리가 진리에 대한 신앙을 지니고 있으며, 거짓은 진리에서 나오지 않는다는 사실을 확인했으니, 가던 길을 계속 갑시다."(요한일서 2:21)

소망 : "하나님의 영광을 생각하니 정말로 기쁩니다."

그들은 무신론자와 헤어져 길을 걷기 시작했다. 무신론자는 그들을 비웃으며 자기 길을 떠났다.

꿈속에서 보니 그들이 어떤 나라로 들어갔는데, 그곳의 공기는 낯선 이들을 꾸벅꾸벅 졸게 만들었다. 소망도 여기서 갑자기 둔해지더니 잠이 밀려들기 시작했다. 그가 크리스티안에게 말했다. "갑자기 너무 나른해져서 눈도 제대로 못 뜨겠습니다. 여기 누워서 낮잠 좀 자고 갑시다."

크리스티안이 말했다. "절대 안 됩니다. 여기서 잠들면 다시는 못 깨어날 겁니다."

소망 : "왜요? 수고한 이들에겐 잠이 보약이랍니다. 낮잠 좀 자고 일어나면 기운이 솟을 겁니다."

크리스티안 : "목자들 중 한 명이 매혹의 땅을 조심하라고 한 것 잊었습니까? 그 말은 곧 잠을 조심하라는 말입니다. '그러므로 우리는 다른 사람들과 같이 잠자지 말고, 깨어 있으면서, 정신을 차립시다.'"(데살로니가전서 5:6)

소망 : "내가 잘못 생각했네요. 나 혼자 이곳에 왔더라면 분명 잠이 들었다가 죽을 위험에 처했을 겁니다. '혼자보다는 둘이 더 낫다(전도서 4:9)'고 한 현인의 말이 맞았습니다. 선생님이 함께 있어서 큰 은혜를 입었어요. 그 은혜에 꼭 보답하겠습니다."

그러자 크리스티안이 말했다. "자, 그럼 이곳의 나른함을 막기 위해 유익한 대화를 나누기로 할까요?"

소망이 대답했다. "얼마든지 좋습니다."

크리스티안 : "무슨 얘기부터 시작할까요?"

소망 : "하나님께서 우리와 함께 하시기 시작한 때부터 하지요. 괜찮다면 선생님부터 얘기하십시오."

크리스티안 : "우선 노래를 한 곡 들려드리겠습니다."

졸음이 쏟아지는 성도들은 이리 와서
이 두 순례자의 대화를 들으십시오.
예, 그들에게 지혜를 배우고 나면
나른하고 졸리던 눈이 번쩍 뜨일 겁니다.
성도들이여,
이 지혜를 잘 간직하면
지옥에 가더라도 깨어있게 될 것입니다.

크리스티안이 소망에게 물었다. "한 가지 물어볼 게 있습니다. 당신은 어쩌다가 이런 걸 생각하게 되었습니까?"

소망 : "그러니까, 어쩌다가 내 영혼의 선을 추구하게 되었느냐는 뜻입니까?"

크리스티안 : "예, 바로 그겁니다."

소망 : "나는 아주 오랫동안 우리 시장에서 파는 물건들을 즐겼습니다. 지금까지도 계속 그랬다면 틀림없이 멸망하고 말았을 겁니다."

크리스티안 : "어떤 것들 말입니까?"

소망 : "세상의 온갖 보물과 부를 즐겼지요. 방탕한 생활과 향락, 술, 욕지거리, 거짓말, 부정, 그리고 안식일을 어기는 걸 무척이나 즐겼답니다. 하지만 그런 건 모두 내 영혼을 파괴시키는 일이었어요. 그러다가 마침 공허의 시장에서 신앙과 선한 삶을 위해 죽임을 당한 친애하는 믿음과 선생님의 거룩한 말씀을 듣고 그것들에 관해 생각해보게 되었습니다. 결국 그러한 생활의 마지막은 죽음이고(로마서 6:21~23), 이런 일 때문에 하나님의 진노가 순종하지 않는 자식들에게 내린다는 것을 깨닫게 되었습니다."(에베소서 5:6)

크리스티안 : "그럼 그때부터 이런 확신을 가지고 살았습니까?"

소망 : "아닙니다. 당시에는 죄의 악함이나 죄를 저지르면 따라오는 벌을 인정할 수 없었습니다. 그래서 처음에 말씀을 듣고 마음이 흔들리기 시작했을 때는 눈을 감고 그 빛을 외면하려고 애썼지요."

크리스티안 : "하나님의 복된 성령이 처음으로 당신에게 역사하실 때까지 그런 식으로 행동한 이유가 무엇입니까?"

소망 : "그 이유는 이랬습니다.

1. 이것이 하나님의 역사라는 사실을 몰랐지요. 우선은 죄를 깨닫게 하심으로써 하나님께서 죄인의 전향을 시작하신다는 걸 까맣게 몰랐거든요.

2. 죄가 내 육신에 너무도 달아서 도저히 죄를 떠날 수 없었어요.

3. 오랜 친구들과 어떻게 헤어져야 할지 모르겠더군요. 그 친구들의 존재와 행동이 정말 좋았거든요.

4. 죄의 확신이 들자 너무도 괴롭고 두려웠기 때문에 그런 걸 생각하는 것만도 너무 벅찼지요."

크리스티안 : "하지만 때로는 괴로움이 가시는 때도 있었을 텐데요?"

소망 : "물론 있었습니다. 하지만 금방 다시 괴로워졌고, 그러면 예전보다 훨씬 더 나빠졌지요."

크리스티안 : "어째서요? 무엇이 다시금 죄를 떠올리게 했습니까?"

소망 : "아주 여러 가지였습니다.

(1) 거리에서 선한 사람을 만났을 때,

(2) 누군가 성경을 읽는 소리를 들었을 때,

(3) 머리가 아프기 시작할 때,

(4) 이웃들 중 누가 아프다는 말을 들었을 때,

(5) 죽은 자를 위해 울리는 종소리를 들었을 때,

(6) 나의 죽음을 생각할 때,

(7) 누군가 갑자기 죽었다는 말을 들었을 때,

(8) 무엇보다도 나 자신에 관해 생각할 때,

그러니까 곧 심판을 받게 될 거라는 생각이 들 때 가장 괴로웠습니다."

크리스티안 : "그런 일들 때문에 죄책감이 느껴질 경우 쉽게 떨쳐버리곤 했습니까?"

소망 : "오, 그러지 못했습니다. 죄책감이 내 양심을 단단히 틀어쥐고 있어서, (마음은 비록 죄에서 돌아섰지만) 다시금 죄를 저

지르지 않을까 생각만 해도 금세 두 배의 고통이 찾아왔답니다.”

크리스티안 : “그래서 어떻게 했습니까?”

소망 : “내 삶을 바꿔야겠다고 생각했습니다. 안 그러면 틀림없이 벌을 받을 거란 생각이 들었습니다.”

크리스티안 : “그래서 삶을 바꾸기 위해 노력했습니까?”

소망 : “예, 내 죄뿐만 아니라 악한 동료들까지 멀리하고 신앙의 의무를 지키는 데 전념했습니다. 기도도 하고, 성경도 읽고, 죄를 씻기 위해 울기도 하고, 이웃들에게 진실을 말하기도 했습니다. 너무 많아서 다 얘기할 수 없을 정도지요.”

크리스티안 : “그렇게 하고 나면 자신이 좀 낫게 여겨지던가요?”

소망 : “예, 잠깐 동안은 괜찮았습니다. 하지만 아무리 온갖 개선책을 동원해 봐도 결국은 다시 괴로워지곤 했습니다.”

크리스티안 : “당신이 변화되었는데도 어째서 그런 일이 일어났을까요?”

소망 : “그런 일이 일어난 이유는 아주 많습니다. 중요한 것 몇 가지만 얘기하자면 이렇습니다. ‘우리의 모든 의는 더러운 옷과 같습니다.’ (이사야 64:6) ‘율법을 지키는 행위로는, 아무도 의롭게 될 수 없기 때문입니다.’ (갈라디아서 2:16) ‘너희도 명령을 받은 대로 다 하고 나서, “우리는 쓸모없는 종입니다. 우리는 마땅히 해야 할 일을 하였을 뿐입니다” 하여라.’ (누가복음 17:10) 이런 말씀들이 아주 많이 있잖습니까? 그때부터 나는 스스로를 설득하기 시

작했습니다. '그래, 만일 내 모든 의가 더러운 옷과 같고, 율법을 지키는 행위로는 아무도 의롭게 될 수 없는데다가, 명령을 받은 대로 다 하고 나서도 여전히 쓸모없는 종이라면, 율법으로 하늘 나라에 가겠다는 생각은 정말 어리석은 것이다.' 또 이런 생각도 들었습니다. '어떤 사람이 가게주인에게 백 파운드 빚을 진 다음 그 뒤로는 물건을 살 때마다 값을 잘 치른다 해도, 예전에 진 빚 이 아직 장부에 기록되어 있으므로 그 빚을 다 갚을 때까지는 가 게주인이 얼마든지 그를 고발하거나 감옥에 넣을 수도 있다'."

크리스티안 : "그런데 이걸 어떻게 당신 자신에게 적용했습니까?"

소망 : "그러니까 이런 생각을 한 겁니다. '나는 이미 너무도 많 은 죄를 지어서 하나님의 장부에 기록되어 있다. 그러니 이제 와 서 아무리 삶을 개선한다 한들 그 기록이 없어지지는 않을 것이 다. 지금 온갖 개선책을 동원해봤자 아무 소용도 없다. 예전에 저질렀던 죄 때문에 나 스스로 빠져버린 이 위험에서 어떻게 자 유로워질 수 있단 말인가'?"

크리스티안 : "적용을 아주 잘했네요. 계속 말해보십시오."

소망 : "그것 말고도 나를 괴롭히는 문제가 하나 더 있었습니다. 삶을 바꾼 뒤로는 아무리 선한 일을 해도 자세히 들여다보면 죄 가, 새로운 죄가 보인다는 겁니다. 그래서 예전의 나와 내 임무 가 아무리 자랑스럽다 하더라도, 또 예전의 내 삶이 아무리 흠잡 을 데 없다 하더라도, 결국은 언젠가 저질렀던 죄 때문에 지옥에

갈 수밖에 없다는 결론을 내리게 되었습니다.”

크리스티안 : “그래서 어떻게 했습니까?”

소망 : “어떻게 하다니요! 아무 것도 할 수 없었습니다. 믿음을 만나 얘기를 나눌 때까지는요. 그와는 잘 아는 사이였거든요. 그가 말하길, 죄가 전혀 없으신 분의 의를 얻지 않고서는 절대로 나 자신의 의나 이 세상의 의로 구원받을 수 없다고 하더군요.”

크리스티안 : “그래서 그의 말이 옳다고 생각했습니까?”

소망 : “나 자신의 변화에 만족해서 기뻐하고 있을 때 그런 말을 들었다면 분명 그를 바보라고 생각했을 겁니다. 하지만 내 약점을 잘 아는데다가, 아무리 선한 행동을 해도 거기에 죄가 붙는다는 사실을 알고 있었기에, 그의 의견에 동의하지 않을 수가 없었습니다.”

크리스티안 : “그의 말을 처음 들었을 때, 정말로 죄가 전혀 없으신 분이 있을 수 있다고 생각했습니까?”

소망 : “솔직히 처음에는 이상하게 들렸습니다. 하지만 그와 함께 있으면서 좀 더 대화를 나눠보고 나서는 완전히 확신하게 되었습니다.”

크리스티안 : “죄가 전혀 없으신 분이 누군지, 어떤 식으로 그분에 의해 의로워질 수 있는지 물어봤습니까?”

소망 : “예, 그랬더니 그분은 가장 높으신 분의 오른쪽에 앉아계시는 주 예수시라고 하더군요(히브리서 10:12). 믿음은 이렇게 말했

습니다. '그분이 육체를 입고 계실 때 하신 일들, 그리고 나무에 달려 고통당하신 것을 믿기만 하면 그분에 의해 의로워진답니다.'(로마서 4:5; 골로새서 1:14; 베드로전서 1:19) 그래서, 하나님 앞에서 남들을 의롭게 할 수 있을 정도로 그분의 의가 크냐고 물었습니다. 그랬더니 믿음이 대답하길, 그분은 전능하신 하나님으로, 그분의 행위와 죽음은 자신을 위한 게 아니라 바로 나를 위한 것이며, 따라서 내가 그분을 믿기만 하면 그분의 행위와 그 가치가 모두 내게로 돌아온다고 하더군요."

크리스티안 : "그래서 어떻게 했습니까?"

소망 : "도저히 믿지 못하겠다고 했죠. 그분이 나를 구원해주실 것 같지 않았거든요."

크리스티안 : "그랬더니 믿음이 뭐라고 말하던가요?"

소망 : "그분께 가보라고 하더군요. 그래서 혼자만의 추측에 불과한 것 아니냐고 물었더니 그가 이렇게 대답했습니다. '아닙니다. 나는 이렇게 초대도 받았는걸요.'(마태복음 11:28) 그가 예수님의 글이 적힌 책을 한 권 주더군요. 좀 더 가벼운 마음으로 가라는 격려의 의미였지요. 그 책에 적힌 글은 하늘과 땅이 없어질지라도 절대 없어지지 않을 것이라고 했습니다(마태복음 24:35). 그러면 가서 뭘 해야 하냐고 물었지요. 그랬더니 온전한 마음과 영혼으로(예레미야 29:12,13) 무릎을 꿇고(시편 95:6; 다니엘 6:10) 아버지께 아들을 드러내주시라고 간구해야 한다고 하더군요. 그래서 어떻

게 간청을 드려야 하냐고 물었습니다. 그가 이렇게 대답하더군요. '거기 가면 보좌위에 앉으신 그분을 보게 될 겁니다. 영원히 그곳에 앉으셔서 찾아오는 모든 이들에게 자비와 용서를 베푸시는 분입니다.' (출애굽기 25:22; 레위기 16:2; 민수기 7:89; 히브리서 4:16) 나는 그래도 그분 앞에 나가서 무슨 말을 해야 할지 모르겠다고 했습니다. 그랬더니 이렇게 말하라고 가르쳐줬어요. '하나님, 이 죄인에게 자비를 베풀어주셔서, 제가 예수 그리스도를 알고 또 믿게 해주옵소서. 그분의 의가 없다면, 또 내가 그 의를 믿지 않는다면 철저히 버림받게 될 것을 잘 알기 때문입니다. 주님, 주님은 자비로운 하나님이셔서 주님의 아들 예수 그리스도를 세상의 구세주로 삼고 저처럼 불쌍한 죄인을 위해 바치셨다는 이야기를 들었습니다. 저는 그야말로 죄인입니다. 그러니 주님, 이 기회에 크신 은총을 내리셔서 제 영혼을 구원해 주옵소서. 주님의 아들 예수 그리스도의 이름으로 기도합니다. 아멘.'"

크리스티안 : "그래서 믿음의 권유대로 했습니까?"

소망 : "예, 몇 번이고 반복했습니다."

크리스티안 : "그랬더니 성부께서 당신에게 성자를 보여주셨습니까?"

소망 : "아닙니다. 첫 번째도, 두 번째도, 세 번째도, 네 번째도, 다섯 번째도, 여섯 번째도 안 보여주셨습니다."

크리스티안 : "그래서 어떻게 했습니까?"

소망 : "어떻게 하다니요? 뭘 어떻게 해야 할지 전혀 모르겠던
데요."

크리스티안 : "기도를 그만두고 싶다는 생각은 안 들었습니까?"

소망 : "수백 번도 더 들었습니다."

크리스티안 : "그런데 왜 그만두지 않았습니까?"

소망 : "그리스도의 의가 없으면 세상 그 무엇도 나를 구원할 수
없다는 말을 믿었거든요. 이런 생각이 들었습니다. '지금 그만두
면 죽을 거야. 하지만 은총의 보좌가 아닌 곳에서는 죽을 수 없
어.' 또 이런 말씀도 생각났습니다. '비록 더디더라도 그 때를 기
다려라. 반드시 오고야 만다. 늦어지지 않을 것이다.'(하박국 2:3)
그래서 성부께서 성자를 보여주실 때까지 계속 기도했습니다."

크리스티안 : "어떻게 그분을 보았습니까?"

소망 : "몸의 눈이 아니라 마음의 눈으로 보았습니다(에베소서
1:18,19). 어떤 일이 있었냐 하면, 어느 날 굉장히 슬퍼지더군요.
아마도 그때처럼 슬펐던 적도 없었던 것 같습니다. 이 슬픔은 내
죄가 얼마나 크고 더러운지를 새롭게 깨달아 생긴 것이었습니
다. 이제는 지옥에 떨어질 수밖에 없구나 하는 생각이 들어 내
영혼을 끊임없이 저주하고 있는데, 갑자기 하늘에서 주 예수님
이 나를 내려다보시며 '주 예수를 믿으라. 그러면 너와 네 집안
이 구원을 얻을 것이다(사도행전 16:31)' 하고 말씀하시는 것 같은 생
각이 들었습니다."

"그래서 나는 이렇게 말했습니다. '주님, 저는 크나큰 죄인입니다.' 그러자 그분께서 말씀하셨습니다. '내 은혜가 네게 족하다.'(고린도후서 12:9) 나는 또 여쭤봤습니다. '하지만 주님, 믿는다는 건 무엇입니까?' 그분께서는 이렇게 대답하셨습니다. '내게로 오는 사람은 결코 주리지 않을 것이요, 나를 믿는 사람은 다시는 목마르지 않을 것이다.'(요한복음 6:35) 이 말씀을 듣고서 나는 믿는 것은 곧 오는 것이며, 오는 사람 곧 온 마음을 다해 그리스도를 통한 구원을 뒤좇는 사람은 정말로 그리스도를 믿는 사람이라는 생각을 하게 되었습니다. 그러자 눈물이 핑 돌더군요. 나는 좀 더 여쭤보았습니다. '하지만 주님, 저처럼 큰 죄인도 정말로 받아주시고 구원해 주십니까?' 그분이 대답하셨습니다. '내게로 오는 사람은, 내가 물리치지 않을 것이다.'(요한복음 6:37) 나는 또 여쭤보았습니다. '하지만 주님, 제가 당신께 나아갈 때, 제 믿음이 당신께 제대로 향해 있다는 것을 어떻게 알 수 있겠습니까?' 그러자 그분께서 이렇게 말씀하셨지요. '그리스도 예수께서 죄인을 구원하시려고 세상에 오셨다(디모데전서 1:15). 그리스도께서는 모든 믿는 사람을 의롭게 해주시려고 율법에 끝마침이 되셨다(로마서 10:4). 예수는 우리의 범죄 때문에 죽임을 당하시고, 또한 우리를 의롭게 하시려고 살아나셨다(로마서 4:25). 예수 그리스도께서는 우리를 사랑하시며, 자기의 피로 우리의 죄에서 우리를 해방하여 주셨다(요한계시록 1:5). 하나님은 한 분이시요, 하나님과 사람 사이의 중보자도 한 분이시니, 곧 사람이신 그리스도 예수시다(디모데전서 2:5). 그는 늘 살아 계셔서, 그들을 위하여 중재의 간구를 하신다(히브리서 7:25).' 이 모든 말씀을 듣고서 나는 깨달았습니다. 그분에게서 의를 구하고, 그분의 피로써 속죄받기를 구해야 한다는 것, 그리고 그분께서 아버지의 법에 순종하여 형벌을 받으신 것은 그분을 위한 게 아니라 그분의 구원을 받아들이고 감사드릴 이들을 위한 것이었음을 말입니다. 그 사실을 깨닫고 나자 마음에 기쁨이 넘쳤고 눈에는 눈물이 가득 찼습니다. 그리고 예수 그리스도의 이름과 그분의 백성과 그분의 길에 대한 사랑이 흘러넘쳤지요."

크리스티안 : "그러니까 당신의 영혼에 그리스도의 계시가 임하신 것이로군요. 이것이 당신의 영혼에 미친 영향에 대해서 자세히 듣고 싶어요."

소망 : "온갖 의에도 불구하고 이 세상은 죄의 상태에 머물러 있다는 것을 알게 되었습니다. 또 하나님 아버지는 공평한 분이지만 찾아오는 죄인들을 모두 의롭다 하실 수 있다는 것도 알게 되었지요. 이제 나는 예전의 타락한 삶이 너무나도 수치스러웠고, 나 자신의 무지가 뼈저리게 느껴졌습니다. 예전에는 예수 그리스도의 아름다움이 그렇게 확실히 보일 거라는 생각을 한 번도 못해봤으니까요. 이제는 거룩한 삶을 사랑하고, 주 예수님의 이름에 영광을 돌리고 싶어졌습니다. 예, 이제는 주 예수님을 위해

서라면 내 피를 전부 쏟을 수도 있다는 생각이 들었어요.”

꿈속에서 보니, 소망이 문득 뒤를 돌아보았다가 저만치 따라오고 있는 무지를 발견했다. 그가 크리스티안에게 말했다. “보십시오. 저 젊은이가 너무 뒤쳐졌네요.”

크리스티안 : “아, 예, 아마 우리랑 동행하고 싶지 않은가 봅니다.”
소망 : “지금부터라도 우리와 함께 가면 해를 입지 않을 텐데요.”
크리스티안 : “맞습니다. 하지만 장담하건대, 저 젊은이 생각은 다를 겁니다.”
소망 : “내 생각도 그렇습니다. 그래도 한번 기다려봅시다”(그들은 무지를 기다렸다).

크리스티안이 무지에게 말했다. “여보게, 젊은이, 왜 그렇게 뒤쳐져서 오나?”

무지 : “마음이 내키지 않을 땐 여럿이 동행하는 것보다 혼자 걷는 걸 더 좋아하거든요.”

그러자 크리스티안이 소망에게 (조용히) 말했다. “우리랑 동행하고 싶지 않을 거라고 얘기했지요? 그래도 어쨌든 이곳은 너무 적막하니까 얘기나 나누면서 가기로 합시다.” 그리고는 무지를 향해 물었다. “몸은 괜찮은가? 하나님과 자네 영혼 사이는 어떤가?”

무지 : “좋기를 바랍니다. 저는 늘 선한 행위로 가득 차 있기에 그걸 생각하며 걸으면 마음이 편해지거든요.”

크리스티안 : “선한 행위? 그것에 관해 말 좀 해보게.”

무지 : “그러니까, 하나님과 하늘나라를 생각한답니다.”

크리스티안 : “마귀나 저주받은 영혼들도 그런 걸 생각한다네.”

무지 : “하지만 저는 그것을 생각하는 동시에 간절히 바라지요.”

크리스티안 : “그곳에 결코 못갈 이들도 많이들 그러지. 하지만 ‘게으른 사람은 아무리 바라는 것이 있어도 얻지 못한다네.’”(잠언 13:4)

무지 : 하지만 저는 그것을 생각하면서, 그것을 위해 모든 걸 버리는데요.”

크리스티안 : “믿기 어렵군. 모든 걸 버린다는 건 아주 어려운 일이니까. 그래, 많은 사람들이 생각하는 것보다 훨씬 더 힘든 일이야. 그나저나 자네는 어째서 하나님과 하늘나라를 위해 모든 걸 버리기로 마음먹었는가?”

무지 : “제 마음이 그렇게 이르더군요.”

크리스티안 : “현인의 말씀 가운데 ‘자기의 생각만을 신뢰하는 사람은 미련한 사람’ (잠언 28:26)이라는 말이 있다네.”

무지 : "그건 사악한 마음을 가리키는 겁니다. 제 마음은 선해요."

크리스티안 : "어떻게 그걸 증명할 수 있는가?"

무지 : "하늘나라에 대한 소망으로 마음이 평안한걸요."

크리스티안 : "그건 거짓일 수도 있지. 사람의 마음은 전혀 그럴 가망이 없는 순간에도 그것에 대한 희망으로 위로를 받으니까 말이야."

무지 : "하지만 제 마음과 삶은 서로 일치하니까, 얼마든지 희망을 품을 수 있지요."

크리스티안 : "누가 자네 마음과 삶이 일치한다고 하던가?"

무지 : "제 마음이 일러주었지요."

크리스티안 : "그러니까 자네 마음이 '내가 도둑인지 아닌지 내 동료에게 물어봐' 하고 말했군! 하지만 이 문제에 관한 한 하나님의 말씀 말고는 다른 어떤 증거도 소용이 없다네."

무지 : "하지만 선한 마음은 선한 생각을 품지 않습니까? 그리고 하나님의 명령에 따라 사는 것은 선한 삶이 아닙니까?"

크리스티안 : "물론 선한 마음은 선한 생각을 품고, 하나님의 명령에 따라 사는 것은 선한 삶이라네. 하지만 실제로 그런 것과 그저 그렇다고 생각하는 건 엄연히 다르지."

무지 : "그렇다면 선생님은 과연 무엇이 선한 생각이고, 하나님의 명령에 따라 사는 건 어떤 삶이라고 생각합니까?"

크리스티안 : "선한 생각에는 아주 여러 가지가 있다네. 우리 자

신에 관한 생각, 하나님에 관한 생각, 그리스도에 관한 생각, 그리고 다른 것들에 대한 생각도 있지."

무지 : "우리 자신에 관한 선한 생각은 무엇입니까?"

크리스티안 : "하나님의 말씀과 일치하는 생각이라네."

무지 : "언제 우리 자신에 대한 생각이 하나님의 말씀과 일치합니까?"

크리스티안 : "우리 자신에 대한 판단이 말씀의 판단과 일치할 때지. 설명하자면 이렇다네. 하나님의 말씀 중에는 사람의 본질적인 상태에 관하여 '의인은 없다. 한 사람도 없다(로마서 3:10)'고 하신 말씀도 있고, '마음에 생각하는 모든 계획이 언제나 악한 것뿐(창세기 6:5)'이라고 하신 말씀도 있네. 또 '사람은 어릴 때부터 그 마음의 생각이 악하기 마련이다(창세기 8:21)'고 하신 말씀도 있어. 그러니 우리가 자신에 대해 이렇게 생각할 때 그것이 바로 선한 생각이라네. 하나님의 말씀과 일치하니까 말이야."

무지 : "내 마음이 그렇게 나쁘다고는 믿고 싶지 않습니다."

크리스티안 : "그러면 결국 자네는 본인에 관해 선한 생각을 한 적이 평생 한 번도 없는 셈이네. 내 몇 마디 더할까? 말씀은 우리 마음을 판단하듯 우리의 길도 판단한다네. 우리 마음의 생각과 길이 말씀의 판단과 일치할 때 둘 다 선하다고 할 수 있지."

무지 : "그런 말을 하는 의도가 뭡니까?"

크리스티안 : "하나님의 말씀 가운데, 사람의 길은 구부러져 있

고, 그 행실은 비뚤어져 있으며, 그들은 본래 선한 길에서 벗어나 있지만 그것을 깨닫는 사람도 없다(시편 125:5; 잠언 2:15; 로마서 3:11,12)'는 말씀이 있다네. 자신의 길에 대해 이런 생각과 굴욕감을 갖고서 분별 있게 행동하는 사람은 자기 길에 대해 선한 생각을 갖고 있는 사람이지. 그의 생각은 하나님의 말씀이 내리시는 판단과 일치하니까."

무지 : "그럼 하나님에 관한 선한 생각은 무엇입니까?"

크리스티안 : "우리 자신에 관한 생각처럼, 하나님에 관한 우리의 생각이 그분에 관한 말씀과 일치할 때, 그러니까 하나님의 존재와 속성에 관한 우리의 생각이 말씀의 가르침과 일치할 때라네. 지금은 자세히 말할 수 없지만, 우리와 관련지어 생각해보자면 이렇다네. 하나님이 우리 자신보다 우리를 더 잘 아시고, 우리가 보지 못하는 우리 안의 죄까지도 언제 어디서나 다 보신다고 생각할 때, 그럴 때 우리는 하나님에 관하여 올바른 생각을 지니고 있다고 말할 수 있지. 또 하나님이 우리의 가장 깊숙한 곳에 있는 생각들을 다 아신다고 생각할 때, 하나님이 우리의 마음 깊은 곳까지 늘 꿰뚫어보신다고 생각할 때, 우리의 온갖 의도 그분 앞에서는 혐오스러울 뿐이기에 우리가 제아무리 선한 행위에 자부심을 갖고 그분 앞에 서더라도 그분은 절대 우리를 견뎌내지 못하실 거라고 생각할 때, 그때야말로 우리가 하나님에 관하여 선한 생각을 갖고 있다고 할 수 있다네."

무지 : "그러면 나는, 하나님이 나보다 더 멀리 보실 수 없다고 생각하거나, 하나님 앞에서 내 선한 행위에 자부심을 갖고 서 있는 바보라는 말씀입니까?"

크리스티안 : "자네는 이 문제에 대해 어떻게 생각하는가?"

무지 : "예, 간단히 말하자면 나는 의롭다 하심을 얻기 위해 그리스도를 믿어야 한다고 생각합니다."

크리스티안 : "그분의 필요성은 모르면서 어떻게 그분을 믿어야 한다고 생각한단 말인가! 자네의 타고난 죄도, 자네가 저지른 죄도 인정하지 않으면서 자신과 행위에 관해 그런 생각을 하다니! 하나님 앞에서 자기를 의롭다고 해주실 그리스도의 인격적인 의의 필요성은 전혀 인정하지 않는 사람이 말이야. 그런 자네가 어찌 '나는 그리스도를 믿는다' 고 말할 수 있단 말인가?"

무지 : "그런 점에서는 저도 충분히 믿고 있습니다."

크리스티안 : "어떻게 믿는단 말인가?"

무지 : "그리스도께서 죄인들을 위해 죽으셨다는 것, 또 그분의 법에 순종하는 저를 은총으로 받아주셔서 제가 하나님 앞에서 의롭다 함을 얻으리라는 것을 믿습니다. 아니면 그리스도께서 제 신앙의 의무를 그분의 힘으로 아버지께 인정받게 해주셔서 결국은 제가 의롭다 함을 받게 되리라고 믿습니다."

크리스티안 : "자네의 이 신앙고백에 대해 내가 몇 마디 하겠네.

1. 자네는 환상적인 신앙을 갖고 있네. 이런 신앙은 성경말씀 어디에도 나와 있지 않다네.

2. 자네는 거짓된 신앙을 갖고 있네. 그리스도의 인격적인 의로부터 의롭다 함을 받은 다음 그것을 자네에게 적용시키니까 말이야.
3. 이런 신앙은 그리스도께서 자네의 인격이 아니라 행위를 의롭다 하시게 만든다네. 또 거짓된 자네의 행동 때문에 자네의 인격을 의롭다 하시게 만드는 셈이지.

4. 그러므로 이런 신앙은 거짓이라네. 자칫 자네가 전능하신 하나님의 날에 진노를 받게 할 수 있지. 진실로 의롭다 함을 얻게 해주는 신앙은, 율법에 의해 타락한 영혼이 그리스도의 의라는 피난처로 숨게 해주기 때문이라네(그분의 의는 의롭다 함을 통해 자네의 순종이 하나님께 받아들여지게 만드는 은총의 행위가 아니라, 우리가 받아야 할 고난을 우리를 위해 대신 받으신 율법에 대한 인격적 순종이지). 진정한 믿음은 바로 그 의를 인정한다네. 우리 영혼은 하나님 앞에서 흠이 없는 존재가 되어 인정을 받고 벌을 면하게 되는 것이지."

무지 : "아니, 그럼 그리스도께서 인간이 되어 행하신 일이 우리와 아무런 관계도 없다고 믿으라는 겁니까? 이런 거짓이야말로 우리 정욕의 고삐를 느슨하게 하고 우리 멋대로 살도록 용인할 겁니다. 그리스도의 인격적인 의가 우리 모두를 의롭게 해줄 것이라고 믿는다면, 어떻게 살든 그게 무슨 상관이겠습니까?"

크리스티안 : "자네는 무지라는 그 이름이 딱 어울리는구먼. 자네의 말이 바로 그 증거야. 자네는 의롭다 하심을 얻는 의가 무엇인지도 모르고, 자네 영혼이 그것을 믿어 하나님의 끔찍한 진노를 피할 수 있는 방법도 전혀 모르네. 또 자네는 그리스도의 의에 대한 이 구원 신앙의 진정한 효과가 무엇인지도 잘 몰라. 그것은 그리스도 안에서 하나님께 전심을 다 바치는 것, 그분의 이름과 그분의 말씀, 그분의 길과 그분의 백성을 사랑하는 것이지. 자네는 아무것도 모르면서 상상만 하는구먼."

소망 : "그리스도께서 하늘로부터 그에게 나타나셨는지 한 번 물어보십시오."

무지 : "아니! 계시를 믿다니요! 당신들이 그 문제에 관해 한 말들은 모두 미친 사람의 머리에서 나온 게 틀림없군요."

소망 : "이보게, 젊은이! 그리스도께서는 육신이 이해할 수 없는 하나님 안에 숨어계시기 때문에 하나님 아버지께서 직접 그분으로 드러나지 않으실 경우 아무도 구원의 지식을 얻을 수 없다네."

무지 : "당신들만 그렇게 믿지, 나는 안 그렇습니다. 내 머리 속

에는 당신들처럼 기발한 생각이 그리 많지 않지만, 그래도 내 신앙은 당신들만큼 선하다고 확신합니다."

크리스티안 : "내가 딱 한 마디만 하지. 이 문제에 대해 그렇게 경솔하게 말해선 안 되네. 장담하건대, 내 일행의 말처럼, 아버지의 계시를 통하지 않고서는 그 누구도 예수 그리스도를 알 수 없다네. 그리고 그리스도에 대한 영혼의 신앙 역시, (만일 그것이 옳다면) 그분의 전능하신 능력의 위대함으로 역사해야 하지 (마태복음 11:27; 고린도전서 12:3; 에베소서 1:17~19). 가엾은 무지, 자네는 신앙의 역사에 관해 전혀 모르는 것 같구먼. 자, 정신 차리고, 자네가 얼마나 가엾은 처지에 있는지 보게. 어서 주 예수께로 피하게. 하나님의 의인 그분의 의로써(그분이 곧 하나님이시니까) 벌을 면할 수 있을 것이네."

무지 : "나를 그냥 내버려두고 빨리 가십시오. 얼른 앞서나가세요. 나는 뒤에서 천천히 따라가겠습니다."

그러자 두 사람이 말했다.

아, 무지여, 선한 충고를 죄다 무시하다니
자네는 얼마나 어리석은 사람인가?
그렇게 충고를 거절할 경우 머지않아

자네의 행위가 악하다는 사실을 알게 될 것이네.

여보게, 항상 기억하게.

두려워말고 달려 나가게.

좋은 충고를 잘 받아들이면

구원을 받을 것이니 귀담아 듣게.

내 장담하건대,

무지여, 좋은 충고를 무시하면

자네는 죄인이 되고 말걸세.

그런 다음 크리스티안이 소망에게 이렇게 말했다.

크리스티안 : "소망 씨, 아무래도 우리끼리만 길을 가야겠습니다."

꿈속에서 보니, 그들이 먼저 빠른 걸음으로 앞서나가고, 그 뒤를 무지가 절름거리며 걸었다. 그것을 보고 크리스티안이 소망에게 말했다. "저 가엾은 젊은이를 보니 정말 안타깝군요. 종국에는 불행한 일을 겪게 될 게 뻔하니 말입니다."

소망 : "그러게요! 우리 마을에도 저런 사람이 아주 많습니다.

온 마을, 온 거리에 넘쳐나지요. 심지어는 순례자들도 마찬가지입니다. 우리 마을이 그 모양인데 저 젊은이가 태어난 곳은 오죽하겠습니까?”

크리스티안 : “맞습니다. 성경에도 ‘그들이 눈이 있어도 보지 못하게 주께서 그들의 눈을 멀게 하셨다’는 말씀이 있습니다. 자, 이제 우리만 남았으니, 그런 이들에 대해 어떻게 생각하는지 말해보십시오. 그들이 죄를 확신하고 자신이 위험한 처지에 있다는 사실을 두려워하는 날이 결코 오지 않을 거라고 생각합니까?”

소망 : “아니, 그 질문의 답은 선생님이 직접 하십시오. 더 연장자니까요.”

크리스티안 : “그럼 내가 대답하겠습니다. (내 생각에) 그들도 어쩌다 그렇게 될 수 있겠지만, 본질적으로 무지한 자들은 그런 확신이 자기들에게 유익하다는 사실을 모른답니다. 그래서 필사적으로 그것을 억누르고, 뻔뻔스럽게도 자기 마음이 이끄는 대로 계속 본인을 치켜세우지요.”

소망 : “선생님 말처럼, 두려움이 사람들을 선하게 만들고 순례의 길을 시작하도록 옳게 인도해 주리라고 믿습니다.”

크리스티안 : “올바른 두려움이라면 틀림없이 그렇고말고요. ‘주를 경외하는 것이 지식의 근본’(욥기 28:28; 시편 111:10; 잠언 1:7; 9:10)이라는 말씀도 있지 않습니까?”

소망 : “올바른 두려움이라면 뭐라고 말할 수 있을까요?”

크리스티안 : “진실하거나 올바른 두려움은 다음 세 가지에서 드러난답니다.

1. 두려움은 죄의 확신을 통해 생겨납니다.

2. 두려움은 영혼이 구원을 위해 그리스도를 단단히 붙잡도록 만듭니다.

3. 두려움은 영혼 속에 하나님과 하나님의 말씀, 하나님의 길에 대한 경외심을 불러일으키고 지속시켜 줍니다. 그리고 그것을 세심하게 지키며, 그것으로부터 벗어나 하나님의 영광을 더럽히거나, 평화를 깨뜨리거나, 성령을 상하게 하거나, 원수의 비난을 사는 것을 두려워하게 만들지요.”

소망 : “잘 말했습니다. 나도 그 말이 옳다고 믿습니다. 그나저나 지금쯤이면 매혹의 땅을 거의 벗어난 건가요?”

크리스티안 : “왜요? 이런 얘기가 지루합니까?”

소망 : “천만에요. 그냥 어디쯤 왔는지 알고 싶어서요.”

크리스티안 : “앞으로 2마일 정도만 가면 됩니다. 그건 그렇고,

하던 얘기로 돌아갑시다. 무지한 자들은 두려움 가운데 그런 확신을 안겨주는 것이 자기에게 유익하다는 사실을 모릅니다. 그래서 두려움을 억누르려고만 하지요."

소망 : "어떻게 두려움을 억누르려 합니까?"

크리스티안이 대답했다 :

"1. 그들은 이 두려움이 마귀로 인해 생겨난다고 생각하고 (사실은 하나님께로부터 온 것인데) 여기에 저항하지만, 그렇게 함으로써 오히려 파멸에 이르고 만답니다.

2. 그들은 또 이 두려움이 자신의 신앙을 망친다고 생각합니다. 하지만 사실 그들은 신앙이 전혀 없는 가엾은 사람들이랍니다. 그러니 그들 마음이 두려움에 대해 완악해지는 것이지요.

3. 그들은 두려워하면 안 된다고 생각하기 때문에, 두려움을 느끼면서도 뻔뻔스럽게 자신감을 키운답니다.

4. 그들은 이 두려움이 자신의 한심하고 낡은 자기-신성함을 제거한다고 생각해서 온힘을 다해 저항하는 것입니다."

소망 : "무슨 말인지 알 것 같습니다. 예전엔 나도 그랬으니까요."

크리스티안 : "자, 이제 무지는 혼자 가라고 두고 우리 둘이서 유익한 대화를 좀 더 나눠봅시다."

소망 : "바라는 바입니다. 먼저 얘기하십시오."

크리스티안 : "십년 전쯤 당신 마을 근방에 신앙이 뛰어난 임시라는 사람이 있었는데, 혹시 압니까?"

소망 : "물론 알지요! 정직 마을에서 2마일 정도 떨어진 타락이란 마을 사람인데, 반환이라는 사람 바로 옆집에 살았습니다."

크리스티안 : "맞습니다. 그 둘이 한 지붕 아래 살았지요. 그 사람은 일전에 아주 크게 깨달은 적이 있었는데, 틀림없이 자기 죄와 앞으로 치러야 할 삯을 깨달았을 겁니다."

소망 : "나도 그렇게 생각합니다. (우리 집은 그의 집에서 3마일도 채 안 되는 거리에 있었기 때문에) 자주 우리 집에 와 눈물을 흘리곤 했거든요. 그가 너무나도 안타까워 나도 많은 희망을 걸었습니다. 하지만 누군가 그랬지요? 모두가 다 '주여, 주여!' 외치지는 않는다고 말입니다."

크리스티안 : "한번은 내게 순례를 떠나기로 작정했다고 말하더군요. 지금 우리처럼 말입니다. 그런데 자기구원이라는 자와 친해지면서부터 완전히 변해버렸습니다. 그 뒤론 나와도 멀어졌지요."

소망 : "그 사람 얘기가 나온 김에, 그렇게 갑자기 타락하는 이유에 관해 좀 살펴보기로 합시다."

크리스티안 : "그것 참 좋겠군요. 먼저 말해보십시오."

소망 : "내 생각엔, 사람들이 그렇게 갑자기 타락하는 데에는 네 가지 이유가 있는 것 같습니다.

1. 양심은 깨달았지만 마음은 바뀌지 않았기 때문입니다. 죄책감이 점점 약해지면서 신앙심도 줄어들고, 그러면서 자연히 원래의 삶으로 되돌아가는 것이지요. 이것은 먹이 때문에 병이 난 개가, 병이 심각한 동안에는 자유의지(만일 개에게도 자유의지가 있다면)가 아니라 그저 배가 아파서 모든 걸 토하고 멀리하다가, 병이 낫고 뱃속이 편안해지면 전에 토해놓은 것에 대한 미련이 사라지지 않았기 때문에 다시 그쪽으로 돌아가서 토한 것을 핥아먹는 것과도 같은 이치입니다. '개는 자기가 토한 것을 도로 먹는다(베드로후서 2:22)'는 말이 하나도 틀리지 않는 셈이지요. 그러니까 내 말은, 그들이 단지 지옥의 고통에 대한 생각과 공포 때문에 하늘나라를 간절히 열망하다가, 벌에 대한 생각과 공포가 식으면 하늘나라와 구원에 대한 열망까지 시들어버린다는 겁니다. 죄책감과 공포심이 사라지고 나면 하늘나라와 행복에 대한 열망도 시들어버리고, 따라서 예전의 삶으로 다시 돌아가고 마는 것이지요.

2. 비굴한 공포심이 그들을 압도하기 때문입니다. 여기에서 말하는 공포심은 사람들에 대한 공포심입니다. '사람을 두려워하면 올무에 걸리지요.' (잠언 29:25) 지옥불이 타오르는 소리가 귓전에 들리는 동안에는 하늘나라를 열망하는 것처럼 보이다가도, 두려움이 차차 누그러지면 금방 딴생각을 하게 됩니다. 곧 현명하게 움직여 모든 것을 잃을 수도 있는 위험에서 빨리 도망쳐야 한다거나, 적어도 불가피하고 불필요한 문제 속으로 뛰어들지는 말아야 한다고 생각하게 되는 겁니다. 그런 식으로 다시금 세상에 빠져드는 것이지요.

3. 신앙에 따른 수치심이 그들의 길을 방해하기 때문입니다. 오만불손한 그들이 보기에 신앙은 그저 천하고 경멸스러운 것에 불과합니다. 그렇기 때문에 지옥이나 벌에 대한 생각이 약해지면 금세 예전의 삶으로 돌아가고 마는 겁니다.

4. 죄책감과 공포심이 그들을 상하게 만들기 때문입니다. 그들은 비참한 신세가 되는 그 순간까지도 그것을 직시하지 않으려 합니다. 처음 봤을 때 얼마든지 올바른 길로 안전하게 도피할 수 있는데도, 아까 말한 것처럼 그들은 죄책감과 공포심을 피하려고만 하기 때문에, 일단 죄책감과

공포심이 줄어들고 하나님의 진노에 대한 깨달음이 약해
지기 시작하면, 차차 마음이 완악해져서 점점 더 완악한
길만 찾게 되는 것입니다."

크리스티안 : "아주 잘 말했습니다. 무엇보다도 중요한 것은 그
들의 마음과 의지가 전혀 바뀌지 않았다는 사실입니다. 따라서
그들은 재판장 앞에 선 중죄인이나 마찬가지지요. 겉으로는 두
려워 떨면서 진심으로 회개하는 것처럼 보이지만, 어디까지나
교수형이 무서워서 그런 거지, 죄를 혐오해서가 아닙니다. 이런
자에게 자유를 줘봤자 다시 도둑놈이 될 게 뻔합니다. 마음이 변
화되었다면 다른 식으로 행동했겠지요."

소망 : "그들이 갑자기 돌아가 버리는 이유를 내가 밝혔으니, 이
제 그들이 어떤 식으로 돌아가는지를 알려주십시오."

크리스티안 : "기꺼이 알려드리지요.

1. 일단은 온갖 방법을 동원해서 하나님과 죽음과 미래의
심판에 대한 기억을 지워버립니다.

2. 그런 다음엔 골방기도, 욕망의 억제, 성찰, 뉘우침 같은
개인적 의무를 차츰 던져버립니다.

3. 다음으로는 활기차고 열렬한 그리스도인들과 동행하는 걸 피합니다.

4. 그리고는 말씀을 듣고, 읽고, 신성한 모임을 갖는 등 공적인 의무까지 점점 등한시합니다.

5. 그 다음으론 거룩한 사람들을 빠뜨리기 위해 함정을 파기 시작합니다. (그러다가 조금이라도 결점이 발견되면) 사악하게도 그걸 핑계 삼아 신앙을 집어던져 버리지요.

6. 그런 다음엔 세속적이고 무절제하고 음란한 이들에게 집착하고 그들과 어울리기 시작합니다.

7. 그리고는 세속적이고 음란하고 은밀한 이야기에 무너집니다. 그러다가 정직하다고 생각했던 사람에게서 그런 걸 발견하면 기뻐하며 좀 더 대담해지지요.

8. 그 뒤로는 노골적으로 죄를 짓기 시작합니다.

9. 그러다 결국에는 마음이 완악해져 본래의 모습을 드러냅니다. 은총의 기적이 일어나지 않는 한, 다시금 비참한

소용돌이에 휘말린 그들은 자신의 속임수에 빠져서 영원
히 멸망하고 말지요."

꿈속에서 보니, 순례자들이 이제 막 매혹의 땅을 벗어나 공기 맑
고 쾌적한 안식의 땅에 들어섰다. 다행히도 그들의 길이 그곳으로
곧게 뻗어 있어, 잠시 지친 몸을 쉴 수 있었다(이사야 62:4). 이곳은
새들이 지저귀는 소리가 끊임없이 들려왔고, 땅위엔 날마다 꽃들
이 피었으며, 멧비둘기 노랫소리가 계속해서 들렸다(아가 2:10~12).
또 밤낮으로 태양이 비추었다. 이곳은 죽음의 어둠 골짜기 반대편
이었고, 절망 거인의 손도 닿지 않았으며, 의심의 성 같은 것도 보
이지 않았다. 그들이 가고 있는 거룩한 도시가 시야에 들어왔다.
그 도시에 사는 사람도 몇 명 만났다. 이곳은 하늘나라의 경계였기
에, 눈부신 이들도 자주 눈에 띄었다. 또한 여기서는 신랑신부의
혼인서약이 갱신되었다. '신랑이 신부를 반기듯이, 그들의 하나님
께서 그들을 반기셨다.' (이사야 62:5) 여기는 곡식이나 포도주가 부
족함이 없었다. 그들은 순례를 하는 내내 부족했던 것들을 여기서
풍족하게 채웠다. 또 여기에서는 거룩한 도시에서 외치는 소리도
들렸다. "딸 시온에게 일러주어라. 보아라, 너의 구원자가 오신다.
그가 구원한 백성을 데리고 오신다!" 거기 있던 온 백성이 그들을
"거룩한 분의 백성, 주께서 속량하신 백성"이라고 불렀다(이사야
62:8~12).

이 땅을 지나가는 동안 그들은 점점 더 즐거워졌다. 그들이 가고자 했던 왕국이 점점 더 가까워졌던 것이다. 가까이 다가갈수록 그 도시의 모습이 좀 더 잘 보였다. 그곳은 진주와 보석들로 지어졌으며, 거리는 금으로 포장되어 있었다. 그 도시에서 영광이 비쳤으며 햇살까지 반사되었다. 크리스티안은 그리로 빨리 가고 싶은 마음에 속이 탔다. 소망 역시 마찬가지였다. 그들이 잠시 멈춰 서서 마음의 고통을 호소했다. "너희가 내 님을 만나거든, 내가 사랑 때문에 병들었다고 말하여다오."(아가 5:8)

하지만 조금 힘이 솟기 시작하고 고통이 가라앉자 그들은 다시 발걸음을 재촉했다. 좀 더 가자 과수원과 포도밭, 정원이 나타났다. 길 쪽으로 난 문은 열려 있었다. 길가에 서 있던 정원사에게 순례자들이 물었다. "이 멋진 포도밭과 정원은 누구의 것입니까?" 그가 대답했다. "왕의 것입니다. 왕의 기쁨을 위해, 그리고 순례자들에게 위안을 주기 위해 심은 것입니다." 정원사는 그들을 포도밭으로 데려가더니 먹을 만큼 실컷 따먹으라고 했다(신명기 23:24). 그리고는 왕의 길과 왕이 좋아하는 정자를 보여주었다. 그곳에서 그들은 한 숨 자기로 했다.

꿈속에서 보니, 이렇게 잠을 자는 동안 그들이 대화를 나누었는데, 이제까지 길을 걸으면서 나눈 대화보다 훨씬 더 길었다. 그것을 보고 궁금해 하는 나에게 정원사가 말했다. "뭣 때문에 그러십니까? 본래 이 포도밭에서 나는 포도열매는 '입술을 거쳐서 부드럽게 흘러내려' 잠든 이들이 말하게 한답니다."

잠에서 깬 그들은 거룩한 도시로 올라가기로 결심했다. 하지만 이미 말했듯이, (순금으로 지어진) 그 도시 위로 햇빛이 반사되어 (요한계시록 21:18) 너무도 찬란히 빛났기 때문에 도저히 맨얼굴로 바라볼 수가 없었다. 따로 준비한 도구를 통해 봐야만 했다(고린도후서 3:18). 그렇게 길을 가던 중 그들은 금처럼 반짝이는 옷을 입고 얼굴도 밝게 빛나는 두 사람을 만났다.

이들이 순례자들에게 어디에서 왔느냐고 물었다. 순례자들이 대답하자, 이번에는 그동안 어디에서 머물렀고 어떤 고난과 위험에 부딪혔는지, 그리고 어떤 위로와 즐거움을 누렸는지 물었다. 순례자들이 대답하자, 그들이 이렇게 말했다. "이제 두 가지 고난만 이겨내면 도시에 들어갈 수 있습니다."

크리스티안과 소망이 함께 가자고 청하자, 그들도 그러겠다고 했다. 그리고는 이렇게 덧붙였다. "하지만 자신의 믿음으로 고난을 이겨내야 합니다." 꿈속에서 보니, 그들이 함께 걸어가다가 이윽고 문이 보이는 곳에 이르렀다.

그런데 그들과 문 사이에는 강이 흐르고 있었다. 강은 매우 깊었고, 건널만한 다리는 전혀 안 보였다. 이 강을 본 순례자들은 망연자실하고 말았다. 그러자 함께 있던 두 사람이 말했다. "이 강을 반드시 건너야 합니다. 안 그러면 문까지 갈 수 없습니다."

순례자들은 다른 길이 없냐고 물었다. 두 사람이 대답했다. "다른 길이 있기는 한데, 세상이 생겨난 이후로 에녹과 엘리야 말고는 그 누구도 그 길로 들어설 수 없었습니다. 앞으로도 최후의 나팔이 울릴 때까지는 아무도 못 갈 겁니다." 그 말을 들은 순례자들, 그 중에서도 특히 크리스티안이 낙심하기 시작했다. 여기저기 둘러봐도 강을 피해갈만한 길은 없었다. 강물이 언제나 이렇게 깊으냐고 묻자 그들이 대답했다. "아닙니다. 그곳의 왕에 대한 여러분의 믿음에 따라 깊어지기도 하고 얕아지기도 할 겁니다."

물속으로 발을 내딛자마자 가라앉기 시작한 크리스티안이 소리

쳤다. "깊은 물속으로 가라앉고 있습니다! 머리위로 큰 파도가 덮치고 있어요, 셀라!"

소망이 크리스티안에게 말했다. "힘내십시오! 바닥에 발이 닿습니다. 이젠 괜찮아요." 그러자 크리스티안이 말했다. "아! 죽음의 슬픔이 나를 둘러쌌습니다. 나는 이제 젖과 꿀이 흐르는 땅을 못 볼 겁니다." 지독한 어둠과 공포가 크리스티안을 덮치자 앞이 전혀 안 보였다. 거의 의식을 잃어버린 그는 순례의 길에서 겪었던 달콤한 일들을 떠올릴 수도 없었고 이야기할 수도 없었다. 그가 한 말들은 그저 이 강에서 죽어 절대로 문에 들어서지 못할 것이라는 마음의 공포와 두려움뿐이었다. 그의 옆에 서 있던 사람들은 지금 그가 순례를 떠나기 전과 그 이후에 저지른 죄 때문에 굉장히 괴로워하고 있다는 사실을 눈치 챘다. 또 그가 도깨비와 악령의 환영에 시달리는 것도 알 수 있었다. 이따금 은연중에 많은 말들을 지껄였던 것이다.

소망은 크리스티안의 머리가 물속에 잠기지 않도록 온힘을 다했다. 크리스티안은 때때로 물밑에 가라앉았다가 잠시 후 초죽음이 되어 다시 떠올랐다. 소망은 그를 안심시키려고 갖은 애를 다 썼다. "자, 저기 문이 보입니다. 사람들이 우리를 마중 나와 있어요." 하지만 크리스티안은 이렇게 말했다. "당신, 바로 당신을 마중 나온 겁니다. 우리가 만난 뒤로 당신은 늘 소망을 품고 있었으니까요." 소망이 크리스티안에게 말했다. "그건 선생님도 마찬가지입니다." 크리스티안이 말했다. "아, 정말로 내가 의롭다면 지금 이 순간 도와주시겠지요. 하지만 내 죄 때문에 그분이 나를 올무에 걸리도록 내버려두고 떠나셨습니다." 그러자 소망이 말했다. "악한 자들에 관해 기록된 말씀을 다 잊어버린 모양이군요. '그들은 죽을 때에도 고통이 없으며, 몸은 멀쩡하고 윤기까지 흐른다. 사람들이 흔히들 당하는 그런 고통이 그들에게는 없으며, 사람들이 으레 당하는 재앙도 그들에게는 아예 가까이 가지 않는다'(시편 73:4,5)고 기록되어 있지 않습니까? 지금 이 강물 속에서 겪고 있는 괴로움과 고난은 하나님께서 당신을 저버리셨다는 증거가 아닙니다. 예전에 받았던 그분의 선을 기억해내는지 못하는지, 이 고통 가운데서 그분께 의지하는지 안 하는지를 시험하시기 위한 겁니다."

꿈속에서 보니, 크리스티안이 잠깐 동안 생각에 잠겨 있었다. 그런 그에게 소망이 이렇게 덧붙였다. "자, 힘을 내십시오. 예수 그리스도께서 당신을 온전하게 만드실 겁니다." 그러자 크리스티안이 갑자기 큰 소리로 외쳤다. "오, 그분이 다시 보이네요. 그분이 내게 이렇게 말씀하십니다. '네가 물 가운데로 건너갈 때에, 내가 너와 함께 하고, 네가 강을 건널 때에도 물이 너를 침몰시키지 못할 것이다.'"(이사야 43:2) 그 뒤로 두 사람은 용기를 얻었다. 그들이 강을 다 건널 때까지 원수는 돌처럼 침묵을 지켰다. 이제는 크리스티안도 바닥에 발이 닿았다. 나머지는 수심이 얕았다. 그들은 무사히 강을 건넜다.

반대편 강둑위에서 아까 그 눈부신 사람 둘이 그들을 기다리고 있는 게 보였다. 그들이 강에서 빠져나오자 두 사람이 인사를 건넸다. "우리는 구원의 계승자가 될 사람들을 섬기라고 보내신 섬김의 영입니다." 그들은 문을 향해 다시 출발하였다.

그 도시는 아주 높은 언덕 위에 세워져 있었다. 하지만 순례자들은 쉽사리 그 언덕을 올라갔다. 눈부신 사람 둘이 팔을 잡고 이끌어줬기 때문이다. 게다가 죽을 운명의 옷을 강물에 버리고 왔기 때문이기도 했다. 들어갈 때는 죽을 운명의 옷을 입고 있었지만, 나올 때는 벗어버리고 나온 것이다. 거룩한 도시의 기초는 구름보다 더 높은 곳에 세워져 있었지만, 그들은 빠르고 능숙하게 언덕을 올랐다. 공중을 걸으며 그들은 기쁘게 얘기를 나눴다. 강을 안전하게 건넌데다 영광스러운 일행들까지 함께 있어서 무척이나 안심이 된 상태였다.

눈부신 사람 둘과 나눈 대화는 그곳의 영광에 관한 것이었다. 두 사람은 그곳의 아름다움과 영광이 형언할 수 없을 정도라고 했다. "그곳은 시온 산, 곧 살아계신 하나님의 도시인 하늘의 예루살렘입니다. 여러분은 축하행사에 모인 수많은 천사들과 완전하게 된 의인의 영들 앞에 나아왔습니다(히브리서 12:22~24). 이제 여러분은 하나님의 낙원에 있는 생명나무의 열매를 보고, 영원히 시들지 않는 그 열매를 먹게 될 겁니다. 또 여러분은 흰옷을 받아 입고 영원토록 왕과 함께 거닐며 이야기할 것입니다(요한계시록 2:7; 3:4; 22:5).

저 낮은 땅위에서 보았던 슬픔과 질병, 고통과 두려움 같은 것들은 이제 더 이상 보지 않게 될 것입니다. '이전 것들은 기억되거나 마음에 떠오르지 않을 것입니다.' (이사야 57:1,2; 65:17) 여러분은 지금 아브라함과 이삭과 야곱과 선지자들께 나아가고 있습니다. 하나님 께서 그들을 다가올 악으로부터 건져내주셨기 때문에, 그들은 모두 바른길을 걸으며 자기 침상 위에 편히 누워있답니다." 그러자 순례자들이 물었다. "그 거룩한 곳에 가면 무엇을 하게 됩니까?" 두 사람이 대답했다. "그곳에 가면 여러분의 온갖 수고를 위로받고, 온갖 슬픔 대신 기쁨을 누리게 될 것입니다. 이제 여러분이 뿌린 씨앗을 거둬야 합니다. 순례의 길에서 왕을 위해 드린 기도와 눈물과 고통의 열매를 거두는 것입니다(갈라디아서 6:7,8). 그곳에 가면 여러분은 금 면류관을 쓰고 거룩하신 분의 영원한 얼굴을 보게 될 것입니다. '그를 참모습 그대로 뵙게 될 것이기 때문입니다.' (요한일서 3:2) 그곳에서 여러분은 찬송과 환호와 감사로 영원히 그분을 섬기게 될 것입니다. 세상에서 그토록 섬기고 싶었으나 육신이 약하여 어려움이 많았던 바로 그분을 말입니다. 여러분의 눈은 전능하신 분을 뵈어 기뻐할 것이고, 여러분의 귀는 전능하신 분의 음성을 들어 즐거워할 것입니다. 또 그곳에 가면 여러분보다 먼저 그곳에 간 친구들을 다시 만나게 될 것입니다. 여러분을 뒤따라 이 거룩한 곳으로 오는 사람들도 기쁨으로 맞이할 겁니다. 또한 여러분은 영광과 능력의 옷을 입고서 영광의 왕과 함께 마차에 오를 것입니다. 그분께서 바람 날개를 달고 구름 속에서 나팔소리와 함께 오실 때에 여러분도 그분과 함께 올 겁니다. 또 그분께서 재판관의 자리에 앉으실 때 여러분도 그분 옆에 앉을 것입니다. 예, 그분께서 천사와 인간을 심판하실 때에 여러분도 목소리를 내게 될 것입니다. 그들은 그분의 원수이자 여러분의 원수이기 때문입니다. 그런 다음 그분께서 도시로 다시 돌아오실 때, 여러분도 나팔소리와 함께 돌아와 그분 옆에 영원히 거할 것입니다."(데살로니가전서 3:14~17; 유다서 1:14,15; 다니엘 7:9,10; 고린도전서 6:2,3)

그들이 문을 향해 다가가고 있는데, 천군천사들이 마중을 나왔다. 눈부신 사람 둘이 천군천사들에게 말했다. "이 사람들은 세상에 있을 때 우리 주님을 사랑하고, 그분의 거룩한 이름을 위해 모든 걸 버렸습니다. 그분께서 데리고 오라고 하셔서 우리가 데려왔습니다. 그러니 들어가서 기쁜 마음으로 구세주의 얼굴을 뵙게 해 주십시오." 그러자 천군천사들이 큰 소리로 외쳤다. "어린양의 혼인잔치에 초대를 받은 사람에게는 복이 있다."(요한계시록 19:9)

바로 그때 희고 눈부신 옷을 입은 왕의 나팔수 몇 명이 그들을 마중 나왔다. 그들의 아름답고 우렁찬 소리가 하늘나라 전역에 울려 퍼졌다. 이 나팔수들은 큰 소리로 외치고 나팔을 불면서 세상을 떠나온 크리스티안과 소망에게 쉴 새 없이 환영의 인사를 건넸다.

그런 다음 그들을 동그랗게 에워쌌다. 일부는 그들의 앞에서, 일부는 뒤에서, 일부는 오른편에서, 그리고 일부는 왼편에서(마치 그들을 호위하여 올라가는 것처럼) 걸었다. 가는 동안에도 높은 곳에서 아름다운 소리가 쉴 새 없이 들려왔다. 그 광경은 마치 하늘나라가 그들을 마중 나온 것처럼 보였다. 이렇게 다함께 어울려 걸어가는 내내 나팔수들은 즐거운 가락을 들려주었다. 그리고 크리스티안과 소망을 정말로 환영하며 그들을 마중 나오게 되어 무척 기쁘다는 것을 눈짓과 몸짓으로 여실히 보여주었다. 천사들이 사방에서 호위하고 있고 아름다운 나팔 소리까지 들리니, 두 사람은 아직 하늘나라로 들어가기 전인데도 마치 하늘나라에 있는 것 같았다. 사실 여기에서도 그 도시가 보였다. 그들을 환영하는 종소리가 들리는 것만 같았다. 하지만 무엇보다도 흥분되고 기쁜 것은 그런 동료들과 영원히 함께 지낼 수 있다는 생각이었다. 오, 이 영광의 기쁨을 뭐라고 형언할 수 있을까! 이윽고 그들은 문에 이르렀다.

도착해서 보니 문 위에 금으로 새겨진 글씨가 있었다. "생명나무에 이르는 권리를 차지하고 성문으로 해서 성에 들어가려고 자기 겉옷을 깨끗이 빠는 사람은 복이 있다."(요한계시록 22:14)

꿈속에서 보니, 눈부신 사람 둘이 그들에게 문을 두드리라고 했다. 그들이 문을 두드리자 몇 사람이 위에서 문 쪽을 내려다보았는데, 에녹과 모세, 엘리야 일행이었다. 그들에게 누군가가 이렇게 말했다. "이 순례자들은 이곳의 왕을 향한 사랑만으로 멸망의 도시를 떠나왔습니다." 순례자들은 처음 길을 떠날 때 받았던 증명서를 그들에게 주었다. 그 증명서는 다시 왕께 전해졌다. 증명서를 읽은 뒤 왕께서 물으셨다. "그 사람들이 어디 있느냐?" 누군가 대답했다. "문밖에 서 있습니다." 그러자 왕께서 문을 열라고 명령하셨다. "성문들을 열어라. 믿음을 지키는 의로운 나라가 들어오게 하여라."(이사야 26:2)

또 꿈속에서 보니, 이 두 사람이 문안으로 들어갔다. 그리고 들어서자마자 그들은 변화되었다. 금처럼 빛나는 옷이 입혀졌고, 하프와 면류관도 주어졌다. 하프는 찬송을 하기 위한 것이었고, 면류관은 영광을 얻기 위한 것이었다. 그때 꿈속에서 그 도시의 모든 종들이 다시금 울리는 소리가 들렸다. 그리고 이런 말씀이 들려왔다. "와서 주인과 함께 기쁨을 누려라."(마태복음 25:23) 두 사람이 큰 소리로 노래하는 소리도 들렸다. "보좌에 앉으신 분과 어린 양께서는 찬양과 존귀와 영광과 권능을 영원무궁하도록 받으십시오."(요한계시록 5:13)

곧 문이 열리고 두 사람이 안으로 들어갔다. 그들 뒤로 들여다보니, 그 도시는 태양처럼 환히 빛나고 있었다. 거리는 온통 금으로 포장되어 있었고, 아주 많은 사람들이 거리에 나와 있었는데, 모두들 머리에 면류관을 쓰고, 손에는 종려나무 가지와 금으로 만든 하프를 든 채 찬송을 하고 있었다.

거기에는 날개가 달린 사람들도 있었는데, 그들은 쉬지 않고 이렇게 화답하였다. "거룩하시다, 거룩하시다, 거룩하시다, 전능하신 분, 주 하나님!"(요한계시록 4:8) 그런 다음 그들이 문을 닫았다. 정말이지 나도 그 안에 함께 있고 싶은 마음이 간절했다.

　이 모든 광경을 지켜본 뒤에 나는 뒤를 돌아보았다. 그랬더니 무지가 강 쪽으로 올라오는 게 보였다. 그는 앞서 두 사람이 겪었던 고난의 절반도 채 겪지 않고 금세 강을 건넜다. 헛된 소망이라는 사공이 배를 태워주었던 것이다. 그가 문을 향해 언덕을 올랐다. 하지만 그는 혼자였고, 아무도 그를 격려해주는 사람이 없었다. 이윽고 문에 도달한 그는 문 위에 새겨진 글을 읽은 다음 문을 두드리기 시작했다. 금방 들여보내 줄 것이라고 생각하면서. 하지만 몇 사람이 문 꼭대기에서 내려다보며 이렇게 물었다. "그대는 어디에서 왔으며, 무슨 일을 했는가?" 그가 대답했다. "저는 왕의 면전에서 함께 먹고 마셨던 사람입니다. 그분이 거리에서 우리를 가르치셨습니다." 그러자 그들이 증명서를 보여 달라고 했다. 왕께 가져가 보여드려야 한다고 했다. 품속을 아무리 뒤져도 증명서는 없었다. 그러자 그들이 물었다. "증명서가 없는가?" 그는 아무런 대답도 하지 못했다. 그들이 왕께 이 사실을 전하자, 왕은 그를 보러 내려오시는 대신, 크리스티안과 소망을 거룩한 도시로 인도해왔던 눈부신 옷을 입은 두 사람에게, 가서 무지를 붙잡아 손발을 묶은 다음 쫓아내라고 명령하셨다. 그들이 그를 끌고 공중으로 가더니, 전에 언덕 쪽에서 봤던 문으로 데려가 안으로 밀어 넣었다. 하늘나라의 문에서, 그리고 멸망의 도시에서 지옥으로 가는 문이 보였다. 잠에서 깨어나 보니, 모든 게 꿈이었다.

제1부의 결론

자, 독자 여러분, 지금까지 내 꿈을 이야기했습니다.

이 꿈 이야기를 나에게,

혹은 여러분 자신이나 이웃들에게 해석해 주십시오.

하지만 부디 잘못 해석하지 않도록 조심하십시오.

제대로 해석하지 않으면 곤욕을 치르게 될 것입니다.

잘못 해석하면 악이 싹틀 것입니다.

또한 내 꿈 이야기 이외의 것들을

극단적으로 몰고 가지 않도록 주의하십시오.

내 모습이나 고독을

비웃거나 반박하지 마십시오.

유치하고 어리석은 부분들은 내버려두고

그저 문제의 본질만을 들여다보십시오.

커튼을 걷고 장막 안을 들여다보십시오.

내 비유를 반드시 밝혀내십시오.

여러분이 내 비유를 알아낸다면

정직한 마음에 많은 도움이 될 것입니다.

만일 가치 없는 쓰레기가 발견되면 던져버리되,

황금은 그대로 간직하십시오.

황금이 광석으로 둘러싸여 있으면 어떻게 해야 할까요?

씨 때문에 사과를 버려선 절대로 안 됩니다.

하지만 무익한 것은 모두 던져버려야 합니다.

내가 다시 꿈을 꾸게 될지는 나도 잘 모르겠습니다.

끝

제 2 부

『**천로역정**』
이 세상에서 장차 올 저 세상으로:
꿈의 비유를 통해 전해진 순례자의 길.

크리스티안의 아내와 자녀들이 순례를 떠나게 된 과정,
위험한 여정, 그리고 바라던 나라에 안전하게 도착함.

"내가 비유를 베풀었노라."
호세아 12장 10절

- 존 번연 -

제2부에 대한 저자의 변

자, 내 얇은 책이여,

나의 첫 번째 순례자가 온 세상에 알려졌습니다.

이제 그들에게 가서 문을 두드리다가 누구냐고 묻거든

크리스티아나가 왔다고 대답하십시오.

그들이 안으로 들어오라고 하면 들어가십시오.

아이들을 모두 데리고 들어가서,

이들이 누구인지, 어디에서 왔는지 말하십시오.

아마 그들도 얼굴이나 이름을 알고 있을 겁니다.

혹시 모른다면 그들에게 물어보십시오.

이전에 크리스티안이라는 순례자를 대접한 적이 없는지.

그리고 그들이 그런 적이 있다고,

그로 인해 기쁨을 누렸다고 대답하거든

여기 그와 연관된 사람들이 만나러 왔다고,

그의 아내와 자녀들이 왔다고 전해 주십시오.

그들에게 전해 주십시오.

이들이 집과 고향을 떠났다고,

장차 올 세상을 찾아 순례의 길에 들어섰다고,

그리고 도중에 온갖 고난을 겪었다고,

밤낮으로 시련에 부딪혔다고,

뱀도 밟았고, 악마와도 싸웠고,

수많은 악을 이겨냈다고.

예, 그들에게 전해주십시오.

순례에 대한 열정만으로 이들이

담대하고 용감한 그 길의 옹호자가 되었다고,

아버지의 뜻을 받들기 위해 이 세상을 거부할 것이라고.

또 그들에게 가서

순례자들이 순례 길에 얻은 고상한 것들에 관해 말해 주십시오.

이들이 왕의 보호 아래

얼마나 많은 사랑을 받고 있는지,

왕께서 이들에게 얼마나 좋은 집을 마련해 주셨는지 알려 주십
시오.

이들은 모진 바람과 거친 파도에도 불구하고
용감하고 침착하게 견뎌냈으며
끝까지 주님을 즐거워하고 주님의 길을 굳건히 지켰습니다.
아마도 그들은 온몸과 마음으로 당신을 맞아줄 것입니다.
〈천로역정〉의 전반부에서 그랬던 것처럼 말입니다.
또 그들은 당신 일행을 크게 환대할 것입니다.

이의 1

하지만 만일 그들이 내가 정말로 당신의 책이라는 사실을 믿지
않으면요?
순례자와 그의 이름을 흉내 내는 자가 많습니다.
똑같이 위장을 하고
알지도 못하는 사람의 집으로 들어가는 자가 너무 많습니다.

대답

그 말이 맞습니다. 여러 사람이 뒤늦게 내 순례를 흉내 내고
내 이름을 도용했지요.
예, 자기 책에 내 이름과 제목을 붙인 사람도 많습니다.
하지만 그들은 어쩔 수 없이
그들이 나 자신이 될 수 없다는 것을,

그리고 그들이 누구에게 속한 자인지를 여실히 드러내고 맙니다.
만일 당신이 그런 자를 만날 경우
그들 앞에서 해야 할 일은 단 한 가지,
바로 당신 자신의 모국어로 얘기하는 겁니다.
아무도 그 말을 사용할 수 없도록,
아무도 쉽사리 흉내 낼 수 없도록 말입니다.
그럼에도 불구하고 끝까지 당신을 의심하고,
당신이 유랑자처럼 못된 지혜로 그 나라를 더럽히려 한다고 생
각하거나,
혹은 당신이 선한 사람들을 찾아내 부당한 것들로 현혹하려 한
다고 생각하거든,
그런 사람들을 내게로 보내십시오.
내가 당신이 순례자라는 사실을 증명하겠습니다.
예, 내가 당신이 순례자라는 사실을,
오직 당신만이 순례자라는 사실을 증명하겠습니다.

이의 2

하지만, 혹시나 그의 삶을 저주하고 불구로 만들려는 이들에게
가게 될지도 모릅니다.
만일 그런 사람의 집 앞에서 순례자에 관해 물었다가,

괜히 그들의 분노만 더 부추기면 어떻게 합니까?

대답

내 책이여, 그들과 직접 싸우지는 마십시오.
그런 귀신들은 근거 없는 두려움일 뿐입니다.
내 순례자의 책은 수많은 바다와 육지를 여행했지만
부유하든 가난하든 그 어떤 나라에서도
멸시를 받고 문밖으로 쫓겨나는 건
생각조차 못해봤습니다.
서로를 죽여 대는 프랑스와 플랑드르에서도
내 순례자는 친구요 형제 대접을 받았습니다.
네덜란드에서도 역시
내 순례자는 황금보다 더 소중하게 대접받았습니다.
하일랜드 사람들과 사나운 아일랜드 사람들도
내 순례자가 자기들과 비슷하다는 사실을 인정했습니다.
그토록 진보한 뉴잉글랜드 주민들도
매우 반가운 얼굴로 맞아주었으며,
그 모습과 사지를 드러낼 수 있도록
손질도 해주고, 새 옷도 입혀주고, 보석으로 치장도 해줬습니다.
더욱이 내 순례자는 아름답게 걸으면서
날마다 오랫동안 노래하고 담소를 나눴습니다.

당신은 본향에 가까이 다가갈수록

내 순례자가 수치심이나 두려움이 전혀 없는 사람임을 알게 될

것입니다.

그 도시와 나라가 순례자를 대접하고

그를 환영해줄 것입니다.

예, 내 순례자가 어디든지 나타나기만 하면

그들은 결코 미소를 참지 못할 것입니다.

용감한 사람들이 내 순례자를 껴안고 사랑할 것입니다.

그리고 이 세상 무엇보다 소중하다고 평가해줄 것입니다.

예, 기쁜 목소리로 이렇게 말할 것입니다.

내 종달새 다리가 솔개보다 낫다고 말입니다.

젊은 신사숙녀들 역시 내 순례자에게

아주 큰 친절을 베풀 것입니다.

그들의 보석상자와 신뢰와 마음도 모두

내 순례자의 것이 될 것입니다.

거리를 걷는 아이들이

만일 내 거룩한 순례자를 만난다면

그에게 인사하고, 그의 안녕을 빌며,

그가 그 날의 유일한 젊은이라고 말할 것입니다.

그를 한 번도 만난 적이 없는 그들은

그에 관해 전해들은 이야기를 높이 평가하고

그와 무척 동행하고 싶어 할 것이며

그가 너무나도 잘 아는 순례 이야기에 귀를 기울일 것입니다.

예, 처음에는 그를 사랑하지 않던 이들도,

그를 바보 얼간이라고 불렀던 이들도,

막상 그를 만나 그의 말을 들어보고 나면

분명히 그를 사랑하게 될 것입니다.

그러니 내 책의 후반부여, 두려워할 필요 없습니다.

아무도 당신을 해치지 못할 것이며

오히려 지난번에 갔던 그의 안녕을 빌어줄 것입니다.

당신은 젊은이나 노인이나, 비틀거리는 사람이나 안정적인 사람이나,

모두에게 선하고 풍요롭고 유익한 것들을 모아놓은

두 번째 부분이기 때문입니다.

이의 3

하지만 그가 너무 크게 웃는다고 비난하는 사람도 있고,

그의 머리가 구름 속에 있다고 비난하는 사람도 있습니다.

어떤 이들은 그의 언어와 이야기가 너무 어둡다고도 합니다.

그들은 그를 어떻게 평가해야 할지 갈피를 못 잡고 있습니다.

대답

사람들은 눈물을 머금은 그의 눈을 보고

웃는다고 생각할 수도 있고 운다고 생각할 수도 있습니다.

때로는 마음이 아플 때에도

터무니없는 웃음이 나오는 법입니다.

야곱도 양떼와 함께 있는 라헬을 본 순간

입맞춤을 하는 동시에 눈물을 흘렸습니다.

또 때로는 그의 머리가 구름 속에 있다고 말하는 사람도 있습니다.

하지만 그것은 덮개로 가려진 그의 지혜를 보여줄 뿐입니다.

그리고 마음을 자극하여

언어 속에 모호하게 숨겨져 있는 것들을

기꺼이 찾고 싶게 만들어 줍니다.

우리에게 그토록 흐릿하게 전달된

그 말이 포함하고 있는 의미를

신성한 마음으로 탐구하도록 좀 더 자극해 주는 것입니다.

나는 또한 희미한 이야기가

호기심 어린 환상의 형태로 좀 더 풍부해지고

직유를 사용하지 않은 것들보다

마음과 머릿속에 더 빨리 전달된다는 것을 압니다.

그러니 나의 책이여,

괜히 낙담하여 당신의 여정을 포기하지 마십시오.

자, 당신은 원수가 아니라 친구들에게 보냄을 받았습니다.
그 친구들이 당신과 당신의 순례자와 당신의 이야기를
맞아들이고 안아줄 것입니다.
더욱이 나의 첫 순례자가 감춘 것들을
두 번째 순례자인 용감한 당신이 드러낼 것입니다.
크리스티안은 잠근 채 길을 갔으나
친절한 크리스티아나가 열쇠로 열어줄 것입니다.

이의 4

하지만 어떤 사람들은 당신의 첫 번째 방법을 좋아하지 않습니다.
그들은 그것을 공상소설이라 하여, 먼지처럼 털어내 버립니다.
만일 그런 이들을 만나면 뭐라고 말해야 합니까?
그들이 나를 무시한 것처럼 나도 그들을 경멸해 줄까요?

대답

나의 크리스티아나, 만일 그런 사람을 만나면
어떻게든지 사랑이 넘치는 지혜로 인사를 건네십시오.
욕을 욕으로 갚아서는 안 됩니다.
사람들이 언짢은 얼굴을 해도 나는 미소로 돌려줍니다.
어쩌면 안 좋은 소문만 듣고서

나를 멸시하거나 반박하게 된 것인지도 모르니까요.

어떤 이는 치즈를 싫어하고 어떤 이는 생선을 싫어하며

어떤 이는 자기 친구와 집, 고향을 전부 싫어합니다.

어떤 이는 돼지를 보고 움찔하고, 어떤 이는 닭을 혐오하며,

어떤 이는 새를 싫어합니다.

그러면서도 뻐꾸기나 올빼미는 좋아하지요.

나의 크리스티아나, 그런 사람들은 그런 것을 선택하도록 내버려 두십시오.

그리고 당신이 기뻐할 수 있는 사람을 찾으십시오.

무슨 일이 있어도 그런 이들과 싸우지 마십시오.

가장 겸허하고 현명한 태도로 그들에게 순례자의 태도를 보여 주십시오.

자, 나의 얇은 책이여, 당신을 환영하고 대접하는 모든 이들에게

당신이 따로 떼어내서 품고 있었던 것들을 보여 주십시오.

그들이 선한 이들을 축복하고

당신이나 나보다 훨씬 더 나은 순례자를

선택할 수 있도록 보여주십시오.

자, 가서 모든 사람들에게 전하십시오.

당신이 크리스티아나라고,

순례자의 운명을 타고났음을 알리려고

네 명의 아들과 함께 여기 왔노라고 말입니다.

자, 지금 당신과 함께 순례 중인 그들이

누구이며 무엇을 하는 사람인지 전하십시오.

이 사람은 나의 이웃 자비인데,

오랫동안 나와 함께 순례를 했노라고,

이 여인의 순결한 얼굴을 보고

게으른 자들과 순례자들을 구분하는 방법을 배우라고,

어린 소녀들이 그녀로부터 지혜롭게

장차 올 세상을 소중히 여기는 법을 배우게 하라고 말입니다.

그때에는 죄를 범한 어린 아가씨들이 하나님을 따르고

늙어 망령든 죄인들이 벌을 받도록 내버려둘 것이며,

그 날이 오면 늙은이들이 비웃는 동안

젊은이들이 호산나! 하고 외칠 것이라고 말입니다.

그 다음에는 그들에게

백발의 몸으로 순례자의 길을 걸어온 정직 어르신에 관해 이야

기하십시오.

예, 이 사람이 얼마나 솔직한 마음의 소유자였는지,

어떻게 선하신 주님을 따라 십자가를 지고 갔는지 전하십시오.

아마도 머리가 희끗희끗한 이 사람은

그리스도와 사랑에 빠져 죄를 슬퍼할 것입니다.

또한 근심걱정 선생이 어떻게 순례를 떠나게 되었는지,
어떻게 그가 고독한 시간을 두려움과 눈물로 보냈는지,
그리고 어떻게 마침내 기쁨의 상을 받게 되었는지 전하십시오.
비록 영혼 속에 적의가 가득했지만, 그래도 그는 선한 사람이었습니다.
선한 사람이었기에 그는 생명을 물려받았습니다.

그들에게 심약함 선생의 이야기도 들려주십시오.
그가 어떻게 죽임을 당할 뻔했는지,
담대함이 어떻게 그를 살려 주었는지도 들려주십시오.
그는 비록 연약했지만 마음은 진실한 사람이었습니다.
그의 얼굴에는 진정한 거룩함이 드러나 있었습니다.

그런 다음 섣부른 중지 선생에 관한 이야기도 들려주십시오.
그는 지팡이를 짚고 있었지만, 결점은 그다지 많지 않았습니다.
심약함 선생과 그가 얼마나 사랑했는지,
그들의 의견이 얼마나 일치했는지 전하십시오.
그리고 모두에게 알려주십시오.
비록 연약함이 그들의 운명이었지만
때로는 그들도 노래하고 춤출 수 있었다고 말입니다.

진리의 용사 선생의 이야기도 잊지 마십시오.
그는 비록 나이가 어렸지만 아주 용감한 사람이었습니다.
그의 영혼이 무척이나 담대했다고 모두에게 알려주십시오.
아무도 그를 대적할 수 없었습니다.

또 담대함과 그가 의심의 성으로 달려가
절망의 거인을 죽인 이야기도 들려주십시오!

의기소침 선생과 그의 딸, 극심한 두려움 이야기도 잊지 마십시오.
그들은 그런 덮개를 쓰고 누워 있었기에
마치 하나님께서 그들을 버리신 것처럼 여겨지기도 했습니다.
그들은 천천히, 그러나 확신을 가지고 걸었습니다.
그리고 마침내 순례자들의 주님이 그들의 친구라는 사실을 알아
냈습니다.

세상 사람들에게 이 모든 이야기를 전달한 뒤,
나의 책이여, 이 줄을 만지십시오.
그것을 만지기만 하면 음악이 연주될 것입니다.
그들이 절름거리며 춤을 출 것이고, 거인은 몸을 떨 것입니다.
당신의 가슴 속에 웅크리고 있던 수수께끼들이
자유롭게 제기되고 상세히 설명될 것입니다.

당신의 나머지 신비로운 줄들은

영특한 상상을 하는 사람들이 다시금 얻도록 내버려두십시오.

이제 이 얇은 책이

이 책과 나를 사랑하는 사람들에게 복이 되었으면 좋겠습니다.

그리고 이 책을 산 사람들이

괜히 돈만 버렸다는 생각을 안 하게 되었으면 좋겠습니다.

예, 이 두 번째 순례자가

선한 순례자의 환상에 적합한 열매를 맺었으면 좋겠습니다.

그리고 타락한 사람들을 설득하여

그들의 발과 마음이 다시금 옳은 길로 돌아서게 할 수 있으면 좋

겠습니다.

이것이 바로

저자의 간절한 바램입니다.

– 존 번연

크리스티아나와
그 자녀들의 순례

친절한 동료들이여, 얼마 전 나는 순례자 크리스티안과 거룩한 도시를 향한 그의 위험천만한 여정에 관한 꿈을 이야기했다. 그것은 굉장히 즐거운 일이었고, 또 여러분에게도 매우 유익했다. 그때 나는 꿈속에서 크리스티안의 아내와 자식들도 보았으며, 그들이 크리스티안과 함께 순례를 떠나려 하지 않았기 때문에 어쩔 수 없이 크리스티안 혼자 순례를 떠났다고 이야기했었다. 크리스티안은 멸망의 도시에 그대로 있을 경우 맞게 될 멸망의 위험을 견딜 수가 없었다. 그래서 전에 얘기한 것처럼, 가족을 두고 혼자 순례의 길에 올랐다.

그 뒤 여러 가지 일로 바빴던 나는 크리스티안이 살던 곳에 전처럼 자주 발걸음을 할 수가 없었다. 그래서 지금까지는 그가 남기고 떠난 사람들에 관해 좀 더 알아볼 기회가 없었다. 그런데 이제야 비로소 그들에 관한 이야기를 할 수 있게 되었다. 최근에 그곳에 볼일이 생겨 다시 내려가게 된 것이었다. 지난 번 꿈을 꿨던 자리에서 1마일 정도 떨어진 곳에 숙소를 정했다. 그리고 그곳에서 잠을 자다가 나는 다시금 꿈을 꾸었다.

꿈속에서 보니, 한 노인이 내 옆을 지나갔다. 나와 같은 방향으로 여행을 하는 것 같았다. 벌떡 일어난 나는 그와 함께 길을 걸었다. 우리는 대부분의 여행자들처럼, 함께 길을 걸으면서 대화를 나누게 되었다. 이야기 도중에 우연히 크리스티안과 그의 여정에 관한 이야기가 나왔다. 처음에는 그저 이렇게 물었을 뿐이었다.

"선생님, 저기 아래, 우리 길 왼편에 있는 마을은 어디입니까?"

그러자 현명 씨(그 노인의 이름이었다)가 대답했다. "아주 불량하고 게으른 이들 투성인 멸망의 도시라네."

"그럼 제가 생각했던 바로 그곳이군요." 나는 이렇게 덧붙였다. "일전에 저곳을 지나간 적이 한 번 있습니다. 그래서 선생님 말씀이 옳다는 걸 잘 압니다."

현명 : "옳고말고! 나도 정말이지, 저기 사는 사람들에 대해 좋게 말할 수 있었으면 좋겠네."

"예, 선생님." 내가 말했다. "제가 뵙기에도 선생님은 선한 것을 듣고 말하는 데서 즐거움을 누리는 좋은 분 같습니다. 그런데, 얼마 전 이 마을 사람 하나가(그 사람 이름은 크리스티안입니다) 더 높은 곳을 향해 순례를 떠났다는 얘기 들어보셨습니까?"

현명 : "물론 들었지! 그가 순례를 하며 겪었던 온갖 훼방과 불행, 전쟁, 감금, 울부짖음, 신음, 놀람, 두려움에 대해서 죄다 들었다네. 우리나라는 지금 그 사람 얘기로 떠들썩하지. 그 사람이나 그의 행동에 관해 말해주는 곳은 거의 없지만, 그래도 다들 그의 순례에 관한 책을 읽었다네. 그의 모험적인 순례 이야기를 읽고서 많은 사람들이 그가 간 길을 따라가고 싶어 했네. 그가 여기 살 때는 모두들 바보라고 하더니, 이제 떠나고 나니까 다들 극찬하고 있다네. 그가 멋들어지게 살고 있다는 소문을 듣고들 그러는 게지. 다들 그처럼 위험 속으로 뛰어들긴 싫어하면서 그가 얻은 것은 부러운 모양이야."

내가 말했다. "그가 지금 얼마나 잘 살고 있는지는 그들도 훤히 알겠지요. 생명 샘에서 살고 있는 그는 수고나 슬픔 없이도 모든 걸 갖고 있고, 그곳에는 결코 비통한 일이 없으니까요. 그런데 사람들이 그에 관해 뭐라고 말하던가요?"

현명 : "기묘한 얘기들을 하지! 어떤 사람들은 그가 흰옷을 입고 다니는데(요한계시록 3:4) 목에는 금목걸이를 걸고 머리에는 진주장식이 달린 황금면류관을 썼다고 하고, 또 어떤 사람들은 그가 여행 중에 몇 번 만났던 눈부신 이들과 동료가 되어 서로 이웃처럼 친하게 지낸다고 하지. 또 다들 그곳의 왕께서 그를 위해 궁정에다가 아주 풍요롭고 쾌적한 거처를 하사하고, 매일 그와 함께 먹고 마시고 산책하면서 대화한다고 믿고 있다네. 그곳의 재판장인 그분의 호의와 미소를 한 몸에 받고 있다고 말이야(스가랴 3:7; 누가복음 14:15). 게다가 어떤 사람들은 그 나라의 주인인 왕자가 조만간 이곳으로 내려와, 크리스티안이 순례자가 되리라는 걸 알았을 때 그의 이웃들이 어째서 그토록 그를 무시하고 비웃었는지를 따져 물을 거라고 예언하고 있다네(유다서 1:14,15). 그들 말로는, 그 왕자는 크리스티안을 무척이나 사랑해서, 그가 순례자가 되었을 때 당한 모욕에도 관심이 많다고 하네(누가복음 10:16). 하기야, 그가 위험을 감수하면서까지 왕자께 바쳤던 사랑을 생각하면 그리 놀랄 일도 아니지."

"그것 참 잘됐군요." 내가 말했다. "그 가엾은 사람이 이제 편히 쉴 수 있고, 눈물의 열매를 기쁨으로 거두게 되었다니 정말 잘됐습니다. 그가 이제 원수의 손아귀에서 벗어나, 그를 미워하는 자들의 손이 미치지 않는 곳에 있다니 정말 기쁘군요(요한계시록 14:13; 시편

126:5,6). 또 이 소문이 온 나라에 퍼지면, 아직 순례를 떠나지 않고 남아 있는 사람들에게도 좋은 영향을 미치게 될 테니, 그것도 정말 잘됐습니다. 참, 갑자기 생각난 건데, 크리스티안의 아내와 자식들에 관한 소식은 없습니까? 가엾은 사람들! 그들은 어떻게 됐는지 궁금하군요.”

현명 : “누구? 크리스티아나와 그 아들들 말인가? 그들도 크리스티안처럼 길을 떠났다네. 처음엔 어리석게도 크리스티안의 눈물과 애원에도 꼼짝을 않더니, 나중엔 기적처럼 생각을 바꿨지. 금세 짐을 꾸려서 크리스티안의 뒤를 좇아갔다네.”

“아, 정말로 다행입니다.” 내가 말했다. “어쩌면! 그의 아내와 자식들 전부가 길을 떠났습니까?”

현명 : “그렇다네. 그때 나도 그곳에 있었기 때문에, 그들에게 무슨 일이 있었는지 상세히 알고 있지.”

내가 말했다. “그렇다면 선생님 이야기를 사람들에게 그대로 전해도 되겠군요.”

현명 : “되고말고. 그 선한 여인과 아들 넷 전부가 분명히 순례

를 떠났다네. 내 생각에 우리는 상당히 오랫동안 동행할 것 같으니, 그들에 관한 이야기를 전부 들려주겠네."

크리스티아나는(아들들과 함께 순례자의 삶을 살게 된 그날부터 이름을 이렇게 바꿨지) 남편이 강을 건너간 이후로 아무런 소식도 듣지 못했다네. 그녀는 여러 가지 생각에 잠겼지. 이제는 남편을 잃었으며 사랑으로 맺어진 남편과의 유대관계가 완전히 끊겨버렸다는 생각이 들었어. 자고로 사랑으로 맺어진 관계가 끊어지면 수많은 추억에 잠겨 지내는 것이 인지상정. 그녀도 남편과의 추억에 잠겨 많은 눈물을 흘렸다네. 하지만 이걸로 끝이 아니었어. 크리스티아나는 자신의 잘못 때문에 더 이상 남편을 만날 수 없게 된 것은 아닌가 하는 생각을 하기 시작했다네. 이런 생각이 들자, 그동안 친구들에게 불친절하고 몰인정하고 부도덕하게 행동한 것이 한꺼번에 떠올랐지. 양심의 가책을 느낀 그녀는 죄책감에 시달렸다네. 게다가 남편이 쉴 새 없이 뱉었던 신음과 한없는 눈물과 비탄에 잠겼던 모습과, 자기와 아들들에게 함께 가자고 애원하면서 설득하던 그에게 완악하게 굴었던 자기 모습이 떠올라, 더더욱 마음이 아팠지. 등에 무거운 짐을 진 크리스티안이 그녀 앞에서 했던 말과 행동들이 마치 번개처럼 뇌리를 스치고 지나갔어. 특히 "제가 어떻게 해야 구원을 얻겠습니까?"라고 비통하게 부르짖던 남편의 목소리가 가장 구슬프게 귓가를 맴돌았다네.

결국 그녀는 아들들에게 말했지. "얘들아, 이제 다 틀렸구나. 내가 너희 아버지께 너무 큰 잘못을 해서 아버지가 떠나버렸어. 아버진 우리와 함께 가려고 했는데, 내가 가지 않겠다고 버텼거든. 결국은 내가 너희들 인생마저 망치고 말았구나." 그 말을 들은 아들들은 눈물을 흘리면서 아버지를 따라가자고 외쳤다네. 그러자 크리스티아나가 말했지. "오! 그때 너희 아버지와 함께 갔어야 했는데! 그랬으면 지금 아버지와 함께 잘 살고 있을 텐데. 예전에는 어리석게도 너희 아버지가 바보 같은 환상에 빠져 있거나 혹은 우울증이 너무 심해서 그토록 괴로워한다고 생각했는데, 이제 보니 내 생각이 틀렸어. 네 아버지가 괴로워했던 건 다른 이유가 있어서였어. 그러니까 너희 아버지껜 빛줄기가 비쳤던 거지. 그 빛 때문에 죽음의 올무에서 벗어나셨던 거야." 그 말을 듣고 아이들은 또다시 눈물을 흘리며 외쳤다네. "오, 어떻게 그런 재앙이!"

다음날 밤 크리스티아나는 꿈을 꾸었어. 커다란 양피지 한 장이 그녀 앞에 펼쳐져 있었는데, 거기에는 그녀의 행동들이 고스란히 적혀 있었지. 그녀가 봐도 자신이 저지른 죄가 너무 커보였어. 잠결에 그녀는 큰소리로 외쳤다네. "주님, 이 죄인에게 자비를 베풀어 주옵소서!"(누가복음 18:13) 어린 아들들도 그 소리를 들었지.

그 뒤 흉측하게 생긴 두 사람이 그녀의 침대 곁으로 다가오더니 이렇게 말하는 것 같았다네. "이 여자를 어떻게 하지? 자나 깨나 자비를 베풀어달라고 이렇게 부르짖고 있으니 말이야. 이대로 내버려뒀다간 이 여자의 남편을 놓친 것처럼 이 여자도 놓쳐버릴 거야. 아무래도 이 여자가 앞으로 일어날 일에 대해 아무 생각도 못하도록 손을 써야겠어. 안 그러면 결국 이 여자도 순례자가 되고 말거야.”

땀에 흠뻑 젖은 채로 잠이 깬 그녀는 계속해서 몸을 떨었다네. 그러다가 잠시 후 다시 잠이 들었지. 그런데 이번에는 그녀의 남편 크리스티안이 보이는 것 같았어. 그는 머리에 무지개를 두른 분의 보좌 앞에서, 영원히 죽지 않을 존재들과 함께 손에 비파를 들고 연주하고 있었지. 또 그녀가 보니, 남편이 왕자의 발치에서 머리를 조아리며 이렇게 말했다네. “이곳으로 데려와주신 나의 주 왕께 진심으로 감사를 드립니다.” 그러자 그곳에 둘러서 있던 무리들이 비파를 연주하며 뭐라고 외쳤어. 하지만 크리스티안 일행 외에는 아무도 그 외침을 알아듣지 못했지.

다음날 아침 그녀는 잠에서 깨자마자 하나님께 기도를 드린 다음 아이들과 한참동안 대화를 나눴다네. 그 때 누군가가 대문을 세게 두드렸지. 그녀는 큰 소리로 외쳤다네. “하나님의 이름으로 오시는 분이라면 들어오십시오.” 그러자 그가 “아멘”이라고 말하면서 문을 열고 들어왔어. 그리고는 그녀에게 인사를 건넸지. “이 집에 평화를.” 그런 다음 이렇게 물었다네. “크리스티아나, 내가 여기 온 이유를 알겠습니까?” 그녀는 얼굴을 붉히며 몸을 떨었지. 그가 어디서 무슨 용건으로 왔는지를 알고 싶은 마음이 굴뚝같았다네. 그때 그가 말을 꺼냈어. "내 이름은 비밀이고, 높은 곳에 있는 분들과 함께 지내고 있습니다. 그런데 그곳에서, 당신도 그리 오고 싶어 한다는 말을 들었습니다. 또 당신이 예전에 완악한 마음으로 남편의 길을 반대하고 아이들마저 무지 속에 가두어두었던 일을 뉘우치고 있다는 보고도 받았습니다. 크리스티아나, 자비로우신 분께서 나를 당신께 보내셨습니다. 하나님께서는 이미 당신을 용서하실 준비를 마치셨으며, 그분은 죄를 용서하면 할수록 더 많은 기쁨을 누리신다고 전하라 하셨습니다. 또 당신을 그분이 계신 곳, 그분의 식탁으로 초대하신다고, 당신에게 그분의 기름진 음식을 먹이시고 당신의 조상인 야곱의 유산을 물려주시겠다고 전하라 하셨습니다."

"당신의 남편이었던 크리스티안도 그곳에서 수많은 동료들과 함께 지내고 있습니다. 생명을 주시는 분의 얼굴을 바라보면서 말입니다. 당신의 발이 아버지의 문지방을 넘는 소리가 들리면 모두들 즐거워할 것입니다."

이 말을 들은 크리스티아나는 너무도 당황한 나머지 머리를 바닥에 갖다 댔어. 그러자 방문객이 이렇게 말했지. "크리스티아나, 당신 남편의 왕께서 써주신 편지가 여기 있습니다." 그녀가 편지를 받아 개봉하자 향기로운 냄새가 풍겼다네(아가 1:3). 편지는 금으로 쓰여 있었지. 그리고 그 내용인즉슨, 왕께서는 그녀도 남편처럼 행하기를 바라시며, 그래야만 그분의 도시로 들어가 그분 곁에서 영원히 기뻐하며 살 수 있다는 것이었어. 이것을 읽은 선한 여인은 거기에 압도되어 방문객에게 외쳤다네. "선생님, 저와 아이들이 왕께 나아가 경배할 수 있도록 데려가 주시겠습니까?"

그러자 그 방문객이 말했지. "크리스티아나! 고생 끝에 낙이 오

는 법입니다. 당신도 남편처럼 온갖 고난을 극복하고 거룩한 도시에 들어가야 합니다. 충고하건대, 부디 당신 남편 크리스티안이 한 대로 따라하십시오. 들판을 지나서 저기 보이는 좁은 문으로 가십시오. 거기가 바로 당신이 가야 할 길의 입구입니다. 최대한 서두르십시오. 또 충고하건대, 이 편지를 품속에 넣어두고 죄다 외울 때까지 아이들과 함께 읽고 또 읽으십시오. 나중에 순례자의 집에서 불러야 할 노래들 중 하나니까요(시편 119:54). 마지막 문에 도착하면 반드시 그걸 보여줘야 합니다."

꿈속에서 보니, 현명이라는 노인은 나에게 그 이야기를 들려주면서 스스로 큰 감동을 받은 것 같았다. 그러더니 그는 계속해서 이야기를 들려주었다. 그 뒤 크리스티아나는 아들들을 불러놓고 이렇게 말했다네. "얘들아, 너희들도 눈치 챘겠지만, 최근 나는 너희 아버지의 죽음에 대해 극심한 영혼의 갈등을 겪었단다. 그건 너희 아버지의 행복을 의심해서가 아니라, 아버지가 잘 지내신다는 게 무척 만족스러워서야. 반면에 나와 너희들의 처지를 생각해보니 비참하기가 그지없구나. 아버지가 고통스러워할 때 내가 했던 행동이 무척이나 마음에 걸려. 나뿐만 아니라 너희들의 마음까지 완악하게 만들어서, 아버지가 순례를 함께 떠나자고 할 때 거절해버렸으니까."

"이런 걸 생각하면 당장이라도 죽고 싶었는데, 지난밤엔 그런 꿈을 꾸었고, 또 오늘은 이렇게 낯선 분이 찾아와 격려해 주셨단다.

자, 애들아, 짐을 싸서 거룩한 도시의 문으로 가자. 거기 가면 너희 아버지도 만나고, 또 그 땅의 법에 따라 아버지 동료들과 함께 평화롭게 살 수 있을 거야.”

아들들은 어머니의 마음이 완전히 기운 걸 보고 기쁨의 눈물을 흘렸다네. 방문객이 그들에게 작별의 인사를 건넸어. 그들은 여행을 떠날 채비를 하기 시작했지.

그들이 막 길을 떠나려는데, 크리스티아나의 이웃인 두 여인이 찾아와 문을 두드렸다네. 그녀는 아까처럼 말했지. “하나님의 이름으로 오시는 분이라면 들어오십시오.” 이 말을 들은 두 여인은 어안이 벙벙했다네. 크리스티아나의 입에서 그런 말이 나오리라고는 상상도 못했고, 그들에겐 너무도 생소한 말이었기 때문이지. 두 여인이 집안에 들어와 보니 선한 여인이 떠날 채비를 하고 있었어.

그들이 물었다네. “아니, 이게 다 뭐예요?”

그러자 크리스티아나가 나이가 더 많은 여인에게 말했지. 그녀의 이름은 소심쟁이 부인이었어. “여행 준비를 하고 있어요.” (이 소심쟁이는 어려움 언덕에서 크리스티안을 만났을 때 사자가 무서워 돌아가는 중이라고 말했던 사람의 딸이야.)

소심쟁이 : “도대체 무슨 여행이요?”

크리스티아나 : “내 남편을 따라가려고요.” 그녀가 눈물을 흘렸다네.

소심쟁이 : "아, 제발 그러지 말아요. 가엾은 아이들을 생각해서
라도 그런 여자답지 않은 일은 하지 말아요."

크리스티아나 : "아니에요, 아이들도 나랑 함께 갈 거예요. 이곳
에 남고 싶어 하는 아이는 하나도 없어요."

소심쟁이 : "도대체 어쩌다가 이런 맘을 먹게 된 건지 진짜 궁금
하네요!"

크리스티아나 : "오, 당신도 나처럼 모든 걸 알게 되면 분명히
함께 가려고 할 거예요."

소심쟁이 : "어떤 걸 새로 알았길래, 친구들도 마다하고 아무도
모르는 곳에 가겠다는 건지 제발 말 좀 해봐요."

그러자 크리스티아나가 대답했다네. "남편이 내 곁을 떠난 뒤,
특히 그 강을 건너간 뒤로, 나는 너무나 괴로웠어요. 그토록 괴로
워하는 남편에게 매정하게 대했던 게 제일 후회스러웠지요. 이제
는 남편처럼 순례자가 되는 것 외에 구원받을 방도가 없어요. 어젯
밤 꿈속에서 남편을 보았는데, 오, 내 영혼이 남편과 함께 있었어
요! 남편은 그 나라의 왕과 함께 살면서, 그분의 식탁에서 함께 식
사를 하더군요. 또 영원히 사는 분들의 동료가 되어 한 집에서 살
고 있는데, 지상낙원도 그 집에 비하면 그저 거름더미에 불과하지
요(고린도후서 5:1~4). 그곳 왕자께서도 사람을 보내, 내가 가면 받아
주시겠다는 약속을 전하셨어요. 그 심부름꾼이 방금 여기 와서 초

청장을 전해 주고 갔답니다.”

이렇게 말한 그녀는 편지를 꺼내 읽은 다음 그들에게 물었다네.
“자, 어때요?”

소심쟁이 : “오, 당신도 남편처럼 완전히 미쳤군요! 그런 고생을
사서 하다니! 당신 남편이 첫발을 내딛은 그 순간부터 얼마나 많
은 시련을 겪었는지, 당신도 다 들었잖아요. 그를 따라갔던 우리
이웃 완고함이 이미 증언해준 것처럼 말이에요. 예, 유약함 역시
다른 현인들처럼 두려움 때문에 더 이상 나아갈 수가 없었지요.
또 우리는 당신 남편이 사자와 아볼루온과 죽음의 어둠 외에도
많은 일들을 겪었다는 소식을 수십 번도 넘게 들었어요. 당신 남
편이 공허의 시장에서 겪은 위험을 잊지 않았지요? 남자인 그도
그렇게 힘겨웠던 일을 당신처럼 연약한 여자가 어떻게 견뎌내겠
어요? 당신의 분신과도 같은 이 사랑스런 아들들을 생각해봐요.
당신 혼자라면 함부로 몸을 던질 수도 있겠지만, 당신 몸의 열매
와도 같은 이 아이들을 생각해서라도 그냥 집에 남아있어요.”

하지만 크리스티아나는 이렇게 말했어. “아, 날 시험에 빠뜨리지
마세요. 이제 막 소중한 걸 손에 넣게 되었는데, 이 기회를 놓친다
면 그보다 더 어리석은 바보가 어디 있겠어요? 물론 당신이 말한
고난들을 도중에 모두 겪게 되겠지만, 그런 것도 결코 내 용기를

꺾지는 못해요. 오히려 내가 옳다는 걸 증명해줄 뿐이지요. 고생 끝에 낙이 온다고, 고생을 많이 할수록 그 열매는 달겠지요. 당신은 하나님의 이름으로 우리 집에 들어온 게 아니니, 더 이상 우리를 어지럽히지 말고 이만 나가주세요.”

그러자 소심쟁이가 욕을 하면서 자기 일행에게 이렇게 말했다네. “이봐요, 자비 씨! 이 여자가 우리 충고를 무시했으니 맘대로 하라고 내버려 두고 갑시다.” 하지만 자비는 쉽사리 자리를 뜨지 못하고 서 있었지. 그녀가 그런 데에는 두 가지 이유가 있었어.

첫째, 그녀는 크리스티아나에게 마음이 끌렸다네. 그래서 맘속으로 이런 생각을 했지. ‘내 이웃이 굳이 떠나간다면, 잠깐이라도 함께 가면서 도와줘야지.’ 둘째, 그녀는 자신의 영혼에도 마음이 끌렸다네. 크리스티아나의 말을 듣고 약간은 마음이 흔들렸던 거지. 그래서 맘속으로 이런 생각을 했어. ‘크리스티아나와 이것에 관해 좀 더 이야기해 봐야지. 만약 그녀의 말 속에 진리와 생명이 있다면 나도 그녀를 따라가는 거야.’ 이윽고 자비는 소심쟁이에게 이렇게 대답했다네.

자비 : “나는 오늘 아침 당신과 함께 크리스티아나를 만나려고 여기 왔어요. 그런데 보다시피 이렇게 도시를 떠난다고 하니, 밝은 아침 동안만이라도 함께 가면서 도와주고 싶네요.” (그러나 두 번째 이유는 밝히지 않았지.)

소심쟁이 : "아니! 당신도 어리석은 생각을 품고 있군요. 제발 정신 차리고 현명하게 행동하세요. 한번 위험에 빠지고 나면 돌아서기 힘드니까요."

소심쟁이 부인이 집으로 돌아간 다음 크리스티아나는 길을 나섰다네. 집에 돌아간 소심쟁이는 이웃사람들, 곧 매춘부 부인, 몰인정 부인, 무책임 부인, 그리고 무식쟁이 부인을 불러 모았어. 그리고는 크리스티아나가 여행을 떠나려고 한다고 얘기했지.

소심쟁이 : "여러분, 오늘 아침 별로 할 일이 없어서 크리스티아
나 집을 방문했어요. 평소처럼 문을 두드렸더니, 글쎄 '하나님의
이름으로 오시는 분이라면 들어오십시오' 하고 말하더군요. 그래
도 괜찮겠지 하며 안으로 들어갔어요. 그런데 들어가 보니 그녀
가 아이들과 도시를 떠날 준비를 하고 있었어요. 그래서 도대체
그게 다 뭐냐고 물어봤지요. 그랬더니 한마디로 자기도 남편처럼
순례를 떠날 작정이라고 하더군요. 그러면서 자기가 꾼 꿈이랑,
남편이 있는 나라의 왕께서 보낸 초청장에 대해 얘기하던데요."

그러자 무식쟁이 부인이 물었다네. "뭐라고요! 정말로 그녀가 떠
날 것 같아요?"

소심쟁이 : "예, 무슨 일이 있어도 떠날 겁니다. 어떻게 알 수 있
냐고요? (도중에 겪게 될 온갖 시련들을 들먹이면서) 집에 남아
있으라고 그렇게 타일렀는데도, 끝까지 여행을 떠나겠다고 고집
을 피웠거든요. '고생 끝에 낙이 온다고, 고생을 많이 할수록 그
열매는 달겠지요' 라고 말하더군요."

매춘부 부인 : "아, 이 앞도 못 보는 어리석은 여자 같으니라고!
자기 남편을 보고도 교훈을 얻지 못한 건가요? 내 생각에, 그녀
의 남편이 다시 돌아온다면 그런 헛수고는 다 때려치우고 편히
쉬라고 할 것 같은데요."

몰인정 부인이 말했다네. "그런 환상에 빠진 바보들은 이 도시를 떠나야 해요. 그녀가 떠난다니 나는 속이 다 후련하네요. 그녀가 이런 마음을 품고 계속 머물러 있다면, 누가 그 옆에서 편히 살 수 있겠어요? 그렇게 우울한 얼굴로, 이웃들과 어울리지도 않고, 아무리 현명한 사람이라도 도저히 참지 못할 말만 늘어놓고 있잖아요. 난 그녀가 떠난다 해도 전혀 안타깝지가 않네요. 떠나게 내버려둬요. 그녀에겐 그 편이 더 나아요. 이런 변덕스러운 바보들 때문에 세상이 절대 좋아질 수 없는 거예요."

그러자 무책임 부인이 화제를 바꿨어. "자, 이제 그런 이야기는 그만하자고요. 난 어제 바람둥이 마님 댁에서 처녀시절처럼 즐거운 시간을 보냈답니다. 거기 누가 있었는지 알아요? 나랑 애욕 부인 말고도 호색 부인, 불결 부인, 그리고 서너 명이 더 있었지요. 거기서 음악도 연주하고 춤도 추고 여러 가지 즐거운 놀이도 많이 했어요. 장담하건대, 바람둥이 마님은 존경스러울 정도로 예절바른 귀부인이고, 호색 부인은 아주 사랑스러운 분이더군요."

이 시간 크리스티아나는 자비와 함께 순례를 하고 있었다네. 물론 그녀의 아들들도 동행했지. 크리스티아나가 자비에게 말을 건넸어. "자비 씨, 잠깐이라도 이렇게 나와 동행해 주다니 정말 예기치 못했던 친절이네요."

그러자 젊은 자비(그녀는 정말로 젊었거든)가 말했다네. "사실 당신과 함께 가야 할 이유만 있다면 더 이상 저 마을로 안 돌아가고 싶어요."

크리스티아나가 말했지. "그렇다면 자비 씨, 당신의 운명을 내게 한 번 걸어 봐요. 이 순례의 결과가 어떤 건지 나는 너무나도 잘 알 거든요. 내 남편은 지금 스페인광산의 금을 다 주고도 들어갈 수 없는 곳에 있어요. 당신도 내 초대를 받았으니 내쫓지는 않을 거예요. 나와 내 아들들을 부르신 왕께서는 자비를 베풀기 좋아하시는 분이랍니다. 당신만 괜찮다면 내 하녀로 고용해서라도 당신을 꼭 데리고 갈게요. 필요한 물품은 모두 나랑 나눠 쓰고, 당신은 몸만 가면 돼요."

자비 : "그런데 나까지 받아줄 거라고 어떻게 확신하지요? 이 소망이 이뤄질 거라는 확신만 있다면, 어떤 어려움이 닥친다 해도 절대로 망설이지 않고 나가겠습니다. 우리를 도와주실 그분의 도우심을 받아서 말입니다."

크리스티아나 : "그럼, 이렇게 해요. 일단은 나와 함께 좁은 문까지 가는 겁니다. 거기서 당신 같은 경우는 어떻게 되는지 물어 볼게요. 만약 거기서도 격려의 말을 듣지 못한다면 그때 집으로 돌아가도 늦지 않을 거예요. 그리고 그곳까지 동행하면서 나와 아이들에게 베풀어준 친절에 대해서도 보상을 해드릴게요."

자비 : "그렇다면 당신과 함께 가서, 그곳 상황에 따르겠습니다. 하늘나라 왕께서 어여삐 여기시고 나에게 행운을 부어주실 지도

모르니까요."

　이 말을 들은 크리스티아나는 진심으로 기뻤어. 일행이 생겼을 뿐만 아니라 이 가엾은 처녀가 자기 구원을 사모하도록 설득할 수 있었으니까. 다함께 길을 가는데 갑자기 자비가 울기 시작했다네. 크리스티아나가 물었지. "왜 그렇게 울어요?"

　자비가 대답했다네. "이런! 죄악의 도시에 머물러 있는 내 친척들의 딱한 처지를 생각하면 어찌 탄식을 안 할 수 있겠어요? 무엇보다 슬픈 건, 그들에겐 앞으로 닥칠 일들에 관해 가르쳐줄만한 지도자가 아무도 없다는 사실이에요."

크리스티아나 : "동정심을 느끼는 건 순례자다운 일이지요. 내 선한 남편이 나를 남겨두고 떠날 때 그랬던 것처럼, 당신도 친구들을 위해 울고 있네요. 남편은 내가 자기 말을 들은 척도 안 하자 무척 슬퍼했지만, 그래도 우리 주님께서 그의 눈물을 모아 병에 담아두셨답니다. 바로 그 눈물의 열매를 나와 당신과 이 사랑스러운 아이들이 거두고 있는 겁니다. 자비 씨, 당신의 눈물도 헛되지 않기를 빌어요. '눈물을 흘리며 씨를 뿌리는 사람은 기쁨으로 거둔다. 울며 씨를 뿌리러 나가는 사람은 정녕 기쁨으로 단을 가지고 돌아온다.' (시편 126:5,6)는 말씀도 있잖아요."

　그러자 자비가 다음과 같이 노래했다네.

그분의 복된 뜻이라면
그분의 문으로, 그분의 품으로,
그분의 거룩한 언덕으로 인도해줄
내 안내자에게 가장 큰 복을 주옵소서.

무슨 일이 있어도 그가 나를
값없이 주시는 그분의 은총과 거룩한 길로부터
벗어나거나 돌아서게 하여
고통당하는 일이 없도록 해주옵소서.

내가 남겨두고 온 사람들을
그가 모두 불러 모으게 하옵소서.
주님, 그들이 온 마음과 정성을 다하여
당신의 것이 되기를 간구하게 하옵소서.

그 노신사 현명의 이야기는 계속 이어졌다. 크리스티아나는 절망의 구렁텅이에 이르자 걸음을 멈추고 말했다네. "여기가 바로 내 사랑하는 남편이 빠져 질식할 뻔 했던 진흙 수렁이구나." 잠깐 둘러본 그녀는 순례자들의 편의를 위해 이곳을 제대로 고치라는 왕의 명령에도 불구하고 좋아지기는커녕 오히려 전보다 더 나빠졌다는 생각을 했지. 나는 그게 사실이냐고 물었다. 그랬더니 노신사 현명이 이렇게 대답했다. "유감스럽지만 사실이라네. 모두들 왕의 일꾼인 체하면서 왕의 길을 고친다고 떠들어대지만, 사실은 돌 대신 먼지와 거름을 가져와서 길을 망쳐놓고 있지." 크리스티아나와 그녀의 아들들이 멈춰서 있는데, 자비가 말했다네. "자, 한번 모험해봐요. 조심만 하면 괜찮을 거예요." 그들은 비틀거리면서 조심조심 발걸음을 옮겼다네.

크리스티아나는 수도 없이 여러 번 수렁에 빠질 뻔했어. 마침내 수렁을 거의 다 건넜을 무렵 이런 음성이 들리는 것 같았지. "주께서 하신 말씀이 이루어질 줄 믿은 여자는 행복합니다."(누가복음 1:45)

그들은 다시 길을 떠났다네. 자비가 크리스티아나에게 말을 건넸어. "나도 당신처럼 좁은 문에서 애정 어린 환대를 받을 거라는 보장만 있다면, 이런 절망의 구렁텅이쯤은 아무렇지도 않을 거예요."

크리스티아나가 말했지. "글쎄요, 당신에게 당신의 슬픔이 있는 것처럼, 내겐 나만의 슬픔이 있어요. 친구, 우리는 이 여정이 끝날 때까지 수많은 어려움을 이겨내야 해요. 큰 영광을 얻고자 하는 사람들, 우리 행복을 마냥 부러워만 하는 사람들이, 정작 우리가 겪는 공포와 올무, 온갖 시련과 슬픔을 어떻게 알겠어요?"

바로 그때 현명 씨가 나 혼자 꿈을 꾸도록 내버려두고 떠나갔다. 꿈속에서 보니, 크리스티아나와 자비와 소년들이 모두 문에 도달한 것 같았다. 그들은 잠깐 멈춰 서서, 그 문을 누가 두드릴 건지, 뭐라고 말해야 문을 열어줄지 의논했다. 결국은 나이가 제일 많은 크리스티아나가 문을 두드린 다음 쉴 수 있게 문 좀 열어달라고 부탁하기로 했다. 크리스티아나는 가엾은 남편이 그랬던 것처럼 문을 두드리고 또 두드렸다. 하지만 아무런 대답도 없었다. 그저 개 짖는 소리만 들리는 것 같았다. 개 짖는 소리에 놀란 그들 일행은 행여 그 개가 덮칠까 무서워 감히 문을 두드릴 수 없었다. 도대체 어떻게 해야 할지 알 수가 없었다. 개가 무서워 문을 두드리지도 못하겠고, 그렇다고 그냥 돌아서자니 문지기가 화낼 것만 같았다. 마침내 그들은 다시 한 번 문을 두드려보기로 마음먹었다. 이번에는 아까보다 더 세게 문을 두드렸다. 그랬더니 문지기가 "누구십니까?"하고 물었다. 동시에 개 짖는 소리가 그치고, 문지기가 나타나 문을 열어주었다.

크리스티아나는 공손히 인사를 한 다음 이렇게 말했다. "주님의 여종이 이렇게 찾아와 고귀한 문을 두드린 일로 부디 주님께서 화를 안 내시길 빕니다." 그러자 문지기가 물었다. "당신들은 대체 어디에서 왔습니까? 원하는 게 뭡니까?"

크리스티아나가 대답했다. "우리는 크리스티안과 같은 용건으로 그가 살던 곳에서 왔습니다. 그러니 부디 거룩한 도시로 이어지는 이 문으로 우리를 너그럽게 들여보내 주십시오. 주님, 저는 저 위에 거하고 있는 크리스티안의 아내, 크리스티아나입니다."

문지기가 깜짝 놀라며 물었다. "아니, 얼마 전까지만 해도 순례자의 삶을 혐오했던 그 아내가 지금은 순례자가 되었단 말입니까?" 그녀가 고개를 끄덕이며 대답했다. "예, 제 사랑스런 아이들도 함께 순례자가 되었습니다."

그러자 문지기가 그녀의 손을 잡고 안으로 이끌면서 이렇게 말했다. "어린이들이 내게 오는 것을 허락하고, 막지 말아라."(마가복음 10:14) 그는 문을 닫더니, 그 문 위에 있는 나팔수에게 환호성과 기쁨의 나팔소리로 크리스티아나를 맞이하라고 했다. 그 말을 듣고 나팔수가 나팔을 불었다. 공중에 아름다운 가락이 울려 퍼졌다.

그동안 가엾은 자비는 문밖에 서서 거절당했다는 두려움에 떨며 울고 있었다. 아이들과 함께 문안으로 들어간 크리스티아나는 자비를 위해 중보기도를 하기 시작했다.

크리스티아나 : "주님, 제 일행이 아직 이곳에 들어오지 못하고 밖에 서 있습니다. 그녀도 저와 같은 목적으로 이곳에 왔는데, 지금 무척 낙담해 있습니다. 저는 남편의 왕께 초대를 받았지만, 그녀는 초대받지 못했기 때문입니다."

급기야 인내심이 바닥나고 만 자비는 일분이 꼭 한 시간처럼 느껴졌다. 마침내 그녀는 문을 두드리기 시작했다. 그 소리에 놀란 크리스티아나는 중보기도를 계속할 수가 없었다. 문 두드리는 소리가 너무 커서 깜짝 놀랐다. 문지기가 물었다. "밖에 있는 사람은 누굽니까?" 크리스티아나가 대답했다. "제 친구입니다."

그가 문을 열고 밖을 내다보았다. 문밖에 자비가 쓰러져 있었다. 자기에게는 결코 문이 열리지 않을까봐 두려웠던 것이다.

문지기가 자비의 손을 잡고 말했다. "처녀여, 어서 일어나십시오."

자비가 말했다. "오, 선생님. 기운이 하나도 없어요. 이제 곧 죽고 말 겁니다." 그러자 문지기가 말했다. "두려워하지 마십시오. '내 목숨이 힘없이 꺼져 갈 때에, 내가 주님을 기억하였더니, 나의 기도가 주께 이르렀으며, 주님 계신 성전에까지 이르렀습니다'(요나 3:7)라는 말씀도 있답니다. 어서 일어나십시오. 그리고 어디에서 왔는지 말해보십시오."

자비 : "저는 제 친구 크리스티아나처럼 초대를 받고 온 게 아니에요. 그녀는 왕의 초대를 받았지만, 저는 그녀에게서 초대받았답니다. 감히 그런 짓을 하다니 너무 두려워요."

문지기 : "그러니까 크리스티아나가 함께 이곳에 오자고 했단 말입니까?"

자비 : "예, 그래서 보시는 것처럼 여기 왔습니다. 만일 은총과 죄 사함이 남아 있다면, 이 가엾은 여종도 안으로 들여보내주세요."

그러자 문지기가 그녀의 손을 다시 잡고 다정하게 안으로 맞아들이며 말했다. "나를 믿는 자가 내게로 오면, 나는 누구든 상관없이 그 사람을 위해 기도한답니다." 그리고는 곁에 서 있던 사람들에게 말했다. "자비가 기운을 차릴 수 있도록 뭔가 냄새 맡을 것을 가져오십시오." 그러자 그들이 몰약을 가져와 냄새를 맡게 했다. 자비는 금방 기운을 차렸다.

이렇게 해서 자비는 크리스티아나와 아이들과 함께 그 길의 입구에서 주님의 대접을 받고 친절한 말씀을 들었다. 그들이 주님께 말했다. "우리 죄를 뉘우칩니다. 주님, 우리 죄를 용서해 주시고, 앞으로 어떻게 해야 할지 좀 더 알려주십시오."

그가 말했다. "말과 행위로 당신들의 죄를 용서하겠습니다. 말로 용서한다는 것은 용서의 약속을 의미하고, 행위로 용서한다는 것은 내가 그 약속을 실행한 방법을 의미합니다. 말로 용서하는 것은 내 입맞춤으로 이루어지고, 행위로 용서하는 것은 곧 드러나게 될 것입니다."(아가 1:2; 요한복음 20:20)

꿈속에서 보니, 그가 그들에게 선한 말씀을 많이 들려주었고, 그로 인해 그들은 무척이나 기뻐했다. 그는 또 그들을 문 꼭대기로 데려가서, 어떤 행동으로 그들을 구원할지 보여준 다음, 가는 도중에 다시 그 광경을 보게 될 것이라고 그들을 안심시켰다.

그가 떠난 뒤, 그들은 여름용 정자에 앉아 대화를 나누기 시작했다. 먼저 크리스티아나가 말했다. "오, 주님! 우리가 여기 들어오다니 얼마나 기쁜지 모르겠어요."

자비 : "당연히 기쁘겠지요. 난 정말이지 너무나도 기뻐서 팔짝 팔짝 뛸 것 같아요."

크리스티아나 : "문 앞에 서서 아무리 두드려도 대답이 없을 때에는 모든 수고가 물거품이 되는 줄만 알았지요. 특히 저 못생긴 개가 우릴 보고 사납게 짖어댈 때는 더더욱 그랬답니다."

자비 : "말도 마세요. 당신이 주님의 환대를 받으며 들어가는 모습을 보고 나서 혼자 남겨졌을 때, 얼마나 무서웠는지 몰라요. '두 여자가 맷돌을 갈고 있을 터이나, 하나는 데려가고, 하나는 버려 둘 것이다'(마태복음 24:41)라는 말씀이 이루어졌다고 생각했거든요. '다 틀렸구나! 틀렸어!' 라고 울부짖고 싶은 걸 간신히 참았지요."

"다시 문을 두드리기가 무서웠지만 문 위에 새겨진 글을 보고 용기를 냈지요. 문을 다시 두드리지 않으면 죽을 거라는 생각이 들었어요. 그래서 문을 두드렸지요. 하지만 아무 말도 할 수가 없었어요. 삶과 죽음의 갈림길에서 내 영혼이 비틀거리고 있었으니까요."

크리스티아나 : "아까 어떤 식으로 문을 두드렸는지 모르지요? 너무 세게 두드려서 깜짝 놀랄 정도였어요. 그런 소리는 평생 한 번도 못 들어봤거든요. 완력으로라도 밀고 들어오려는 줄 알았다니까요."(마태복음 11:12)

자비 : "이런! 누구라도 내 처지가 되면 그렇게 했을 걸요? 문은

닫혀버리고 주변에는 세상에서 제일 사나운 개가 있었잖아요. 그러니 나처럼 심약한 사람이 전력을 다해 문을 두드리는 것 말고 뭘 할 수 있었겠어요? 그나저나 주님께서는 제 무례한 행동에 대해 뭐라고 하시던가요? 혹시 화를 내셨어요?"

크리스티아나 : "당신이 쿵쾅거리는 소리를 들으시고는 아주 천진난만한 미소를 지으셨답니다. 당신이 주님을 아주 기쁘시게 한 게 틀림없어요. 전혀 싫은 내색을 안 하셨거든요. 단 한 가지 궁금한 게 있다면, 어째서 그런 개를 기르고 계시는가 하는 거예요. 그 개가 있는 줄 알았다면 아마도 이런 식의 모험은 꿈도 못 꿨을 거예요. 하지만 어쨌든 우리 모두 안으로 들어왔어요. 이렇게 들어와서 정말 기쁘네요."

자비 : "당신만 괜찮다면 그분이 다시 내려오실 때 왜 그렇게 추악한 잡종개를 마당에서 기르는지 여쭤봐야겠어요. 그분이 기분 나빠하지 않으면 좋겠네요."

그러자 크리스티아나의 아들들이 말했다. "그렇게 하세요. 그리고 밖에 나가면 그 개가 물지나 않을까 무서우니 좀 묶어두시라고 해주세요."

이윽고 그가 돌아왔다. 자비는 얼굴이 땅에 닿도록 경배하며 말했다. "제 입술의 열매와 함께 드리는 찬양의 제사를 받아주세요."

그가 말했다. "그대에게 평화가 있기를! 일어나십시오." 하지만 그녀는 계속해서 얼굴을 땅에 대고 말했다. "오, 주님! 제가 주님과 변론할 때마다, 언제나 주님이 옳으셨습니다. 그러므로 주께 공정성 문제 한 가지를 여쭙겠습니다(예레미야 12:1,2). 왜 저렇게 사나운 개를 마당에서 기르시나요? 저희 같은 여자나 아이들은 그 개를 보고 무서워 도망치고 말 겁니다."

그러자 그가 대답했다. "그 개 주인은 따로 있습니다. 근처의 다른 사람 집에 살기 때문에 순례자들 귀에 그 소리가 들리는 겁니다. 저기 멀리 보이는 성에 사는데, 가끔씩 이곳 담장에도 나타나지요. 그 개가 큰소리로 짖어댈 때마다 정직한 순례자들이 깜짝 놀란답니다. 사실 그 개 주인은 좋은 의도로 개를 키우는 게 아닙니다. 순례자들에게 겁을 줘서 입구의 문을 못 두드리게 하려고, 그들이 내게로 오지 못하게 하려고 기르는 겁니다. 그 개는 갑자기 쳐들어와서 내가 사랑하는 사람들을 겁주곤 합니다. 그래도 나는 잘 이겨내고 있습니다. 또 내 순례자들이 그 개의 세력에 사로잡혀 개의 천성이 재촉하는 대로 행동하는 일이 없게끔 시기적절하게 도와주고 있지요. 자, 나의 소유된 자여, 그런 사실을 미처 모르고 있었다 할지라도 당신은 그 개를 두려워하지 않아야 되는 것 아닙니까?"

"이집 저집 걸식하는 거지들도 자선을 베풀만한 사람을 놓치지 않으려고 개가 으르렁거리고 물어대는 위험 속으로 뛰어듭니다. 하물며 이 개는 다른 집 마당에 있고, 개가 짖으면 내가 곧 순례자들을 도우러 달려 나갈 텐데, 도대체 뭐가 무서워 내게로 못 온다는 겁니까? 사자들로부터도 건져낸 내가 어찌 사랑하는 이들을 개의 세력에서 건져내지 못하겠습니까?"(시편 22:20~21)

그러자 자비가 말했다. "제가 너무 무지했군요. 알지도 못하는 것을 얘기하다니. 주님이 하시는 일은 모두 훌륭하다는 사실을 인정합니다."

크리스티아나가 그들의 여정에 관해 이야기하기 시작했다. 어느 길로 가야 할지 묻자, 예전에 크리스티아나의 남편에게 그랬던 것처럼, 그가 그들에게 음식을 주고 발을 씻어준 다음, 자기 뒤를 따르라고 하였다.

꿈속에서 보니, 그들이 길을 걷고 있는데 날씨가 무척이나 좋았다. 그 때 크리스티아나가 노래를 부르기 시작했다.

내가 처음 순례자가 되었던

그 날이 복되도다.

또한 이곳으로 나를 이끌어주신

그분도 복되도다.

영원한 삶을 추구하기 시작한 게

너무 늦은 건 사실이지만

이렇게 최대한 빨리 뛰고 있으니

가지 않는 것보다 훨씬 낫도다.

우리의 눈물이 기쁨으로,
우리의 두려움이 믿음으로
이렇게 변했으니
우리의 시작은(누군가 말한 것처럼)
우리의 끝을 보여주는구나.

크리스티아나 일행이 가는 길에는 담장이 둘러있었는데, 담장 너머에는 정원이 있었고, 그 정원은 전에 얘기했던 개 주인의 소유였다. 그런데 그 정원에 심어진 과일나무의 가지가 담장너머로 뻗어있었다. 간혹 그 가지에서 농익은 과일을 따먹은 사람들이 배탈이 나곤 했다. 크리스티아나의 아들들도 보통 아이들처럼 과일이 주렁주렁 달린 나무를 보고 기뻐하더니 가지를 흔들어 과일을 따먹기 시작했다. 크리스티아나가 말렸지만 아이들은 계속해서 과일을 먹었다.

"얘들아! 우리 과일도 아닌데 그렇게 따먹으면 범죄란다." 이렇게 말하면서도 사실 그녀는 그 과수원이 원수의 소유인 걸 몰랐다. 장담하건대, 만일 그 사실을 알았더라면 두려움에 몸서리치고 말

앉을 것이다. 어쨌든 그들은 무사히 그곳을 통과했고, 계속해서 길을 걸었다. 몇 백 미터쯤 갔을 때, 아주 못생긴 남자 둘이 그들 쪽으로 오고 있는 게 보였다. 크리스티아나와 자비는 얼굴을 베일로 가린 채 아이들을 앞세워 걸었다. 이윽고 그들 곁으로 다가온 남자들이 마치 그들을 껴안을 것처럼 덤벼들었다. 크리스티아나가 말했다. "썩 물러서십시오. 당신들이 가야 할 길로 평안히 가십시오." 하지만 두 남자는 크리스티아나의 말이 들리지 않는다는 듯이 그들 몸에 손을 얹었다. 크리스티아나는 너무도 화가 나서 발로 세게 걷어찼다. 자비도 있는 힘을 다해 그들을 밀쳐냈다. 크리스티아나가 다시 말했다. "물러서서 가던 길을 가십시오. 보다시피 우린 친구들의 자선으로 근근이 살아가는 순례자라서 지금 한 푼도 안 가지고 있습니다."

그러자 못생긴 두 남자가 말했다. "우리는 돈을 뺏으려는 게 아니다. 우리의 요구를 하나만 들어주면 당신들을 영원히 여자로 만들어 주겠다."

그 말의 의미를 짐작한 크리스티아나가 다시 말했다. "우린 당신들의 요구를 듣지도 않을 거고, 거기에 응하지도 않을 겁니다. 우린 서둘러야 합니다. 이렇게 지체할 시간이 없습니다. 이건 우리의 생사가 달린 문제니까요."

크리스티아나 일행은 그들을 뿌리치려고 갖은 노력을 다했다. 하지만 두 남자는 길을 가로막고 보내주지 않았다.

못생긴 남자들이 말했다. "우리는 생명을 해칠 생각이 전혀 없다. 정작 우리가 원하는 건 따로 있다."

크리스티아나가 말했다. "예, 분명히 우리 육체와 영혼을 원하는 거겠지요. 하지만 앞으로의 행복을 위험에 빠뜨릴만한 올무에 걸려 괴로워하느니 차라리 지금 여기서 죽는 게 나아요." 크리스티아나와 자비는 큰 소리로 부르짖었다. "사람 살려! 살려주세요!" 여자들을 보호하기 위해 제정된 법의 도움을 받기 위해서였다(신명기 22:23~27). 하지만 두 남자는 그들을 덮치려고 점점 더 다가왔다. 그들은 또다시 비명을 질렀다.

전에 말한 것처럼, 그들은 아직 문에서 그리 멀리 간 게 아니었으며, 그들의 비명소리가 문까지 들렸다. 크리스티아나의 목소리라는 걸 눈치 챈 사람들이 그녀를 구하기 위해 급히 달려왔다. 거의 다 와서 보니, 여자들이 몸싸움을 벌이고 있었다. 그 옆에는 아이들이 서서 울고 있었다. 여자들을 구하러 온 사람이 악당들을 향해 소리쳤다. "도대체 무슨 짓이냐? 주님의 백성에게 범죄를 저지르려는 것이냐?" 그가 악당들을 붙잡으려고 했으나, 악당들은 담장 너머 개주인의 정원으로 도망쳐버렸다. 개가 그들의 보호자가 된 것이다. 이 구원자가 여인들에게 다가오더니 어떻게 된 일이냐고 물었다. 그들이 대답했다. "당신의 왕자님께 진심으로 감사를 드립니다. 우리는 조금 놀랐을 뿐입니다. 이렇게 우리를 도우러 와주신 당신께도 감사를 드립니다. 당신이 안 왔다면 당하고 말았을 겁니다."

　몇 마디 대화가 오간 뒤, 구원자가 이렇게 말했다. “자신들이 연약한 여자라는 걸 잘 알면서도, 저 문에서 대접을 받는 동안 주님께 안내자를 붙여주시라고 간구하지 않았다니 정말 이상하군요. 그분께서 안내자를 붙여주셨다면 이런 고통과 위험은 피할 수 있었을 텐데 말입니다.”

　크리스티아나가 말했다. “이런! 우리는 현재의 축복에 정신이 팔려, 닥쳐올 위험을 까맣게 잊어버렸답니다. 그리고 이렇게 왕궁과 가까운 곳에서 그런 못된 자들을 만나리라고 누가 짐작이나 했겠어요? 물론 주님께 안내자를 붙여달라고 간구했다면 정말 좋았겠지요. 그런데 왜 주님께서는 우리에게 안내자가 필요한 걸 알면서도 붙여주시지 않았을까요?”

구원자 : “구하지 않은 것까지 주실 필요는 없으니까요. 구하지 않은 것을 받은 사람들은 그것을 멸시한답니다. 하지만 정말로 필요하다고 생각했을 때 그것을 얻게 되면 무척 소중히 여기게 되고, 따라서 아주 유용하게 사용할 수 있지요. 주님께서 만약 당신이 간구하지도 않은 안내자를 붙여주셨다면, 당신이 이렇게 후회하는 일도 없었을 겁니다. 결국 모든 것이 협력하여 선을 이루었고, 당신들도 이제는 좀 더 주의 깊은 사람이 되었지요.”

크리스티아나 : “그럼 주님께 다시 가서 우리의 어리석음을 고백하고 안내자를 붙여주시라고 간구할까요?”

구원자 : "당신들의 고백을 내가 주님께 전해드리겠습니다. 그러니 다시 돌아갈 필요는 없습니다. 앞으로는 어디를 가든지 부족함이 없을 겁니다. 순례자들을 맞이하기 위해 준비해두신 내 주님의 숙소에는 온갖 시험을 물리칠 수 있는 준비가 다 갖춰져 있습니다. 하지만 아까도 말했듯이, 주님께서는 간구하는 자에게만 주시는 분입니다(에스겔 36:37). 간구할 가치가 없다면 분명 쓸모없는 것이니까요." 말을 마친 그는 다시 돌아갔고, 순례자들은 가던 길을 계속 걸었다.

자비가 말했다. "이런 일이 생기다니! 이제는 온갖 위험이 다 지나갔으니 더 이상 슬픔도 없으리라 믿었는데."

크리스티아나가 자비에게 말했다. "당신에겐 아무 잘못도 없어요. 이건 어디까지나 내 잘못이에요. 문밖에 이런 위험이 도사리고 있다는 걸 잘 알면서도 아무런 대책 없이 길을 나섰으니 다 내 탓이지요."

자비 : "그나저나 당신은 길을 떠나기도 전에 어떻게 이런 일이 생길 줄 알았어요? 정말 신기한 일이네요."

크리스티아나 : "아, 다 말해줄게요. 사실은 집을 떠나기 얼마 전에 꿈을 꿨는데, 아까 그 남자들이 내 침대 옆에 서서, 어떻게 하면 내가 구원받는 걸 막을 수 있을까 궁리하고 있었답니다. 그

들이 이렇게 말하더군요. '이 여자를 어떻게 하지? 자나 깨나 자비를 베풀어달라고 이렇게 부르짖고 있으니 말이야. 이대로 내버려뒀다간 이 여자의 남편을 놓친 것처럼 이 여자도 놓쳐버릴 거야.' 그런 말을 들었으니 좀 더 주의를 기울였어야 했는데."

자비가 말했다. "그랬군요. 하지만 이런 부주의로 인해 우리가 얼마나 불완전한 존재인지를 다시 한 번 깨닫게 되었잖아요. 주님 역시 은총이 넘치시는 분임을 다시 한 번 증명하셨고요. 그분은 우리가 간구하지도 않은 친절을 베풀어 주셨고, 우리를 저 힘센 자들의 손에서 건져주셨어요."

이런 대화를 나누면서 한참 걷다보니 길가에 어떤 집이 나타났다. 이 집은 〈천로역정〉 제1부에 자세히 묘사된 것처럼, 순례자들의 안식을 위해 지어진 것이었다. 그들이 집(해석가의 집) 가까이 다가가자, 집안에서 이야기 소리가 들렸다. 귀 기울여 들어보니, 크리스티아나의 이름도 거론되는 것 같았다. 크리스티아나와 아들들이 순례를 하고 있다는 소문이 그들보다 먼저 도착한 것이었다. 그 집 사람들은 얼마 전까지만 해도 순례의 길을 떠나지 않으려 했던 크리스티안의 아내가 순례를 떠났다는 이야기를 듣고 굉장히 기뻐하였다. 그들이 그토록 칭찬하고 있는 선한 사람이 바로 문밖에 서서 듣고 있다는 사실은 꿈에도 모른 채. 마침내 크리스티아나가 문을 두드렸다. 그러자 어린 소녀가 밖으로 나와 문을 열었다.

소녀의 눈에 두 여인의 모습이 들어왔다.

소녀가 그들에게 물었다. "누구를 만나러 이곳에 오셨나요?" 크리스티아나가 대답했다. "이 집은 순례자들을 위해 지어진 집이라는 말을 듣고 이렇게 왔습니다. 부디 이곳에 머물게 해주세요. 보다시피 날도 저물어 오늘밤은 더 이상 갈 수가 없답니다."

소녀 : "이름을 가르쳐 주시겠어요? 주인님께 알려드려야 하거든요."

크리스티아나 : "내 이름은 크리스티아나고, 몇 년 전 이 길을 지나갔던 순례자의 아내랍니다. 이 아이들은 그 순례자의 아들들이고요. 이 처녀도 나와 함께 순례를 하고 있는 일행입니다."

그러자 청순함(그 소녀의 이름이었다)이 안으로 달려 들어가더니 집안에 있던 사람들에게 외쳤다. "지금 문밖에 누가 와있는지 알아요? 바로 그 크리스티아나가 아들들과 일행을 데리고 왔어요. 여기로 들여보내달라고 기다리고 있다니까요." 집안에 있던 사람들은 기뻐서 팔짝팔짝 뛰며 주인께 보고를 드렸다. 그러자 주인이 문으로 나와 그들을 보며 물었다. "당신이 그 크리스티아나입니까? 선한 크리스티안이 순례자의 삶을 선택하자 그를 버렸던 아내 맞습니까?"

크리스티아나 : "예, 마음이 완악하여 남편의 고통을 무시하고 혼자서 순례를 떠나도록 내버려둔 그 여자 맞습니다. 이 아이들은 그의 아들들이고요. 지금은 저도 오직 이 길만이 옳은 길이라는 확신을 갖고 순례자가 되었습니다."

해석가 : "그러니까, 어떤 사람에게 아들이 있는데, 아버지가 아들에게 가서 '애야, 너 오늘 포도원에 가서 일해라' 하고 말하자, 아들이 '싫습니다!' 하고 말했다가, 그 뒤에 뉘우치고 일하러 갔다(마태복음 21:29)는 말씀이 이루어진 것이군요."

그러자 크리스티아나가 말했다. "아멘, 그대로 이루어지기를 원합니다. 하나님의 말씀이 그대로 이루어져서, 제가 티도 없고 흠도 없는 사람으로 그분 앞에 나아갈 수 있기를 원합니다."

해석가 : "그런데 왜 이렇게 문밖에 서 있습니까? 아브라함의 딸이여, 어서 들어오십시오. 안 그래도 당신이 순례자가 되었다는 소식을 듣고, 당신에 관한 이야기를 하고 있었답니다. 자, 애들아, 이리 들어와라. 아가씨도 어서 들어오시지요." 그는 그들 모두를 집안으로 맞아들였다.

그들이 안으로 들어가자 앉아서 쉬라고 했다. 다들 쉬고 있는데, 그 집에서 순례자의 시중을 들던 사람들이 방으로 몰려들었다. 크리스티아나가 순례자가 되었다는 말을 듣고 다들 기쁨의 미소를 지었으며, 아이들을 보고는 다정하게 머리를 쓰다듬어 주었다. 또 자비에게도 다정하게 대해 주었다. 그들 일행이 주인집에 온 것을 다들 환영해 주었다.

저녁식사가 준비되는 동안 해석가는 그들을 귀한 방으로 안내했다. 그리고는 크리스티아나의 남편, 크리스티안이 얼마 전에 보고 간 것들을 모두 보여주었다. 그들은 우리에 갇힌 사람, 꿈을 꾼 사람, 원수를 물리치고 자기 길을 간 사람, 가장 큰 사람의 초상화, 그 밖에도 크리스티안에게 큰 도움이 되었던 것들을 모두 구경했다.

크리스티아나 일행이 그것들을 어느 정도 이해한 뒤, 해석가는 다시 그들을 옆방으로 데려갔다. 거기에서 그들은 쇠스랑을 손에 든 채 아래만 내려다보고 있는 남자를 보았다. 그의 머리 위에는 또 한 사람이 있었는데, 그가 거룩한 면류관을 손에 들고서 그것과 쇠스랑을 서로 바꾸자고 제안했다. 하지만 그 남자는 면류관을 거들떠보지도 않고 오로지 지푸라기나 나뭇가지, 바닥의 먼지만 긁어모았다.

크리스티아나가 물었다. "이 장면이 무엇을 의미하는지 알 것 같아요. 그러니까 세상 사람들의 모습이 이렇다는 말이지요?"

해석가가 대답했다. "예, 맞습니다. 쇠스랑은 저 사람의 세속적인 마음을 상징하는 겁니다. 위에서 하나님이 거룩한 면류관을 손에 들고 부르시는데도 저렇게 지푸라기나 나뭇가지, 먼지만 긁어모으는 것 보이지요? 저런 사람은 하늘나라가 비유에 불과한 것이라 여기고 오직 세상의 것들만 중요시한답니다. 저 사람이 아래만 내려다보고 있는 것은 인간의 마음이 세상의 것들로 꽉차있어서 하나님으로부터 점점 더 멀어지기만 한다는 걸 보여주는 것이지요.”

그 말을 듣고 크리스티아나가 기도했다. “오, 저를 이 쇠스랑에서 건져 주옵소서.”

그러자 해석가가 말했다. “쇠스랑이 녹슬 때까지도 그런 기도를 하는 사람은 거의 없답니다. ‘저를 가난하게도 부유하게도 하지 마옵소서’(잠언 30:8)라고 기도하는 사람은 만에 하나 있을까 말까 합니다. 대개는 지푸라기나 나뭇가지, 먼지만 중요시하고 오로지 그런 것만 찾아다니지요.”

이 말에 크리스티아나와 자비가 눈물을 흘리며 말했다. “이를 어째! 틀린 게 하나도 없는 말씀이니.”

이것을 보여주고 난 뒤 해석가는 자기 집에서 가장 좋은 방으로 그들을 안내했다. 정말로 화려한 방이었다. 그는 도움이 될 만한 게 있는지 둘러보라고 했다. 보고 또 봤지만, 천정에 붙어있는 커다란 거미 한 마리 외에는 아무것도 없었다.

자비가 말했다. “선생님, 아무 것도 안 보이는데요.” 하지만 크리스티아나는 아무 말도 하지 않았다.

해석가가 말했다. “다시 한 번 잘 살펴보십시오.”

자비는 다시 한 번 방을 둘러보더니 이렇게 말했다. “천정에 붙어

있는 징그러운 거미 한 마리밖에 없어요." 그때 눈치 빠른 크리스티아나의 눈에 눈물이 맺히기 시작하더니 그녀가 이렇게 말했다. "주님, 한 마리가 아니에요. 이 방에는 저 거미보다 훨씬 더 지독한 독을 지닌 거미들이 있어요." 해석가가 기쁜 얼굴로 그녀를 바라보며 말했다. "그렇습니다." 이 말을 들은 자비가 얼굴을 붉혔다. 아이들도 얼굴을 가렸다. 마침내 그 수수께끼를 이해한 것이다.

해석가가 다시 말을 이었다. "보다시피 이 거미는 '사람의 손에 잡힐 것 같은데도 왕궁을 드나들고 있습니다.'(잠언 30:28) 성경에 이런 말씀이 적혀 있는데, 제아무리 죄의 독이 가득한 사람이라 할지라도, 신앙의 손만 있다면, 저 위에 있는 왕의 집에서 가장 좋은 방에 거하지 못할 이유가 어디 있겠습니까?"

그러자 크리스티아나가 말했다. "저도 그런 생각을 했지만, 완전히 깨닫지는 못했답니다. 제 생각에, 우리는 저 거미와도 같아서, 아무리 화려한 방에 있더라도 저렇게 못나 보일 것 같네요. 하지만 저렇게 독이 있는 징그러운 거미 덕분에, 오히려 믿음을 실천하는 방법을 배울 수는 있지요. 저기 보이는 것처럼, 거미는 이 집에서 가장 좋은 방에 매달려 있잖아요? 하나님께서 지으신 것은 무익한 게 하나도 없네요."

이 말에 모두들 기뻐하는 것 같았다. 눈물이 가득 고인 채로 서로를 바라보던 그들은 해석가에게 절을 했다.

그가 이번에는 암탉과 병아리가 있는 방으로 데려가더니, 잠시 닭들을 살펴보라고 했다. 병아리 한 마리가 물을 마시고 있는데, 물을 한 모금 마실 때마다 하늘나라를 쳐다보았다. 해석가가 말했다. "이 병아리의 행동을 보고 배우십시오. 이 병아리는 자비가 어디에서 비롯되는지를 알고 위를 쳐다보는 것입니다. 좀 더 살펴보십시오." 그들이 주의 깊게 살펴보니, 암탉은 병아리들에게 네 가지 소리를 내고 있었다.

1) 보통 하루 종일 병아리들을 부르는 소리,
2) 가끔씩 특별히 병아리를 부를 때 내는 소리,
3) 병아리를 날개 아래 품을 때 내는 소리(마태복음 23:37),
4) 고함소리(마태복음 23:37).

해석가가 말했다. "자, 이 암탉이 당신들의 왕이고, 병아리들은 그분께 순종하는 이들이라고 생각해보십시오. 그분도 이 암탉처럼 백성을 다루신답니다. 평소처럼 부르실 때에는 아무 것도 주시지 않지만, 특별히 부르실 때에는 늘 무언가를 주시지요. 또 병아리를 품는 소리를 내실 때에는 백성을 날개 아래 품어주시고, 고함을 치실 때에는 원수의 접근을 경고해 주신답니다. 사랑하는 여러분, 이 방으로 여러분을 데려온 것은, 여자들이라서 쉽게 이해할 수 있을 것 같아서였습니다.”

크리스티아나가 말했다. “그렇군요. 다른 것들도 더 보여주십시오.” 그러자 이번에는 백정이 양을 잡고 있는 도살장으로 데려갔다. 그런데 그 양은 자신의 죽음을 조용히 견디고 있었다.

해석가가 그들에게 말했다. “여러분도 저 양처럼 불평불만 없이 잘못을 견디고 고통 받을 줄 알아야 합니다. 귓가까지 살갗이 다 벗겨지는데도 항의 한 마디 없이 죽음을 맞이하는 저 모습을 보십시오. 왕께서는 여러분을 양이라고 부르신답니다.”

이 말을 마친 그는 아주 다양한 꽃들이 피어 있는 정원으로 그들을 데려갔다. 그리고는 물었다. “이 꽃들이 잘 보입니까?” 크리스티아나가 대답했다. “예, 보입니다.” 그러자 그가 말했다. “이 꽃들은 보다시피 크기와 특징, 색깔, 향기, 아름다움의 정도가 모두 제각각입니다. 우수한 품종도 있고 안 그런 품종도 있지요. 하지만 이 꽃들은 절대로 다투는 법이 없습니다. 정원사가 심어놓은 자리에 늘 그대로 피어있지요.”

그 다음에는 밀과 옥수수를 심어놓은 밭으로 그들을 데려갔다. 그런데 알곡 부분은 이미 잘려나가고 지푸라기만 남아있었다. 해석가가 물었다. “거름도 주고 쟁기질도 하고 씨도 뿌렸는데 이 모양이니, 어떻게 수확을 해야 할까요?” 크리스티아나가 대답했다. “일부는 불태우고 일부는 퇴비로 사용해야지요.” 그러자 해석가가 말했다. “예, 보다시피 여러분이 원하는 건 열매입니다. 그러니 열매가 없으면 불태우거나 짓밟아버릴 수밖에 없지요. 여러분도 이런 신세가 되지 않도록 조심하십시오.”

그들이 집으로 돌아가고 있는데, 작은 지빠귀 한 마리가 입에 커다란 거미를 물고 있는 게 보였다. 해석가가 말했다. “여길 보십시오.” 그들은 울새를 살펴보았다. 하지만 자비는 도무지 무슨 뜻인지 알 수가 없었다. 그때 크리스티아나가 이렇게 말했다. “이럴 수가! 저 작고 예쁜 지빠귀도 다른 새들과 똑같다니 정말 실망이네요. 저 새는 다른 생명을 해치지 않고 빵부스러기 같은 것을 먹을 거라고 생각했는데. 이젠 저 새도 예전처럼 좋아할 수가 없을 것 같아요.”

그러자 해석가가 말했다. “이 지빠귀는 일부 신앙고백자들에게 딱 들어맞는 상징입니다. 그들도 이 지빠귀처럼, 겉보기에는 고운 목소리와 색깔, 태도를 지녔습니다. 마치 선한 사람의 빵부스러기를 먹고 사는 것처럼, 겉으로는 신실한 신앙고백자들을 굉장히 사랑하고 그들과 어울리는 걸 무척 원하는 것처럼 행세합니다. 또 거룩한 분의 집에 거하면서 마치 주님의 약속을 받아낸 것처럼 행동하지요. 하지만 자기들끼리 있을 때는, 이 지빠귀처럼 거미를 잡아먹는답니다. 그들은 언제든지 먹이를 바꿀 수 있고, 또 밥 먹듯이 죄를 저지른답니다.”

크리스티아나 일행이 집에 돌아왔을 때에도 저녁식사는 아직 준비되지 않았다. 크리스티아나가 해석가에게 유익한 것들을 좀 더 가르쳐달라고 부탁했다.

그러자 해석가가 이런 얘기를 들려주었다. "암퇘지는 살이 찔수록 더 많은 진흙이 필요하고, 황소는 살이 찔수록 더 먼저 도살장에 끌려갑니다. 그런 것처럼 육체도 건강할수록 더 쉽게 악에 빠진답니다."

"여자들은 깔끔하고 아름답게 단장하고 싶어 합니다. 하나님 앞에 나갈 때에도 그렇게 단장하는 것이 중요합니다."

"하루나 이틀 밤 깨어 있는 건 쉬워도, 일 년 내내 깨어있는 건 어렵습니다."

"처음으로 신앙을 고백하는 건 쉬워도, 끝까지 그 신앙을 간직하는 건 어렵습니다."

"폭풍우 속에서는 어떤 선장이든 배에서 가장 쓸모없는 것부터 내던지게 되어 있습니다. 어떤 사람이 가장 소중한 것부터 내던지려 하겠습니까? 하나님을 경외하는 사람은 절대로 버려지지 않습니다."

"작은 구멍 하나가 배를 가라앉히고, 한 가지 죄가 죄인을 멸망시킵니다."

"친구를 잊어버리는 자는 배은망덕하고, 구세주를 잊어버리는 자는 스스로에게 냉혹한 사람입니다."

"죄 가운데 살면서 행복을 바라는 사람은, 잡초의 씨앗을 뿌려놓고 밀과 보리를 가득 추수하리라 기대하는 사람과도 같습니다."

"제대로 살려면 자신의 최후를 항상 마음속에 그리며 살아야 합니다.”

“소문과 변덕스러운 마음은 이 세상에 죄악이 존재한다는 증거입니다.”

“하나님께서 하찮게 여기시는 이 세상도 인간에게는 그토록 소중한데, 하물며 하나님께서 흡족해하시는 하늘나라는 어떻겠습니까?”

“온갖 고생이 따르는 삶도 포기하지 않는 우리인데, 하물며 저 위의 삶은 어떻겠습니까?”

“인간의 선함에는 모두들 감동하면서, 마땅히 감동해야 할 하나님의 선하심에는 왜 감동하는 사람이 없습니까?”

“가끔은 음식을 다 먹지 못하고 남기는 것처럼, 예수 그리스도 안에는 세상이 필요로 하는 것보다 훨씬 더 많은 의와 공로가 있습니다.”

말을 마친 해석가는 크리스티아나 일행을 정원으로 데려가 나무 한 그루를 보여주었다. 그 나무는 속이 다 썩었는데도 잎사귀가 달려 있었다. 자비가 물었다. “이것은 무슨 뜻입니까?” 해석가가 대답했다. “이 나무는 속은 다 썩었는데 겉은 멀쩡합니다. 하나님의 정원에도 이런 나무들이 아주 많습니다. 입으로는 하나님을 높이면서도 그분을 위해 아무것도 하지 않는 사람, 잎사귀는 멀쩡한데 마음속은 순전히 마귀의 불쏘시개뿐인 사람들 말입니다.”

그때 저녁식사 준비가 끝났다. 누군가 감사기도를 드린 뒤 모두들 식탁에 둘러앉아 저녁식사를 하기 시작했다. 해석가는 자기 집에 머무는 손님들과 식사를 할 때마다 연주가들을 불러 음악을 들려주곤 했다. 이번에도 목소리가 고운 남자가 노래를 불렀는데, 그 내용은 이랬다.

주님만이 나의 후원자.
그분이 나를 먹이시도다.
부족함이 전혀 없으니
내가 무엇을 더 바랄까?

노래와 음악이 그치자, 해석가가 크리스티아나에게 이렇게 순례자의 삶을 살게 된 이유가 무엇이냐고 물었다. 크리스티아나가 대답했다. "처음엔 남편을 잃은 상실감에 너무도 괴로워서 그런 생각을 품게 되었답니다. 하지만 그건 당연한 감정이었지요. 그 뒤로는 남편의 고뇌와 순례가 떠올랐고, 제가 남편에게 얼마나 잘못했는지도 기억났어요. 그래서 한때는 죄책감 때문에 연못에 빠져죽을까도 했지만, 다행히 남편이 아주 행복하게 지내는 꿈을 꾸었답니다. 게다가 남편이 살고 있는 나라의 왕께서 초대장까지 보내주셨지요. 결국은 그 꿈과 편지가 마음을 파고들어 이 길을 떠나지 않을 수가 없었어요.”

　해석가 : “하지만 당신이 집을 나서기 전 아무도 반대하는 사람
이 없었습니까?”

크리스티아나 : “있었지요. 소심쟁이라는 이웃이 저를 말렸어
요. 그녀는 사자가 두려워 제 남편에게 돌아가라고 권했던 사람
의 딸인데, 저의 필사적인 모험의지를 비웃고 제 남편이 도중에
겪었던 고난과 역경을 들먹여가면서 제 맘을 돌리려 했지요. 그
래도 저는 이 모든 걸 이겨냈습니다. 하지만 흉측하게 생긴 두
남자가 제 여행을 방해하려고 작당하는 꿈을 꾸었기 때문에 무
척이나 괴로웠어요. 지금도 그 남자들을 생각하면, 만나는 사람
마다 행여 저를 해치거나 길에서 벗어나게 하려고 온 사람이 아
닐까 무서워져요. 아무에게도 알리고 싶지 않은 일이지만, 주님
께는 말씀드릴 수 있을 것 같네요. 사실, 그 문을 지나 이곳으로
오는 길에 저희는 지독한 공격을 받아서 ‘사람 살려!’ 하고 외친
적이 있는데, 그때 저희를 공격한 남자들이 바로 꿈속에 나타났
던 그 남자들이에요.”

　그러자 해석가가 말했다. “처음에는 보잘 것 없겠지만 나중에는
크게 될 것입니다.” 그리고는 자비에게 물었다. “사랑스러운 아가
씨, 당신은 어째서 이곳으로 오게 되었습니까?”

그러자 자비가 얼굴을 붉히면서 몸을 떨었다. 잠시 침묵이 흘렀다.

해석가가 다시 말했다. "두려워하지 말고 믿으십시오. 그리고 당신 생각을 말해보십시오."

자비가 간신히 말을 꺼냈다. "사실 저는 경험이 부족해서 할 말이 없어요. 게다가 조만간 모든 게 끝나버릴 것만 같은 두려움에 뭐라 말을 할 수가 없네요. 저는 이 친구 크리스티아나처럼 희망이나 꿈을 말할 수가 없는 처지거든요. 선한 친척들의 충고를 거절한 슬픔이 뭔지도 모르고요."

해석가 : "사랑스러운 아가씨, 그럼 당신에게 이걸 권유한 사람은 누구입니까?"

자비 : "실은 이 친구가 마을을 떠나려고 짐을 싸고 있을 때 다른 사람과 함께 우연히 그 집을 들르게 되었답니다. 문을 두드리고 안으로 들어갔는데, 이 친구가 짐을 싸고 있길래 무슨 일이냐고 물었지요. 그랬더니 남편에게 갈 거라면서, 꿈 이야기를 들려줬어요. 남편이 신비로운 곳에서 영원히 죽지 않는 이들과 함께 지내는 꿈을 꾸었는데, 머리에 면류관을 쓰고 비파를 연주하면서 왕자의 식탁에서 함께 먹고 마시며 자신을 그곳으로 데려오신 그분을 찬양하고 있더라고 했어요. 그 이야기를 듣는 동안 제 마음도 불타올랐지요. 만일 그게 사실이라면, 부모와 고향땅을 두고라도 크리스티아나를 따라가야겠다고 마음먹었답니다."

"그래서 그게 진짜로 사실인지, 저도 함께 갈 수 있는지 물었어요. 우리 마을은 멸망의 위험 때문에 더 이상 아무도 살 수 없다는 걸 잘 알고 있었으니까요. 하지만 이렇게 멀리 떠나온 지금도 마음이 무겁네요. 길을 가기 싫어서가 아니라, 그곳에 아주 많은 친척들을 남겨두고 왔기 때문이에요. 그래도 간절한 마음으로 여기까지 왔으니, 가능하면 크리스티아나와 함께 그녀의 남편과 왕이 계시는 곳까지 가야지요."

해석가 : "아주 잘 떠난 겁니다. 진리를 신뢰했으니까요. 그러니까 당신은 룻 같은 사람이군요. 룻도 나오미와 주 하나님을 향한 사랑 때문에 부모와 고향땅을 떠나 전혀 모르는 백성에게로 갔답니다. 당신이 한 일은 주께서 갚아 주실 겁니다. 이제, 당신이 주 이스라엘의 하나님 날개 밑으로 보호를 받으러 왔으니, 그분께서 당신에게 넉넉히 갚아주실 것입니다."(룻기 2:11)

저녁식사가 끝나고 잠자리가 준비되었다. 여자들은 다른 방에서 따로 자고, 아이들은 모두 한방에서 잠들었다. 이제 자비는 조만간 모든 게 끝나버릴지도 모른다는 두려움을 떨쳐버릴 수 있었다. 너무도 기쁜 나머지 쉽게 잠이 오지 않았다. 그래서 침대에 누워 그 크신 하나님의 은혜에 축복과 찬양을 올렸다. 다음날 아침 동이 틀 무렵, 그들은 자리에서 일어나 길 떠날 채비를 했다. 그런데 해석가가 조금만 더 머물다 가라고 했다. "먼저 정해진 절차를 밟아야 합니다." 그러더니 전에 문을 열어주었던 소녀에게 이렇게 지시했다. "정원에 있는 목욕탕으로 모시고 가서, 여행 중에 쌓인 먼지를 깨끗이 씻으시라고 해라." 그러자 청순함이 그들을 정원에 있는 목욕탕으로 안내한 다음, 그 집에서 순례를 떠날 때에는 반드시 몸을 청결히 씻어야 한다고 했다. 따라서 그들은 어른 아이 할 것 없이 모두들 목욕탕에 들어가 몸을 씻었다. 목욕탕에서 나올 때에는 한결 깨끗하고 상큼해졌을 뿐만 아니라 얼굴에도 생기가 돌았고 관절도 더욱 튼튼해져 있었다. 다시 그 집으로 들어가는 그들 모습이 전보다 훨씬 아름다워 보였다.

그들이 정원에 있는 목욕탕에서 돌아오자, 해석가가 그들을 바라보며 말했다. "달처럼 아름답습니다." 그리고는 그 목욕탕에서 몸을 씻은 이들에게 붙여주게 되어 있는 표를 가져오라고 하더니, 어디를 가든지 사람들이 알아볼 수 있도록 그 표를 붙여주었다. 그 표는 이스라엘 자손이 유월절에 먹었던 무교병과 이집트 땅에서 나올 때에 이마 위에 붙였던 표를 모두 합친 것이었다(출애굽기 13:8~10). 그 표를 붙이고 나자 그들의 얼굴이 한층 더 아름다워 보였다. 훨씬 더 품위 있어 보이는 게, 마치 천사 같았다.

그때 해석가가 그들의 시중을 들던 소녀에게 다시 말했다. "성구 보관소에 가서 이분들의 의복을 가져오너라." 청순함이 하얀 의복을 가져와 해석가 앞에 내려놓았다. 해석가가 크리스티아나 일행에게 그 의복을 입으라고 했다. 희고 깨끗하고 고운 모시옷이었다.

곱게 치장한 그들은 서로를 바라보고 깜짝 놀랐다. 둘 다 자기 영광은 보지 못하고 상대방의 영광만 볼 수 있었던 것이다. 그들은 서로 상대방을 높여주기 시작했다. 한쪽이 "당신이 나보다 아름다워요"라고 말하면, 다른 쪽도 "당신이 나보다 훨씬 멋진데요"라고 말했다. 아이들 역시 자기들 옷차림에 깜짝 놀라 그 자리에 얼어붙었다.

그때 해석가가 담대함을 불러 칼과 투구, 방패를 들라고 했다. 그리고는 이렇게 말했다. "내 딸들을 다음 휴식처인 아름다움 성까지 모셔다드려라." 무장을 한 담대함이 앞장서서 걷기 시작했다. 해석가가 "하나님께서 지켜주시길!" 하고 축복했다. 그 집에 있던 사람들 모두가 나와서 행운을 빌어주었다. 다시금 길을 떠나게 된 그들은 다음과 같이 노래했다.

이곳은 우리의 두 번째 쉼터.
여기서 우리는 보고 들었네.
대대로 모두에게 숨겨져 왔던 선한 것들을.
쇠스랑을 든 남자, 거미, 암탉과 병아리까지도
내게 교훈을 안겨주었네.
이제 내가 그 교훈을 따르리.

백정, 정원과 밭, 지빠귀와 그 먹이,

썩은 나무까지도 내 주장을 꺾어,

나로 하여금 깨어서 기도하고

신실하기 위해 애쓰며

내 십자가를 지고 날마다

주님을 경외하고 섬기도록 만들었네.

꿈속에서 보니, 크리스티아나 일행이 담대함의 뒤를 따라가고 있었다. 마침내 그들은 크리스티안의 무거운 짐이 벗겨져 무덤 속으로 굴러들어갔던 곳에 도착하였다. 그들은 잠시 걸음을 멈추고 하나님께 찬양을 드렸다. 크리스티아나가 말했다. "여기에 오니, 문에서 들었던 말씀이 생각나네요. 말과 행위로 용서받게 될 거라던 말씀 말이에요. 말로 용서한다는 것은 용서의 약속을 의미하고, 행위로 용서한다는 것은 그 약속을 실행한 방법을 의미한다고 했잖아요? 그런데 약속에 대해서는 조금 알겠는데, 행위로 용서한다거나 그 약속을 실행한 방법은 무얼 뜻하는지 모르겠네요. 담대함 선생님은 분명 알고 있을 것 같은데, 괜찮다면 저희에게 좀 가르쳐 주시지요."

담대함 : "행위로 용서한다는 말은 용서가 필요한 사람을 대신해서 다른 사람이 용서를 구한다는 의미입니다. 그러니까 용서받을 사람의 행위로 인해 용서가 이루어지는 게 아니라 다른 사람이 이뤄낸 방법으로 인해 용서가 이루어진다는 뜻이지요. 좀더 쉽게 말하자면, 당신들과 이 아이들의 용서는 다른 사람, 곧 그 문에서 당신들을 맞아주신 분에 의해 이루어지는 겁니다. 그분은 두 가지 방법으로 용서를 얻으셨습니다. 첫째, 당신들을 덮어주시기 위해 의를 행하셨고, 둘째, 당신들을 씻기시려고 피를 흘리셨던 것입니다."

크리스티아나 : "하지만 우리에게 그분의 의를 다 나눠주시고 나면, 그분 자신의 의는 어디서 얻는단 말인가요?"

담대함 : "그분은 여러분이나 그분께 필요한 것보다 훨씬 더 많은 의를 가지고 계신답니다."

크리스티아나 : "좀 더 쉽게 설명해 주세요."

담대함 : "기꺼이 설명해 드리겠습니다. 하지만 여기엔 한 가지 전제가 있습니다. 이제부터 언급할 분은 결코 비할 데가 없다는 겁니다. 그분은 하나의 인격 안에 두 가지 본성을 지니고 계신데, 이 두 가지 본성은 구별이 가능하지만 분리는 불가능합니다. 두 가지 본성에는 저마다 의가 따로 있어서, 공의나 의로부터 그것을 분리시키면 아예 소멸해 버립니다. 우리는 이런 의를 전혀 안 갖고 있기에, 의로운 삶을 살려면 이런 의를 입어야 합니다. 이런 의 외에도 두 가지 본성을 동시에 지니신 그분의 의도 있습니다. 이것은 인간성과 별개인 신적인 의도 아니고, 신성과 별개인 인간적인 의도 아닙니다. 두 가지 본성이 결합되어 나타난 의로서, 중보자의 사명을 담당하기 위해 반드시 필요한 의입니다. 만일 첫 번째 의와 분리된다면 그분의 신성과 분리되는 것이고, 두 번째 의와 분리된다면 인간의 결백함과 분리되는 것이며, 세 번째 의와 분리된다면 중보자의 사명을 담당할 수 있는 완전함과 분리되는 것입니다. 그러므로 그분은 또 하나의 의를 지니고 계십니다. 계시 받은 의지를 실행에 옮기거나 순종하는 의, 죄인

들을 입히시고 그들의 죄를 덮어주시는 의 말입니다. 그분의 말씀처럼, '한 사람이 순종하지 않음으로 말미암아 많은 사람이 죄인으로 판정을 받았는데, 이제는 한 사람이 순종함으로 말미암아 많은 사람이 의인으로 판정을 받을 것입니다.'"(로마서 5:19)

크리스티아나 : "그 밖의 의는 아무런 소용도 없는 건가요?"

담대함 : "예, 그분의 본성과 사명에는 꼭 필요하지만, 다른 사람에게는 나눠 줄 수가 없습니다. 바로 그 때문에 의가 제대로 사명을 담당할 수 있는 것입니다. 그분의 신적인 의는 순종을 가치 있게 하고, 그분의 인간적인 의는 순종을 의롭게 할 수 있는 능력을 부여합니다. 그리고 이 두 가지 본성이 결합된 의는 그 의가 맡겨진 직무를 제대로 수행하도록 권위를 부여해 줍니다."

"사실 하나님이신 그리스도께는 의가 전혀 필요 없습니다. 의 없이도 이미 하나님이시니까요. 또한 인간이신 그리스도께도 의가 필요 없습니다. 의 없이도 완전한 인간이시기 때문입니다. 마찬가지로 신인이신 그리스도께도 의가 전혀 필요 없습니다. 이미 그분은 의를 지니고 계시기 때문입니다. 이렇게 의가 전혀 필요치 않은 그분은 다른 사람들에게 자신의 의를 나눠 주시는데, 이를 가리켜 의의 선물이라고 합니다(로마서 5:17). 주 예수 그리스도께서는 율법 아래 완전하신 분이므로, 다른 사람들에게 남은 의를 나눠 주셔야만 합니다. 율법은 공의를 행하고 나아가 자선을 베풀라고 명하기 때문입니다. 만일 겉옷이 두 벌 있다면 율법에 따라 한 벌도 없는 자에게 나눠 줘야 합니다. 우리 주님 역시 겉옷을 두 벌 갖고 계신데, 한 벌은 주님 것이고, 한 벌은 남은 옷입니다. 그래서 겉옷이 한 벌도 없는 사람에게 값없이 나눠 주시는 것입니다. 바로 그 때문에 여기 있는 여러분도 행위로, 곧 다른 분의 노력으로 용서를 받은 것입니다. 그분은 여러분의 주님이신 그리스도십니다. 그분은 자신이 노력해서 얻은 것을 곁에 있는 거지에게 나눠 주셨습니다."

"다시 말하지만, 행위로 용서를 받기 위해서는 하나님께 뭔가 대가를 지불해야 하며, 우리를 덮을만한 것도 준비해야 합니다. 죄가 우리를 의로운 율법의 공정한 저주 아래로 인도했으니(로마서 4:24), 이 저주에서 풀려나려면 속죄를 통해 의로워져야 합니다. 우리가 저지른 죄의 대가를 지불해야 하는 겁니다. 그런데 이 대가는 바로 주님의 피입니다. 여러분을 위해서 대신 심판받으시고, 여러분의 죄 때문에 대신 죽으신 주님의 피 말입니다(갈라디아서 3:13). 주님은 피로써 여러분의 죄값을 대신 치르셨고, 더럽고 추한 여러분의 영혼을 의로 덮어주셨습니다. 그러므로 하나님께서 세상을 심판하러 오실 때 여러분은 심판을 받지 않게 될 것입니다."

크리스티아나 : "정말 멋지네요! 이제 말과 행위로 용서받는다는 말씀의 의미를 잘 알았어요. 자비 씨, 이것을 우리 맘속에 잘 새겨둡시다. 애들아, 너희도 명심해라. 선생님, 그러면 제 남편

크리스티안이 등에 지고 있던 무거운 짐을 벗게 된 것도, 그리고 그가 기쁨에 겨워 세 번이나 펄쩍 뛰어오른 것도 다 그 때문인가요?”

담대함 : “예, 맞습니다. 바로 이 믿음 때문에 이제까지 무슨 수를 써도 끊을 수 없었던 그 줄이 끊어진 겁니다. 십자가 앞까지 고생스럽게 짐을 지고 와야 했던 것도 다 이 믿음을 증명하기 위해서였고요.”

크리스티아나 : “저도 그렇게 생각했어요. 아까도 즐겁고 기뻤는데, 이제는 열 배는 더 즐겁고 기쁘네요. 지금까지는 제대로 알지 못했던 것을 이제는 잘 알게 되었어요. 이 세상에서 가장 무거운 짐을 진 사람도 여기 와서 직접 본다면 지금의 나처럼 한결 기쁘고 즐거워질 겁니다.”

담대함 : “예, 이런 것들을 보고 느끼면 마음도 편안해지고 짐도 가벼워질 뿐만 아니라 사랑스러운 감정도 샘솟게 된답니다. 용서는 약속뿐만 아니라 그분의 구원 방법과 그분이 준비해두신 사람에 의해서도 주어진다는 사실을 알고 감동하지 않을 사람이 어디 있겠습니까?”

크리스티아나 : “맞습니다. 우리를 위하여 그분께서 피 흘리신 걸 생각하니 내 마음에서도 피가 흐르네요. 오, 사랑이 많으신 분! 오, 복되신 분! 주님이 저를 사셨으니 저는 주님의 것입니다. 그것도 제가 지닌 가치보다 만 배는 더 비싼 대가를 치르고 저를

사셨으니, 저는 전부 주님의 것입니다. 그러니 제 남편이 눈물이 고인 채로 서둘러 떠난 것도 전혀 이상할 게 없지요. 남편은 저와 함께 떠나길 원했는데, 가엾게도 타락해 버린 저는 남편 혼자 길을 떠가게 내버려뒀어요. 오, 자비 씨, 당신 부모님이랑 소심쟁이 부인, 바람둥이 마님도 함께 왔더라면 얼마나 좋았을까요? 분명히 그들도 감동을 받았을 겁니다. 소심쟁이 부인의 두려움도, 바람둥이 마님의 거센 정욕도, 그들을 다시 집으로 돌려보내지는 못했을 겁니다. 선한 순례자가 되는 걸 결코 거부하지 않았을 거예요."

담대함 : "당신은 참 따뜻한 사람이군요. 하지만 그들의 감동이 언제까지 계속될까요? 더욱이, 예수님의 피를 본다고 해서 모두가 다 감동을 받는 건 아니랍니다. 그분의 심장에서 피가 흘러나와 땅바닥에 떨어지는 걸 지켜보면서도 슬퍼하기는커녕 오히려 비웃는 이들이 있습니다. 그런 자들은 그분의 제자가 되는 게 아니라 오히려 더 완악한 마음을 품게 되지요. 내 딸들이여! 여러분은 내 이야기를 깊이 묵상하고 큰 감명을 받았기에 이 모든 것을 얻었습니다. 암탉이 평소와 같은 소리를 낼 때는 병아리에게 아무 것도 주지 않는다는 사실을 반드시 명심하십시오. 여러분이 이것을 받게 된 것은 어디까지나 특별한 은총이니까요."

꿈속에서 보니, 크리스티나 일행이 예전에 크리스티안이 순례를 하다가 낮잠을 자고 있는 단순함과 게으름과 건방짐을 만났던 곳을 지나가고 있었다. 이제 그 세 사람은 건너편 길가에 쇠고랑으로 목이 매여 있었다.

자비가 안내자 겸 지도자인 담대함에게 물었다. "도대체 이 사람들은 누구길래 저기 목매달려 있는 겁니까?"

담대함 : "이 세 사람은 성질이 아주 못됐습니다. 순례자가 될 마음은 전혀 없고, 오히려 순례자들을 방해하기만 할 뿐입니다. 이들은 게으르고 어리석어서, 만나는 사람마다 붙잡고 자기들처럼 행동하면 결국 잘 풀릴 거라고 꼬드겼습니다. 크리스티안이 여길 지날 때엔 낮잠을 자고 있었는데, 지금은 이렇게 목매달려 있군요."

자비 : "그런데 이 사람들의 꼬임에 넘어간 사람도 있었나요?"

담대함 : "그럼요. 이 사람들 때문에 다른 길로 돌아서 버린 이들이 여럿 있답니다. 느림보도 꼬드김에 넘어가 이들처럼 되었고, 숨가쁨과 무정함, 정욕음미, 잠꾸러기, 그리고 우둔함도 가던 길을 벗어나 이들처럼 되었습니다. 이들은 여러분의 주님이 아주 혹독한 감독이라고 비방하고 다닐 뿐만 아니라, 선한 땅에 대해서도 '사람들의 말에 절반도 못 미친다'는 유언비어를 퍼뜨리고 다녔답니다. 또 그분의 가장 뛰어난 종까지도 성가신 참견 장이에 불과하다고 비방하고 다녔지요. 심지어는 하나님의 빵을

겨라고 하고, 그분의 자녀들이 누리는 평안을 환상이라고 했으며, 순례자들의 여행과 수고도 아무 쓸모가 없다고 했답니다."

그러자 크리스티아나가 말했다. "절대로 그럴 리가 없지요. 이 사람들이 정말로 그런 말을 했다면, 불쌍히 여길 필요도 없겠군요. 이런 일을 당해도 싸니까요. 이렇게 길가에 목매달아 놓으면 지나가는 사람들이 보고 깨달을 수 있겠네요. 기왕이면 이들이 죄를 저질렀던 이곳에 기둥을 세우고 죄목을 새겨놓으면 악한 자들에게 경고도 되고 좋지 않을까요?"

담대함 : "그거라면 이미 있습니다. 담장 쪽으로 조금만 더 가면 보일 겁니다."
자비 : "예, 예, 그들을 목매달고 이름까지 파멸시켜 그 죄가 영원히 남도록 해야 해요. 우리가 여기 오기 전에 이들을 목매단 게 참으로 크신 은혜란 생각이 들어요. 우리처럼 가엾은 여자들에게 무슨 짓을 저질렀을지 누가 알겠어요?" 말을 마친 자비가 다음과 같이 노래했다.

너희 세 사람이 거기 목매달려 있어
진리에 대항하는 모든 이들에게 증거가 되었다.

순례자들의 친구가 아닌 자들은
이러한 결말을 두려워할지어다.

내 영혼아, 그런 자들을 항상 경계하여라.
거룩함에 반대하는 자들을.

그들은 계속 걸어서 드디어 어려움 언덕 아래까지 왔다. 담대함이 전에 크리스티안이 이곳을 지날 때 겪었던 일을 이야기해 주었다. 담대함은 우선 샘터로 그들을 데려갔다. "자, 이 샘은 크리스티안이 이 언덕을 올라가기 전에 물을 마셨던 곳입니다. 그때만 해도 물이 깨끗하고 좋았는데, 지금은 악당들이 순례자들을 방해하기 위해 마구 짓밟는 바람에 물이 더러워져버렸답니다."(에스겔 34:18,19) 그러자 자비가 물었다. "왜 그렇게 순례자들을 시기하는 걸까요?" 담대함이 대답했다. "그래도 이 물을 퍼서 깨끗하고 좋은 그릇에 담아두면 괜찮습니다. 흙이 가라앉으면 저절로 깨끗해지니까요."

크리스티아나 일행은 그의 말대로 옹기그릇에 물을 담아두었다가 흙이 가라앉고 난 다음에 마셨다.

다음으로 담대함은 기회주의자와 위선자가 길을 잃고 헤맸던 어려움 언덕 밑의 두 갈래 길을 보여주었다. "이 길들은 아주 위험합니다. 크리스티안이 이곳을 지나갈 무렵에도 두 사람이 길을 잃었답니다. 보다시피 지금은 쇠사슬과 기둥과 도랑으로 길을 막아놓았지요. 그럼에도 불구하고 언덕을 오르는 게 힘들어 이 길로 들어서는 사람들이 간혹 있습니다.”

크리스티아나 : “‘배신자의 길은 스스로 멸망하는 길입니다.’ (잠언 13:15) 이 길에서 목이 부러지는 위험을 안 만나는 게 더 이상하지요.”

담대함 : “그래도 그들은 모험을 감행할 겁니다. 왕의 종들이 그들을 발견할 때마다 길을 잘못 들어섰다고, 위험하니 조심하라고 일러주는데도, 그들은 종의 말을 무시하고 이렇게 말합니다. ‘당신이 주의 이름으로 무슨 말을 하든지, 우리는 당신의 말을 듣지 않겠소. 우리는 우리 입으로 맹세한 대로 하겠소.’ (예레미야 44:16,17) 자세히 보면, 쇠사슬과 기둥과 도랑뿐만 아니라 가시울타리로도 이 길을 막아놓은 게 보일 겁니다. 그런데도 그들은 굳이 이 길을 택한답니다.”

크리스티아나 : “정말 게으른 사람들이네요. 수고하는 걸 그렇게 싫어하다니. 분명 언덕을 오르는 게 싫었을 거예요. 결국 ‘게으른 사람의 길은 가시덤불로 덮여 있다’ (잠언 15:19)는 말씀이 이루어진 거네요. 예, 그들은 언덕을 넘어 이 길을 계속 가느니 차라리 올무에 걸리는 쪽을 선택할 겁니다.”

그들은 발걸음을 옮겨 언덕을 오르기 시작했다. 하지만 산꼭대기에 올라서기 전 크리스티아나가 숨을 헐떡이며 말했다. "정말 숨이 찰 정도로 가파른 언덕이네요. 그들이 자기 영혼보다도 육체가 편한 쪽을 선택한 것도 이상할 게 없어요."

그러자 자비가 말했다. "앉아서 좀 쉬어야겠어요." 그때 크리스티아나의 막내아들이 울음을 터트렸다. 담대함이 아이에게 말했다. "가자, 얘야, 여기 앉으면 안 돼. 조금만 더 올라가면 왕자님의 정자가 있단다." 그리고는 아이의 손을 잡아끌었다.

이윽고 정자에 도착한 그들은 털썩 앉아서 찌는 듯한 더위에 지친 몸을 쉬었다. 자비가 이렇게 말했다. "수고한 다음에 누리는 휴식이 얼마나 달콤한지요!(마태복음 11:28) 또 순례자들을 위해 쉼터를 마련해준 왕자님은 얼마나 선하신지요! 이 정자에 관해 듣긴 많이 들었지만 직접 보는 건 처음입니다. 여기는 가엾은 크리스티안이 비싼 대가를 치른 곳이라고 들었어요. 그러니 우리도 잠들지 않도록 조심해요."

그러자 담대함이 어린아이들에게 물었다. "자, 애들아, 어떠니? 이렇게 순례를 하는 것에 대해 어떻게 생각하니?" 막내아이가 대답했다. "예, 선생님, 하마터면 정신을 잃을 뻔했어요. 아까는 제 손을 잡아주셔서 정말 감사합니다. 전에 엄마가 해주신 말씀이 생각나요. 하늘나라로 가는 길은 사다리를 오르는 것 같고, 지옥으로 가는 길은 언덕을 내려가는 것 같다고 하셨거든요. 하지만 저는 언덕을 내려가다 죽느니 차라리 올라가는 쪽을 택할래요.”

자비가 말했다. “하지만 ‘언덕을 내려가기는 쉽다’ 는 속담도 있잖니?”

그러자 야고보(그 아이의 이름)가 말했다. “제 생각엔, 언덕을 내려가는 게 가장 힘들다는 사실을 깨달을 날이 곧 올 것 같은데요.” 이것을 듣고 담대함이 말했다. “네 말이 맞단다. 참 똑똑하구나.” 자비가 미소를 짓자, 야고보의 얼굴이 빨개졌다.

크리스티아나가 말했다. “자, 여기 앉아서 쉬는 동안 맛있는 것 좀 먹어볼까요? 해석가 씨의 집을 떠날 때 그분에게서 받은 석류랑 벌집이랑 마실 게 좀 있거든요.”

그러자 자비가 말했다. “그분이 당신을 따로 부를 때 뭔가 주실 거라는 생각은 했답니다.” 크리스티아나가 말했다. “예, 몇 가지 챙겨주셨어요. 하지만 자비 씨, 처음 집을 나설 때 했던 말대로, 당신은 기꺼이 나와 동행이 되었으니 내가 가진 것들을 모두 나눠쓰게 될 거예요.” 그리고는 자비와 아이들에게 먹을 것을 나눠주었다. 다함께 나눠먹는 중에 크리스티아나가 담대함에게 물었다. “선생님도 같이 드실래요?” 그러자 담대함이 대답했다. “여러분은 순례를 하고 있지만, 난 이제 돌아갈 겁니다. 그러니 여러분이 먹는 게 훨씬 더 도움이 되겠지요. 난 매일 그걸 먹는답니다.”

그들은 먹고 마시면서 한참 수다를 떨었다. 안내자가 말을 꺼냈다. “날이 저물고 있군요. 괜찮다면 이제 떠날 채비를 해야겠습니다.” 모두들 자리에서 일어나 다시 길을 떠났다. 이번에는 소년들이 앞장섰다. 그런데 크리스티아나가 마실 게 들어있는 병을 깜빡 잊고 오는 바람에 아들 하나를 돌려보내야 했다. 자비가 말했다. “여기는 잘 잃어버리는 곳인가 봐요. 크리스티안도 여기서 두루마리를 잃어버렸는데, 크리스티아나까지 병을 두고 왔으니 말이에요. 선생님, 어째서 이런 일이 벌어지는 건가요?” 그러자 안내자가 대답했다. “그것은 잠 혹은 망각 때문입니다. 깨어있어야 할 때 잠을 자는가 하면, 기억하고 있어야 할 것을 잊어버리기도 하지요. 바로 이런 이유 때문에 순례자들이 쉼터에서 뭔가를 곧잘 잃어버리는 겁니다. 순례자들은 아무리 즐거운 순간이라 할지라도 자신이 이미 받은 걸 잘 지키고 명심해야 합니다. 그러지 않으면 기쁨도 결국 눈물로 끝나고 햇살도 금세 구름으로 바뀌어버립니다. 크리스티안이 이곳에서 겪었던 일이 바로 그 증거입니다.”

　이윽고 그들은 소심함과 의심이 크리스티안에게 무서운 사자가 있으니 돌아가라고 꼬드겼던 곳에 이르렀다. 거기에는 단 같은 게 세워져 있었고, 그 단 앞에는 길에서도 잘 보이도록 널찍한 판 위에 다음과 같은 글이 새겨져 있었다.

이 단을 보거든
마음의 허를 조심하여라.

그리고 그 아래에는 이런 글이 적혀 있었다. "이 단은 소심함과 의심 때문에 순례를 계속하는 걸 두려워했던 이들을 벌하기 위한 것이다. 크리스티안의 여정을 방해하려 했던 소심함과 의심도 이 단위에서 뜨거운 쇠꼬챙이로 혀가 뚫리는 벌을 받았다."

이것을 보고 자비가 말했다. "이것은 흡사 '너희 사기꾼들아, 하나님이 너희에게 어떻게 하시겠느냐? 주님이 너희를 어떻게 벌하시겠느냐? 용사의 날카로운 화살과 싸리나무 숯불로 벌하실 것이다!' 라고 하신 그분의 말씀 같네요."(시편 120:3,4)

다시금 길을 가던 그들은 마침내 사자를 발견하였다. 하지만 담대함 씨는 아주 강한 사람이어서 사자도 전혀 겁내지 않았다. 사자가 있는 곳에 도착할 때쯤, 앞서가던 소년들이 사자가 두려워 뒷걸음질을 치면서 맨 뒤쪽으로 자리를 옮겼다. 그러자 안내자가 미소를 지으며 말했다. "애들아, 위험이 없을 땐 서로들 앞장서서 가더니, 사자를 보자마자 뒷걸음질을 치는 거냐?"

마침내 사자 앞까지 왔을 때 담대함 씨가 칼을 뺐다. 순례자들의 길을 터주기 위해서였다. 그때 한 남자가 나타났다. 사자를 도와주려는 것 같았다. 그가 순례자들의 안내자에게 물었다. "여기 온 이유가 무엇이냐?" 그 남자의 이름은 사나움 혹은 잔인함이었다. 거인의 족속으로서, 순례자들을 많이 죽였기 때문이다.

순례자들의 안내자가 대답했다. "이 여인들과 아이들은 순례를 하고 있는 중이다. 이 길을 반드시 지나야 하니, 너와 저 사자들을 물리치고라도 꼭 가야겠다."

잔인함 : "이 길은 그들이 다닐 길이 아니다. 아무도 여기를 지나가지 못한다. 나는 그들을 막기 위해 왔으니, 사자들을 돕겠다."

아닌 게 아니라, 사자들도 너무 사납고 사자들을 돕는 자도 너무 잔인해서 최근에는 이 길을 지나가는 사람이 거의 없었다. 풀만 무성하게 자라 있었다.

그때 크리스티아나가 말했다. "큰길에는 발길이 끊어지고, 길손들은 뒷길로 다녔다. 내가 일어나기까지, 이스라엘의 어머니인 내가 일어나기까지."(사사기 5:6,7)

그러자 사자 곁에 서 있던 잔인함이, 지금까지 그랬던 것처럼 이번에도 자기가 이길 거라고 호언장담을 했다. 그리고는 절대로 그곳을 지날 수 없으니 다른 길로 돌아가라고 했다.

하지만 안내자인 담대함이 먼저 달려들어 잔인함을 칼로 세게 내리쳤다. 그 바람에 잔인함이 뒤로 물러섰다.

사자를 도우러 왔던 그가 이렇게 물었다. "내 땅에서 나를 죽이려는 것이냐?"

담대함 : "우리가 있는 곳은 왕의 길이다. 그런데 네가 이 길에 사자를 놔뒀다. 이 여인들과 아이들은 비록 약하지만 반드시 네 사자들을 물리치고 나아갈 것이다."

그가 다시 세차게 내리치자 잔인함이 무릎을 꿇었다. 이 공격으로 잔인함의 투구가 부서졌다. 그리고 다음 번 공격에는 팔이 잘려 나갔다. 잔인함이 엄청나게 소름끼치는 비명을 질러대는 바람에 여자들이 깜짝 놀랐다. 하지만 마침내 그가 죽어 널브러진 모습을 보고는 즐거워했다. 쇠줄에 묶인 사자들은 그들에게 아무 짓도 할 수가 없었다. 사자를 도우러 왔던 잔인함이 죽자, 담대함 씨가 순례자들에게 이렇게 말했다. "자, 나만 따라오십시오. 사자들은 절대로 여러분을 해칠 수 없습니다." 그의 뒤를 따라 걷는데도 사자들 곁을 지나자니 부들부들 떨렸다. 아이들 역시 죽을 맛이었다. 하지만 결국 아무도 다치지 않고 무사히 통과하였다.

이윽고 문지기의 오두막집이 보였다. 얼마 남지 않은 거리였지만, 밤에 그곳을 돌아다니는 건 너무 위험한 일이기에 좀 더 발걸음을 재촉했다. 문 앞에 도착하여 문을 두드리니 문지기가 소리쳐 물었다. "누구십니까?" 곧바로 안내자가 대답했다. "접니다." 문지기가 그의 목소리를 알아듣고 얼른 나왔다. 전에도 순례자들의 지도자로서 여기 온 적이 많았기 때문이다. 문지기가 문을 열더니, 안내자가 문 앞에 서 있는 걸 보고는 물었다(안내자 뒤에 있던 여인들은 미처 못 보았다). "담대함 씨, 밤늦게 여긴 어쩐 일입니까?" 그가 대답했다. "주님의 명령에 따라 순례자 몇 분을 모셔왔습니다. 여기 묵으실 분들이지요. 중간에 사자들을 돕기 위해 나타난 거인과 싸우지 않았다면 한참 전에 도착했을 텐데, 길고 지루한 전투를 치르느라 많이 늦었습니다. 어쨌든 거인을 물리치고 순례자들을 여기까지 안전하게 모셔왔습니다."

문지기 : "당신도 들어와서 내일 아침까지 쉬어가십시오."
담대함 : "그럴 수 없습니다. 오늘 밤 주님께 돌아가겠습니다."
크리스티아나 : "오, 선생님, 그토록 신실하고 다정하셨던 분이 순례 중인 우리를 두고 떠나신다니, 우리는 어떻게 해야 하지요? 우리를 위해 용감히 싸우고 친절하게 충고해 주신 은혜는 절대로 못 잊을 겁니다."

자비도 이렇게 말했다. "오, 우리가 여행을 마칠 때까지 당신이 동행해 주시면 정말로 좋을 텐데요! 우리처럼 가엾은 여자들이 이렇게 힘든 길을 친구도 보호자도 없이 어떻게 갈 수 있겠어요?"
가장 어린 야고보까지 거들었다. "선생님, 제발 우리와 함께 가 주세요. 우리는 너무도 연약하니, 저 위험한 길을 가는 동안 제발 도와주세요."

 : "주님의 명령에 따라야 합니다. 그분께서 만일 끝까지 여러분을 안내하라고 지시하셨다면 기꺼이 시중을 들었을 겁니다. 사실 여러분은 처음부터 잘못했습니다. 그분께서 제게 여러분을 여기까지 모셔다드리라고 명하셨을 때, 여러분은 끝까지 동행하게 해달라고 간구했어야 합니다. 그랬다면 분명히 여러분의 간구를 들어 주셨을 겁니다. 이제는 어쩔 수 없습니다. 나는 여기서 돌아가야 합니다. 자, 크리스티아나 씨, 자비 씨, 그리고 용감한 아이들아, 안녕."

문지기인 경계 씨가 크리스티아나에게 고향은 어디고 친척은 누구냐고 물었다. 그녀가 대답했다. "우리는 멸망의 도시에서 왔습니다. 난 과부고, 남편은 죽었어요. 크리스티안이라는 순례자였지요."

"아니!" 문지기가 말했다. "그가 당신 남편이라고요?"

크리스티아나가 말했다. "예, 이 아이들은 그의 자식들이고, 이 사람은 우리 마을사람이에요."

문지기가 늘 하던 것처럼 종을 울리자, 겸손함이라는 소녀가 문 밖으로 나왔다. 문지기가 그 소녀에게 말했다. "안으로 들어가서 크리스티안의 아내인 크리스티아나와 자녀들이 여기까지 순례를 왔다고 전하십시오." 소녀가 안으로 들어가 그 소식을 전하자마자 집안에서 기쁨의 환호성이 울렸다!

크리스티아나가 문밖에 서 있다는 걸 알고 모두들 급히 달려 나왔다. 그들 중 가장 엄숙해 보이는 사람이 말했다. "어서 와요, 크리스티아나. 선한 자의 아내여, 어서 들어오십시오. 축복받은 여인이여, 이리 들어오세요. 함께 온 사람들도 모두 들어오십시오." 크리스티아나가 먼저 들어가고, 그 뒤로 아이들과 일행도 따라 들어갔다. 집안으로 들어서자마자 아주 커다란 방으로 안내된 그들은 그 방에 앉아서 지친 몸을 쉬었다. 집주인께도 손님이 왔으니 환영하러 오라는 전갈이 닿았다. 그들이 누구라는 걸 안 집주인은 입맞춤을 하며 환영의 인사를 건넸다. "하나님의 은총을 받은 이들이여, 어서 오십시오. 여러분을 진심으로 환영합니다."

시간도 많이 늦었고, 긴 여정으로 지친데다 끔찍한 사자들과 안내자의 전투를 보고 기진맥진한 상태였기에, 순례자들은 될 수 있으면 빨리 자고 싶었다. 하지만 그 식구들이 말렸다. "먼저 고기를 먹고 기운부터 차려야 합니다." 그들은 이미 어린 양 한 마리와 늘상 먹던 양념을 준비해두고 있었다(출애굽기 12:21, 요한복음 1:29). 문지기로부터 그들이 올 거라는 소식을 미리 들었던 것이다. 저녁식사를 마친 다음 찬양과 기도를 드린 순례자들은 그만 잠자리에 들고 싶었다.

크리스티아나가 그들에게 말했다. "실례가 안 된다면 전에 제 남편이 묵었던 방에서 자고 싶은데요."

그 방으로 안내된 순례자들은 다함께 잠자리에 들었다. 크리스

티아나와 자비는 잠이 들 때까지 이것저것 떠오르는 대로 대화를
나눴다.

크리스티아나 : "남편이 순례를 떠날 때까지만 해도 이렇게 따
라오게 될 줄은 몰랐어요."
자비 : "더군다나 이렇게 남편이 쓴 침대에서 자게 될 줄은 꿈도
못 꿨겠지요."
크리스티아나 : "남편 얼굴을 편안하게 쳐다보면서 남편과 함께
왕이신 주님을 경배하게 될 줄은 정말 상상도 못했지요. 하지만
지금은 꼭 그렇게 될 것이라고 믿어요."
자비 : "잠깐, 무슨 소리 안 들려요?"
크리스티아나 : "아, 음악소리 같은데요. 우리가 여기 와서 기뻐
하는 소리일 거예요."
자비 : "멋지네요! 집안에도 음악, 마음에도 음악, 하늘나라에도
음악. 우리가 여기 와서 모두들 기뻐하는군요!"

그들은 한참동안 대화를 나누다가 잠이 들었다. 아침에 잠에서
깨자 크리스티아나가 자비에게 물었다.

크리스티아나 : "간밤에 자면서 웃던데, 무슨 일 있었어요? 꿈
꾸는 거라고 생각은 했지만요."

자비 : "예, 아주 달콤한 꿈을 꿨어요. 그런데 내가 웃은 게 확실해요?"

크리스티아나 : "그럼요, 큰소리로 웃던데요. 제발 무슨 꿈인지 얘기해줘요."

자비 : "외딴 곳에 홀로 앉아서 내 마음의 완악함을 한탄하는 꿈이었답니다. 그렇게 얼마를 앉아있는데 사람들이 몰려들었어요. 내가 하는 말을 들으려는 것 같았지요. 하지만 난 그 사람들에게 신경 쓸 겨를 없이 그저 내 완악함만 한탄했어요. 그랬더니 사람들이 나를 비웃더군요. 어떤 이는 멍청이라고 놀리고, 어떤 이는 떠밀기까지 했어요. 그때 문득 위를 쳐다봤더니 날개 달린 사람이 내려오고 있었답니다. 그가 곧장 내게로 오더니 이렇게 물었어요. '자비여, 왜 그렇게 괴로워하고 있습니까?' 내 불평을 다 들어준 그는 내 눈을 자기 손수건으로 닦은 다음 은과 금으로 장식해줬어요. 목에는 목걸이를, 귀에는 귀걸이를 걸어주고, 머리에는 아름다운 면류관을 씌워주었지요.(에스겔 16:8~13) 그런 다음 내 손을 잡더니 이렇게 말했어요. '자비여, 나를 따라오십시오.' 그를 따라 하늘로 올라간 나는 어느 황금 문에 도착했어요. 그가 문을 두드리자 안에서 누가 나와 문을 열어주었고, 나는 그를 뒤따라 안으로 들어갔답니다. 안에는 보좌가 하나 있었는데, 그 위에 앉아계시던 분이 내게 말씀하셨어요. '딸아, 어서 오너라.' 그곳은 별만큼, 아니 태양보다 더 밝게 빛났지요. 거기서 당신

남편도 본 것 같았어요. 그 뒤에 꿈에서 깼는데, 정말로 내가 웃었단 말이에요?"

크리스티아나 : "웃고말고요! 당신 스스로도 그렇게 생각하겠지만, 내 장담하건대 그건 분명히 길몽이에요. 전반부가 사실이란 걸 이미 알고 있으니, 후반부도 결국은 사실로 드러날 겁니다. '사실은 하나님이 말씀을 하시고 또 하신다고 하더라도, 사람이 그 말씀에 주의를 기울이지 못할 뿐입니다. 사람이 꿈을 꿀 때에, 밤의 환상을 볼 때에, 또는 깊은 잠에 빠질 때에, 침실에서 잠을 잘 때에, 바로 그 때에, 하나님은 사람들의 귀를 여시고, 말씀을 듣게 하십니다.' (욥기 33:14,15) 하나님과 대화를 나누기 위해 잠도 안자고 깨어 있을 필요는 없답니다. 그분은 우리가 잠을 자는 동안에도 찾아오셔서 음성을 들려 주시니까요. 우리 마음은 잠을 자는 동안에도 거의 깨어 있기 때문에, 우리가 깨어있을 때처럼 하나님께서는 얼마든지 속담이나 징조나 비유를 통해 말씀하실 수 있답니다."

자비 : "아, 그런 꿈을 꾸다니 정말 기쁘네요. 조만간 그 꿈이 이루어져 다시 한 번 웃을 수만 있다면."

크리스티아나 : "이제 그만 일어나서 앞으로 할 일을 알아봐야 할 것 같은데요."

자비 : "사람들이 여기 좀 더 머무르라고 하면 그 제안을 받아들이기로 해요. 당분간 여기 묵으면서 그 아가씨들과 좀 더 친해지

고 싶어요. 내 생각에 신중함과 경건함과 자선은 용모가 아주 뛰어나고 건전한 것 같아요."

크리스티아나 : "그들이 좀 더 머물라고 하면요."

둘은 자리에서 일어나 떠날 채비를 하고 아래로 내려갔다. 사람들이 잘 쉬었냐고, 혹시 불편한 건 없었냐고 물었다.

자비가 대답했다. "최고였어요. 이렇게 멋진 숙소는 평생 처음인걸요."

그러자 신중함과 경건함이 말했다. "그럼 여기 좀 더 머무세요. 잘 모실게요."

자선도 거들었다. "예, 정성껏 대접할게요."

크리스티아나 일행은 그들의 제안대로 한 달 정도 더 머물렀다. 서로에게 아주 유익한 시간이었다. 신중함은 크리스티아나가 자녀를 어떤 식으로 양육했는지 알고 싶은 마음에, 아이들에게 질문을 좀 해도 되겠냐고 물었다. 크리스티아나는 흔쾌히 그러라고 했다. 신중함은 막내아들 야고보에게 질문을 하기 시작했다.

신중함 : "야고보, 너를 지으신 분이 누군지 아니?"

야고보 : "성부, 성자, 성령께서 지으셨지요."

신중함 : "맞았어. 그럼 널 구원하신 분은 누구니?"

야고보 : "성부, 성자, 성령께서 구원하셨어요."

신중함 : "아주 잘했어. 그런데 성부께서는 너를 어떻게 구원하셨니?"

야고보 : "은총으로요."

신중함 : "성자께서는 어떻게 구원하셨지?"

야고보 : "의와 피 흘려 죽으심과 생명으로요."

신중함 : "그럼 성령께서는 너를 어떻게 구원하셨니?"

야고보 : "계몽과 개혁과 보존으로요."

그러자 신중함이 크리스티아나에게 이렇게 말했다. "자녀를 이렇게 잘 양육하셨으니 분명 칭찬받으시겠네요. 막내아들에겐 나머지 질문을 할 필요도 없겠어요. 잘 대답할 게 뻔하니까요. 이번에는 셋째아들에게 질문할게요."

신중함이 요셉에게(셋째아들의 이름은 요셉이었다) 물었다. "자, 요셉, 내가 몇 가지 질문을 해도 괜찮겠니?"

요셉 : "물론이죠."

신중함 : "인간이란 무엇일까?"

요셉 : "동생 말처럼, 하나님께서 지으신 이성적인 피조물이지요."

신중함 : "그러면 '구원 받는다' 는 말로 알 수 있는 건 뭘까?"

요셉 : "죄로 인해 인간이 비참한 포로상태에 빠졌다는 것이

요.”

신중함 : “삼위일체께 구원받는다는 것으로 알 수 있는 것은?”

요셉 : “인간의 죄가 너무나도 크고 강해서, 하나님 말고는 아무도 건져줄 수 없는 폭군과도 같다는 것이요. 하나님은 선하시고 인간을 매우 사랑하시기 때문에 이 비참한 상태에서 반드시 건져주시지요.”

신중함 : “가엾은 인간을 구원해 주시는 하나님의 목적은 무엇일까?”

요셉 : “그분의 이름과 은총과 정의를 영화롭게 하기 위해서요. 그리고 피조물의 영원한 행복을 위해서지요.”

신중함 : “반드시 구원을 받게 될 사람은 누구일까?”

요셉 : “그분의 구원을 받아들이는 이들이요.”

신중함 : “잘했어, 요셉. 어머니께서 너를 잘 가르치셨구나. 너도 어머니 말씀을 잘 새겨들었고.”

신중함이 이번에는 둘째아들인 사무엘에게 물었다.

신중함 : “자, 사무엘. 너에게 질문을 좀 해도 될까?”

사무엘 : “예, 원하시면 얼마든지 물어보세요.”

신중함 : “하늘나라가 뭘까?”

사무엘 : “하나님이 계시는 곳이기 때문에 최고로 축복받은 장소와 상태입니다.”

신중함 : "지옥은?"

사무엘 : "죄와 악마와 죽음이 있는 곳이므로 최고로 비참한 장소와 상태지요."

신중함 : "너는 왜 하늘나라로 가려고 하니?"

사무엘 : "하나님을 뵙고 그분을 언제까지나 섬길 수 있으니까요. 그리스도를 뵙고 그분을 영원히 사랑할 수 있으니까요. 그리고 여기서는 결코 얻을 수 없는 성령의 충만함을 누릴 수 있으니까요."

신중함 : "아주 잘했다. 제대로 배웠구나."

이번에는 맏아들인 마태에게 물었다. "자, 마태. 내가 질문 좀 해도 될까?"

마태 : "되고말고요."

신중함 : "하나님 이전에 뭔가가 존재했을까?"

마태 : "아뇨, 하나님은 영원하시기 때문에, 창조가 시작되기 전날까지는 하나님 외에 아무 것도 없었어요. '주께서 엿새 동안 하늘과 땅과 바다와 그 안에 있는 모든 것을 만드셨습니다.'"(출애굽기 20:11)

신중함 : "성경은 무엇이라고 생각하니?"

마태 : "하나님의 거룩한 말씀이지요."

신중함 : "거기 기록된 말씀들 중에서 이해가 안 되는 부분은 없니?"

마태 : "아주 많아요."

신중함 : "그렇게 이해가 안 되는 부분이 생기면 어떻게 하니?"

마태 : "하나님이 저보다 훨씬 현명하시다는 생각이 들어요. 그래서 저를 위해 아시는 걸 모두 가르쳐 주시라고 기도한답니다."

신중함 : "죽은 이들의 부활에 관해서는 어떤 믿음을 갖고 있니?"

마태 : "묻힌 이들이 그대로 부활할 거라고 믿어요. 본성은 똑같지만 썩지 않은 몸으로요. 제가 그렇게 믿는 데는 두 가지 이유가 있어요. 첫째는 하나님께서 그렇게 약속하셨기 때문이고, 둘째는 그 약속을 지킬 능력이 있는 분이기 때문이지요."

그러자 신중함이 네 소년에게 말했다. "앞으로도 어머니 말씀을 잘 새겨들어라. 더 많은 걸 가르쳐주실 테니까. 그리고 선한 말을 하는 사람들의 이야기를 귀담아 들어라. 다 너희를 위해서 선한 말을 하는 거란다. 또 천지의 가르침도 주의 깊게 살펴라. 하지만 무엇보다도, 너희 아버지를 순례자로 만든 그 책을 열심히 묵상해야 한다. 애들아, 너희가 여기 머무는 동안 나도 최선을 다해 가르칠 테니, 너희도 신앙에 관한 문제들을 맘껏 물어 보거라."

이 순례자들이 여기 머문 지 일주일째 되던 날, 자비에게 웬 손님이 찾아왔다. 활기 씨라고 하는 이 남자는 자비에게 호감이 있는 것처럼 행동했다. 그는 어느 정도 교양도 있고 신앙도 있는 척했지만, 사실은 세상에 완전히 푹 빠진 사람이었다. 그가 자비를 한두 번 찾아와서는 사랑한다고 말했다. 자비는 용모도 빼어나고 아주 매력적이었다.

마음씨까지 고운 그녀는 늘 바쁘게 움직였다. 딱히 할 일이 없을 때에도 양말과 옷을 만들어서 필요한 사람에게 나눠주곤 했다. 활기 씨는 그녀가 그것들을 어디에 어떻게 사용하는 줄도 모르고, 그저 게으르게 앉아있는 걸 한 번도 본적이 없으니 분명 수입이 꽤 많을 거라고 생각했다. 그는 혼잣말을 했다. "그녀를 선한 아내로 맞아들여야지."

자비는 그 집 아가씨들에게 그에 관해 물어보았다. 그들이 그를 더 잘 알기 때문이었다. 그들은 그가 아주 바쁜 청년이고, 신앙이 있는 척하지만 사실은 선한 능력과 거리가 먼 사람 같다고 말했다.

그러자 자비가 말했다. "그럼 다시는 그를 안 만나야겠네요. 내 영혼의 방해물을 받아들일 생각은 추호도 없으니까요."

신중함은 그가 오는 것 때문에 그렇게 낙심할 필요는 없다고 일러주었다. 지금처럼 계속 가난한 사람들을 위해 일하면 그도 금세 냉담해져버릴 거라고 했다.

그가 다시 찾아왔을 때에도 자비는 예전처럼 가난한 사람들을 위해 물건을 만들고 있었다. 그가 물었다. "항상 뭘 그렇게 열심히 합니까?"

자비가 대답했다. "나나 다른 사람을 위해 일하지요."

그러자 그가 물었다. "그래서 하루에 얼마 정도 법니까?"

그녀가 대답했다. "내가 이 일을 하는 것은 선한 일을 하고, 좋은 일을 많이 하고, 앞날을 위하여 든든한 기초를 스스로 쌓아서, 영원한 생명을 얻기 위함입니다."(디모데전서 6:17~19)

그가 물었다. "그것들로 뭘 하려고요?"

그녀가 대답했다. "벌거벗은 사람들에게 줄 거예요."

그 말에 그의 얼굴이 일그러졌다. 그러더니 다시는 자비를 찾아오지 않았다. 사람들이 이유를 물으면, 얼굴은 예쁜데 상태가 좀 이상한 것 같다고 대답했다.

그가 떠나버리자 신중함이 말했다. "활기 씨가 조만간 떠나버릴 거라고 말했지요? 이제 그는 당신에 관해 안 좋은 말을 하고 다닐 겁니다. 신앙도 있는 척하고 당신을 사랑하는 것처럼 행세했지만, 사실 당신과 그는 너무도 달라서 절대 어울릴 수가 없었지요."

자비 : "아직 아무에게도 말하지 않았지만, 사실은 전에도 몇 번 결혼할 뻔했어요. 그런데 남자들은 내 인격이 결코 나무랄 데가 없다고 하면서도 내 상태가 맘에 안 든다고 하더군요. 결국 그들과 저는 어울릴 수가 없었어요."

신중함 : "요즘에는 자비가 이름뿐인 것 같아요. 당신처럼 지속적으로 실천할 수 있는 사람은 극히 드물지요."

자비가 말했다. "예, 저를 취하겠다는 사람이 아무도 없으면 [결혼하지 않고] 처녀로 죽든가, 내 상태를 남편이라 여기고 살 겁니다. 내 본성을 바꿀 수는 없는 노릇이고, 그렇다고 나랑 안 맞는 사람과 평생을 살 수도 없으니까요. 내 언니 너그러움도 그런 무례한 [교양 없는] 사람과 결혼했는데, 두 사람은 정말로 안 어울렸어요. 언니가 결혼하기 전처럼 가난한 사람들에게 친절을 베풀자, 처음에는 소리를 지르고 비난하더니 결국은 언니를 쫓아내버렸지요."

신중함 : "분명히 그도 신앙 고백자였겠지요?"
자비 : "예, 맞아요. 세상에는 그런 사람이 넘쳐나지만, 난 절대 사양이에요."

크리스티아나의 장남인 마태가 갑자기 앓아누웠다. 배가 쥐어뜯듯이 아프다고 했다. 마침 멀지 않은 곳에 숙련 씨라고, 경력도 많고 실력도 좋은 의사가 살고 있었다. 그 집 사람들이 크리스티아나의 부탁으로 의사를 부르자 그가 금방 도착했다. 그는 방에 들어가 아이를 잠시 진찰하더니 배탈이라는 진단을 내렸다. 그리고는 아이 어머니에게 물었다. "마태가 최근에 이상한 걸 먹지 않았습니까?" 크리스티아나가 대답했다. "이상한 거라뇨! 좋은 음식밖에 안 먹었는데요."

숙련 : "이 소년은 틀림없이 뭔가 소화가 안 되는 음식에 함부로 손을 댔습니다. 어서 조치를 취해야 해요. 빨리 장청소를 하지 않으면 죽고 말 겁니다."

그때 사무엘이 어머니께 말했다. "엄마, 이 길 입구에 있는 문을 통과하자마자 형이 따먹은 게 뭐였어요? 담장 왼편 과수원에 있던 과일나무가 담장 너머까지 뻗어있었는데, 형이 그걸 따먹었거든 요."

그러자 크리스티아나가 말했다. "맞다, 애야, 형이 그걸 따먹었 구나. 못된 녀석, 분명 먹지 말라고 했는데도 그걸 따먹다니."

숙련 : "어쩐지 뭔가 안 좋은 음식을 먹은 것 같더라니. 그 과일은 세상에서 가장 해로운 음식입니다. 바알세불 과수원의 열매거든 요. 그걸 조심하라고 당신한테 경고한 사람이 아무도 없었다니 정 말 이상하네요. 그걸 먹고 죽은 사람도 많은데 말입니다."

그 말을 듣고 크리스티아나가 울면서 말했다. "이 못된 녀석! 오, 부주의한 엄마 같으니! 이제 내 아들을 어쩐단 말인가?"

숙련 : "자, 너무 낙심하지 마십시오. 다시 좋아질 테니까요. 일 단 장청소와 구토부터 해야 합니다."

크리스티아나 : "제발, 선생님, 치료비는 얼마가 들어도 좋으니 하실 수 있는 건 죄다 해주세요."

숙련 : "그런 말 마십시오. 나는 분별이 있는 사람입니다."

그가 아이에게 하제를 만들어줬는데 약효가 너무 약했다. 그 하제는 염소 피와 암소 재, 우슬초 즙으로 만든 것이라고 했다(히브리서 9:13,19; 10:1~4). 숙련은 그 하제가 너무 약하다는 것을 알고 다른 하제를 만들었다. 그것은 그리스도의 살과 피로 만든 것이었다(요한복음 6:54~57; 히브리서 9:14). (잘 알려진 것처럼, 의사들은 환자에게 이상한 약을 곧잘 만들어 먹이곤 한다.) 한두 개의 약속과 적당량의 소금을 섞어 만든 알약이었다(마가복음 9:49). 아이는 금식을 하면서 그 약을 한 번에 세알씩, 회개의 눈물과 함께 먹어야 했다(스가랴 12:10).

약을 준비해서 아이에게 가져갔다. 소년은 배가 쥐어뜯듯이 아픈데도 약을 안 먹으려 했다.

의사가 말했다. "자, 어서 이 약을 먹어야 한단다."

소년이 말했다. "하지만 속이 뒤집히는걸요."

어머니가 말했다. "이 약을 꼭 먹어야 해."

소년이 말했다. "다시 토하고 말 거예요."

크리스티아나가 숙련 씨에게 물었다. "선생님, 이 약 맛이 어떤가요?"

의사가 대답했다. "절대 나쁘지 않습니다." 그 말을 들은 그녀가 알약 하나를 혀끝에 대보았다.

그리고는 말했다. "오, 마태야, 이 약은 꿀보다도 달구나. 네가 만일 이 엄마를 사랑하고 네 동생들과 자비를 사랑한다면, 그리고 네 생명을 사랑한다면, 어서 이 약을 먹으렴."

한 차례 소동을 벌인 소년은 하나님의 축복이 임하기를 짧게 기도한 다음 그 약을 먹었다. 그러자 곧바로 효과가 나타났다. 그 약 덕분에 변도 보고, 잠도 자고, 편히 쉴 수 있었던 것이다. 곧 열도 내리고, 호흡도 정상이 되었으며, 복통도 완전히 사라졌다. 얼마 안 있어 자리를 털고 일어난 아이는 지팡이를 짚고서 이 방 저 방 돌아다닐 수 있게 되었다. 그리고 신중함, 경건함, 자선과 함께, 병에 걸렸다가 낫게 된 이야기를 나눴다.

아이가 다 낫자 크리스티아나가 숙련 씨에게 물었다. "선생님, 제 아들을 치료하느라 수고 많으셨습니다. 이 은혜를 무엇으로 갚지요?" 그러자 그가 대답했다. "관례에 따라 의대 교수님께 보답해야지요."(히브리서 13:11~16)

크리스티아나가 다시 물었다. "그런데, 선생님, 이 약이 다른 병에도 좋은가요?"

숙련 : "이 약은 만병통치약이랍니다. 순례자들이 걸리는 온갖 병들을 고칠 수 있는 약이지요. 잘만 준비하면 생각지도 못한 효

과를 발휘한답니다."

크리스티아나 : "선생님, 그러면 이 약을 열두 상자만 만들어주세요. 이 약만 있으면 다른 약을 먹을 필요가 없을 테니까요."

숙련 : "이 약은 아픈 사람을 치료해줄 뿐만 아니라 질병을 예방하는 효과도 크답니다. 내 장담하건대, 이 약을 제대로만 사용한다면 영원히 살 수도 있지요(요한복음 6:50). 하지만 크리스티아나 씨, 내가 처방해준 대로 사용하지 않으면 큰일 납니다."

크리스티아나와 아이들, 그리고 자비가 먹을 약을 만들어준 그는 마태에게 다시는 풋과일을 먹지 않도록 조심하라고 이른 뒤 입맞춤을 하고 떠났다.

이미 말했듯이, 신중함은 아이들에게 무엇이든 도움이 되도록 가르쳐줄테니 질문이 있으면 하라고 했었다.

그 말을 기억해낸 마태가 물었다. "어째서 대부분의 약은 우리 입에 쓴 거예요?"

신중함 : "세속적인 사람들의 마음은 하나님의 말씀과 그 효능을 환영하지 않는다는 증거란다."

마태 : "좋은 약을 먹었는데 어째서 변과 구토가 나오는 거죠?"

신중함 : "말씀이 효능을 발휘하면 마음과 정신이 깨끗해진다는 증거야. 약은 육체를 정화시키고, 말씀은 영혼을 정화시키지."

마태 : "그러면 불꽃이 위로 올라가는 걸 보고 배울 점은 무엇인가요? 햇빛과 화창한 기운이 아래로 내려오는 것을 보고 배울 점은요?"

신중함 : "불꽃이 위로 올라가는 걸 보고 우리는 하늘나라에 올라가려면 뜨거운 열정이 있어야 한다는 걸 배운단다. 또 햇빛과 화창한 기운이 아래로 내려오는 걸 보고는, 높으신 구세주께서 우리를 위한 사랑과 은총으로 여기까지 내려오셨음을 배우지."

마태 : "구름은 어디에서 물이 생겨요?"

신중함: "바다에서."

마태 : "그것으로 무얼 알 수 있어요?"

신중함 : "성직자들이 하나님으로부터 교리를 받아야 한다는 걸 알 수 있단다."

마태 : "그런데 어째서 구름은 모든 걸 땅에 쏟아버리지요?"

신중함 : "성직자들이 하나님에 관하여 아는 것들을 세상에 전해야 한다는 걸 보여주기 위해서란다."

마태 : "무지개는 왜 태양이 뜰 때 생기나요?"

신중함 : "하나님의 은총의 언약이 그리스도 안에서 이루어짐을 알려주기 위한 거야."

마태 : "샘물이 바다로부터 땅을 지나 우리에게 오는 것은요?"

신중함 : "하나님의 은총이 그리스도의 몸을 통해 우리에게 오는 것을 보여주기 위한 거란다."

마태 : "그럼 높은 언덕꼭대기에서 샘물이 솟는 이유는 뭐예요?"

신중함 : "가난하고 비천한 사람들뿐만 아니라 강하고 위대한 사람들에게서도 은혜의 영이 솟는다는 걸 가르쳐주기 위해서지."

마태 : "초의 심지에만 불이 붙는 이유는요?"

신중함 : "은총이 마음에 불을 붙여주지 않으면 우리 안에 진정한 생명의 빛이 있을 수 없다는 걸 보여주기 위해서야."

마태 : "심지가 촛불을 유지하기 위해 수지와 모든 걸 다 써버리는 것은요?"

신중함 : "육체와 영혼과 모든 것이 우리 안에 있는 하나님의 은총을 좋은 상태로 유지하기 위해 다 쓰여야 한다는 걸 의미한단다."

마태 : "펠리컨이 부리로 자기 가슴을 쪼는 이유는 뭔가요?"

신중함 : "자기 피로 새끼들을 먹여 살리려고 그러는 거야. 그걸 보고 우리는 복되신 그리스도께서 자기 새끼들을(백성을) 죽음으로부터 구원하기 위해 피를 흘리셨음을 알 수 있단다."

마태 : "그러면 수탉이 우는 소리를 듣고 배울 수 있는 건 뭐예요?"

신중함 : "베드로의 죄와 그의 회개를 명심해야 한다는 거야. 또 수탉의 울음소리는 날이 밝아오고 있음을 알려준단다. 그러니까

수탉이 울면 끔찍한 최후 심판의 날을 맘속에 되새겨야 하는 거
야."

어느새 한 달이 지나고, 그들은 이제 그만 길을 떠나는 게 좋겠
다고 생각했다. 그때 요셉이 어머니에게 말했다. "엄마, 해석가 씨
댁에 사람을 보내서 우리가 나머지 길을 가는 동안 안내해 줄 담대
함 씨를 보내주시라고 부탁하는 거 잊지 마세요."

그러자 크리스티아나가 말했다. "저런, 그걸 까맣게 잊고 있었구
나." 그녀는 탄원서를 작성한 다음 문지기 경계 씨에게 부탁했다.
누군가 마땅한 사람을 시켜서 그 탄원서를 해석가 씨에게 전해달
라고. 심부름꾼이 그 탄원서를 가지고 가자 그것을 읽은 해석가가
말했다. "가서 그를 보내준다고 전하십시오."

크리스티아나가 곧 떠날 생각임을 알게 된 사람들은 모두 모여
이토록 유익한 손님을 보내주신 왕께 감사기도를 드렸다. 그리고
는 크리스티아나에게 이렇게 말했다. "길을 가면서 묵상할 수 있
도록 보여드릴 게 있습니다. 순례자들에게는 항상 보여드리는 겁
니다만."

그들은 크리스티아나와 아이들과 자비를 벽장으로 데려가더니,
이브가 먹고 난 뒤 남편에게도 주었던 사과를 한 개 보여주었다.
그 사과를 먹고서 둘 다 낙원에서 추방당했었다. 그들이 그녀에게
물었다. "이걸 보니 어떤 생각이 듭니까?" 그러자 크리스티아나가

대답했다. "도대체 음식인지 독인지 모르겠군요." 그들이 사과에 얽힌 이야기를 들려주자, 그녀는 두 손을 치켜들며 깜짝 놀랐다(창세기 3:6; 로마서 7:24).

그 다음으로 그들이 데려간 곳은 야곱의 층계였다(창세기 28:12). 마침 천사 몇 명이 층계를 오르고 있었다. 크리스티아나 일행은 층계를 오르는 천사들을 보고 또 봤다. 그런 다음 그들은 다른 것을 보기 위해 다른 곳으로 이동하였다. 그런데 그때 야고보가 어머니께 말했다. "이 신기한 광경을 좀 더 볼 수 있게 조금만 더 있다가 가자고 말해주세요." 그리하여 다시 돌아온 그들은 이 즐거운 광경을 맘껏 감상하였다.

그런 뒤 그들은 황금 닻이 걸려 있는 곳으로 이동하였다. 사람들이 크리스티아나에게 닻을 내리라고 했다. 그리고는 이렇게 말했다. "이것을 가져가야 합니다. 반드시 이게 필요해질 테니까요. 이건 안전하고 확실한 영혼의 닻과 같아서 휘장 안까지 들어가게 해준답니다."(히브리서 6:19)

다음으로 그들은 우리의 조상 아브라함이 아들 이삭을 제물로 바치려 했던 산으로 이동하였다. 거기에는 제단과 나무와 불과 칼이 지금까지도 잘 보관되어 있었다(창세기 22:9). 그것을 본 그들은 두 손을 들어 올리며 축복하였다. "오, 주인을 향한 사랑 때문에 자기 자신을 부인했던 아브라함이여!"

이 모든 것을 보여준 다음 신중함은 그들을 식당으로 데려갔다.

거기에는 멋진 버지널 한 대가 놓여있었다. 신중함이 버지널을 연주하면서 이제껏 보여준 것들을 가지고 멋진 노래를 만들어 불렀다.

우리가 이브의 사과를 보여줬으니
이걸 보고 깨달으세요.
여러분은 천사들이 올라가는
야곱의 층계도 보았습니다.

여러분은 닻을 얻었습니다.
하지만 이것으로 만족해선 안 됩니다.
아브라함처럼 여러분도
가장 아끼는 걸 제물로 바쳐야 하니까요.

바로 그때 누군가가 문을 두드렸다. 문지기가 문을 열어보니 담대함 씨가 서 있었다. 그가 안으로 들어서자 모두들 기쁨의 환호성을 질렀다! 얼마 전 그가 늙은 거인인 사나움 혹은 잔인함을 물리치고 사자로부터 구해주었던 일이 다시금 생생히 떠올랐다.

담대함 씨가 크리스티아나와 자비에게 말했다. "주님께서 두 분께 각각 포도주 한 병과 마른 옥수수, 석류 하나씩을 보내셨습니다. 그리고 소년들에게는 도중에 기운을 차릴 수 있도록 무화과와

건포도를 보내셨고요."

이윽고 길 떠날 채비가 끝나자 신중함과 경건함이 배웅을 나왔다. 문 앞까지 나온 크리스티아나는 문지기에게 최근 이곳을 지나간 사람이 있냐고 물었다.

문지기가 대답했다. "얼마 전에 딱 한 사람 지나갔습니다. 그 사람 말로는, 여러분이 가고 있는 왕의 길에서 최근에 엄청난 강도사건이 일어났다고 하더군요. 그래도 다행히 그 강도들은 체포되었고, 조만간 사형에 처해질 거라고 했습니다."

이 말을 들은 크리스티아나와 자비가 두려움에 떨었다. 하지만 마태가 이렇게 말했다. "엄마, 담대함 씨가 우리 보호자로 함께 가시는 한 아무 것도 두려워할 게 없어요."

마침내 크리스티아나가 문지기에게 작별인사를 건넸다. "선생님, 제가 여기 온 뒤로 친절하게 대해주시고 아이들도 사랑으로 다정하게 돌봐주셔서 정말 감사합니다. 그 친절에 무엇으로 보답해야 할지 모르겠네요. 약소하지만 제 존경의 표시니 부디 받아주세요."

그러면서 문지기의 손에 황금천사[금화의 종류] 하나를 쥐어주었다. 문지기가 허리를 굽혀 절하며 말했다. "언제나 옷을 깨끗하게 입고, 머리에는 기름을 바르십시오. 그리고 자비도 잘 살 수 있도록 도와주십시오. 절대로 망하지 않도록 말입니다." 그런 다음 소년들에게 말했다. "너희는 젊음의 정욕을 피하고, 깨끗한 마음으로, 주님을 찾는 사람들과 함께 의와 믿음과 사랑과 평화를 좇아라(디모데후서 2:22). 그러면 너희 어머니 마음도 기쁘게 해드리고 근엄한 이들 모두에게서 칭찬도 받을 수 있단다.” 그들은 문지기에게 감사인사를 한 다음 길을 떠났다.

꿈속에서 보니, 그들이 앞만 보고 나아가다 이윽고 언덕 꼭대기에 도달했다. 그런데 갑자기 경건함이 무슨 생각이 난 듯 외쳤다. “저런! 크리스티아나 일행에게 줄 게 있었는데 깜빡했네! 다시 가서 갖고 와야지.” 그녀가 다시 내려간 사이, 크리스티아나는 길 오른편 조금 떨어진 곳에서 나는 최고로 신비롭고도 감미로운 음악 소리를 들었다. 노랫말은 이랬다.

내 평생 당신의 은총이
전혀 숨김없이 드러났으니
당신의 집에서 영원히
내가 살리로다.

그 노래에 귀를 기울이고 있는데, 이번에는 그에 대한 답가가 들려오는 것 같았다.

무엇 때문에?
우리 주 하나님은 선하시니까.
그분의 자비는 틀림없이 영원하니까.
그분의 진리는 언제나
굳건히 서서 대대로 이어질 테니까.

크리스티아나가 신중함에게 이 신비로운 음악소리는 어디에서 들리는 것이냐고 물었다(아가 2:11,12). 신중함이 대답했다. "이건 우리나라 새들의 노랫소리랍니다. 이 노랫소리는 봄이 아니면 들을 수 없어요. 꽃이 피고 햇빛이 따사로운 봄에만 하루 종일 들을 수 있지요. 나도 가끔은 이 노랫소리를 들으러 여기 온답니다. 때로는 새를 집에 데려가서 기르기도 해요. 우울할 때면 아주 좋은 친구가 되어주고, 또 외롭고 쓸쓸한 곳도 우리가 원하는 곳으로 바꿔주니까요."

이때 경건함이 돌아왔다. 그녀가 크리스티아나에게 말했다. "여기 보세요. 여러분이 우리 집에서 본 것들을 모두 하나의 도표로 [요약해서] 만든 거랍니다. 봤던 것들이 생각 안 날 때에는 이 도표를 보세요. 그러면 우리 집에서 느꼈던 교훈과 위로가 되살아날 테니까요."

크리스티아나 일행은 언덕을 내려가기 시작했다. 그 언덕은 매우 가파르고 미끄러웠다. 하지만 아주 조심스럽게 걸었기 때문에 무사히 언덕을 내려갈 수 있었다. 이윽고 치욕의 골짜기에 들어섰을 때, 경건함이 말했다. "이곳이 바로 당신 남편 크리스티안이 더러운 마귀 아볼루온을 만나 끔찍한 전투를 벌였던 장소랍니다. 당신도 그 이야기를 들었겠지요. 하지만 지금은 걱정하지 마세요. 여러분의 안내자 겸 보호자인 담대함 씨가 함께 있으니 용기를 내세요. 그럼 부디 안녕히 가세요." 신중함과 경건함은 순례자들을 안내자에게 부탁한 다음 돌아갔다. 안내자가 앞장서고 순례자들은 그의 뒤를 따랐다.

그때 담대함이 이렇게 말했다. "이 골짜기를 그렇게 두려워할 필요는 없습니다. 우리가 위험을 자초하지 않는 한 해가 될만한 건 없으니까요. 크리스티안이 여기서 아볼루온을 만나 끔찍한 전투를 벌인 건 사실이지만, 그건 크리스티안이 언덕을 내려오다 미끄러졌기 때문입니다. 언덕을 내려오다 미끄러지는 사람은 누구든 싸움을 피할 수 없기 때문에 이 골짜기 이름이 그렇게 지독한 거랍니다. 보통사람들은 여기서 누군가 끔찍한 일을 당했다는 소문만 듣고 사악한 마귀나 유령이 돌아다닌다고 생각해버리기 쉽지만, 그런 끔찍한 일이 벌어지는 건 다 자기 잘못 때문이지요."

"치욕의 골짜기는 까마귀들이 날아다니는 옥토랍니다. 운이 좋으면 크리스티안이 이곳에서 왜 그렇게 끔찍한 일을 당했는지, 뭔가 단서를 찾아낼 수도 있을 겁니다."

그때 야고보가 어머니께 말했다. "어, 저쪽에 기둥이 하나 있어요. 뭐라고 쓰여 있는 것 같은데, 가서 한 번 읽어봐요." 기둥으로 가서 읽어보니 이렇게 적혀 있었다. "앞으로 이곳을 지나는 사람은, 크리스티안이 여기 오기 전에 미끄러진 것과 이곳에서 전투를 벌인 것을 거울삼아 조심하십시오."

이것을 보고 안내자가 말했다. "자, 크리스티안이 이곳에서 왜 그렇게 심한 일을 겪었는지 알려줄만한 단서가 있을 거라고 했지요?" 그러더니 크리스티아나를 돌아보면서 말했다. "이런 일을 겪었다고 해서 크리스티안이나 다른 사람을 경멸해선 안 됩니다. 이 언덕은 올라가는 것보다 내려오는 게 훨씬 힘드니까요. 이런 언덕은 세상에 여기밖에 없을 겁니다. 크리스티안은 원수와 싸워 크게 승리했고 지금은 안식을 누리고 있으니, 이제 그 선한 사람 얘기는 그만두기로 하지요. 위에 계신 분께, 우리도 시험을 당할 때에 크리스티안 못지않게 잘 이겨낼 수 있게 해주시라고 기도합시다."

"그럼 다시 이 치욕의 골짜기에 관한 이야기로 돌아가지요. 이곳은 세상에서 가장 비옥하고 좋은 땅이랍니다. 보다시피 아주 기름진 땅이고 초원이 끝도 없이 펼쳐져 있지요. 그래서 여름철에 아무런 사전지식 없이 이곳을 찾는 사람들은 눈에 보이는 황홀한 광경에 아주 즐거워해요. 이 골짜기를 보세요. 얼마나 푸릅니까. 백합은 또 얼마나 아름답습니까!(아가 2:1) 내가 알기론 수많은 노동자들이 이 치욕의 골짜기에 좋은 땅을 소유하고 있답니다. '하나님께서는 교만한 이들을 물리치시고, 겸손한 사람들에게 은혜를 주시니까요.' (야고보서 4:6; 베드로전서 5:5) 사실 이 땅은 아주 비옥한 땅이라 수확량도 굉장히 많습니다. 어떤 이들은 바로 여기가 아버지 집으로 가는 길이 되기를 바란답니다. 그러면 더 이상 고생스럽게 언덕이나 산을 올라갈 필요가 없을 테니까요. 하지만 길은 어디까지나 길일 뿐, 끝이 있기 마련이지요."

크리스티아나 일행은 대화를 나누며 걸어가다가 한 소년이 자기 아버지 양떼를 먹이고 있는 걸 보았다. 행색은 매우 초라해[가난해] 보였지만, 용모는 신선하고 호감이 갔다. 그 소년은 홀로 앉아 노래를 부르고 있었다. 담대함 씨가 말했다. "이 양치기 소년이 부르는 노래를 잘 들어보십시오." 그 소년의 노래는 다음과 같았다.

낮은 곳에 있는 자는 떨어질 염려가 없고
아래에 머무는 자는 교만을 모른다네.
겸손한 사람은 언제까지나
하나님께서 안내자가 되어주시리.

많든 적든
내가 가진 것에 만족한다네.
주님께서 나를 구원해 주셨으니

내게 있는 것만으로도 만족하리라.

무거운 짐을 잔뜩 지고 순례를 하는 자들아,
시작은 비록 미약하지만
나중은 대대로 창대하리라.

노래가 끝나자 안내자가 말했다. "잘 들었지요? 내 장담하건데,
저 소년은 비단과 비로드를 걸치고 있을 때보다 마음의 안식이라
고 하는 약초를 품에 지니고 있을 때가 더 행복할 겁니다. 자, 그럼
아까 하던 얘기로 다시 돌아가지요."

"예전에는 이 골짜기에 우리 주님의 별장이 있었답니다. 그분은
이곳을 무척 사랑하셨습니다. 이 초원을 걷는 것도 굉장히 좋아하
셨고요. 공기가 상쾌했으니까요. 게다가 여기는 소음도 전혀 없고,
급한 일도 전혀 없습니다. 온 세상에 소음과 혼란이 난무해도, 이
치욕의 골짜기만은 언제나 인적이 드물고 고독하지요. 여기라면
묵상시간에 방해받을 염려도 없습니다. 다른 곳에선 금방 방해를
받는데 말입니다. 이 골짜기는 순례자의 삶을 사랑하는 이들 외엔
아무도 다니지 않습니다. 크리스티안은 불행히도 여기서 아볼루온
을 만나 치열한 전투를 벌였지만, 사실 예전에는 이곳에서 천사를
만난 사람도 있고(호세아 12:4,5), 진주를 발견한 사람, 생명의 말씀을

발견한 사람도 있습니다."(마태복음 13:46; 잠언 8:36)

"우리 주께서 여기 별장을 갖고 계셨다는 것, 산책을 굉장히 좋아하셨다는 것은 아까 말했지요? 한 가지 덧붙이자면, 이 땅을 사랑하는 이들에게 주님께서 연금을 남겨주셨다는 겁니다. 그 연금은 순례자들이 더욱 용기 있게 순례를 할 수 있도록 정해진 시기에 꼬박꼬박 지급되지요."

길을 걸으며 사무엘이 담대함 씨에게 말했다. "선생님, 이 골짜기에서 아버지가 아볼루온과 전투를 벌였다고 하셨는데, 그 싸움터가 어디에요? 이 골짜기는 너무 넓어서 모르겠어요."

담대함 : "앞으로 조금만 더 가면 너희 아버지가 아볼루온과 싸운 곳이 나온단다. 망각의 초원을 지나면 곧바로 좁은 길이 나타날 거야. 거긴 이 세상에서 가장 위험한 곳이란다. 전투로 인해 충격을 입은 순례자들이 자기가 받은 은혜를 잊어버리고 아주 비천한 자로 전락해버리거든. 그곳에서 수난을 당한 사람들이 아주 많은데, 그 이야기는 거기 가서 해주마. 그곳엔 아직도 전투의 흔적이나 잔해가 남아있을 테니까."

그러자 자비가 말했다. "이 골짜기도 그동안 순례했던 곳들만큼이나 좋은데요. 사실 내 맘에 꼭 들어요. 마차나 수레바퀴 덜거덕대는 소리가 안 들리니까요. 여기라면 아무런 방해 없이 자기가 누구인지, 어디에서 왔는지, 무슨 일을 했는지, 또 왕께서 무슨 일로 부르셨는지 생각할 수 있겠네요. 여기서 묵상을 하면 가슴이 미어지고 영혼이 녹아서 헤스본 연못 같은 눈을 갖게 되겠지요(아가 7:4). 이 눈물의 골짜기를 똑바로 지나가는 사람은 여기를 우물로 만들 거예요. 하늘나라에서 하나님이 내려주시는 비가 이곳에 흘러넘치고 우물까지 꽉 채우겠지요. 또 이 골짜기는 왕께서 포도원을 주시겠다고 약속하신 곳이니, 모두들 노래를 부르며 이곳을 지날 거예요. 크리스티안이 아볼루온을 만났음에도 불구하고 노래를 불렀던 것처럼 말이에요."(시편 84:6; 호세아 2:15)

그들의 안내자가 말했다. "그 말이 맞습니다. 나도 이 골짜기를 수없이 지나다녔지만, 여기보다 좋은 곳은 본 적이 없답니다. 내가 인도해준 순례자들 역시 그렇게들 말하더군요. 왕께서는 '겸손한 사람, 회개하는 사람, 나를 경외하고 복종하는 사람, 바로 이런 사람을 내가 좋아한다'(이사야 66:2)고 말씀하셨습니다."

이윽고 아까 말했던 그 싸움터에 도착하였다. 안내자가 크리스티아나와 아이들과 자비에게 말했다. "바로 여기입니다. 크리스티안은 여기, 아볼루온은 저기 서 있었습니다. 자, 보십시오. 내가 말한 대로지요? 당신 남편 피가 아직도 이 바위에 남아있군요. 아볼루온의 화살 파편도 여기저기 흩어져 있고요. 전투 중에 서로 자기 입지를 견고히 다지려고 땅을 짓밟은 흔적이나 공격이 빗나가 바위가 부서진 흔적도 남아있습니다. 크리스티안은 정말로 용감하게 싸웠습니다. 아마 헤라클레스였더라도 그만큼 용감하게 싸우지는 못했을 겁니다. 싸움에서 진 아볼루온은 죽음의 어둠 골짜기라고 하는 근처 골짜기로 도망쳤는데, 우리도 곧 그곳을 지나갈 겁니다. 자, 저쪽에 기념비가 있군요. 크리스티안의 전투와 승리, 그의 명성을 세세토록 전해줄 기념비입니다."

기념비는 길가에 세워져 있었다. 그들은 거기로 가서 기념비에 적힌 글을 읽었다. 그 내용은 다음과 같았다.

바로 이곳에서 격렬한 전투가 벌어졌다네.
가장 이상하고도 가장 진실한 전투가.
크리스티안과 아볼루온이
서로 상대방을 굴복시키기 위해 싸웠다네.

아주 용감하게 싸워
마귀를 내쫓은 그를 위해
내가 이 기념비를 세운다네.
그 사실을 증명하기 위해.

이곳을 지난 그들은 죽음의 어둠 골짜기에 도착했다. 그곳은 치욕의 골짜기보다 더 길고, 많은 이들의 말처럼, 아주 이상한 것들이 자주 출몰하는 곳이었다. 하지만 두 여인과 소년들은 그곳을 무사히 통과했다. 아직 밝은 대낮인데다, 담대함 씨가 보호자로 동행했기 때문이었다.

처음 이 골짜기에 들어섰을 때에는 죽어가는 이들의 신음소리 같은 게 들렸다. 아주 큰 신음소리였다. 마치 극심한 고통을 당하는 자들이 탄식하는 소리 같았다. 이 소리를 듣고 소년들은 부들부들 떨었다. 여인들 역시 창백하게 질려버렸다. 하지만 안내자가 그들을 안심시켜 주었다.

조금 더 가자 땅이 흔들리기 시작하는 것 같았다. 꼭 땅 밑에 구덩이가 파여 있는 것 같았다. 뱀이 스쳐가는 소리도 들렸지만, 모습은 보이지 않았다. 그때 소년들이 물었다. "이 불길한 곳을 빠져나가려면 아직 멀었어요?" 그러자 안내자가 소년들에게 용기를 내라고, 발밑을 잘 보고 걸으라고 했다. 잘못하면 올무에 걸릴 수도 있다는 것이었다.

이때 야고보가 갑자기 아프다고 했다. 내 생각에는 두려움 때문인 것 같았다. 소년의 어머니가 해석가의 집에서 받아온 영혼의 물과 숙련 씨가 지어준 알약 세 개를 먹였다. 그러자 소년이 금세 기운을 차렸다. 골짜기 중턱까지 올라갔을 때 크리스티아나가 말했다. "길 저쪽에 뭔가가 있는 것 같아요. 이제까지 한 번도 본 적이 없는 것인데요." 그러자 요셉이 물었다. "뭔데요, 엄마?" 그녀가 대답했다. "흉측한 거야, 애야, 너무나도 흉측하구나." 요셉이 다시 물었다. "엄마, 어떻게 생겼어요?" 그녀가 대답했다. "뭐라고 말해야 할지 모르겠다. 점점 가까이 다가오고 있어. 이제 바로 앞까지 왔구나."

그러자 담대함 씨가 말했다. "자, 자, 도저히 무서워서 못 견딜 것 같은 사람은 내 곁으로 오십시오." 마귀가 바로 앞까지 왔다. 하지만 그들의 보호자를 보자 금세 사라져버렸다. 그들은 얼마 전에 들었던 말씀을 떠올렸다. "악마를 물리치십시오. 그러면 악마는 달아날 것입니다."(야고보서 4:7)

다시금 기운을 차린 그들은 앞으로 나아갔다. 그런데 얼마 못 가서 자비가 문득 뒤를 돌아보니 사자같이 생긴 게 빠른 속도로 다가오고 있었다. 그 짐승이 한 번 으르렁거릴 때마다 골짜기 전체가 쩌렁쩌렁 울리는 바람에 가슴이 아플 정도였다. 이윽고 그 짐승이 그들을 따라잡았다. 담대함 씨는 얼른 앞으로 나가 순례자들을 자기 뒤에 세웠다. 그리고 사자가 달려들면 금방이라도 맞서 싸울 준비를 하였다(베드로전서 5:8,9). 그런데 싸울 태세를 갖추고 있는 그를 보더니 사자가 뒤로 물러났다. 그리고는 더 이상 다가오지 않았다.

그들은 다시금 앞으로 나갔다. 보호자가 앞장을 섰다. 그런데 길바닥 전체에 구덩이가 파여 있는 곳이 나타났다. 설상가상으로 짙은 안개와 어둠이 앞을 가렸다. 아무 것도 볼 수 없게 된 순례자들이 말했다. "아! 이제 어쩌면 좋지요?" 그러자 안내자가 말했다. "두려워하지 마십시오. 여기 서서 상황을 살펴봅시다." 길이 무너져버리고 없었기 때문에 그들은 어쩔 수 없이 서 있어야만 했다.

그때 원수들이 쳐들어오는 소리가 아주 요란스럽게 들려왔다. 구덩이에서 나는 불과 연기도 좀 더 잘 보이기 시작했다. 크리스티아나가 자비에게 말했다. "우리 가엾은 남편이 어떤 일을 겪었는지 이제야 알겠네요. 이곳에 관해 들은 적은 많지만 직접 와본 적은 한 번도 없었거든요. 가엾은 사람! 내 남편은 여기를 혼자, 그곳도 오밤중에 지나갔답니다. 밤새도록 이곳을 헤맸을 거예요. 저 마귀들은 남편 주변을 맴돌면서 갈기갈기 찢어 죽이려 했겠지요. 죽음의 어둠 골짜기에 관해 말하는 사람이 많지만, 여기 직접 와보기 전에는 그 이름이 무얼 뜻하는지 아무도 모를 거예요. '마음의 고통은 자기만 알고, 마음의 기쁨도 남이 나누어 가지지 못하니까요.'(잠언 14:10) 여길 통과한다는 건 정말 끔찍한 일이군요."

담대함 : "마치 깊은 물속을 허우적대다가 그 속으로 가라앉는 것 같기도 하고, 바다 한가운데 있거나 산 아래로 굴러 떨어지는 것 같기도 하지요. 또 땅이 우리를 영원히 가두려고 빗장을 지르는 것 같기도 하고요. 하지만 어둠 속을 걷는 사람, 빛을 모르는 사람이라도, 주의 이름을 신뢰하며, 하나님께 의지해야 합니다(이사야 50:10). 이미 말한 것처럼, 난 이 골짜기를 수없이 지나다녔고, 지금보다 더 힘겨운 상황에도 여러 번 처했었지만 이렇게 멀쩡히 살아있습니다. 물론 나 혼자만의 힘으로 구원을 받은 게 아니니까 자랑하고 싶은 마음은 추호도 없습니다. 우린 분명히 이

곳을 무사히 통과할 것입니다. 자, 우리의 어둠을 밝히시고 이 마귀들뿐만 아니라 지옥의 모든 사탄들까지도 꾸짖으실 수 있는 그분께 빛을 주시라고 기도합시다."

그들은 울부짖으며 기도했다. 그러자 하나님께서 빛과 구원을 보내주셨다. 이제 그들의 길을 가로막는 것은 하나도 없었다. 그들의 발걸음을 멈추게 했던 구덩이도 사라지고 없었다. 하지만 아직은 골짜기를 벗어난 게 아니었다. 그들은 계속해서 걸어가다가 아주 고약하고 역겨운 냄새를 맡게 되었다. 너무나도 괴로웠다. 자비가 크리스티아나에게 말했다. "그 문이나 해석가의 집이나 어제 묵었던 집처럼 즐거운 일은 하나도 없네요."

그러자 소년들 중 하나가 말했다. "하지만 여기에 계속 머무는 것보다는 지나가는 게 훨씬 낫잖아요. 게다가, 우리를 위해 마련된 집에 가려면 반드시 어 길을 거쳐야 하고요. 제 생각에는 우리 집이 얼마나 좋은 곳인지를 깨닫게 하기 위해서 반드시 이 길을 통과하도록 만드신 것 같아요."

안내자가 말했다. "훌륭하구나, 사무엘. 그렇게 용감한 말을 하다니." 소년이 말했다. "여기를 벗어난 후에는 그 어느 때보다도 빛과 좋은 길을 소중히 여길 것 같아요."

그러자 안내자가 말했다. "이제 거의 다 왔단다."

계속해서 걷고 있는데 요셉이 물었다. "아직도 이 골짜기가 끝나려면 멀었어요?”

안내자가 대답했다. “발밑을 조심해라. 지금부터는 함정들 사이를 지나가야 하니까.” 그들은 발밑을 살피며 조심스레 나아갔다. 하지만 함정들 때문에 무척 힘들었다. 계속해서 함정들 사이를 지나가고 있는데, 왼쪽 도랑에 웬 남자가 던져져 있는 게 보였다. 온몸이 갈가리 찢긴 상태였다.

담대함이 말했다. “저 사람은 이 길을 지나가던 부주의라는 사람인데, 저기 버려진지 한참 됐습니다. 주의라는 사람도 함께 붙잡혔었는데, 간신히 도망을 쳤지요. 여러분은 상상도 못할 정도로 많은 사람이 이 근처에서 죽임을 당했습니다. 그런데도 순례 길을 우습게 보고 안내자 한 명 없이 모험하는 이들이 너무도 많습니다. 가엾은 크리스티안! 그가 여기를 무사히 벗어난 건 그야말로 기적입니다. 그만큼 하나님의 사랑을 입었다는 증거지요. 그 자신이 선한 마음을 지녔으니 망정이지, 안 그랬다면 결코 살아남지 못했을 겁니다.”

이제 골짜기를 거의 다 벗어났다. 거기에는 예전에 크리스티안이 지나가면서 보았던 동굴이 있었다. 그런데 그 동굴에서 갑자기 흑평이라는 거인이 튀어나왔다. 이 흑평은 궤변으로 젊은 순례자들을 망치곤 했다. 그가 담대함의 이름을 부르더니 이렇게 물었다. “이런 짓은 그만두라고 내가 얼마나 일렀더냐?”

그러자 담대함이 되받아쳤다. “이런 짓이라니?”

거인이 말했다. "그건 너도 잘 알 텐데. 이제 더 이상은 그런 짓 못하도록 해주겠다."

담대함 씨가 말했다. "하지만 그러기 전에 우선 우리가 왜 싸워야 하는지부터 말해봐라."

두 여인과 소년들은 어찌할 바를 모르고 벌벌 떨었다.

거인이 말했다. "네가 우리나라를 빼앗아갔으니까. 그것도 가장 악랄한 방법으로."

그러자 담대함 씨가 말했다. "너무 막연한데. 자세히 말해봐라."

거인이 말했다. "넌 납치를 일삼았다. 네가 여자들과 아이들을 모아 이상한 나라로 데려가는 바람에, 우리 주인의 왕국이 점점 약해지고 있다."

그 말을 듣고 담대함이 말했다. "나는 하늘나라에 계신 하나님의 종이고, 내 임무는 죄인들을 타일러 회개토록 만드는 것이다. 나는 남녀노소를 막론하고 누구든지 어둠에서 빛으로, 사탄의 세력에서 하나님께로 인도하라는 명령을 받은 몸이다. 만일 이것이 진짜로 네가 싸움을 거는 이유라면 당장이라도 한 번 겨뤄보자."

그러자 거인이 다가섰다. 담대함 씨는 칼로 그를 대적하였다. 하지만 거인은 곤봉을 갖고 있었다. 금세 싸움이 시작되었다. 첫 번째 공격에서 거인이 담대함 씨의 무릎을 쳐 쓰러뜨렸다. 그것을 본 두 여인과 소년들이 비명을 질렀다. 하지만 기력을 회복한 담대함 씨가 사력을 다해 거인을 찔렀다. 그 공격으로 거인은 팔에 부상을

입었다. 한 시간 정도 싸움이 계속되자 열기가 후끈 달아올랐다. 거인의 콧김이 마치 펄펄 끓는 가마솥의 열기와도 같았다.

둘은 잠시 휴전을 하고 쉬는 시간을 가졌다. 그동안 담대함 씨는 기도를 드렸다. 두 여인과 소년들 역시 그 전투가 끝날 때까지 계속해서 한숨을 지으며 부르짖었다.

잠시 쉬면서 기운을 차린 그들은 다시금 싸움을 시작했다. 담대함 씨가 전력을 다해 일격을 가하자 거인이 땅바닥에 쓰러졌다. 거인이 소리쳤다. "잠깐 기다려, 내가 일어서야지." 공정한 담대함 씨는 거인이 일어설 때까지 기다렸다. 다시 싸움이 시작되었다. 거인은 곤봉으로 담대함 씨 머리를 내리치려 했으나 다행히도 빗나가버렸다.

곤봉이 빗나가자 이번에는 담대함 씨가 전력을 다해 거인에게 달려들었다. 그는 거인의 다섯 번째 갈비뼈를 칼로 찔렀다. 부상을 입은 거인은 정신을 잃었고, 더 이상 곤봉을 쥘 수도 없었다. 담대함 씨가 두 번째 일격을 가했다. 거인의 머리가 몸에서 잘려나갔다. 그것을 보고 두 여인과 소년들이 기쁨의 함성을 질렀으며, 담대함 씨도 자신을 구해주신 하나님께 찬미를 드렸다.

그들은 그곳에 기둥을 하나 세우고, 그 위에 거인의 목을 매달아 놓았다. 그리고는 지나가는 사람들이 읽을 수 있도록 다음과 같은 글을 새겼다.

이 머리의 주인은 바로
순례자들을 학대했던 자다.
그는 순례자들의 길을 가로막고
온갖 학대를 일삼았다.
나 담대함이 일어나

꿈속에서 보니 그들이 순례자들이 앞을 내다볼 수 있도록 배려해놓은 오르막길을 올라가고 있었다. 그곳은 크리스티안이 믿음을 처음 만난 장소였다. 그들은 잠시 거기 앉아 쉬기로 했다. 간식을 먹으면서 그들은 그토록 위험한 원수로부터 구원받은 사실을 즐거워했다. 모두들 먹고 마시는 사이, 크리스티아나가 안내자에게 싸우다 다친 곳은 없냐고 물었다. 담대함 씨가 대답했다. "아, 살짝 다친 것뿐입니다. 상처라고 할 것까지도 없습니다. 주님과 여러분을 향한 내 사랑의 증거인 셈이지요. 이로 인해 마지막 날 내가 은총으로 받을 상이 더 커질 겁니다."

크리스티아나 : "그런데 선생님, 곤봉을 들고 나타난 거인이 무섭지 않았나요?"

그가 대답했다. "내 임무는 나 자신의 능력을 믿는 게 아니라 그 누구보다 강하신 그분을 의지하는 것입니다."

마태 : "처음 거인의 공격을 받고서 땅바닥에 쓰러졌을 때에는

어떤 생각이 들었어요?"

그가 다시 대답했다. "주님께서도 처음엔 공격을 당하셨지만 결국엔 승리하셨다는 것을 생각했단다."(고린도후서 4장; 로마서 8:37)

마태 : "모두들 같은 생각을 하고 있겠지만, 제 생각엔 하나님께서 우리에게 정말로 친절하신 것 같아요. 이 골짜기에서 우리를 끌어내 주시고, 또 원수의 손아귀에서 구원해 주셨잖아요. 이제는 우리 하나님을 더 이상 의심할 이유가 없는 것 같네요. 방금 여기에서 우리를 향한 사랑을 명백히 증명해 주셨으니까요."

그들은 자리를 털고 일어나 다시 걷기 시작했다. 그리 멀지 않은 곳에 참나무 한 그루가 서 있었는데, 가까이 가보니 늙은 순례자 한 사람이 곤히 자고 있었다. 옷차림이나 지팡이, 허리띠로 보아 순례자가 틀림없었다.

안내자인 담대함 씨가 그 노인을 깨웠다. 그러자 눈을 뜬 노인이 대뜸 소리를 질렀다. "무슨 일이요? 당신은 누구요? 여긴 무슨 볼일이요?"

담대함 : "자, 자, 흥분하지 마십시오. 우리는 같은 편이니까요."

하지만 노인은 방어자세로 일어나더니 그들이 누군지 알려고 했다. 그래서 안내자가 말해주었다. "내 이름은 담대함입니다. 여기 이 순례자들을 거룩한 도시로 안내해드리고 있는 중입니다."

그러자 정직이 말했다. "아, 이거 정말 미안합니다. 사실은 얼마 전에 옅은 믿음의 돈을 빼앗은 이들과 한패인 줄 알았습니다. 하지만 이제 보니 아주 정직한 사람들 같군요."

담대함 : "정말로 우리가 그들과 한패였으면 도대체 어떻게 할 작정이었습니까?"

정직 : "어떻게 하다니요! 아, 목숨이 붙어있는 한 끝까지 싸워야지요. 전력을 다해 싸웠다면 결코 패하지 않았을 겁니다. 그리스도인이라면 스스로 물러서지 않는 한 절대로 패할 리가 없으니까요."

이 말을 듣고 안내자가 말했다. "지당하신 말씀입니다. 그렇게 진실한 말씀을 하시다니, 정직하신 분이 틀림없군요."

정직 : "이로써 나도 당신이 진정한 순례가 뭔지를 잘 아는 사람이란 걸 알았습니다. 대부분의 사람들은 우리가 금방 정복당하고 말 것이라 생각하니까요."

담대함 : "이렇게 만나 뵙게 되어 기쁩니다. 선생님의 성함과 고

향을 알고 싶습니다.”

정직 : “내 이름은 밝힐 수가 없어요. 어쨌든 난 어리석음이라는 마을에서 왔습니다. 멸망의 도시에서 4킬로미터쯤 떨어진 곳입니다.”

담대함 : “오, 그곳 출신이십니까? 그렇다면 선생님이 누구신지 대충 알 것 같습니다. 선생님 성함이 정직 맞으시지요?”

그러자 그 노인의 얼굴이 빨갛게 달아올랐다. “사실은 정직한 사람이 못 되는데, 이름은 정직이랍니다. 내 본성이 내 이름과 일치하면 얼마나 좋겠습니까? 그런데, 내가 그곳 출신이라는 말만 듣고 어떻게 나인지 알았습니까?”

담대함 : “예전에 주님께서 선생님 얘기를 하신 적이 있습니다. 주님은 이 땅에서 벌어지는 일들을 모두 알고 계시지요. 저는 그곳에서도 순례자가 나올 수 있다는 걸 알고 깜짝 놀랐습니다. 그곳은 멸망의 도시보다도 훨씬 악하니까요.”

정직 : “맞습니다. 그곳은 태양이 점점 멀어져 점점 더 춥고 무감각한 곳이 되고 말았습니다. 하지만 아무리 빙산에 사는 사람일지라도 의로운 해가 떠올라서 치료하는 광선을 발하면 얼어붙은 마음이 녹아내리는 법입니다. 내가 바로 그런 경우지요.”

담대함 : “맞습니다, 정직 어르신, 저도 그렇게 믿습니다. 지당

하신 말씀입니다."

그러자 노인이 순례자들 모두에게 거룩한 사랑의 입맞춤을 하고 는 이름이 무엇인지, 순례를 시작한 이후로 어떻게 지냈는지를 물 었다.

크리스티아나가 대답했다. "제 이름은 선생님도 아마 들어보셨 을 거예요. 저는 선한 크리스티안의 아내고, 이 네 아이들은 그의 아들들이랍니다."

이 말을 듣고 노인이 어떤 행동을 취했을지 여러분은 과연 짐작 이나 할 수 있을는지? 그는 웃으면서 펄쩍 뛰어오르더니 그들에게 수많은 축복을 빌어주었다. 그리고는 이렇게 말했다.

"당신 남편에 관해서는 아주 많이 들었습니다. 그의 여정과 전투 에 대해서도요. 부디 안심하십시오. 당신 남편의 이름은 온 세계에 널리 퍼졌으니까요. 그의 믿음과 용기와 인내, 그리고 모든 일에 성실함이 그를 유명하게 만들었답니다."

그가 소년들의 이름을 묻자, 소년들이 돌아가며 이름을 댔다. 그 러자 그가 소년들에게 말했다. "마태야, 너는 마태 같은 세리가 되 되, 악한 세리가 아니라 고결한 세리가 되어라."(마태복음 10:3) "사무 엘아, 너는 사무엘 같은 신앙과 기도의 예언자가 되어라."(시편 99:6) "요셉아, 너는 보디발의 집에서 순결을 지키고 유혹을 물리친 요 셉 같은 자가 되어라."(창세기 39장) "야고보야, 너는 의로운 야고보,

우리 주님의 동생 야고보 같은 자가 되어라."(사도행전 1:13,14) 노신사가 말을 마치자 그들이 자비의 이야기를 들려주었다. 그녀가 어떻게 자기 고향과 친척을 남겨두고 크리스티아나와 아들들을 따라오게 되었는지 전해들은 노신사가 이렇게 말했다. "당신 이름은 자비입니다. 자비로 인해 당신은 앞으로 이 길에서 만나는 온갖 어려움을 이겨내고 그곳에 도착할 겁니다. 그리고 그곳에서 자비의 샘물을 편안히 마주보게 될 겁니다."

그동안 안내자 담대함 씨는 아주 기쁜 얼굴로 미소를 띠고 있었다.

그들은 다함께 길을 떠났다. 안내자가 노신사에게 그곳 출신 순례자인 근심걱정을 아느냐고 물었다.

그가 대답했다. "아, 알다마다요. 그는 문제의 근원을 떠안고 사는 사람이었지요. 그동안 만나본 순례자들 가운데 가장 골치 아픈 사람이었습니다."

담대함 : "그의 성격을 정확히 파악하고 계시는 것 보니, 그를 아시는 게 틀림없군요."

정직 : "아주 잘 알지요! 우리는 아주 좋은 동행이었으니까요. 거의 최근까지 그와 함께 왔습니다. 앞으로 무슨 일이 벌어질지에 대해서 그가 생각하기 전까지 말입니다."

담대함 : "제가 그를 우리 주님의 집에서 거룩한 도시 문까지 안

내해드렸습니다."

정직 : "그렇다면 그가 얼마나 골치 아픈 사람인지 잘 아시겠군
요."

담대함 : "예, 하지만 꾹 참았습니다. 저의 소명을 다하다 보면
별별 사람을 다 만나니까요."

정직 : "그럼 그 사람 이야기를 조금만 들려주십시오. 선생님의
보호 아래 있을 때 어떤 행동을 했는지요."

담대함 : "예, 그는 늘 자기가 가고 싶은 곳에 도달하지 못할 거
라는 두려움을 안고 있었습니다. 다른 사람이 조금만 반대의사
를 밝혀도 깜짝 놀라곤 했지요. 예전엔 한 달도 넘게 절망의 구
렁텅이에 빠져 신음하고 있었다는 소문을 들은 적도 있습니다.
앞서 가던 몇몇 사람들이 그를 보고 손을 내밀었는데도 그들 손
을 붙잡을 용기마저 없었다고 하더군요. 그렇다고 집으로 되돌
아간 것도 아니었습니다. 그는 거룩한 도시에 들어가야만 살 수
있다고 생각하면서도, 조금만 힘든 상황에 부딪혀도 금세 기가
죽는가 하면, 길가에 버려진 지푸라기 하나에도 걸려 넘어지기
일쑤였습니다. 아까도 말했듯이 그는 한참을 절망의 구렁텅이에
빠져 있다가, 어느 화창한 날 아침에 드디어 빠져나왔습니다. 어
떻게 그랬는지는 모르겠지만, 어쨌든 모험을 감행한 것이지요.
하지만 그 수렁에서 빠져나온 뒤에도 그 사실을 믿지 않으려 했
습니다. 내 생각에, 그는 늘 절망의 구렁텅이를 마음속에 간직하

고 있었던 것 같습니다. 그렇지 않다면 결코 그런 행동을 했을 리가 없으니까요. 어쨌든 그는 문에 도착했습니다. 무슨 문인지 아시겠지요. 이 길 입구에 있는 문 말입니다. 그는 한참을 서 있은 다음에야 간신히 용기를 끌어 모아 문을 두드렸습니다. 하지만 막상 문이 열리자, 자기는 자격이 없으니 먼저 들어가라고 다른 사람들에게 양보했지요. 결국은 그보다 늦게 도착한 사람들이 다들 먼저 문으로 들어갔습니다. 그 가엾은 사람은 몸을 떨면서 웅크렸습니다. 아마도 그를 본 사람이라면 누구나 다 측은하게 여겼을 겁니다. 마침내 그는 문에 매달린 망치를 잡고서 문을 한두 번 가볍게 두드렸습니다. 그러자 누군가가 문을 열고 나왔습니다. 그런데 이번에도 그는 몸을 웅크린 채 뒤로 물러섰습니다. 그러자 문을 열어준 사람이 다가와서 물었습니다. '거기 떨고 있는 분, 원하는 게 뭡니까?' 그 질문에 그는 그만 땅바닥에 쓰러지고 말았답니다. 말을 걸었던 사람이 창백해진 그의 얼굴을 보고 깜짝 놀라면서 이렇게 말했습니다. '안심하십시오. 당신은 축복을 받았으니 어서 들어오십시오.' 하지만 그는 안으로 들어가면서도 몸을 떨었습니다. 안에 들어간 다음에도 수줍어서 얼굴을 들지 못했지요. 어쨌든 거기에서 그는 한동안 대접을 받았답니다. 그리고는 어느 길로 가야 하는지 물었지요. 그러다가 결국 우리 집까지 오게 되었는데, 우리 주님인 해석가의 집 앞에서도 그 문 앞에서처럼 행동했답니다. 날이 추운데도 그는 인기

척을 내지 못하고 한참동안 서 있었습니다. 그러면서도 되돌아갈 마음은 전혀 없었지요. 밤은 길고 추웠습니다. 그의 품속에는 우리 주님께 보여드릴 추천서가 들어있었습니다. 거기엔 그를 안으로 모셔서 편히 대접해드리라는 말과, 겁이 유난히 많은 사람이니 용감하고 씩씩한 보호자를 붙여주라는 말이 적혀 있었지요. 그런데도 그는 문을 두드리는 게 무서워 망설이다가, 가엾게도 거의 굶어 죽을 지경이 되었습니다. 너무도 기가 눌린 그는 다른 사람들이 문을 두드려 집 안으로 들어가는 걸 보면서도 감히 문을 두드리질 못했습니다. 그때 문득 창문 밖을 내다보던 내 눈에 한 남자가 문 앞에서 왔다 갔다 하는 모습이 비쳤습니다. 나는 밖으로 나가서 뭐하는 거냐고 물었습니다. 그 가엾은 사람이 눈물을 글썽이자, 그가 원하는 게 뭔지 짐작이 갔습니다. 그래서 안으로 들어가 다른 사람들에게 알리고 주님께도 전해드렸습니다. 주님께서는 다시 나가서 그를 데리고 들어오라고 하셨습니다. 그때 그를 집안으로 들어오게 하느라 얼마나 애를 먹었는지 모릅니다. 이윽고 그가 집안으로 들어오자, 우리 주님께서는 지극한 사랑으로 그를 맞이하셨습니다. 식탁에 차려진 좋은 음식들을 그의 접시에 덜어주신 주님께서 그가 내민 추천서를 읽으시고는 원하는 걸 모두 주시겠다고 약속하셨습니다. 한참을 그곳에 머무른 그는 조금 기운을 차렸는지 꽤나 안정된 눈치였습니다. 사실 우리 주님은 부드러운 마음씨[연민]의 소유자인데,

두려움이 많은 이들에게는 특히나 더 그러십니다. 주님께서 부드럽게 대해주시니까 그도 용기를 얻은 것 같았습니다. 집을 다 둘러본 다음 그가 떠날 채비를 하자, 주님께서는 크리스티안에게 그러셨던 것처럼, 정신을 맑게 해줄 음료와 맛난 음식을 조금 싸주셨습니다. 그는 내 뒤를 따라오면서도 몇 마디 말밖에 안 하고 계속 한숨만 푹푹 쉬더군요.”

“세 사람이 목매달려 있는 곳에 도착했을 때는 자기도 이런 최후를 맞을까봐 무섭다고 했습니다. 딱 한 번 그가 즐거운 것처럼 보일 때가 있었는데, 그건 바로 십자가와 무덤 앞에서였지요. 그는 그곳에 좀 더 머물고 싶어 했습니다. 그 뒤부터는 약간 기운을 차린 것 같았지요. 어려움 언덕에 도달했을 때 그는 전혀 힘들어하지 않았고 사자도 별로 두려워하지 않았습니다. 그가 두려워한 것은 그런 게 아니었습니다. 최후의 순간에 과연 자신이 받아들여질지, 바로 그게 두려웠던 겁니다.”

“그 뒤 나는 별로 내켜하지 않는 그를 억지로 아름다움 성으로 데려갔습니다. 그 집 아가씨들과 친해지도록 도와주고 싶었거든요. 하지만 그는 아가씨들과 함께 있는 것도 부끄러워했습니다. 줄곧 혼자 있으려 했지요. 그러면서도 재미난 이야기를 좋아했기 때문에 곧잘 이야기를 훔쳐듣곤 했답니다. 그는 옛날 물건들을 감상하길 좋아했습니다. 그래서 그 물건들을 마음속에 새겨두곤 했지요. 나중에야 들은 애기지만, 사실 그는 예전에 묵었던 곳, 그러니까 그 문에 있던 집과 해석가의 집에 머물고 싶었다고 했습니다. 하지만 차마 그런 요청을 할 수 없었다고 했지요.”

“아름다움 성을 떠나 치욕의 골짜기를 내려가는데, 그는 그동안 내가 안내했던 그 누구보다도 잘 내려갔습니다. 최후의 순간에 행복해질 수만 있다면, 지금의 고생쯤은 전혀 상관없는 것 같았지요. 예, 그는 마치 그 골짜기와 일심동체가 된 것 같았습니다. 그의 순례여정에서 치욕의 골짜기에 있을 때만큼 좋아 보인 적도 없었을 정도니까요.”

“거기서 그는 바닥에 드러눕기도 하고 땅을 끌어안기도 했습니다. 또 거기서 자라는 꽃들에 입맞춤을 하기도 했지요(예레미야 애가 3:27~29). 매일 새벽 그는 골짜기를 이리저리 살피며 산책을 하곤 했답니다.”

“하지만 죽음의 어둠 골짜기 입구에 들어섰을 때에는 정말이지 그를 잃는 줄만 알았습니다. 다시 되돌아가고 싶어 하지는 않았지만(그는 되돌아가는 걸 정말로 싫어했지요) 공포로 인해 꼭 죽을 것만 같았거든요. 그가 비명을 지르더군요. ‘오, 도깨비들에게 잡아먹히고 말거야! 도깨비들이 날 잡아먹을 거야!’ 도저히 그를 진정시킬 수가 없었습니다. 하도 시끄럽게 비명을 질러대는 바람에, 오히려 그 소리를 듣고 도깨비들이 용기백배해서 쳐들어올 것만 같았지요.”

“하지만 그 골짜기는 그 어느 때보다도 잠잠했습니다. 마치 주님께서 원수들에게 이 근심걱정 씨가 통과할 때까지 절대로 방해하지 말라고 특별명령을 내린 것만 같았습니다."

"일일이 다 얘기하자면 시간이 너무 많이 걸릴 것 같군요. 몇 가지만 더 이야기하고 마치겠습니다. 공허의 시장에 도착했을 때에는 그가 그곳 사람들 전부와 싸움을 하려는 줄 알았습니다. 그가 그들의 어리석은 행동을 하도 심하게 비난하는 바람에, 정말이지 둘 다 맞아죽을 뻔했지요. 매혹의 땅을 지날 때도 그는 전혀 방심하지 않았습니다. 그런데 다리가 없는 강에 도착하는 순간 다시금 침울해지더군요. 그토록 먼 길을 찾아왔건만 이제는 영낙없이 물속에 가라앉아 영원히 위로받지 못하게 생겼노라고 했습니다."

"바로 그때 놀라운 일이 벌어졌습니다. 갑자기 강이 얕아진 겁니다. 제 평생 그런 일은 처음 봤습니다. 결국은 신발 하나 젖지 않은 채로 그 강을 건넜습니다. 문 앞에 도착한 나는 작별인사를 하면서 부디 위에서 잘 받아주시길 빈다고 말했습니다. 그랬더니 '예, 반드시 그렇게 될 겁니다' 라고 대답하더군요. 그렇게 헤어진 뒤로 다시는 그를 만나지 못했지요."

정직 : "그렇다면 결국 잘된 모양이네요."

담대함 : "예, 맞습니다. 나는 한 번도 그를 의심해본 적이 없습니다. 누구보다도 훌륭한 영혼을 가진 사람이었으니까요. 늘 축쳐져있고 너무도 무거운 짐을 지고 있어 남들에게까지 골치 아

픈 존재이긴 했지만(시편88편), 그래도 그는 누구보다 죄에 민감했고, 남에게 피해를 주지 않으려고 애썼습니다. 심지어는 합법적인 일조차도 남에게 해가 될까봐 거부하곤 했지요."(로마서 14:21; 고린도전서 8:13)

정직 : "그런데 그토록 선한 사람이 평생 그렇게 어둠 속에 갇혀 지내야 했던 무슨 이유라도 있었습니까?"

담대함 : "예, 두 가지 이유가 있었습니다. 첫째는 현명하신 하나님의 뜻이 그랬기 때문입니다. 어떤 이는 피리를 불고 어떤 이는 애곡을 하는 것 말입니다(마태복음 11:16). 그러니까 근심걱정 씨는 저음부 연주자였던 셈입니다. 그와 동료들은 다른 악기보다 어두운 음색의 트롬본을 연주한 것이지요. 사실 저음부야말로 음악의 기초라고 말하는 사람도 있습니다. 나 역시 마음 깊은 곳에서 시작되지 않는 신앙고백은 아무 소용이 없다고 믿지요. 음악가들이 보통 음을 조율할 때 저음부 현부터 고르는 것처럼, 하나님께서도 영혼을 조율하실 때 저음부 현부터 고르십니다. 근심걱정 씨에게 한 가지 단점이 있었다면, 최후의 순간까지도 오직 한 가지 음악밖에 연주하지 못했다는 것이지요."

감히 내가 이렇게 비유적으로 말하는 것은, 젊은 독자들의 이해를 돕기 위한 것도 있지만, 요한계시록에도 구원받은 이들을 보좌 앞에서 나팔과 하프를 연주하며 노래를 부르는 음악가들로 비유한 부분이 있기 때문이다(요한계시록 8:12; 14:2,3).

정직 : "당신의 얘기를 듣고 보니 그는 정말로 열정적인 사람이 었군요. 온갖 어려움과 사자들, 공허의 시장도 전혀 두려워하지 않았으니까요. 그가 유일하게 두려워한 건 죄와 죽음, 지옥뿐이 었습니다. 과연 자신이 거룩한 도시로 들어갈 수 있을까 하는 것 에만 관심이 있었던 겁니다."

담대함 : "예, 그렇습니다. 그게 바로 그의 고민거리였습니다. 어르신이 잘 판단하신 것처럼, 그는 순례자의 삶을 실천하는 문 제가 아니라 바로 그 고민거리 때문에 마음이 약해졌던 겁니다. 나는 '등불을 손에 쥔 자는 길을 제대로 갈 수 있다' 는 속담을 믿 습니다. 하지만 그렇게 마음을 짓누르는 고민거리라면 그 누구 도 쉽게 떨쳐버릴 수 없었을 겁니다."

크리스티아나가 말했다. "근심걱정 씨에 대한 이야기를 들어보 니, 저와 비슷한 점이 있는 것 같네요. 저 같은 사람은 다시 없을 거라고 생각했는데 말이에요. 하지만 우리 둘 사이엔 차이점이 있 어요. 그는 괴로움을 밖으로 드러냈지만 저는 속으로 삼켰다는 것, 그리고 그는 그 집 앞에서 문을 두드리지 못했지만 저는 오히려 괴 로움 때문에 더 세게 두드렸다는 것이지요."

자비 : "솔직히 말하면 저도 그 사람과 닮은 점이 있어요. 저는 늘 그 호수가 가장 무서웠고, 또 낙원을 잃어버리게 될까 봐 전 전긍긍했거든요. '오, 그곳에서 살 수만 있다면 얼마나 행복할까! 그럴 수만 있다면 이 세상 모든 걸 다 버릴 수도 있는데' 라고 생각하면서요."

그러자 마태도 이렇게 말했다. "저도 두려움 때문에 구원을 얻기 힘들 거라고 생각했는데, 그렇게 선한 사람도 두려워했다니, 저라고 안 될 것도 없다는 생각이 드네요."

야고보가 말했다. "두려움이 없다면 은총도 없겠지요. 지옥에 대한 두려움 때문에 모두 다 구원받을 수는 없겠지만, 그래도 하나님을 경외하지 않는 자가 은총을 얻을 수 없다는 것만은 확실해요."

담대함 : "바로 그거야, 야고보, 네가 중요한 걸 말했어. '주님을 경외하는 것이 지혜의 근본이란다.' (시편 111:10) 근본이 없는 사람에게 중간이나 끝이 있을 리 만무하지. 이제 근심걱정 씨에 관한 이야기는 이쯤에서 마무리 지어야겠다. 마지막으로 그에게 작별인사를 해야지."

자, 근심걱정 씨,

당신은 하나님을 경외하고

여기 있는 동안

그 어떤 배신행위도 하지 않았습니다.

당신은 그 호수와 함정도 두려웠지요?

물론 다른 사람들도 마찬가지였답니다!

지혜가 모자란 자는

스스로 자멸하고 말 겁니다.

내가 보니 그들이 계속해서 대화를 나누며 걷고 있었다. 담대함 씨가 근심걱정 씨에 관한 이야기를 마치자, 이번에는 정직 씨가 자기의지 씨에 관한 이야기를 꺼냈다. "그는 마치 순례자인 것처럼 행세했지만, 나는 그가 이 길 입구에 있는 문으로 들어오지 않았다는 걸 잘 알고 있었습니다."

담대함 : "그것에 관해 얘기해봤습니까?"

정직 : "그럼요, 한두 번이 아니지요. 하지만 그는 늘 자기 맘대로 행동했습니다. 다른 사람의 주장 같은 건 신경도 쓰지 않았지요. 마음 내키는 일만 하고 다른 일은 거들떠보지도 않았습니다."

담대함 : "도대체 어떤 원칙이 있었기에 그랬던 걸까요? 어르신

은 잘 아시겠지요."

정직 : "그는 순례자의 미덕뿐만 아니라 악덕도 따라야 한다고 주장했습니다. 두 가지를 모두 실천하는 사람만이 구원을 받을 수 있다고 했지요."

담대함 : "아니, 어떻게요? '아무리 선한 순례자라도 미덕이 아닌 악덕을 행할 때가 더러 있다'고 말했다면 또 모르겠습니다. 사실 우리는 악덕에서 완전히 벗어날 수 없기 때문에 시시각각 살피며 투쟁해야 하니까요. 하지만 그가 이런 뜻으로 말한 건 아닌 것 같군요. 내 생각엔, 악덕을 허용해야 한다는 뜻으로 말한 것 같은데요."

정직 : "예, 바로 그겁니다. 그는 그렇게 믿고 또 그렇게 실천했지요."

담대함 : "하지만 무슨 근거로 그런 말을 했을까요?"

정직 : "글쎄, 그 사람 말로는 성경에 증거가 있다고 하더군요."

담대함 : "오, 정직 어르신, 좀 더 구체적으로 설명해 주십시오."

정직 : "예, 그러지요. 그의 말에 따르면, 하나님의 사랑을 받았던 다윗도 다른 남자의 아내를 취했으니 자기도 얼마든지 그럴 수 있으며, 솔로몬도 수많은 여인들을 거느리고 살았으니 자기도 그럴 수 있다고 했습니다. 또 사라와 이집트의 경건한 산파들도 거짓말을 했고, 라합도 거짓말을 했으니, 자기도 그럴 수 있

고, 주님의 지시대로 제자들이 남의 나귀를 빼앗았으니 자기도 그럴 수 있다고 했어요. 심지어는 야곱도 간계와 은폐로 아버지의 유산을 가로챘으니 자기도 얼마든지 그럴 수 있다고까지 했습니다.”

담대함 : “어떻게 그런 불순한 말을! 그가 정말로 그런 말을 했습니까?”

정직 : “예, 성경을 인용해가며 떠들어대는 것을 이 두 귀로 똑똑히 들었습니다.”

담대함 : “도저히 받아들일 수 없는 주장이군요.”

정직 : “그의 주장은 누구나 다 그럴 수 있다는 게 아니라, 미덕을 지닌 사람은 그래도 된다는 것이었습니다.”

담대함 : “그런 말도 안 되는 소리가 어디 있습니까? 그러니까 그의 말은, 선한 사람도 예전에 잘못을 저지른 적이 있으니 자기도 얼마든지 잘못을 저지르겠다는 것 아닙니까? 그런 건 어린아이가 돌풍이나 돌부리에 걸려 넘어져서 흙탕물에 옷을 버리는 걸 보고, 자기도 일부러 흙탕물에 누워 돼지처럼 뒹구는 것과 다를 게 하나 없습니다. 정욕의 힘에 눈먼 사람이 아니고서야 어떻게 그런 생각을 할 수 있겠습니까? ‘그들이 걸려서 넘어지는 것은 말씀을 순종하지 않기 때문이요, 또한 그렇게 되도록 정해 놓으셨기 때문입니다’ (베드로전서 2:8)라는 성경 말씀이 하나도 틀린 게 없군요.”

"악덕을 저지르는 이들이 경건한 자의 미덕을 갖추고 있을 거라는 그의 생각은 망상에 불과합니다. 마치 개가 자기는 역겨운 대변을 핥아먹으니 어린아이 같은 성질을 지녔다고 하는 것이나 마찬가지지요. 하나님의 백성이 바치는 속죄제물을 먹는다고 해서(호세아 4:8) 미덕을 지녔다는 증거는 못 되는 법입니다. 그런 생각을 하는 자가 하루아침에 믿음이나 사랑을 갖게 될 리도 없고요. 분명 선생님도 그의 주장에 반박하셨겠지요. 그가 도대체 무슨 말을 늘어놓던가요?"

정직 : "그 주장에 반대하는 사람보다는 찬성하는 쪽이 훨씬 더 정직한 사람이라고 했습니다."

담대함 : "아주 지독한 말이군요. 정욕에 빠지지 않기 위해 애쓰다가 마음이 약해져 그런 데 빠지는 것도 나쁜 짓인데, 일부러 죄를 짓고서 그걸 묵인해달라는 건 더더욱 나쁜 짓입니다. 우연히 실수를 저지르는 게 아니라 일부러 함정에 빠뜨리는 것이니까요."

정직 : "내놓고 말은 못해도 사실은 이 사람처럼 생각하는 이들이 아주 많습니다. 그래서 다들 순례를 그렇게 경멸하는 것이지요."

담대함: "맞는 말씀입니다. 탄식할 일이지요. 하지만 낙원의 왕을 경외하는 자는 그 모든 죄에서 벗어날 것입니다."

크리스티아나 : "세상에는 이상한 생각을 품은 사람들이 참 많

네요. 죽기 직전에 회개해도 충분하다는 사람도 있잖아요."

담대함 : "말도 안 되는 일이지요. 일주일에 20마일을 달려야 하는 사람이 마지막 한 시간 남을 때까지 출발을 미루는 것이나 마찬가지입니다."

정직 : "그 말이 맞습니다. 하지만 자칭 순례자라는 사람들은 대체로 그런 자들입니다. 보다시피 나는 늙은 몸인데다, 아주 오랫동안 이 길을 다니며 많은 것들을 보았습니다."

"온 세상을 차지할 것처럼 자신 있게 출발했다가 며칠 만에 광야에서 죽음을 맞아 결국은 약속의 땅을 보지 못한 사람도 있었고, 처음 순례자가 되어 길을 나설 때에는 아무런 약속도 얻은 게 없어 단 하루도 살지 못할 것 같았지만 결국은 아주 훌륭한 순례자로 인정받은 사람도 있었습니다."

"급히 달려 나가다가, 조금 뒤에는 다시금 원래 속도로 되돌아가는 사람도 있었지요."

"처음에는 순례자의 삶에 대해 아주 좋게 말하다가, 조금 뒤에는 정반대로 이야기하는 사람도 있었습니다."

"낙원을 향해 처음 출발할 때는 그곳에 대해 긍정적으로 말하다가, 그곳에 거의 도착할 무렵에는 그런 곳이 어디 있냐며 되돌아가버린 사람도 있었지요."

"자기 길을 가로막는 자는 죽여 버리겠다고 큰소리를 치다가도, 거짓경고에 놀라 믿음도, 순례자의 길도 모두 다 버리고 도망간 사람도 있었습니다.”

이런 얘기를 나누며 길을 가고 있는데, 한 사람이 그들 쪽으로 달려오며 이렇게 외쳤다. “여러분, 살고 싶으면 발길을 돌리십시오. 저 앞에 강도들이 있으니까요.”

그러자 담대함 씨가 말했다. “옅은 믿음을 습격했던 그 강도들인가 봅니다. 마음의 준비를 해야겠습니다.”

그들은 계속해서 앞으로 나갔다. 모퉁이를 돌 때마다 강도가 나타나지 않을까 주의 깊게 살펴보았지만, 담대함 씨의 목소리를 들은 건지, 아니면 다른 꿍꿍이가 있는 건지, 아무튼 강도들의 모습은 보이지 않았다.

크리스티아나는 이제 모두들 지쳤으니 여인숙에서 숨 좀 돌리고 갔으면 좋겠다고 했다. 그러자 담대함 씨가 말했다. “조금만 더 가면 고귀한 제자 가이오의 집이 있습니다.”(로마서 16:23) 그들은 그곳으로 가기로 했다. 담대함 씨가 그에 관해 아주 좋게 말했기 때문이었다. 문 앞에 도착한 그들은 문을 두드리지 않고 그냥 들어갔다. 여인숙은 문을 두드리지 않는 게 풍습이었던 것이다. 안에 들어가 주인을 부르자 주인이 나타났다. 그들은 하룻밤 묵어가도 되냐고 물었다.

가이오 : “예, 진정한 신도라면 얼마든지 묵어가실 수 있습니다.

제 집은 오직 순례자만을 위한 곳이니까요."

여인숙 주인이 순례자를 사랑하는 사람이라는 걸 알고, 크리스티아나와 자비와 소년들은 아주 기뻤다. 그들이 방을 달라고 하자 주인은 크리스티아나와 아이들과 자비가 묵을 방, 그리고 담대함 씨와 노신사가 묵을 방을 내주었다.

담대함 씨가 그에게 말했다. "가이오 선생님, 저녁식사를 좀 준비해 주시겠습니까? 이 순례자들이 오늘 먼 길을 오느라 많이 지쳤거든요."

그러자 가이오가 대답했다. "너무 늦어서 음식을 구하러 나갈 수가 없습니다. 여러분만 괜찮다면 그냥 집에 있는 걸로 대접해드리지요."

담대함 : "선생님 집에 있는 것이면 충분합니다. 내가 알기론 선생님 집에는 언제나 먹을 게 안 떨어지니까요."

가이오는 주방에 내려가 일품이라는 요리사에게 여러 순례자들의 저녁식사를 준비하라고 지시한 다음, 다시 와서는 이렇게 말했다. "친구들이여, 여기 오신 걸 환영합니다. 여러분을 대접할만한 집이 있어서 정말 기쁩니다. 괜찮다면 저녁식사를 준비하는 동안 유익한 대화를 나누고 싶습니다." 그러자 모두들 동의했다. "좋습니다."

가이오가 물었다. "나이가 많으신 이 부인은 누구의 아내입니까? 이 젊은 아가씨는 누구 딸이고요?"

담대함 : "이 여인은 예전에 순례자였던 크리스티안의 아내입니다. 이 아이들은 크리스티안의 아들들이고요. 이 아가씨는 크리스티아나와 잘 아는 사람인데, 그녀의 권유로 순례를 떠나왔답니다. 이 소년들은 모두 자기 아버지의 발자취를 따르고 싶어 하지요. 순례자가 누웠던 곳이나 발자국만 발견해도 기쁨에 겨워 똑같이 눕거나 걸어볼 정도랍니다."

그러자 가이오가 말했다. "크리스티안의 아내와 아들들이라고요? 오, 나는 당신 남편의 아버지와 할아버지도 잘 압니다. 아주 훌륭한 가문이지요. 그들의 조상은 처음에 안디옥에서 살았습니다(사도행전 11:26). (당신도 남편에게서 들은 적이 있겠지만) 크리스티안의 조상은 정말 훌륭한 분들이셨지요. 내가 아는 한, 그들은 순례자들의 주님과 그분의 길과 그분을 사랑하는 이들을 위해 가장 큰 미덕과 용기를 실천한 사람들입니다. 또 당신 남편의 친지들이 진리를 위해 온갖 시련을 다 겪었다는 이야기도 들었습니다. 당신 남편 가문의 시조 중 한 분인 스데반은 돌에 맞아 죽었고(사도행전 7:59,60), 그와 같은 시대의 야고보는 칼에 찔려 죽었지요(사도행전 12:2). 예로부터 당신 남편 가문에는 바울과 베드로는 물론이고, 사자의 먹이가 된 이그나티우스, 뼈에서 살을 모두 발라내 죽임을 당했던 로마누스, 불에 타죽은 폴뤼카르포스가 있었습니다. 대낮에 바구니 째 매달려 독사의 먹이가 된 사람도 있었고, 자루에 묶인 채 바다에 던져져 익사한 사람도 있었습니다. 그 가문에는 순례자의 삶을 향한 사랑 때문에 부상을 입거나 죽임을 당한 사람이 헤아릴 수 없이 많지요. 당신 남편이 이렇게 아들을 넷이나 남겼다니 무엇보다도 기쁜 일입니다. 이 아이들도 아버지의 명성을 받들고 그 발자취를 따라가다가 아버지가 도착한 곳에 이르기를 바랍니다.”

담대함 : “예, 이 아이들은 그러고도 남을 겁니다. 진심으로 아버지의 길을 선택한 것 같으니까요.”

가이오 : “꼭 그래야지요. 크리스티안의 가문은 앞으로 지면을 덮을 정도로 번창할 겁니다. 그러려면 크리스티아나가 아들들을 위해 좋은 짝을 찾아내야 합니다. 아버지의 이름과 조상들의 가문이 이 세상에서 절대 잊혀지지 않도록 말입니다.”

정직 : “그의 가문이 몰락하거나 사라진다는 건 정말로 애석한 일이겠지요.”

가이오 : “축소될지는 몰라도 몰락하는 일은 절대로 없을 겁니다. 그렇지만 크리스티아나 부인, 내 충고를 잊지 마십시오. 그래야만 가문을 지킬 수 있습니다.” 여인숙 주인은 계속해서 다음

과 같이 말했다. "크리스티아나 부인, 당신과 당신 친구 자비를 여기서 만나게 되어 정말 기쁩니다. 두 분은 참 잘 어울리는군요. 제가 조언 하나 할까요? 자비와 좀 더 가까운 관계를 맺는 건 어떻습니까? 자비만 좋다고 하면 장남인 마태와 혼인을 시키십시오. 그것이 이 땅에서 자손을 보존하는 길입니다."

그리하여 이 둘의 혼담이 성사되었고, 얼마 뒤에 진짜로 혼인을 했는데, 자세한 이야기는 나중에 다시 하겠다.

가이오는 계속 이야기했다. "이제부터는 여인들을 대신해서 말하겠습니다. 죽음과 저주가 한 여자로부터 이 세상에 온 것처럼(창세기 3장), 생명과 건강 역시 여자로부터 왔습니다. '하나님께서는 당신의 아들을 보내셔서, 여인에게서 나게 하셨습니다.' (갈라디아서 4:4) 예, 구약시대 여인들은 자기 조상의 행위를 얼마나 경멸하는지 증명하기 위해 자녀를 갈망했습니다. 혹시나 자신이 이 세상의 구세주를 낳을 수 있지 않을까 기대하면서 말이지요. 또 구세주가 이 땅에 오셨을 때 남자나 천사보다 먼저 기뻐한 것도 여인들이었습니다.(누가복음 1:42~46) 남자는 그리스도께 동전 한 닢도 바치지 않았지만, 그분을 따르던 여인들은 전 재산을 바쳐가면서까지 후원했습니다(누가복음 8:2,3). 눈물로 그분의 발을 씻어드린 것도 여인이고(누가복음 7:37~50), 장례식 때 그분의 시체에 기름을 부어드린 것도 여인입니다(요한복음 11:2; 12:3). 그분이 십자가에 달리실 때 눈물을 흘린 것도 여인이고(누가복음 23:27), 십자가에서 끌어내려(마태복음 27:55,56; 누가복음 23:55) 무덤에 묻을 때까지 따라와 지켜봤던 것도 여인입니다(마태복음 27:61). 그분이 부활하시던 날 아침 처음으로 그분을 만난 것도 여인이었고(누가복음 24:1), 제자들에게 그분의 부활 소식을 처음 전한 것도 여인이었습니다(누가복음 24:22,23). 결국 여자야말로 가장 큰 은총을 받은 존재이며, 이것으로 알 수 있는 건 여자들도 우리와 더불어 생명의 은총을 누리고 있다는 것입니다.”

이윽고 요리사가 사람을 보내 저녁식사 준비가 거의 끝났음을 알렸다. 그 사람은 식탁보를 펴고 그 위에 접시와 소금과 빵을 올려놓았다. 마태가 말했다. “이 식탁보와 전채요리를 보니 그 어느 때보다도 식욕이 동하네요.”

가이오 : “이 세상에서 배운 온갖 교리로 인하여 네가 위대하신 왕의 만찬에 참여하고픈 욕구를 좀 더 많이 느꼈으면 좋겠구나. 주님의 집에 도착한 다음 주님께서 베풀어주실 축제에 비하면, 이 세상의 설교와 책과 의식은 모두 이 식탁에 놓인 접시나 소금에 불과하거든.”

그때부터 음식이 차려지기 시작했다. 먼저 높이 들어 올린 넓적다리와 흔든 가슴 고기가 식탁에 올려졌다. 이것은 식사를 하기 전에 우선 하나님께 기도와 찬양부터 드려야 함을 보여주는 것이었다. 다윗은 넓적다리를 높이 들어 올려 하나님께 자신의 마음을 바쳤고, 기도할 때에는 흔들어 바친 가슴 고기와 함께 온 마음을 다해 하프를 연주하곤 했다(레위기 7:32~34; 10:14; 시편 25:1; 히브리서 13:15). 이 두 가지 요리는 아주 신선하고 맛있었다. 모두들 아주 맛있게 먹었다.

다음으로는 피처럼 붉은 포도주가 나왔다(신명기 32:14; 사사기 9:13; 요한복음 15:5). 가이오가 그들에게 말했다. "마음껏 드십시오. 이것은 참 포도나무로 만든 주스여서, 하나님과 사람의 마음을 즐겁게 해줍니다." 그들은 포도주를 마시며 즐거워했다.

그 다음으로 나온 요리는 빵부스러기를 잘 섞은 우유였다. 가이오가 말했다. "소년들에게 먹이십시오, 그러면 쑥쑥 자랄 겁니다."(베드로전서 2:1,2)

그 다음엔 버터와 꿀이 든 접시가 들어왔다. 가이오가 말했다. "많이들 드십시오. 이것은 여러분의 기운을 북돋워주고 판단력과 이해력도 높여주는 음식입니다. 주님도 어렸을 때는 이것을 드셨습니다. '그 아이가 잘못된 것을 거절하고 옳은 것을 선택할 나이가 될 때에, 그 아이는 버터와 꿀을 먹을 것입니다'(이사야 7:15)라는 말씀도 있지요."

다음으로는 아주 맛있는 사과가 한 접시 들어왔다. 그것을 보고 마태가 물었다. "사과는 뱀이 우리의 첫 어머니를 유혹한 도구인데 우리가 이걸 먹어도 될까요?"

그러자 가이오가 이렇게 말했다.

사과는 우리를 현혹한 도구이지만
우리 영혼을 더럽힌 건 사과가 아니라 죄란다.
금하신 사과를 먹으면 피가 썩지만
권하신 사과를 먹으면 우리에게 유익하단다.
그러니 주님의 비둘기인 너 교회여,
주님의 포도주를 마셔라.
사랑 때문에 아파하는 이들아,
그분의 사과를 먹어라.

그러자 마태가 말했다. "그래도 저는 먹기가 두려워요. 지난번에 과일을 먹고 한참을 앓았거든요."

가이오 : "금하신 과일을 먹으면 병이 나지만, 우리 주님께서 허락하신 과일은 괜찮단다."

이런 얘기를 나누고 있는데 호두가 담긴 접시가 나왔다(아가 6:11). 그것을 보고 식탁에 앉아 있던 사람들이 말했다. "호두는 연약한 이, 특히 어린아이들의 이를 망가뜨립니다." 그러자 가이오가 이렇게 말했다.

호두는 껍질이 단단합니다.
하지만 그 단단한 껍질 덕분에
아무나 속을 못 먹는 겁니다.
껍질을 깨고 벗겨내면
얼마든지 속을 먹을 수 있습니다.
자, 호두가 여기 있으니
껍질을 깨고 드십시오.

그들은 아주 즐거운 마음으로 오랜 시간을 식탁에 앉아 이런저런 얘기를 나누었다. 이번에는 노신사가 말을 꺼냈다. "친절하신 주인장, 이 호두를 깨는 동안, 괜찮다면 수수께끼 하나 풀어보십시오."

모두들 미쳤다고 생각하는 사람이 한 명 있는데,
버리면 버릴수록 더 많이 소유하는 그 사람은
과연 누구겠습니까?

가이오의 대답이 궁금해진 그들은 모두들 숨을 죽였다. 그는 한참을 가만히 앉아 있더니 이윽고 이렇게 대답했다.

자기 물건을 가난한 이들에게 나눠주는 사람은
열배가 넘도록 다시 받게 됩니다.

그러자 요셉이 말했다. "선생님이 그 수수께끼를 푸실 거라고는 생각도 못했어요."

그 말을 듣고 가이오가 말했다. "오, 나는 아주 오랫동안 이런 식으로 교육을 받았단다. 그리고 경험만큼 훌륭한 교사는 없는 법이지. 주님께서 내게 친절을 베풀라고 가르치셨고, 나는 경험을 통해 친절이 가져다주는 게 많다는 사실을 배웠단다. 남에게 나누어 주는데도 더욱 부유해지는 사람이 있는가 하면, 마땅히 쓸 것까지 아끼는데도 가난해지는 사람이 있지. 또 부자인 체하나 아무것도 없는 사람이 있는가 하면, 가난한 체하나 많은 재물을 가진 사람이 있단다."(잠언 11:24; 13:7)

그때 사무엘이 크리스티아나에게 이렇게 속삭였다. "엄마, 여긴 참 좋은 분의 집이네요. 여기 좀 더 머물면서 마태 형과 자비를 결혼시킨 다음에 다시 길을 가는 게 좋겠어요." 그 말을 들은 주인이 말했다. "애야, 그것 참 좋은 생각이구나."

그리하여 그들은 한 달도 넘게 그 집에 머물렀다. 그동안 마태는 자비를 아내로 맞이하였다. 자비는 그곳에 머무는 동안에도 습관처럼 옷가지를 만들어 가난한 이들에게 나눠주었고, 그 일로 순례자들 사이에 아주 좋은 평판을 얻게 되었다.

어쨌든 다시 원래 이야기로 돌아가서, 저녁식사를 마친 소년들은 긴 여행에 지친 몸을 눕히고 싶어 했다. 가이오가 사람을 불러

방을 보여주려 하자 자비가 얼른 말했다. "제가 침실로 안내하겠습니다." 그녀의 안내로 침실에 들어간 소년들은 푹 잠이 들었다. 하지만 나머지 어른들은 밤새도록 깨어 있었다. 가이오와 그들은 맘이 아주 잘 맞는 상대였다. 그들이 주님과 자기 자신, 그리고 순례여정에 관한 이야기를 나누고 있는데, 아까 가이오에게 수수께끼를 냈던 정직 씨가 꾸벅꾸벅 졸기 시작했다. 그러자 담대함이 말했다. "선생님, 졸음이 오나봅니다. 자, 정신 차리라는 의미로 제가 수수께끼 하나 내겠습니다." 정직 씨가 말했다. "어디 들어봅시다."

담대함 씨가 수수께끼를 냈다.

남을 죽이려 드는 자는

먼저 정복을 당해야 하고

밖에서 살 자는

먼저 안에서 죽어야 한다는 게

무슨 뜻일까요?

그 수수께끼를 듣고 정직이 말했다. "아, 어려운 문제군요. 상세히 설명하는 것도 어렵지만 실천하기는 더 어렵습니다. 자, 주인장, 당신만 괜찮다면 이 수수께끼를 넘기겠습니다. 자세히 설명 좀 해주십시오."

하지만 가이오는 이렇게 말했다. "아닙니다. 그건 선생님께 낸 문제기 때문에 모두들 선생님이 대답해주길 기대하고 있습니다." 그러자 노신사가 이렇게 말했다.

먼저 은총에 정복당한 자만이
죄를 억제할 수 있고,
산 자가 나를 확신시키려면
먼저 스스로 죽어야 한다.

그것을 듣고 가이오가 말했다. "맞았습니다. 이것은 훌륭한 교리와 경험을 통해서 배울 수 있습니다. 첫째, 은총이 드러나서 그 영광과 더불어 영혼을 지배할 때까지는 죄를 혐오하는 마음이 거의 없습니다. 더군다나 영혼이 사탄의 굴레에 갇혀 있다면, 그 죄에서 풀려나기 전에 어찌 저항을 할 수 있겠습니까?"

"둘째, 이성이나 은총을 아는 사람이라면 결코 타락의 노예가 된 자를 은총의 산 증인이라고 믿지 않을 것입니다."

"지금 막 생각난 이야기가 있는데, 들을만한 가치가 있는 얘기니 한 번 들어보십시오. 두 사람이 함께 순례를 하고 있었습니다. 한 사람은 젊은이고, 한 사람은 노인이었습니다. 젊은이는 타락한 정도가 심해서 그것과 싸워야 했지만, 노인은 세월이 흐르면서 타락의 정도도 약해져 있었답니다. 젊은이는 노인과 함께 발걸음도 가볍게 앞으로 나갔고, 가는 곳마다 항상 발걸음이 가벼웠습니다. 자, 두 사람이 이렇게 비슷해 보일 경우, 누구 은총이 더 밝게 빛나 겠습니까?"

정직 : "보나마나 젊은이겠지요. 가장 강한 적과 맞서 싸운 것으 로 그가 가장 강하다는 사실이 입증되었으니까요. 특히 그는 자 기 보폭의 절반에도 못 미치는 노인의 걸음걸이에 맞춰 걸었지 만, 노인들은 절대 그런 법이 없지요. 나는 노인들이 자기도취에 빠져 그런 실수를 저지르는 걸 자주 봤습니다. 그러니까 노인들 은 세월이 흘러 타락한 마음이 자연히 약해진 것을 꼭 자기가 그 걸 극복해낸 것처럼 생각합니다. 물론 자비로운 노인은 젊은이 들에게 최고로 좋은 조언자가 될 수 있지요. 세상만사가 헛되다 는 것을 가장 잘 아니까요. 하지만 노인과 젊은이가 함께 길을 떠날 경우, 노인은 타락한 마음이 자연히 약해진 것에 비해, 젊 은이는 자기 안에 은총이 역사하심을 가장 확실히 깨달을 수 있 다는 장점이 있습니다."

먼동이 틀 때까지 그들은 계속해서 대화를 나눴다. 소년들이 모 두 잠에서 깨자 크리스티아나가 야고보에게 성경을 한 장 읽으라 고 했다. 그가 이사야 53장을 읽었다. 다 읽고 나자 정직 씨가 물 었다. "구세주께서는 '마른 땅에서 나온 싹과 같이 자라서, 그에게

는 고운 모양도 없고, 훌륭한 풍채도 없다' 고 한 이유가 무엇일까
요?"

담대함 씨가 대답했다. "제가 대답하겠습니다. 첫째는 그리스도
께서 나신 유대인들의 교회가 신앙의 활력과 정신을 거의 상실해
버렸기 때문입니다. 둘째로, 그것은 신앙이 없는 이들의 입에서 나
온 말이기 때문입니다. 우리 왕자님의 마음을 들여다볼 수 있는 눈
이 없어서 초라한 겉모습만 보고 판단한 것이지요. 마치 귀중한 보
석이 평범한 껍질로 덮여 있는데, 그걸 발견한 사람이 보통 돌인
줄 알고 그냥 내던져버리는 것처럼 말입니다."

그때 가이오가 이렇게 말했다. "제가 듣기론 담대함 씨가 무기를
아주 잘 다룬다고 하던데, 마침 여기 오셨으니, 괜찮다면 좀 쉬었
다가 들판에 나가서 유익한 일을 찾아봅시다. 여기서 1마일 정도
떨어진 곳에 선한 이들을 죽이는 거인이 살고 있는데, 자꾸만 이
근처 왕의 길에서 선한 이들을 괴롭히고 있습니다. 내가 소굴을 알
고 있으니, 도둑떼의 우두머리인 그 거인을 제거해 버립시다."

그러기로 한 그들은 밖으로 나갔다. 담대함 씨는 칼과 투구와 방
패를 들고, 나머지 사람들은 창과 막대기를 들었다. 거인의 소굴에
도착해보니 마침 거인이 심약함이라는 사람을 손에 쥐고 있었다.
종을 시켜 길에서 잡아온 것이었다. 육식동물의 본성을 지닌 그 거
인은 심약함의 짐을 빼앗은 다음 뜯어먹으려 하고 있었다.

거인은 자기 동굴 입구에 담대함 씨와 동료들이 서 있는 걸 보더

니, 원하는 게 뭐냐고 물었다.

담대함 : "바로 너를 원한다. 네가 왕의 길에서 죽인 수많은 순
례자들을 대신하여 복수하러 왔다. 그러니 어서 동굴 밖으로 나
와라."

그러자 거인이 무장을 하고 동굴 밖으로 나왔다. 전투는 한 시간
이 넘도록 계속되었다. 그들은 잠깐 숨을 돌리기 위해 싸움을 멈췄
다.
그때 선한 이들을 죽이는 거인이 다시 물었다. "내 땅에 들어온
이유가 뭐냐?"

담대함 : "아까도 말했듯이, 순례자들의 피를 갚으러 왔다."

다시금 싸움이 시작되었다. 거인이 담대함 씨를 밀쳤다. 하지만
그는 마음을 단단히 먹고 다시 앞으로 나갔다. 그가 거인의 머리와
옆구리를 세게 내리치자, 거인이 들고 있던 무기가 땅에 떨어졌다.
그는 거인을 칼로 찌른 다음 머리를 잘라서 여인숙으로 가져왔다.
심약함이라는 순례자도 그들과 함께 왔다. 온 식구들에게 거인의
머리를 보여준 다음, 관례대로 지나가는 사람들에게 산 경고가 되
도록 높이 매달았다.

그들은 심약함에게 어쩌다 거인의 손에 붙잡혔냐고 물었다.

그러자 그 가엾은 남자가 대답했다. "보다시피 나는 약한 사람이라서, 보통 하루에 한 번씩은 죽음을 넘나들었습니다. 더 이상은 집에 머물 수 없다는 생각이 들었습니다. 그러다가 결국은 순례자의 삶을 살게 되었고, 저와 아버지가 태어난 불확실이라는 마을을 떠나 여기까지 오게 되었습니다. 나는 육체적으로나 정신적으로나 너무도 약한 사람입니다. 하지만 기어가는 한이 있더라도, 죽을 힘을 다해 순례자의 길을 갈 겁니다. 이 길 입구에 있는 문에 도달했을 때, 그곳 주인께서는 나를 후하게 대접해 주셨습니다. 그분은 내 나약한 외모와 소심한 성격을 전혀 거부하지 않으셨고, 오히려 여행에 필요한 물건들을 챙겨주시면서 끝까지 희망을 잃지 말라고 당부하셨습니다. 또 해석가의 집에 도착했을 때에도 나는 극진한 대접을 받았습니다. 나 혼자 어려움 언덕을 오르기 힘들 거라고 판단하신 해석가께서는 종을 시켜 나를 안내해 주라고 하셨습니다. 정말이지 나는 순례자들로부터 아주 많은 위로를 받았습니다. 저처럼 느린 속도에 맞춰주려는 사람은 한 명도 없었지만, 그래도 내 옆을 지나가는 순례자들은 가까이 다가와 격려해 주면서, 심약한 이들을 격려하는 것이야말로 하나님의 뜻이라고 얘기해줬습니다 (데살로니가전서 5:14). 그리고는 원래 걸음걸이로 다들 멀어져갔지요. 그러다가 습격의 오솔길에 들어섰을 때 바로 그 거인을 만나게 된 겁니다. 거인이 내게 전투준비를 단단히 갖추라고 했는데, 정말이지, 너무도 소심해서 힘껏 대적할 수가 없었습니다. 거인이 달려들어 나를 붙잡았을 때만 해도 설마 잡아먹을 거라는 생각은 못했습니다. 동굴로 끌고 갈 때까지도, 내 의지로 간 게 아니니까 다시 살아나올 거라고 믿었지요. 순례자는 아무리 악한 자에게 붙잡히더라도, 전심으로 주님을 믿는 한, 섭리의 법에 입각하여 원수의 손에서 벗어나게 될 거라고 들은 적이 있거든요. 기껏해야 강도를 당할 거라고 생각했고, 또 실제로 강도를 당했습니다. 그래도 보다시피 이렇게 생명을 건졌으니, 나를 지으신 왕과 그분의 도구인 여러분께 감사를 드립니다. 앞으로도 물론 여러 차례 공격을 당하겠지요. 하지만 뛸 수 있는 한 뛰어가고, 뛰지 못하면 걸어가고, 걷지 못하면 기어서라도 가겠습니다. 중요한 건 나를 사랑하시는 분께 감사를 드리고 나를 고쳐나가는 것입니다. 보다시피 나는 소심한 사람이지만, 그래도 가야 할 길이 내 앞에 있고, 내 마음은 이미 다리 없는 강을 건넜습니다."

그러자 정직 씨가 물었다. "혹시 얼마 전에 순례자였던 근심걱정 씨와 아는 사이가 아닙니까?"

심약함 : "잘 아는 사이입니다! 그는 멸망의 도시에서 4킬로미터쯤 떨어진 어리석음이라는 마을에 살았는데, 내 고향도 그 근처랍니다. 그는 내 아버지의 동생이라서 잘 아는 사이였습니다. 그와는 성격도 많이 닮았습니다. 키는 내가 조금 더 크지만, 외

모는 참 많이 닮았지요."

정직 : "그럴 줄 알았습니다. 서로 친척일 거라는 확신이 금방 들었거든요. 둘 다 피부가 하얗고 눈은 사팔뜨기인데다 말투까지 비슷했으니까요."

심약함 : "우리 두 사람을 동시에 아는 분들은 다들 그렇게 말한답니다. 내가 봐도 우리는 비슷한 점이 참 많습니다."

대화를 듣고 있던 가이오가 이윽고 말을 꺼냈다. "자, 힘내십시오. 우리 집에 오신 걸 환영합니다. 필요한 게 있으면 뭐든지 말만 하십시오. 내 종들에게 지시하면 무엇이든 해드릴 겁니다."

그러자 심약함이 대답했다. "정말 생각지도 못했던 친절이시군요. 마치 짙은 먹구름 사이로 햇빛이 비치는 것 같습니다. 선한 이들을 죽이는 거인이 내 길을 가로막고 앞으로 못 나가게 방해한 것도 사실은 내 지갑을 훔치고 나를 가이오님 집으로 보내려는 의도가 아니었을까요? 어쨌든 정말로 그리되었군요."

심약함과 가이오가 이런 대화를 나누고 있는데, 한 사람이 달려와 문을 두드리더니 거기서 1마일 조금 넘는 곳에서 부정이라는 순례자가 번개에 맞아 죽었다는 소식을 전했다.

그러자 심약함이 깜짝 놀라며 말했다. "저런! 그가 죽었다고요? 여기로 오기 며칠 전에 그를 만났는데, 나와 동행이 되고 싶다고 하더군요. 하지만 내가 선한 이들을 죽이는 거인에게 붙잡히자 재

빠르게 도망쳐버렸습니다. 그런데 그렇게 도망친 그는 죽고, 거인에게 붙잡힌 나는 살았군요."

금방이라도 살해당할 것 같던 자가
종종 비참한 곤경에서 구원받곤 한다네.

죽음의 얼굴을 한 바로 그 섭리가
종종 비천한 이들의 생명을 구해주곤 한다네.
나는 붙잡히고 그는 달아났는데
상황이 뒤바뀌어 그는 죽고 나는 살았다네.

그즈음 마태와 자비가 결혼예식을 올렸다. 그리고 가이오가 마태의 동생 야고보에게 자기 딸 뵈뵈를 시집보냈다. 그 뒤로도 그들은 열흘 정도를 더 머물며 다른 순례자들처럼 즐거운 한때를 보냈다.

그들이 떠날 날이 다가오자 가이오가 축제를 베풀어 주었다. 그들은 먹고 마시며 즐거운 시간을 만끽했다. 이윽고 떠나야 할 시간이 되었다. 담대함 씨가 가이오에게 청구서를 달라고 했다. 하지만 가이오는 자기 집에서 접대를 받은 순례자들에게는 절대로 돈을 받지 않는다고 했다. 선한 사마리아인이 일 년에 한 번씩 와서 숙박비를 지불해 주는데, 값이 얼마가 나오든 순례자들을 위해 지불하겠다고 약속을 했다는 것이었다(누가복음 10:34,35). 그 말을 듣고 담대함 씨가 말했다.

담대함 : "사랑하는 이여, 그대가 형제자매에게, 더욱이 낯선 이들에게 봉사하는 일은 무엇이나 충성스럽게 하고 있습니다. 그들은 교회의 회중 앞에서 그대의 사랑을 증언하였습니다. 그대

가 그들을, 하나님께서 보시기에 합당하게 잘 보살펴서 보내는 것은 잘 하는 일입니다."(요한삼서 1:5,6)

가이오는 순례자들과 아이들 모두에게, 특히 심약함 씨에게 작별인사를 하였다. 도중에 마시라고 따로 물도 챙겨 주었다.

모두들 문을 나서고 있는데, 심약함 씨가 자꾸만 꾸물거렸다. 그걸 본 담대함 씨가 말했다. "자, 심약함 씨, 우리와 함께 갑시다. 내가 안내자가 되면 당신도 다른 사람들처럼 잘 갈 수 있을 겁니다."

심약함 : "아! 나와 딱 맞는 일행이 있으면 좋겠습니다. 여러분은 다들 정열적이고 강한데, 보다시피 나는 약한 사람입니다. 차라리 난 뒤에서 천천히 따라가겠습니다. 내 약점 때문에 괜히 여러분에게 짐이 되기 싫으니까요. 이미 말했듯이, 나는 약하고 소심해서 남들은 곧잘 해내는 일도 금방 힘들어하고 포기해버리기 일쑤입니다. 잘 웃지도 않고, 화려한 옷도 안 좋아하지요. 쓸데없는 질문도 싫어하고요. 또 나는 너무도 나약해서 남들이 곧잘 하는 일도 금세 걸려 넘어지곤 합니다. 게다가 나는 진리도 전혀 모르는 무지한 그리스도인입니다. 때로는 사람들이 주님 안에서 즐거워하는 소리를 듣고도, 함께 즐거워할 수 없어 괴로울 정도입니다. 정말이지 나는 강한 이들 사이의 약한 자, 혹은 건강한 이들 사이의 병자 같습니다. 무시당하는 등불과도 같아서 뭘 어

떻게 해야 좋을지 통 모르겠습니다. '고통을 당해 보지 않은 이들이 불행한 내 처지를 비웃으면서, 넘어지려는 사람을 떠밀고 있습니다.'"(욥기 12:5)

그 말을 듣고 담대함 씨가 말했다. "하지만 나는 마음이 약한 사람을 격려하고, 힘이 없는 사람을 도와주라는 임무를 맡았습니다. 당신은 우리와 함께 가야 합니다. 우리가 시중도 들어주고 도움이 되어드리겠습니다. 당신을 위해 편견이 섞인 얘기나 행동도 삼가겠습니다. 절대로 당신에게 의심스런 논쟁을 벌이지도 않을 것이고, 무슨 일이 있어도 당신을 뒤에 남겨두지 않겠습니다."(데살로니가전서 5:14; 로마서 14장; 고린도전서 8:9~13; 9:22)

가이오의 집 앞에서 한창 열을 올려가며 이런 얘기를 나누고 있는데, 섣부른 중지 씨가 지팡이를 짚고 나타났다. 그 역시 순례를 하는 도중이었다.

심약함이 그를 보고 말했다. "저런, 어떻게 여기까지 왔습니까? 지금 내게 딱 맞는 일행이 없어 불평하고 있었는데, 내가 원하던 사람이 드디어 나타났군요. 반갑습니다. 정말 대환영입니다. 당신과 내가 서로 도울 수 있으면 좋겠습니다."

그러자 섣부른 중지가 말했다. "심약함 씨, 이렇게 운 좋게 만났으니, 따로 가는 것보다는 함께 가는 게 나로서도 좋은 일이지요. 내 지팡이 하나를 빌려드릴까요?"

심약함이 말했다. "아니, 괜찮습니다. 호의는 고맙지만, 절름발이가 되기 전에는 지팡이를 짚고 싶지 않습니다. 어쨌든 개를 쫓는데는 유용하겠군요."

선부른 중지 : "예, 내 지팡이가 필요하면 언제든지 얘기하십시오. 심약함 씨 말에 따를 테니까요."

그리하여 그들은 길을 떠났다. 담대함 씨와 정직 씨가 맨 앞에 섰고, 크리스티아나와 아이들이 그 뒤를 따랐다. 그리고 심약함 씨와 지팡이를 짚은 선부른 중지 씨가 맨 마지막에 섰다. 조금 가다가 정직 씨가 말했다.

정직 : "선생님, 이제 다시 길을 걷게 되었으니, 우리보다 먼저 순례자가 되었던 사람들 이야기 중에서 도움이 될 만한 것 좀 들려주십시오."

담대함 : "얼마든지요. 크리스티안이 치욕의 골짜기에서 아볼루온과 마주쳤던 것이나 죽음의 어둠 골짜기에서 힘든 일을 겪었다는 것은 다들 들어봤을 겁니다. 또 믿음이 바람둥이 마님이나 첫 사람 아담, 불평, 수치심과 어떻게 대적했는지도 들었겠지요. 순례를 하다 보면 그렇게 교활한 악당들을 만나기 마련이랍니다."

정직 : "그 이야기는 모두 들어봤습니다. 사실 선한 믿음이 수치심과 부딪혔을 때는 아주 혹독하게 당했다고 하더군요. 수치심은 아주 끈질긴 사람이니까요."

담대함 : "예, 맞습니다. 그 순례자의 말처럼, 수치심만큼 안 어울리는 이름을 가진 사람도 없을 겁니다."

정직 : "그런데 선생님, 크리스티안과 믿음이 수다쟁이를 만났던 곳은 어디입니까? 그도 꽤 유명한 사람이라고 들었는데요."

담대함 : "그는 아주 건방진 바보였습니다. 그런데도 많은 이들이 그를 따랐지요."

정직 : "믿음도 거의 속을 뻔했었지요."

담대함 : "예, 하지만 크리스티안이 재빨리 수다쟁이의 실체를 밝혀주었습니다."

계속해서 걷던 그들은 마침내 전도자가 크리스티안과 믿음을 만나, 앞으로 공허의 시장에서 겪게 될 일들을 예언했던 장소에 이르렀다. 안내자가 말했다. "바로 이 근처에서 크리스티안과 믿음이 전도자를 만났습니다. 그는 공허의 시장에서 두 사람이 겪게 될 수난을 미리 예언해 주었습니다."

정직 : "그래요? 하지만 그 때 전도자가 읽어준 말씀은 좀 어려운 것 같더군요."

담대함 : "좀 어렵긴 했지요. 그래도 그 말씀으로 용기를 북돋워 주었습니다. 그들이 누굽니까? 사자처럼 용맹한 한 쌍이었습니다. 그들은 아주 단호한 태도를 취했습니다. 재판장 앞에서 그들이 얼마나 당당하게 굴었는지 여러분도 들었지요?"

정직 : "예, 믿음은 용감하게 고난을 견뎌냈지요."

담대함 : "맞습니다. 또 그로 인해 다른 사람들까지 용기를 얻었습니다. 소망도 그의 죽음을 보고 회심을 했습니다."

정직 : "그것 참 다행이군요. 사정을 잘 아는 것 같으니 좀 더 이야기해 주십시오."

담대함 : "크리스티안이 공허의 시장을 떠난 뒤에 만난 사람들 중에서 가장 악독한 자는 바로 사심이었습니다."

정직 : "사심이요! 그가 누굽니까?"

담대함 : "지독한 위선자입니다. 그는 세상풍조에 따라 신앙을 지녔는데, 얼마나 교활한지 절대로 신앙 때문에 손해를 보거나 고통당하는 법이 없었습니다. 경우에 따라서는 신앙의 형태도 변했고, 아내 역시 만만치 않은 여자였습니다. 그는 이랬다저랬다 말을 바꾸기 일쑤였고, 그런 행동을 정당화하려고 들었습니다. 하지만 내가 알기로, 그는 바로 그 사심 때문에 끔찍한 최후를 맞았다고 하더군요. 자식들도 진심으로 하나님을 경외하는 자는 한 명도 없었다고 하고요."

바로 그때 그들 앞에 공허의 시장이 열리는 공허의 마을이 나타났다. 마을이 얼마 안 남았다는 것을 안 그들은 어떻게 해야 그 마을을 무사히 지나갈 것인지 서로 상의하였다. 저마다 의견이 분분했다. 마침내 담대함 씨가 입을 열었다. "여러분도 알다시피, 나는 순례자들의 보호자로서 이 마을을 자주 지나다녔습니다. 마침 키프로스 사람으로, 오래 전에 제자가 된 나손이라는 사람을 잘 알고 있습니다(사도행전 21:16). 그의 집에 가면 우리가 묵을만한 방이 있을 겁니다. 괜찮다면 거기로 갑시다."

정직이 말했다. "좋습니다." 크리스티아나도, 심약함도, 모두가 다 찬성했다. 그들이 마을 외곽에 들어섰을 때에는 이미 날이 저물어 있었다. 하지만 담대함 씨는 그 노인의 집으로 가는 길을 잘 알고 있었다. 그 집으로 간 담대함이 주인을 불렀다. 노인은 그의 목소리를 듣자마자 문을 열어주었다. 모두들 안으로 들어간 다음 집주인인 나손이 물었다. "오늘은 얼마나 먼 곳에서 왔습니까?" 그들은 친구 가이오의 집에서 오는 길이라고 대답했다. 그러자 그가 말했다. "그렇다면 꽤 먼 거리를 걸었겠군요. 분명히 지쳤을 텐데, 어서 앉으십시오." 그들은 그의 말대로 자리에 앉았다.

담대함이 말했다. "자, 선생님들, 기운이 좀 나십니까? 제 친구의 집에 오신 걸 환영합니다."

그러자 나손 씨도 말했다. "저도 대환영입니다. 원하는 게 있으면 뭐든지 얘기하십시오. 우리가 구할 수 있는 거라면 여러분을 위해 반드시 구해드리겠습니다.”

　정직 : “잠시 머물만한 안식처와 좋은 동료가 꼭 필요했는데, 그
　두 가지를 한꺼번에 얻었습니다.”
　나손 : “안식처라면 바로 이곳이 안식처지요. 하지만 좋은 동료
　라면 여러분이 시험을 당할 때에 나타날 겁니다.”

　담대함 씨가 말했다. “자, 순례자들을 숙소로 안내해 주시겠습니
까?”
　나손 씨가 말했다. “그러지요.” 나손은 그들을 각자의 방으로 데
려갔고, 잠자기 전에 모두 함께 저녁식사를 들게 될 아주 근사한
식당도 보여주었다.
　자기 방에서 잠시 여독을 풀고 난 정직 씨가 집주인에게 물었다.
이 마을에 선한 이들을 위한 가게가 있냐고.

　나손 : “몇 군데 있기는 합니다만, 악한 자들의 가게에 비하면
　터무니없이 적습니다.”
　정직 : “어떻게 하면 그들을 만날 수 있겠습니까? 순례 도중에
　선한 이들을 만나기란 하늘의 별따기만큼 어려운 일이거든요.”
　나손이 발을 힘껏 구르자 그의 딸인 은총이 나타났다. “은총아,
내 친구들 회개 씨, 거룩함 씨, 성도사랑 씨, 거짓 없음 씨, 참회 씨

에게 가서, 우리 집에 친구가 몇 명 와있으니 오늘밤에 만나러 오시라고 전해라."

은총이 부르러 가자 다들 금방 도착했다. 그들은 서로 인사를 나눈 다음 식탁에 둘러앉았다.

집주인인 나손이 말했다. "나의 이웃들이여, 보다시피 낯선 일행이 우리 집에 왔습니다. 아주 멀리서 온 순례자들인데, 시온산으로 가는 중이랍니다. 그런데 이분이 누군지 아십니까?" 그가 크리스티아나를 손가락으로 가리키며 물었다. "바로 믿음과 함께 우리 마을에서 수치스러운 일을 겪었던 그 유명한 순례자 크리스티안의 아내 크리스티아나랍니다." 그 말에 모두들 깜짝 놀라서 일어섰다. "은총이 부르러 왔을 땐 이렇게 크리스티아나를 만나보게 되리라고는 상상도 못했었는데, 정말 놀랍고 기쁘군요." 그들은 그녀에게 인사를 건넨 다음 옆에 있는 소년들이 남편의 아들들이냐고 물었다. 그렇다고 대답하자 그들이 다시 말했다. "너희가 사랑하고 섬기는 왕께서 너희도 아버지처럼 평화로운 곳으로 이끌어 주시길 바란다."

(다시 모두들 자리에 앉자) 정직 씨가 회개 씨와 나머지 친구들에게 지금 이 마을의 상황이 어떤지를 물었다.

회개 : "시장에 있을 땐 무척 바쁘답니다. 그렇게 바쁜 상황에서 우리 마음과 영혼을 제대로 지키기란 정말 어려운 일이지요. 이

런 곳에서 장사를 하는 우리 같은 사람들에겐 매순간 주의를 줄 만한 뭔가가 필요합니다."

정직 : "이웃들은 좀 조용해졌습니까?"

회개 : "예전보다는 훨씬 더 조용해졌습니다. 크리스티안과 믿음이 우리 마을에서 혹사당한 일은 알고 계시겠지요. 하지만 요즘은 분위기가 훨씬 더 부드러워졌습니다. 내 생각엔, 믿음의 피가 지금까지도 그들을 짓누르고 있는 것 같습니다. 믿음을 불태운 뒤로는 사람을 불태우는 걸 수치스러워하게 되었거든요. 그때는 거리를 걸어가는 것만도 무서웠는데, 이제는 머리를 꼿꼿이 들고 다닐 수 있게 되었답니다. 또 그땐 모두들 신앙고백자[그리스도인임을 고백하는 자]를 경멸했지만, 이제는 우리 마을도 일부지역에서는 신앙이 영예로운 것으로 여겨지게 되었습니다."

이번에는 회개 씨가 그들에게 물었다. "그런데 여러분은 얼마나 오랫동안 순례를 하셨습니까? 지나온 마을들은 여러분을 어떻게 대하던가요?"

정직 : "다른 순례자들과 똑같았습니다. 때로는 깨끗한 길도 있고 때로는 더러운 길도 있었으며, 때로는 오르막길도 있고 때로는 내리막길도 있었습니다. 확실한 건 아무 것도 없었습니다. 늘

순풍이 불어준 것도 아니었고, 길에서 만난 사람들 모두가 친구인 것도 아니었습니다. 우리는 이미 굵직한 고난을 여러 번 겪었는데, 앞으로 또 무슨 일이 생길지 아무도 모르지요. 대체로 ‘선한 사람은 고통을 겪어야 한다’ 는 옛 말이 옳더군요.”

회개 : “고난을 겪었다고 했는데, 어떤 고난을 겪었습니까?”

정직 : “그건 우리 안내자인 담대함 씨에게 물어보십시오. 그가 가장 잘 설명해줄 수 있을 테니까요.”

담대함 : “우리는 이미 서너 차례 고난을 당했습니다. 처음엔 크리스티아나와 소년들이 두 명의 괴한에게 습격을 당해 생명을 빼앗길 뻔한 사건이었지요. 또 우리는 잔인함, 혹평, 선한 이들을 죽이는 거인, 이렇게 세 명의 거인들에게 습격을 당했습니다. 하지만 사실 선한 이들을 죽이는 거인은 우리를 괴롭힌 게 아니라 오히려 우리에게 괴롭힘을 당했지요. 그 사건의 일말은 이렇습니다. 나의 주인이시며 온 교회의 주인이신(로마서 16:23) 가이오의 집에서 얼마간 체류하고 있던 우리는 어느 날 무장을 하고서 순례자들의 원수가 있는 곳을 살펴보러 나갔습니다. 그 부근에 악명 높은 원수가 살고 있다는 이야길 들었거든요. 가이오는 그 근처에 살고 있었으므로, 그 원수가 어디에 자주 출몰하는지 잘 알고 있었습니다. 우리는 근처를 샅샅이 뒤진 끝에 이윽고 원수의 동굴 입구를 찾아냈습니다. 기쁨에 들뜬 우리는 정신을 가다듬은 다음 동굴 안으로 들어갔습니다. 그런데 마침 그 거인이 무

지막지한 힘으로 이 가엾은 심약함 씨를 끌고 가 막 뜯어먹으려 하고 있었지요. 우리가 동굴 안으로 들어서자 또 다른 먹잇감이 생겼다고 생각했는지, 그 가엾은 남자를 소굴에 남겨놓고 밖으로 나오더군요. 우리는 온갖 무기로 무장을 한 채 거인에게 덤벼들었습니다. 거세게 저항하긴 했지만, 결국은 거인이 땅에 쓰러져 머리가 잘려나갔고, 우리는 절대로 그런 사악한 짓을 하지 말라는 경고의 의미로 그 머리를 길가에 매달았습니다. 내 말에 한 치의 오차도 없다는 것을 증명해줄 사람이 바로 여기 있습니다. 이분이 바로 사자의 입에서 살아나온 어린양 같은 사람입니다."

그러자 심약함 씨가 말했다. "정말로 큰 고통과 위로의 사건이었습니다. 거인이 내 뼈를 뽑겠다고 위협했을 때에는 너무도 고통스러웠지만, 담대함 씨와 동료들이 무장을 한 채로 나를 구하러 다가오는 모습을 보았을 때는 큰 위로를 받았답니다."

그 말을 듣고 거룩함 씨가 말했다. "순례를 할 때 반드시 필요한 것 두 가지는 바로 용기와 흠 없는 삶입니다. 용기 없이는 절대로 길을 계속 갈 수 없고, 흠 있는 삶을 산다면 순례자라는 이름에 먹칠을 하는 셈이니까요."

그러자 성도사랑 씨가 말했다. "여러분에게는 이런 경고를 할 필요가 없길 바라지만, 어쨌든 순례자들 가운데에는 자신이 이 세상의 나그네나 순례자가 아니라 오히려 순례에 낯선 자라고 주장하는 자들이 많은 게 사실입니다."

거짓 없음 씨도 거들었다. "예, 맞습니다. 그런 자들은 순례자의 제복이나 용기를 안 갖고 있지요. 그들은 똑바로 걷지도 않고 그저 발길 닿는 대로 비틀거리며 걷습니다. 한 발은 안쪽을, 한 발은 바깥쪽을 향한 채로 말입니다. 결국 여기저기 뜯어지고 누더기가 되어버린 그들의 바지 때문에 주님만 비난을 받게 되는 것이지요."

참회도 말했다. "그렇기 때문에 그들은 고통을 받아야만 합니다. 순례자들의 길이 흠이나 얼룩 하나 없이 깨끗해질 때까지는 결코 그들이 원하는 은총이 주어지지 않을 겁니다."

그들은 이런저런 대화를 나누다가 식탁이 다 차려지자 저녁식사를 했고, 지친 몸을 달래기 위해 얼른 잠자리에 들었다.

순례자들은 이 시장에서 꽤 오랫동안 머물렀다. 나손 씨의 집에 묵는 동안, 그의 딸 은총과 크리스티아나의 아들 사무엘이 결혼을 했고, 요셉도 나손의 딸 마르다와 결혼하였다.

거기 오래 묵으면서 순례자들은 그 마을의 선한 이들을 많이 알게 되었고, 최대한 그들을 위해 봉사하였다. 자비는 늘 하던 대로 가난한 사람들을 위해 열심히 일했고, 그녀 덕분에 배와 등이 따뜻해진 사람들이 그녀를 축복해 주었다. 그녀는 신앙고백자들의 자랑거리가 되었다. 은총과 뵈뵈와 마르다 역시 심성이 고와서 선한 일을 많이 했고, 모두들 자식을 많이 낳았다. 이로써 크리스티안의 이름은 여전히 이 세상에 남게 되었다.

그런데 그들이 여기 머무는 동안 숲에서 괴물이 나타나 마을사람들을 많이 죽였다. 아이들까지 납치해간 괴물은 자기 젖을 빨도록 가르쳤다. 하지만 마을에는 감히 그 괴물을 대적할 사람이 없었고, 괴물이 다가오는 소리만 들어도 다들 줄행랑을 치기에 바빴다.

그 괴물은 이 세상 짐승들과 전혀 다른 모습이었다. 몸뚱이는 용을 닮았으며, 머리는 일곱 개, 뿔은 열 개였다. 아이들을 특히 괴롭히던 그 괴물은 어떤 여자의 지시를 받아 움직였다(요한계시록 17:3). 이 괴물이 조건을 제시하면, 자기 영혼보다 생명을 더 사랑하는 자들이 그 조건에 응했다. 그렇게 타락하고 마는 것이었다.

담대함 씨는 순례자들을 만나러 나손의 집에 온 사람들과 함께 이 괴물을 해치우러 가자고 약속했다. 이 마을 사람들을 탐욕스러운 뱀의 발톱과 아가리로부터 구해내기 위해서였다.

담대함 씨, 회개 씨, 거룩함 씨, 거짓 없음 씨, 그리고 참회 씨는 무기를 들고서 괴물을 찾으러 나섰다. 처음에는 그 괴물이 사납게 날뛰면서 그들을 멸시하듯 바라봤지만, 단단히 무장을 한 그들은 괴물과 싸워 이겼고, 괴물은 결국 멀리 달아나버렸다. 싸움을 끝낸 그들은 다시 나손의 집으로 돌아왔다.

그 괴물이 소굴에서 나와 마을 어린이들을 납치해가는 시간은 거의 일정했다. 이 시간이 되면 씩씩한 용사들이 기다리고 있다가 괴물을 집중 공격했고, 시간이 지남에 따라 괴물은 점점 상처가 늘어 발을 절뚝거리기까지 했다. 이제 예전처럼 마을 어린이들을 괴롭힐 수 없었고, 어떤 이들은 괴물이 결국 상처 때문에 죽게 될 거라고 확신했다.

이 일로 담대함 씨와 동료들은 이 마을에서 명성이 자자해졌고, 물욕에 눈이 먼 자들까지도 그들을 높이 평가하고 존중하게 되었다. 그리고 이 일이 있은 뒤로는, 이 마을에서 순례자들이 더 이상 학대를 받지 않게 되었다. 그 와중에도 사실, 두더지보다도 앞을 못보고 짐승보다도 이해력이 부족한 비천한 자들이 있긴 있었다. 그들은 순례자들을 존중할 줄도 모르고, 그들의 용기와 모험심을 알아보지도 못했다. .

순례자들이 다시 길을 떠나야 할 때가 다가왔다. 그들은 여행준비를 마친 다음 친구들을 불러 모았다. 그리고 출발하기 전에 잠깐 시간을 내서, 서로를 위해 왕자님의 보호를 간구하는 기도를 드렸다. 친구들은 약한 자와 강한 자, 남자와 여자에게 필요한 물건들을 가져와 순례자들에게 건네주었다(행 28:10). 이윽고 그들은 길을 떠났다. 적당한 곳까지 배웅을 나온 친구들이 다시금 왕의 보호를 빌어준 다음 돌아갔다.

순례자 일행은 계속해서 걸었다. 담대함 씨가 앞장을 섰다. 연약한 여자와 아이들은 부담이 안될 만큼 열심히 걸었고, 섣부른 중지 씨와 심약함 씨는 그로 인해 더더욱 자신들의 처지를 실감하게 되었다.

마을사람들과 친구들을 떠나온 지 얼마 되지 않아 그들은 믿음이 처형당한 곳에 이르렀다. 한참을 그 앞에 서서 믿음이 십자가를 잘 견뎌낼 수 있게 해주신 주님께 감사를 드리고, 또한 그가 받은 고통으로 인하여 자기들이 이렇게 은혜를 누리게 된 것에도 감사를 드렸다.

그런 다음 그들은 다시 길을 떠났다. 가면서 크리스티안과 믿음에 관한 이야기도 하고, 믿음이 순교한 뒤 어떻게 소망과 크리스티안이 함께 순례를 하게 되었는지에 대해서도 이야기하였다.

이윽고 그들은 이득의 언덕에 도착했다. 그곳은 데마를 순례 길에서 벗어나게 만들고 사심이 굴러 떨어져 사라져버렸던 은광이 있는 장소였다. 그 일을 생각하면서 걷고 있는데, 이득의 언덕 맞은편에 오래된 기념비가 세워져 있는 게 보였다. 자세히 보니 그것은 소금기둥이었고, 거기에서 소돔과 악취 나는 호수가 훤히 보였다. 예전에 크리스티안이 그랬던 것처럼, 그들도 그토록 똑똑하고 현명한 사람들이 어째서 그렇게 맹목적으로 길을 벗어나게 되었을까를 생각해보았다. 인간은 본질적으로 남의 시련에 영향을 받지 않으며, 특히나 어리석은 이들의 눈에 매혹적으로 비치는 것일 때는 더더욱 그렇다는 생각이 다시금 들었다.

내가 보니, 계속해서 걷던 그들 앞에 상쾌한 산이 나타났고, 산 이편에는 강이 흐르고 있었다. 그리고 강기슭 양쪽에는 좋은 나무들이 자라 있었는데, 그 나무 잎사귀는 소화불량에 아주 좋은 약재로 쓰였다. 이곳은 사시사철 푸른 초원이 펼쳐져 있어서 편안히 누워 쉬기에 딱 좋았다(시편 23:2).

강가 초원에는 양떼를 위한 우리가 있었고, 순례 중인 여자들의 아기와 어린양을 기르기 위한 집도 있었다. 또 거기에는 그들의 신뢰를 받는 분, 사랑으로 이 어린양들을 품에 안아 올리고 부드럽게 이끄시는 분이 있었다(히브리서 5:2; 이사야 40:11). 크리스티아나는 네 명의 며느리들에게 다음과 같이 조언하였다. "이분께 아이들을 맡기면, 이 물가에 거처와 보금자리를 얻고 보호와 양육을 받을 수 있을 거야. 아이가 길을 잃고 헤맬 경우, 이분이 다시 데려와주실 것이고, 아이가 다치면 이분이 싸매주실 거야. 또 아이가 아프면 이분이 튼튼하게 만들어주실 것이다(예레미야 23:4; 에스겔 34:11~16). 이곳에서 아이들은 마음껏 고기를 먹고 물을 마시며 옷을 입을 수 있을 거야. 이분은 자기에게 맡겨진 아이들을 하나라도 잃지 않으려고 목숨을 바치면서까지 도둑과 강도로부터 보호해주실 거란다. 게다가, 이곳에서 아이들은 훌륭한 교육과 훈련을 받을 게 틀림없다. 바른 길로만 걷도록 배울 거야. 너희도 알다시피 이곳에는 상쾌한 물도 있고, 아름다운 꽃도 있고, 몸에 좋은 열매가 달리는 나무들도 여러 종류가 있단다. 마태가 바알세불의 정원에서 먹었던 나무열매랑은 전혀 달라. 연약한 자에게는 건강을 가져다주고, 건강한 자는 그 건강을 계속 유지하여 더욱 튼튼해지게 만들어주는 열매란다."

며느리들은 결국 그분께 아이들을 맡기기로 했다. 그들이 감히 그런 용기를 낼 수 있었던 것은 어디까지나 이곳이 왕의 지휘 아래 있으며 어린아이들과 고아들을 돌보는 장소기 때문이었다.

그들은 다시 길을 떠났다. 그런데 이번에는, 예전에 크리스티안이 친구 소망과 함께 지나가다가 절망 거인에게 붙잡혀 의심의 성에 갇히고 말았던 바로 그 길가 초원에 도착했다. 그들은 거기 앉아 앞으로 어떻게 할지를 의논했다. 모두들 힘도 세고 담대함 씨 같은 보호자도 함께 있으니, 그리 고생하지 않고도 절망 거인을 물리치고 의심의 성을 무너뜨릴 수 있을 거라는 사람도 있었고, 만일 그 성안에 순례자들이 갇혀 있으면 계속 순례를 할 수 있도록 풀어 주자고 하는 사람도 있었다. 다들 의견이 제각각이었다. 어떤 이는 성별되지 않은 곳으로 올라가는 게 합법적인 일이냐고 물었고, 어떤 이는 목적만 올바르다면 그래도 괜찮다고 주장했다. 이윽고 담대함 씨가 입을 열었다. "마지막으로 제기된 주장이 늘 옳을 수는 없겠지만, 그래도 나는 죄에 대항하여 악을 물리치고 신앙을 위해 선한 싸움을 하라는 명령을 받은 몸입니다. 그런 내가 절망 거인이 아니면 그 누구와 선한 싸움을 벌이겠습니까? 나는 그 거인을 죽이고 의심의 성을 쳐부수러 올라갈 겁니다." 그리고는 이렇게 물었다. "나와 함께 가실 분 있습니까?" 그러자 정직이 대답했다. "내가 가겠습니다." 크리스티안의 네 아들들, 마태와 사무엘과 야고보와 요셉도 대답했다. "우리도 함께 가겠습니다." 그들도 이제는 젊고 강했다(요한일서 2:13,14). 결국 여자들을 길가에 남겨두고 다들 거인과 싸우러 나갔다. 그들이 돌아올 때까지 여자들은 심약함 씨와 지팡이를 짚은 섣부른 중지 씨가 보호하게 되었다. 바로 근처에 절망 거인이 살고 있긴 했지만, 길에서 벗어나지만 않으면 어린 아이라도 안내할 수 있는 곳이었기 때문이다(이사야 11:6).

담대함 씨와 노신사 정직, 그리고 네 명의 젊은이는 절망 거인을 찾으러 의심의 성으로 올라갔다. 성문 앞에 도달한 그들은 유난히 시끄럽게 문을 두드렸다. 그러자 늙은 거인과 그 아내 무기력함이 문으로 나왔다. 절망 거인이 소리쳤다. "감히 겁도 없이 이런 식으로 시끄럽게 절망 거인을 괴롭히는 자가 누구냐?" 담대함 씨가 대답했다. "나는 담대함이다. 거룩한 도시의 왕의 종이고, 순례자들을 그곳으로 인도해주는 보호자다. 내가 들어갈 수 있도록 어서 문을 열어라. 그리고 나와 싸울 준비를 하여라. 내가 오늘 네 머리를 베고 의심의 성을 없애버리겠다."

절망 거인은 아무도 자기를 이길 수 없다고 생각했다. "천사들도 물리친 내가 저까짓 담대함을 두려워할까?" 이렇게 생각한 거인은 무장을 하고 문밖으로 나왔다. 머리에는 강철투구를 쓰고, 가슴에는 불 갑옷을 입었으며, 발에는 쇠 구두를 신고, 손에는 커다란 곤봉을 쥐고 있었다. 여섯 명의 남자들이 거인에게 다가가 앞뒤로 포위했다. 거인의 아내인 무기력함이 도우러 나오자, 정직 씨가 단칼에 죽여 버렸다. 죽을 힘을 다해 싸운 결과 그들은 절망 거인을 쓰러뜨렸다. 거인은 땅에 쓰러져서도 그대로 죽기 싫었는지, 예로부터 목숨이 여러 개 달렸다고들 하는 고양이처럼 끝까지 발버둥을 쳤다. 담대함 씨가 목을 내리치자 마침내 거인이 죽었다.

이제 그들은 의심의 성을 부수기 시작했다. 절망 거인이 이미 죽었기 때문에 그 성을 부수는 일은 매우 쉬웠다. 이레 동안 의심의 성을 허문 그들은 성 안에서 굶어죽기 직전인 의기소침 씨와 그의 딸 극심한 두려움을 발견했다. 다행히도 아직까지 살아 있었다. 하지만 그 성의 뜰 안에는 수많은 시체가 널려 있었고, 지하 감옥에도 해골들이 가득했다.

담대함 씨 일행은 큰일을 마친 다음 의기소침 씨와 그의 딸 극심한 두려움을 데리고 나왔다. 비록 포악한 절망 거인의 포로가 되어 의심의 성에 갇혀 있긴 했지만 그래도 정직한 어들이었기 때문이다. 그들은 거인의 머리를 가지고 돌아와서(거인의 몸은 돌무더기 아래 묻어버렸다) 일행에게 그것을 보여주었다. 심약함 씨와 섣부른 중지 씨가 절망 거인의 머리를 보고 무척이나 기뻐하며 즐거워했다. 마침 크리스티아나는 비올을 연주할 줄 알았고, 그녀의 며느리인 자비 역시 류트를 켤 줄 알았다. 기쁨에 겨운 그들이 음악을 연주하자, 그 음악을 듣고 흥에 겨운 섣부른 중지 씨가 의기소침 씨의 딸 극심한 두려움의 손을 잡고 춤을 추기 시작했다. 그는 한 손에 지팡이를 짚었는데도 춤을 잘 추었다. 극심한 두려움 역시 박자에 맞춰 훌륭하리만큼 멋진 춤을 추었다.

하지만 의기소침 씨는 음악이 하나도 귀에 들어오지 않았다. 굶어죽을 지경이었기 때문에 춤보다는 먹을 게 간절했다. 크리스티아나는 그가 허기라도 조금 면할 수 있도록 해석가 씨가 준 물과 먹을거리를 조금 주었다. 그것을 먹은 노인은 다행히 기운을 회복하였다.

꿈속에서 보니, 이 모든 게 끝난 뒤 담대함 씨가 절망 거인의 머리를 큰길가에 있는 기둥에 걸었다. 그 기둥은 예전에 크리스티안이 순례자들에게 이 땅에 들어가지 말라고 경고하기 위해 세웠던 기둥 바로 건너편에 있었다.

그는 기둥 아래 있는 대리석에다 다음과 같은 글을 새겼다.

예전에는 그 이름만 들어도 순례자들이 벌벌 떨었던
그자의 머리가 여기 있다.
그의 성은 허물어졌고, 그 아내 무기력함도
용감한 정직 씨에게 목숨을 빼앗겼다.
의기소침과 그 딸 극심한 두려움은
담대함이 구출해냈다.
이것이 의심스러운 자는 눈을 들어
여기를 보아라. 호기심이 채워질 것이다.
이 머리를 보고서 의심 많던 절름발이가 춤을 추었고
두려움에서 완전히 해방되었다.

이렇게 절망 거인과 용감히 맞서 싸우고 의심의 성을 무너뜨린 뒤, 그들은 다시금 길을 떠났다. 이윽고 그들은 유쾌한 산에 도달했다. 그곳은 예전에 크리스티안과 소망이 여러 가지 것들을 먹고 기운을 차린 곳이었다. 그곳에서 목자들도 만났다. 그 목자들은 예전에 크리스티안에게 했던 것처럼, 유쾌한 산에 온 그들을 진심으로 환영해 주었다.

목자들이 담대함 씨 뒤에 길게 줄지어선 일행을 보고 물었다(그들은 담대함 씨와 아주 잘 아는 사이였다). "선생님, 이번에는 일행이 꽤 많군요. 이 많은 사람들을 다 어디서 만났습니까?"

그러자 담대함 씨가 대답했다.

우선,
여기 있는 분들은 크리스티아나와 그 일행입니다.
그녀의 아들들과 며느리들이지요.
이들은 마치 장대로 미는 전차처럼
죄로부터 은총으로 조종되어 왔습니다.
안 그랬다면 여기 오지도 못했을 겁니다.
다음,
여기 이분들은 순례 중인 정직 씨와
섣부른 중지 씨인데 마음이 진실한 분들입니다.
이분은 뒤에 남겨질까봐 두려워하는 심약함 씨지요.

그 다음은,
선한 의기소침 씨와
그 딸 극심한 두려움입니다.
우리가 여기서 대접을 받을 수 있겠습니까?
아니면 더 가야 합니까?
솔직히 알려주십시오.”

그러자 목자들이 말했다. “얼마든지 대접해 드려야지요. 여기 오신 걸 환영합니다. 우린 강한 이들뿐만 아니라 약한 이들도 대환영입니다. 왕자님께서는 우리가 지극히 보잘 것 없는 사람 하나에게 하는 일을 살펴보고 계십니다(마태복음 25:40). 그러니 약점이 있다고 해서 대접을 안 할 수는 없지요.” 목자들은 그들을 궁전 문으로 데려가더니 말했다. “심약함 씨, 어서 들어오십시오. 섣부른 중지 씨도 들어오시고, 의기소침 씨와 극심한 두려움 양도 어서 들어오세요.” 그런 다음 안내자에게 이렇게 말했다. “우리가 이렇게 이분들 이름을 일일이 부른 것은, 이분들이 가장 뒷걸음질을 치기 쉽기 때문입니다. 다른 분들은 강하니까 자유롭게 들어오도록 하십시오.”

그러자 담대함 씨가 말했다. “오늘 보니 여러분 얼굴에 은총이 빛나고 있군요. 정말로 우리 주님의 목자들답습니다. 병든 이들을 다 옆구리와 어깨로 밀어내지 않고, 오히려 그들이 궁전으로 들어갈 길에 꽃을 뿌려주는군요.”(에스겔 34:26)

그리하여 심약하고 연약한 이들이 먼저 궁 안으로 들어간 다음, 담대함 씨와 나머지 사람들이 따라 들어갔다. 그들이 자리에 앉자, 목자들이 연약한 사람들에게 먼저 물었다. "어떤 걸 드시고 싶습니까? 여기엔 약한 이들을 북돋워주고 제멋대로인 이들에게는 경고가 될 만한 음식들이 뭐든 다 준비되어 있답니다."

그들이 소화가 잘되는 음식과 맛도 좋고 영양도 많은 음식을 잔뜩 차려왔다. 모두들 배불리 먹은 다음, 저마다 정해진 방에 들어가 잠을 청했다. 다음날 아침이 밝았다. 산은 높고 날씨는 화창했다. 목자들은 기운을 차린 순례자들이 길 떠날 채비를 마치길 기다렸다가, 그들이 떠나기 직전에 관례대로 들판으로 안내했다. 그리고는 예전에 크리스티안에게도 보여주었던 것들을 보여주었다.

그런 다음에는 조금 새로운 곳들로 그들을 안내했다. 맨 먼저 간 곳은 경이의 산이었다. 그 산에서 내려다보니, 저 멀리 한 남자가 뭐라고 중얼거리며 언덕길을 왔다 갔다 하는 게 보였다. 그들이 무슨 의미냐고 묻자 목자들이 가르쳐 주었다. 그 남자는 크신 은혜의 아들인데(크신 은혜에 관해서는 〈천로역정〉 제1부에 자세히 설명되어 있다), 순례자들이 어떤 난관에 부딪히더라도 믿음으로 이겨내고 계속해서 길을 가라고 가르쳐주기 위해 저러고 있다고 했다(마가복음 11:23,24). 그러자 담대함 씨가 말했다. "저분을 압니다. 그 누구보다도 높은 분이지요."

다음으로 안내한 곳은 결백의 산이었다. 거기에서 내려다보니 하얀 옷을 입은 한 남자와, 그에게 계속 진흙을 던지고 있는 두 남자, 편견과 악의가 보였다. 그런데 그들이 아무리 더러운 진흙을 던져도 금방 옷에서 떨어졌고, 그의 옷은 진흙이 하나도 안 묻은 깨끗한 상태 그대로였다. 그것을 보고 순례자들이 물었다. "이것은 무슨 의미입니까?" 그러자 목자들이 대답했다. "저 사람의 이름은 독실함이고, 그가 입은 옷은 결백한 삶을 증명해주는 것입니다. 그에게 진흙을 던지고 있는 이들은 그의 성실함을 혐오하지만, 보다시피 그의 옷에는 절대로 진흙이 묻지 않습니다. 이 세상을 진실로 결백하게 살아가는 사람은 다 그렇습니다. 그런 사람을 더럽히려고 아무리 애써봤자 아무 소용없습니다. 하나님께서 그들의 결백을 빛나게 하시고 그들의 의로움을 한낮의 햇살처럼 밝게 해주실 테니까요."

그런 다음 목자들은 자애의 산으로 그들을 데려갔다. 그곳에서 내려다보니 한 사람이 옷감을 펼쳐놓고 있는 게 보였다. 그가 옷감을 잘라서 주변에 서 있는 가난한 이들을 위해 옷가지를 만들어 나눠주었다. 하지만 옷감은 전혀 줄어들지 않았다.

그것을 보고 그들이 물었다. "이것은 무엇을 의미합니까?"

그러자 목자들이 대답했다. "이것은 진심으로 가난한 이들을 위해 애쓰는 사람은 전혀 부족함이 없다는 사실을 증명해주는 것입니다. 남을 윤택하게 하는 사람은 스스로 윤택해지는 법입니다. 선지자에게 빵을 만들어준 과부도 절대로 뒤주의 밀가루가 떨어지지 않았지요."

목자들은 다시 그들을 데리고 다른 곳으로 갔다. 거기에서는 바보와 재치부족이 에티오피아인 한 명을 하얗게 만들기 위해 씻기고 있는 게 보였다. 하지만 씻기면 씻길수록 그는 더욱 까매졌다. 목자에게 무슨 의미냐고 물었더니 이렇게 대답해 주었다. "사악한 자들에 관한 것입니다. 그들은 명성을 얻기 위해 별짓을 다하지만, 결국은 점점 더 혐오스러워질 뿐이지요. 바리새인들도 그랬고, 거짓 선지자들도 그랬답니다."

그때 마태의 아내인 자비가 시어머니 크리스티아나에게 말했다. "어머니, 가능하다면 다들 지옥의 샛길이라고 부르는 언덕의 구덩이를 보고 싶은데요." 크리스티아나가 목자들에게 며느리의 바람을 이야기했다. 그러자 목자들이 그들을 데리고 언덕 중턱의 문으로 갔다. 그 문을 연 목자들은 자비에게 잠깐만 귀를 기울여보라고 했다. 귀 기울여 들어보니, 어떤 사람이 "평화와 생명의 길에서 내 발길을 돌려버린 아버지께 저주를!"이라고 말하는 소리와, 또 다른 사람이 "다시 살아날 수만 있다면, 이런 곳에 오느니 차라리 나를 부인할 거야!"하고 말하는 소리가 들렸다. 그리고 마치 땅이 신음하는 것 같은 소리가 들리면서, 이 젊은 여인의 발밑이 두려움에 떨렸다. 그녀는 하얗게 질린 얼굴로 벌벌 떨면서 말했다. "이런 곳에서 구원을 받은 자는 복이 있나니!"

이 모든 것들을 보여준 다음 목자들은 그들을 데리고 궁전으로 돌아갔다. 그리고는 집에 있는 음식을 대접했다. 그런데 젊은 임산부 자비는 그 집에서 본 것들 가운데 꼭 갖고 싶은 게 있었지만, 부끄러워서 말도 못 꺼내고 있었다. 그녀의 낯빛이 안 좋은 걸 눈치챈 시어머니가 어째서 괴로워하느냐고 물었다. "식당에 거울이 하나 걸려 있는데, 그 거울 생각을 떨쳐버리기가 힘드네요. 거울을 못 가지면 아무래도 유산할 것 같다는 생각이 들어요." 그 말을 들은 시어머니가 말했다. "네가 원하는 걸 목자들께 말해보마. 싫다고는 안할 거야." 그러자 자비가 다시 말했다. "하지만 제가 그걸 원한다는 사실을 이분들이 아는 게 수치스러워요." 시어머니가 말했다. "애야, 그렇지 않단다. 그런 물건을 갖고 싶어 하는 건 수치가 아니라 오히려 미덕이란다." 그 말을 들은 자비가 말했다. "그렇다면 어머니, 목자들께 그걸 팔 생각이 없는지 한 번 물어봐 주세요."

그 거울은 정말로 귀한 것이었다. 이쪽에서 보면 사람의 모습이 제대로 비치지만, 반대편에서 보면 순례자들의 왕자님 얼굴이 보이는 거울이었다. 그렇다. 나도 그 거울을 실제로 본 사람들과 얘기해봤는데, 머리에 가시면류관을 쓴 그분의 모습이 보였다고 했다. 또 그들은 그분의 손과 발, 옆구리에 난 상처도 보았다고 했다. 이 거울은 너무나도 특별한 거울이어서, 그분을 보고 싶은 마음으로 들여다보면 반드시 그분의 모습이 보였다. 살아계신 모습이나 돌아가신 모습, 이 땅에 계신 모습이나 하늘나라에 계신 모습, 치욕을 당하는 모습이나 찬양을 받으시는 모습, 고난 받으러 오시는 모습이나 통치하러 오시는 모습을 모두 볼 수 있었다(야고보서 1:23; 고린도전서 13:12; 고린도후서 3:18).

크리스티아나는 목자들을 따로 만나 말했다(그 목자들의 이름은 지식, 경험, 조심, 그리고 진심이었다). "제 며느리 하나가 임신 중인데, 이 집에서 본 것들 가운데 하나를 꼭 갖고 싶은가 봅니다. 여러분에게 거절을 당하면 유산을 하게 될 거라고 생각하더군요."

경험 : "그녀를 불러오세요, 어서 그녀를 불러오십시오. 우리가 도와줄 수 있는 거라면 뭐든지 다 드리겠습니다." 자비를 데려오자 목자들이 물었다. "자비 씨, 갖고 싶은 게 무엇입니까?" 자비가 얼굴을 붉히면서 대답했다. "식당에 걸려 있는 커다란 거울입니다." 진심이 달려가 거울을 가져오더니 흔쾌히 그녀에게 건네주었다. 그러자 그녀가 머리를 숙여 인사하며 감사를 드렸다. "제가 여러분께 얼마나 큰 은혜를 입고 있는지 이제 알겠네요."

목자들은 다른 여인들에게도 원하는 걸 주었고, 그 남편들에게는 담대함 씨와 힘을 합쳐 절망 거인을 물리치고 의심의 성을 무너뜨린 공적을 크게 칭찬해 주었다.

또한 목자들은 크리스티아나와 며느리들의 목에 목걸이를 걸어준 다음, 귀에는 귀걸이, 이마에는 보석을 달아주었다.

마침내 순례자들이 떠날 시간이 되었다. 목자들은 그들의 평안을 빌었다. 하지만 예전에 크리스티안 일행에게 했던 경고는 하지 않았다. 그들의 안내자인 담대함이 모든 걸 잘 알고 있기 때문이었다. 위험이 닥칠 경우 그가 시시각각 경고해주면 될 것이었다. 크리스티안 일행은 목자들이 경고를 해주었는데도 정작 위험에 닥쳤을 때 잊어버렸었다. 그에 비하면 이 순례자들은 좀 더 유리한 입장이었다.

그들은 다음과 같은 노래를 부르면서 앞으로 나갔다.

쉼터들이 얼마나 적절한 곳에 놓여 있는가!
순례자들이 모두 기운을 차렸구나.
그들이 우리를 한 명도 빠짐없이 맞아들였으니
우리가 다른 삶을 목표와 집으로 삼는구나.
그들이 우리에게 준 귀한 것들로 인해
비록 순례자이긴 하나 즐거운 삶을 누리는구나.
또 그들이 선물해준 귀한 것들로 인해
우리가 어디를 가든지 순례자임을 증명하리라.

목자들과 헤어져 부지런히 걷던 그들은 예전에 크리스티안이 배교 마을의 변절자를 만났던 곳에 이르렀다. 안내자 담대함 씨가 이 사실을 그들에게 알려주었다. "여기는 크리스티안이 등에 배교자 낙인이 찍힌 변절자를 만났던 장소입니다. 그 변절자로 말할 것 같으면, 절대로 남의 충고를 귀담아듣지 않았기 때문에, 한번 타락하고 나자 아무도 말릴 수 없게 되어버렸습니다. 십자가와 무덤이 있는 곳에 도착했을 때도, 어떤 사람이 그것들 좀 보라고 권했지만, 그는 이를 갈며 발을 쿵쿵 구르고는 자기 마을로 되돌아가야겠다고 말했지요. 문에 이르기 전에 그는 전도자를 만났습니다. 전도자가 그에게 손을 얹고 가던 길을 계속 가라고 충고했지요. 하지만 이 변절자는 반항하면서 경멸의 말을 퍼붓더니 결국은 그의 손을 벗어나 담 너머로 도망쳐버렸답니다."(히브리서 10:26~29)

그들은 다시금 길을 걸었다. 한참을 가다보니 예전에 옅은 믿음이 강도를 당했던 곳에 이르렀다. 거기에는 칼을 든 어떤 남자가 얼굴이 피범벅이 된 채로 서 있었다. 담대함 씨가 그에게 물었다. "당신은 누구입니까?" 그가 대답했다. "내 이름은 진리의 용사입니다. 거룩한 도시로 가는 순례자지요. 길을 가고 있는데 갑자기 세 남자가 나타나 나를 에워싸더니 다음 세 가지 제안 중에서 하나를 고르라고 하더군요.

1. 그들과 한패가 되든지,
2. 내 고향으로 돌아가든지,

3. 아니면 당장 죽으라고요(잠언 1:10,11).

첫 번째 제안에 대해서, 나는 오랜 세월동안 진실한 삶을 살았기 때문에 이제 와 새삼스럽게 강도들에게 운명을 맡길 수는 없다고 대답했습니다. 그러자 두 번째 제안은 어떠냐고 묻더군요. 그래서 고향이 편안했다면 애초에 떠나지도 않았을 거라고 대답했습니다. 고향이 내게 전혀 안 맞고 아무런 유익도 없는 곳이란 걸 깨달았기 때문에 모든 걸 버리고 이 길을 가게 된 것이라고 했지요. 그러자 이번에는 세 번째 제안이 어떠냐고 물었습니다. 그래서 내 생명은 그렇게 쉽게 포기해버릴 수 없을 만큼 소중한 것이라고 대답했습니다. 그리고 이렇게 말했지요. '너희는 나에게 어떤 걸 선택하라고 말할 권리가 없다. 더 이상 간섭하면 가만 두지 않겠다.' 그러자 난폭함, 무례함, 그리고 참견이라는 그 세 사람이 덤벼들었습니다. 그래서 나도 맞서 싸웠지요."

"거의 세 시간이 넘도록 삼대일로 싸웠습니다. 보다시피 이렇게 영광의 상처가 남았네요. 하지만 그들도 상처를 입었습니다. 결국은 멀리 달아나버리더군요. 내 생각에, 그들은 아마도 '너희 말이 달리는 소리를 들어라' 라는 소리를 듣고 도망치는 것 같았습니다."

담대함 : "그래도 삼대일이라니 굉장히 힘들었겠군요."

진리의 용사 : "맞습니다. 하지만 진리의 편에 선 사람에겐 많고 적음이 문제가 아니지요. '군대가 나를 치려고 에워싸도, 나는 무섭지 않네. 원수들이 나를 친다 해도, 조금도 흔들리지 않고 하나님만 의지하려네.'(시편 27:3)라고 말한 사람도 있지 않습니까? 또 나는 한 사람이 군대를 상대로 싸웠다는 기록도 읽은 적이 있습니다. 삼손 역시 나귀 턱뼈 하나로 얼마나 많은 사람을 죽였습니까?"

안내자가 물었다. "그나저나 어째서 소리치지 않았습니까? 누군가가 와서 도와줬을지도 모르잖습니까?"

진리의 용사 : "물론 왕께 소리쳤습니다. 왕께서 내 소리를 들으시고 보이지 않게 도와주실 걸 알고 있었으니까요. 그것만으로도 충분했습니다."

그러자 담대함이 진리의 용사에게 말했다. "아주 훌륭하게 처신하셨군요. 당신 칼 좀 보여주십시오."

그는 칼을 쥐고 한참을 들여다보더니 이렇게 말했다. "아, 이것은 진짜 예루살렘 칼이군요."

진리의 용사 : "예, 이 칼을 손에 쥔 사람, 이 칼을 다룰 줄 아는

사람은 천사와도 대결을 펼칠 수 있을 겁니다. 칼 다루는 법만 잘 알면 두려워할 필요가 전혀 없지요. 이 칼은 절대로 날이 무뎌지지 않습니다. 살과 뼈, 영혼과 정신까지도 얼마든지 자를 수 있습니다(히브리서 4:12; 에베소서 6:12~17).

담대함 : "아주 오랫동안 싸웠는데도 전혀 지친 기색이 없군요."

진리의 용사 : "칼이 손에 붙어버릴 때까지 싸웠습니다. 칼과 손이 하나가 되어 마치 내 팔에서 칼이 나온 것처럼 느껴졌을 때, 손가락 사이로 피가 흐르는 걸 보자 엄청난 용기가 치솟았습니다."

담대함 : "정말 훌륭하십니다. 피를 흘리면서까지 죄와 싸우다니 말입니다. 우리와 함께 갑시다. 우리는 당신의 동료입니다."

그들은 그를 데려다가 상처를 씻겨주고 기운을 차릴만한 음식을 먹였다. 그리고는 다함께 길을 떠났다.

담대함 씨는 그와 함께 가게 되어 정말로 기뻤다(그는 실무에 적격인 사람을 아주 좋아했다). 일행들 가운데에는 심약하고 연약한 사람들도 있었으므로, 그는 진리의 용사에게 여러 가지 질문을 던졌다. 제일 먼저 물어본 것은 그가 어디 출신이냐는 것이었다.

진리의 용사 : "나는 암흑의 땅 출신입니다. 그곳에서 나고 자랐

으며, 부모님은 아직도 그곳에 계십니다."

안내자가 물었다. "암흑의 땅이라고요! 멸망의 도시와 같은 해변
에 있는 곳 아닙니까?"

진리의 용사 : "예, 맞습니다. 내가 순례의 길을 떠나게 된 이유
는 이렇습니다. 하루는 진담이라는 사람이 우리 마을에 왔는데,
크리스티안이 멸망의 도시를 떠난 이야기를 들려주었습니다. 그
가 아내와 자식들을 버리고 순례자의 삶을 택하게 된 것과, 길을
막아선 뱀을 죽인 것, 목표한 곳에 이르게 된 것을 확신에 가득
차서 이야기하더군요. 또 그는 주님의 쉼터들, 특히 거룩한 도시
의 문에서 크리스티안이 어떤 대접을 받았는지도 들려주었습니
다. 눈부신 이들이 나팔을 불며 그를 맞아들였다고 하더군요. 그
리고 그가 들어가자 거룩한 도시의 종들이 한꺼번에 울리면서
기쁨으로 맞아주었고, 그에게 황금 옷을 입혀주었다고 했습니
다. 그에게 들은 이야기를 다 하자면 끝도 없을 테니 이쯤에서
그만 하지요. 어쨌든 한 마디로, 크리스티안과 그의 순례에 관한
이야기를 들은 뒤부터 나는 그의 뒤를 따르고 싶은 마음이 굴뚝
같았습니다. 부모님도 날 막을 수는 없었지요. 그래서 이렇게 부
모님을 떠나 멀리까지 오게 된 것입니다."

담대함 : "물론 문을 통해 들어왔겠지요?"

진리의 용사 : "예, 그럼요. 그 문을 통해 이 길로 들어서지 않으면 아무 소용없다고 그분이 말해줬습니다."

안내자가 크리스티아나에게 말했다. "보십시오. 당신 남편의 순례에 관한 이야기가 방방곡곡에 울려 퍼지고 있군요."

진리의 용사 : "아니, 그럼 이분이 크리스티안의 아내입니까?"
담대함 : "예, 그렇습니다. 그리고 이 네 명은 그의 아들들입니다."
진리의 용사 : "오, 이분들도 순례 중입니까?"
담대함 : "예, 사실 크리스티안을 뒤따라가는 길입니다."
진리의 용사 : "그 말을 들으니 정말 기쁘군요. 아, 자신과 함께 가지 않으려 했던 가족들이 이렇게 자기 뒤를 따라 거룩한 도시의 문까지 온 걸 보면 얼마나 기뻐할까요?"
담대함 : "틀림없이 위로를 받을 것입니다. 그곳에서 자기 자신을 보는 것 다음으로 기쁜 일이 바로 처자식을 만나는 일이니까요."
진리의 용사 : "그런 말을 들으니 묻고 싶은 게 있습니다. 그곳에서 우리가 과연 서로를 알아볼 수 있을까 궁금해 하는 사람들이 많거든요."
담대함 : "그곳에 가면 자기 자신을 알아보지 못할 것 같습니

까? 더없는 행복을 누리고 있는 자기 자신을 보고 즐거워하지 않을 것 같습니까? 만일 자신을 알아보고 즐거워할 수 있다면, 다른 사람들을 알아보고 그들의 행복을 기뻐하지 못할 이유가 어디 있겠습니까? 가족은 말하자면 제2의 자아와도 같은 것입니다. 물론 그곳에 가면 가족관계가 다 사라지겠지만, 그래도 이성적으로 생각해볼 때, 그곳에 가족이 없다는 걸 깨닫는 것보다는 가족을 발견하는 게 더 기쁘지 않겠습니까?"

진리의 용사 : "예, 무슨 말인지 알겠습니다. 내가 순례자의 길에 들어선 것에 관해서 더 궁금한 것 있습니까?"

담대함 : "예, 당신 부모님은 기꺼이 아들의 순례를 찬성하셨습니까?"

진리의 용사 : "오, 아닙니다. 나를 집에 잡아두려고 별별 방법을 다 쓰셨습니다."

담대함 : "아니, 뭐라고 반대하셨습니까?"

진리의 용사 : "순례자의 삶은 아주 게으른 것이라고 하셨습니다. 게으르고 나태한 삶을 좋아하지 않는 사람은 결코 순례자의 삶을 참아내지 못할 거라고 하시더군요."

담대함 : "그리고 또 뭐라고 하셨습니까?"

진리의 용사 : "아, 순례자의 길은 아주 위험하다고 하셨습니다. 이 세상에서 가장 위험한 게 바로 순례자의 길이라고 하셨지요."

담대함 : "이 길의 어떤 곳이 그렇게 위험한지도 말씀해 주셨습

니까?”

진리의 용사 : “예, 아주 상세히 말씀해 주셨습니다.”

담대함 : “몇 가지만 알려주십시오.”

진리의 용사 : “크리스티안이 거의 질식해죽을 뻔했던 절망의 구렁텅이에 대해서 말씀하셨습니다. 바알세불의 성에서는 좁은 문을 두드리러 오는 이들을 쏴죽이기 위해 궁수들이 준비하고 있다고 하셨고요. 또 숲과 어두운 산과 어려움 언덕과 사자들에 관해서, 그리고 잔인함, 혹평, 선한 이들을 죽이는 거인, 이렇게 세 명의 거인들에 관해서도 말씀하셨습니다. 또 치욕의 골짜기에는 사악한 마귀들이 돌아다니는데, 크리스티안도 거기서 마귀를 만나 목숨을 잃을 뻔했다고 하셨습니다. 부모님은 또 이렇게 말씀하셨습니다. ‘게다가 죽음의 어둠 골짜기도 지나가야 한단다. 거긴 도깨비들이 살고, 빛이 전혀 없는데다가, 길 전체가 올무와 구덩이와 덫과 함정 투성이야.’ 그리고 의심의 성에 사는 절망 거인과 그에게 붙잡혀 죽은 순례자들 이야기도 들려주셨습니다. 또한 위험천만인 매혹의 땅도 지나야 하고, 마지막에는 다리가 없는 강이 거룩한 도시와 나를 가로막고 있는 걸 보게 될 거라고 하셨습니다.”

담대함 : “그게 전부입니까?”

진리의 용사 : “아닙니다. 이 길에는 사기꾼이 들끓고, 선한 사람들을 길 밖으로 쫓아내기 위해 기다리는 사람도 있다고 하셨

습니다.”

담대함 : “얼마나 상세히 설명해 주셨습니까?”

진리의 용사 : “속세의 현인이 사람들을 현혹시키기 위해 기다리고 있다고 하셨습니다. 기회주의자와 위선자도 늘 길에서 기다리고 있고, 사심이나 수다쟁이나 데마도 나를 홀리기 위해 다가올 거라고 하셨습니다. 또 아첨쟁이는 나를 그물로 옭아매려 할 것이고, 풋내기 무지는 나와 함께 문으로 가는 척하다가 결국은 지옥 샛길인 언덕 중턱의 구멍 속으로 데려갈 거라고 하셨습니다.”

담대함 : “그것만으로도 충분히 낙담했겠군요. 다른 말씀은 더 없으셨습니까?”

진리의 용사 : “그게 다가 아니었습니다. 너무도 많은 사람들의 입에 오르내리는 영광스런 뭔가를 찾기 위해 오래된 길로 들어섰던 사람들의 이야기를 들려주셨는데, 그들은 그 길을 한참 가다가 다시 돌아와서는 그 길로 들어섰던 자신의 어리석음을 한탄하였고, 그 모습을 본 온 동네사람들은 통쾌해했다고 하셨습니다. 완고함과 유약함, 의심과 겁쟁이, 변절자와 늙은 무신론자를 비롯한 수많은 사람들이 영광스런 것을 찾기 위해 멀리까지 갔다가 결국은 손톱만큼의 이득도 챙기지 못하고 되돌아왔다고 하시더군요.”

담대함 : “당신을 낙담시키려고 다른 말씀은 더 안하셨습니까?”

진리의 용사 : "웬걸요. 순례자였던 근심걱정 씨는 너무도 외롭게 길을 걸어서 한순간도 편안할 수 없었다고 하셨습니다. 또 의기소침 씨는 길을 걷다가 거의 굶어죽을 뻔했고, (아, 깜빡할 뻔했군요) 아주 떠들썩하게 소문나있는 크리스티안 역시 거룩한 면류관을 얻기 위해 온갖 모험을 무릅썼지만 결국은 암흑의 강에 빠져서 한 발짝도 못 떼고 질식해 죽었다고 하시더군요."

담대함 : "그런데도 전혀 낙심하지 않았습니까?"

진리의 용사 : "그럼요. 그런 말들도 전혀 소용없었습니다."

담대함 : "어떻게 그럴 수 있었습니까?"

진리의 용사 : "아, 진담 씨의 말을 계속해서 믿었으니까요. 다른 말들은 전혀 귀에 들어오지 않았습니다."

담대함 : "그렇다면 당신의 승리는 곧 믿음의 승리였군요."

진리의 용사 : "맞습니다. 믿음 때문에 집을 떠나 이 길로 들어섰고, 믿음 때문에 나를 방해하는 이들과 싸워 이겼으며, 믿음 때문에 여기까지 올 수 있었습니다."

진정한 용기를 보고 싶은 자는

여기로 오십시오.

여기 이 사람은 변함이 없으리니

바람이 불고 날씨가 나빠져도

절대로 낙심하지 않을 것이며

순례자가 되고자 했던
처음의 서원도
결코 수그러들지 않을 것입니다.

음침한 이야기들로
아무리 그를 에워싸도
오히려 그들만 당황하게 될 뿐
그는 더욱 담대해질 것입니다.
사자도 그를 겁주지 못하고
거인과 싸우는 일이 있더라도
그는 여전히 간직할 것입니다.
순례자가 될 수 있는 권리를.

도깨비도 사악한 마귀들도
그의 영혼은 위협할 수 없습니다.
그도 잘 알고 있습니다.
결국은 생명을 유산으로 받게 될 줄.
그러니 헛된 환상일랑 다 물러갈지어다.
그는 사람들의 말을 두려워하지 않으며
밤낮으로 노력을 아끼지 않을 것입니다.
순례자가 되기 위하여.

마침내 그들은 매혹의 땅에 이르렀다. 그곳 공기는 사람을 졸리게 했고, 여기저기 매혹의 정자가 놓여 있는 곳을 빼면 온통 가시덤불뿐이었다. 그 정자에 앉거나 잠이 들면 다시는 못 깨어난다는 소문도 있었다. 그래서 그들은 한 사람씩 차례로 그 숲을 지나갔다. 안내자인 담대함 씨가 앞장을 서고, 진리의 용사가 맨 뒤에서 호위하였다. 혹시라도 마귀나 용, 거인이나 도둑이 뒤쪽에서 공격을 하면 해를 입을까 두려웠기 때문이다. 모두들 손에 칼을 들고 걸었다. 이곳이 얼마나 위험한 곳인지를 잘 알고 있었기 때문이다. 그들은 서로를 진심으로 격려해 주었다. 담대함 씨가 심약함에게 자기 뒤에 바싹 붙어있으라고 지시했다. 그리고 의기소침 씨는 진리의 용사 바로 앞에서 걸었다.

조금 못가서 금세 자욱한 안개와 어둠이 깔렸다. 그들은 한참동안 서로를 알아보지도 못했다. 길을 보면서 걷는 게 아니라 서로의 말소리를 들으면서 느낌으로 걸어갈 수밖에 없었다.

그들 가운데 가장 멀쩡한 사람도 이곳을 통과하기가 어려웠다. 그러니 발도 느리고 마음도 약한 여자와 아이들은 얼마나 힘들었을까! 그래도 그들은 앞장선 사람과 뒤에서 호위해주는 사람의 격려에 힘입어 꽤 빨리 걸어갔다.

그 길은 진흙과 돌이 많아서 걷기가 아주 힘들었다. 또 이 땅에는 연약한 여행자들이 기운을 차릴만한 여인숙이나 음식점 같은 것이 하나도 없었다. 그들은 숨을 헐떡이기도 하고, 투덜대기도 하

고, 한숨을 쉬기도 했다. 어떤 이는 수풀에 걸려 넘어지고, 어떤 이
는 진흙 속에 빠지고, 또 몇몇 아이들은 늪에서 신발을 잃어버렸
다. 이쪽에서는 "잠깐만요, 나 넘어졌어요!"라고 외쳤고, 저쪽에서
는 "여보세요, 어디 계세요?"라고 외쳤으며, 또 저쪽에서는 "수풀
에 단단히 걸려서 빠져나갈 수가 없어요!"라고 외쳤다.

　마침내 그들은 어떤 정자에 도착했다. 그곳은 따뜻해서 순례자
들이 금세 기운을 차릴 수 있을 것 같았다. 지붕도 아주 정교하게
만들어졌고, 푸른 잎사귀들로 아름답게 장식되어 있었다. 긴 의자
와 등받이 의자도 잘 갖춰져 있었다. 게다가 지친 사람들이 기대어
쉴 수 있도록 푹신한 소파까지 놓여 있었다. 이 모든 것들이 너무
나도 유혹적이었다. 순례자들은 험난한 길을 헤치고 오느라 이미
녹초가 되어 있었기 때문이다. 하지만 잠깐이라도 거기 멈춰 설 생
각을 하는 사람은 아무도 없었다. 모두들 계속해서 안내자의 충고
를 주의 깊게 듣고 있었으며, 안내자는 위험이 닥칠 때마다 아주
성실하게 알려주었다. 그들은 위험이 다가올 때마다 최대한 정신
을 똑바로 차렸으며, 서로에게 육체를 부인하라고 충고해주었다.
사실 게으름의 친구라고 하는 이 정자는 여행에 지친 순례자들을
유인하기 위해 만들어진 것이었다.

　꿈속에서 보니, 그 고독한 땅을 통과한 그들 앞에 이번에는 길을
잃기 쉬운 곳이 나타났다. 해가 떠있는 동안에는 안내자가 잘못된
길로 들어서지 않도록 잘 일러주었지만, 날이 저물자 안내자도 제

자리에 멈춰서고 말았다. 하지만 그의 주머니에는 거룩한 도시를 오가는 모든 길들이 표시된 지도가 있었다. 그는 등불을 들고서(어디를 가든지 꼭 불쏘시개 통을 들고 다녔다) 지도책을 들여다보았다. 거기에는 조심해서 오른쪽 길로 꺾으라고 표시되어 있었다. 만약 지도에 있는 대로 조심하지 않으면 진흙구덩이에 빠져죽을 수도 있다고 되어 있었다. 그들 바로 앞에는 깨끗한 길이 갑자기 끊기면서 구덩이가 하나 파여 있었는데, 그 깊이를 아는 사람이 아무도 없었으며, 순례자들을 멸망시키기 위한 진흙만이 가득 채워져 있었다.

그것을 보고 나는 생각했다. "순례 길에 이런 지도를 갖고 다니면서, 어느 길로 갈지 몰라 헤맬 때마다 들여다볼 수 있는 사람이 얼마나 있을까?"

그들은 계속해서 매혹의 땅을 걸었다. 이번에는 큰길가에 정자가 하나 나타났다. 그 정자에는 경솔함과 무모함이 누워 자고 있었는데, 먼 순례 길에 지친 나머지 그만 잠이 들고 만 것이었다. 이들을 보고 걸음을 멈춘 순례자들은 잠들어 있는 이들이 너무도 불쌍해 고개를 가로저었다. 그들은 어떻게 해야 할지 의논했다. 잠자고 있는 그들을 내버려두고 그냥 지나칠 것인지, 그들에게 다가가서 깨워줘야 할 것인지 논의한 그들은 결국 가능하다면 한 번 깨워보기로 하였다. 하지만 절대로 그 정자에 앉거나 시설물을 이용하지 않도록 조심해야만 했다.

　정자로 다가간 그들은 두 사람을 불렀다(안내자가 그들의 이름을 알고 있는 것 같았다). 하지만 아무런 대답도 없었다. 안내자는 두 사람을 흔들어보기도 하고, 가능한 한 모든 방법을 동원해 깨워보려 했다. 그때 한 사람이 입을 열었다. "돈이 생기면 갚겠습니다." 그걸 본 안내자가 머리를 가로저었다. 그때 다른 한 사람이 말했다. "칼을 쥘 힘이 남아있는 한 끝까지 싸우겠다." 이 말을 듣고 아이들 중 하나가 웃음을 터뜨렸다.

　크리스티아나가 안내자에게 물었다. "이게 어떻게 된 일입니까?" 그러자 안내자가 대답했다. "잠꼬대를 하는 것입니다. 이 사람들을 치거나 때리면 이런 식으로 대답을 합니다. 옛날 어떤 사람이 폭풍우가 몰아치는데도 돛대 꼭대기에 누워서 잠을 자며, '술이 깨면, 또 한 잔 해야지'(잠언 23:34,35)라고 말했던 것처럼 말입니다. 알다시피 잠꼬대는 믿음이나 이성에 의해 나오는 말이 아니기 때문에 아무 의미도 없습니다. 그들의 말에는 모순이 있지요. 여기 누워서 하는 말과 순례를 하면서 하는 말에는 차이가 있는 법이니까요. 이건 아주 난처한 상황입니다. 경솔한 이들은 순례를 하다가 십중팔구 이런 상황에 처하게 됩니다. 이 매혹의 땅은 순례자들의 원수가 소유하고 있는 최후의 피난처들 가운데 하나입니다. 보다시피 이곳은 길이 거의 끝나가는 곳이고, 그래서 더욱 더 원수들에게 유리한 장소입니다. 원수들은 이런 생각을 하고 있을 겁니다. '이 바보들이 몹시 지쳤을 테니, 어디 앉아서 쉬고 싶은 마음이 굴뚝같겠지? 여행도 거의 끝나가니까 엄청 지친 상태겠지?' 분명히 말하지만, 매혹의 땅은 안식의 땅 바로 근처에 있고 순례자들의 목적지와도 아주 가깝습니다. 그러니 순례자들은 여기에서 잠이 들어 아무리 깨워도 못 일어나는 일이 생기지 않도록 조심해야 합니다."

그러자 순례자들이 벌벌 떨면서 얼른 지나가고 싶어 했다. 그들은 밝은 등불의 도움을 받아 남은 길을 갈 수 있도록 안내자에게 등불을 켜달라고 했다. 순례자가 등불을 켰다. 그들은 등불의 도움을 받아 짙은 어둠을 뚫고 나머지 길을 걸어 나갔다(베드로후서 1:19).

하지만 아이들은 금방 지쳐버렸다. 아이들은 순례자를 사랑하시는 분께 길을 좀 더 편히 가게 해달라고 부르짖었다. 조금 더 가자 바람이 불어오더니 안개를 몰아냈다. 공기도 한결 맑아졌다. 아직 매혹의 땅을 벗어난 것은 아니었지만, 그래도 이제는 서로의 얼굴이 잘 보였고, 앞으로 가야 할 길도 잘 보였다.

그들이 매혹의 땅을 막 벗어나려 하는데, 바로 앞에서 뭔가 근심에 가득 찬 진지한 목소리가 들렸다. 앞으로 가보니 한 남자가 보였다. 그는 무릎을 꿇고 손과 눈을 위로 향한 채, 저 위에 계신 분께 뭐라고 열심히 중얼거리고 있었다. 가까이 다가갔지만 무슨 말을 하는지 도통 알아들을 수가 없었다. 그들은 그가 말을 마칠 때까지 조용히 기다렸다. 말을 마친 그는 자리에서 일어나더니 거룩한 도시를 향해 달리기 시작했다.

담대함 씨가 그를 불러 세우고 물었다. "여보세요, 친구, 당신도 거룩한 도시로 가는 모양인데, 우리와 함께 갑시다."

그러자 그 남자가 멈춰 섰다. 그들은 그에게로 다가갔다. 그런데 정직 씨가 그를 보자마자 이렇게 말했다. "내가 아는 사람입니다." 진리의 용사가 그에게 물었다. "이 사람이 누군데요?" 그가 대답했다. "내 고향사람입니다. 꿋꿋함이라는 이름을 가진 아주 선한 순례자입니다."

서로 마주서게 되자, 꿋꿋함이 금방 노신사 정직을 알아보고 말했다. "아니, 거기 정직 어르신 아니십니까?"

그가 대답했다. "예, 정직입니다. 정말로 당신이 맞군요."

꿋꿋함 씨가 말했다. "이 길에서 선생님을 만나다니 정말 기쁩니다."

정직 씨가 말했다. "무릎을 꿇고 있는 당신을 보고 나도 무척 기뻤습니다."

그러자 꿋꿋함 씨가 얼굴을 붉히면서 이렇게 말했다. "아니, 그걸 보셨단 말씀입니까?"

정직이 말했다. "예, 그 모습을 보고 아주 흐뭇했습니다."

꿋꿋함이 물었다. "그래서 무슨 생각을 하셨습니까?"

노신사 정직이 말했다. "생각이라니! 무슨 생각을 해야 했단 말입니까? 그저 길에서 정직한 사람을 만났으니 함께 가야겠다고 생각했지요."

꿋꿋함이 말했다. "선생님 생각이 옳다면 얼마나 행복하겠습니까! 하지만 제가 그런 사람이 못된다면 혼자서 이겨내야만 하겠지요."

정직이 말했다. "맞습니다. 하지만 당신의 경외심을 보니, 순례자들의 왕자님과 당신 영혼 사이가 올바르다는 확신이 듭니다. 왕자님께서는 '늘 두려워하는 마음으로 사는 사람은 복을 받는다'고 하셨습니다."(잠언 28:14)

진리의 용사 : "그런데 형제여, 방금 전에 무릎을 꿇고 있었던 이유가 뭡니까? 뭔가 특별히 감사할 일이라도 있었습니까?"

꿋꿋함 : "보다시피 지금 우리는 매혹의 땅에 서 있습니다. 나는 이 길을 홀로 걸으면서, 이곳이 얼마나 위험한 곳이고 그동안 얼마나 많은 순례자들이 이 먼 곳까지 왔다가 걸음을 멈추고 멸망하였는가를 생각했습니다. 그리고 이곳에서 죽은 사람들이 어떤 식으로 죽었는지도 생각해봤습니다. 여기서 죽은 사람들은 지독한 병을 앓은 것도 아니고, 죽음 때문에 슬픔을 느낀 것도 아닙니다. 잠에 곯아떨어진 사이, 소망과 즐거움을 안고 여행을 떠났기 때문입니다."

그러자 정직 씨가 그의 말을 가로막으며 물었다. "아까 정자에서 자고 있는 사람들 봤습니까?"

꿋꿋함 : "예, 경솔함과 무모함이 자고 있더군요. 그 둘은 몸이 썩도록 거기 누워있을 겁니다(잠언 10:7). 그럼 아까 하던 얘기로 돌아가지요. 한참동안 그런 생각을 하면서 걷고 있는데, 웬 나이 많은 여자가 아주 잘 차려입고 와서는 자신의 몸과 돈주머니와 침대를 주겠다고 하더군요. 솔직히 나는 몹시 지친데다 졸리기까지 했고, 올빼미새끼 만큼이나 가난했습니다. 아마 마녀도 그 사실을 잘 알았을 겁니다. 하지만 나는 그 여자의 제안을 거절했습니다. 한두 번 거절했는데도 못 알아들은 척 그냥 웃기에 화를 냈습니다. 그래도 전혀 소용이 없었지요. 그 여자가 다시 몇 가지 제안을 하면서, 자기 말만 잘 들으면 위대하고 행복한 사람으로 만들어주겠다고 하더군요. 그러면서 이렇게 말했습니다. '나는 이 세상의 여주인으로서, 남자들을 행복하게 만들어주지요.' 그래서 이름이 뭐냐고 물었더니, 자기 이름은 거품 마님이라고 하더군요. 이름을 들은 뒤에는 그 여자를 더 멀리했지만, 계속 나를 따라오면서 유혹했습니다. 그래서 아까 여러분이 본 것처럼 무릎을 꿇고 손을 들어 올린 채로, 도와주시마고 약속하신 그분께 부르짖었습니다. 여자는 여러분이 오기 직전에 떠났습니다. 나는 그토록 크신 구원을 베풀어주신 은혜에 감사기도를 드렸습니다. 그 여자는 좋은 의도가 털끝만큼도 없고, 그저 나의 순례를 중단시키려는 속셈으로 꽉차있었으니까요."

정직 : "틀림없이 나쁜 속셈이 있었을 겁니다. 그런데 듣고 보니

나도 언제 그 여자를 본 것 같은 생각이 듭니다. 이야기를 읽은 것 같기도 하고."

꿋꿋함 : "아마 두 쪽 모두일 겁니다."

정직 : "아, 거품 마님! 키 크고, 아름다운 얼굴에, 까무잡잡한 여자 아닙니까?"

꿋꿋함 : "맞습니다. 아주 정확해요. 딱 그렇게 생겼습니다."

정직 : "말도 아주 유창하게 하고, 말끝마다 미소를 흘렸지요?"

꿋꿋함 : "예, 정말입니다. 그 여자 행동이 딱 그랬습니다."

정직 : "옆구리에 커다란 돈주머니를 차고 있었지요? 종종 거기에 손을 집어넣고 기쁜 듯이 만지작거렸지요?"

꿋꿋함 : "예, 맞습니다. 그 여자가 바로 앞에 있다고 해도 그렇게 정확히 묘사하긴 힘들 것 같은데요."

정직 : "그렇다면 그녀의 초상화를 그린 사람이 아주 유능한 화가였나 봅니다. 그 여자의 이야기를 기록한 사람도 진실을 이야기했고요."

담대함 : "그 여자는 마녀입니다. 이 지역은 그녀의 마법에 걸려 있습니다. 그녀의 무릎을 베고 눕는 사람은 도끼날이 달린 단두대 아래 눕는 것이나 마찬가지입니다. 그리고 그녀의 미모에 한눈을 파는 사람은 누구든지 하나님의 원수로 여겨질 것입니다. 순례자들의 원수들을 계속해서 치장해주는 자도 바로 그 여자입니다(야고보서 4:4). 예, 수많은 순례자들을 중간에서 다른 길로 빠

뜨린 자도 바로 그 여자지요. 그 여자는 수다쟁이입니다. 늘 딸과 함께 순례자들 뒤를 바싹 따라다니면서, 이 세상의 삶이 가장 멋지다고 칭찬하지요. 또 그 여자는 아주 무례하고 뻔뻔한 말괄량이라서 아무 남자에게나 말을 겁니다. 늘 가난한 순례자들을 깔보고 비웃으면서 부자들에게는 칭찬을 늘어놓습니다. 만일 속임수로 돈을 번 자가 있다면 집집마다 돌아다니면서 그자를 칭찬할 겁니다. 또 그녀는 축제나 잔치를 아주 좋아해서 그런 자리에는 절대로 빠지지 않습니다. 어떤 곳에서는 그 여자를 여신으로 숭배하기도 합니다. 그녀는 사기 칠 장소를 공들여 마련합니다. 자기가 어느 누구보다도 선하다고 큰소리를 치면서, 자기를 사랑하고 따르기만 하면 자자손손 잘살 거라고 약속합니다. 특정 장소에서나 특정 사람들에게는 돈을 펑펑 쓰기도 하고, 남에게 존경과 칭찬을 받기를 좋아하는 데다가, 남자들 품에 안기는 것도 즐기지요. 줄기차게 자기 물건을 자랑하는가 하면, 자기를 우러러보는 이들을 사랑합니다. 자신의 충고를 따르기만 하면 면류관과 왕국을 주겠다고 약속해놓고는, 많은 사람들을 교수대로 보내고, 그보다 훨씬 더 많은 사람들을 지옥으로 보내지요."

그러자 꿋꿋함이 말했다. "오, 그 여자를 안 따라간 게 정말로 크신 은총이었군요. 그나저나 나를 어디로 데려가려 했을까요?"

담대함 : "어디로요? 그건 하나님만 아실 겁니다. 하지만 보통 때 같으면 당신을 온갖 어리석고 해로운 정욕에 떨어뜨려 멸망과 파멸로 몰고 갔을 게 틀림없습니다(디모데전서 6:9). 그 여자는 압살롬을 부추겨 아버지를 거역하게 만들었고, 여로보암이 왕께 반기를 들도록 만들기도 했습니다. 또 유다를 꾀어 주님을 팔아 넘기게 했고, 데마를 부추겨 거룩한 순례자의 삶을 버리도록 만들었습니다. 그 여자의 악행은 이루 말할 수 없을 정도로 많습니다. 통치자와 신하, 부모와 자녀, 이웃과 이웃, 남편과 아내, 인간과 자아, 정신과 육체 사이에 불화를 일으키는 것도 바로 그 여자입니다. 그러니 꿋꿋함 씨, 당신의 이름처럼 무슨 일이 닥치더라도 꿋꿋하게 견디길 바랍니다."

이 대화를 듣고 있던 순례자들의 마음에 기쁨과 두려움이 엇갈렸다. 하지만 그들은 금세 다음과 같은 노래를 부를 수 있었다.

순례자의 길은 얼마나 위험한가!
그를 노리는 원수들이 얼마나 많은가!
죄에 빠지는 길이 얼마나 많은지
곧 죽을 존재들은 알지 못한다네.
도랑에 빠진 자는 수치스러워하면서도
늪 가운데 드러누워 뒹굴고,

여우를 피하기 위해 도망친 자는
호랑이굴로 들어간다네.

그 뒤 나는 그들이 안식의 땅으로 들어가는 것을 보았다. 그곳은 밤낮 햇살이 눈부시게 빛났다. 많이 지친 그들은 잠시 쉬어가기로 했다. 이곳은 순례자들이 공동으로 사용하는 곳이었고, 과수원과 포도밭도 거룩한 도시의 왕께 속한 것이었으므로, 마음껏 과일을 따먹을 수 있었다. 잠시 쉬면서 기운을 차린 그들의 귀에 종소리가 들려왔다. 아름다운 나팔소리도 계속해서 들렸다. 도저히 잘 수가 없었지만, 그래도 마치 숙면을 취한 것처럼 개운한 기분이었다. 거리를 걸어 다니는 사람들이 시끄럽게 외쳐댔다. 이쪽에서 "더 많은 순례자들이 이 마을로 왔습니다!"하고 외치면, 저쪽에서 "오늘 아주 많은 순례자들이 물을 건너 황금 문으로 들어갔습니다!"하고 외쳤다. 또 이런 외침소리도 들렸다. "지금 막 눈부신 이들이 마을로 들어왔습니다. 그러니까 아직도 순례자들이 많이 오고 있는 것입니다. 눈부신 이들이 여기 오는 것은 순례자들을 기다리고 있다가 그들의 온갖 슬픔을 위로해주기 위해서입니다." 그 소리에 순례자들이 일어나 서성거렸다. 그들의 귀에는 하늘의 소리가 가득 차고, 그들의 눈에는 거룩한 환상이 비쳤다. 이 땅에서는 그들의 몸과 마음에 거슬리는 소리나 광경이 없었고, 그런 느낌이나 냄새, 맛도 전혀 없었다. 그들이 건너야 할 강물의 맛을 보니 약간 씁쓸

했다. 하지만 목으로 넘어가면서 금방 달콤해졌다.

이곳엔 옛 순례자들의 이름과 온갖 유명한 일화들이 기록되어 있었다. 또 어떤 사람이 건널 땐 밀물이 들고 어떤 사람이 건널 땐 썰물이 되었다는 이야기도 무성했다. 그러니까 어떤 사람이 건널 땐 강물이 말라버리고, 어떤 사람이 건널 땐 강둑까지 철철 넘친다는 것이었다.

이 마을 아이들은 왕의 정원에서 순례자들을 위한 화환을 만들어 사랑이 가득 담긴 손으로 걸어주곤 했다. 또 이 마을엔 장뇌와 감송, 사프란과 창포, 계피와 유향, 몰약과 침향, 그리고 온갖 향신료들이 자라고 있었다. 순례자들이 이 마을에 머무는 동안 그들 방에는 이것들을 놓아두었고, 그들이 강을 건너기로 한 시간이 되면 몸에 이것들을 발라 강 건널 준비를 시켜주었다.

크리스티아나 일행도 이 마을에서 적당한 때가 오기를 기다렸다. 어느 날 거룩한 도시의 전령이 순례자 크리스티안의 아내 크리스티아나에게 아주 중요한 소식을 갖고 왔다는 소리가 떠들썩하게 들렸다. 전령은 그녀가 묵고 있는 집을 금방 찾아낸 다음 편지 한 통을 전해주었다. 거기엔 이런 말이 적혀있었다. "반갑습니다. 주님께서 당신을 부르신다는 소식을 갖고 왔습니다. 당신은 열흘 안에 불멸의 옷을 입고 그분 앞으로 나아가야 합니다."

그는 이 편지를 읽어준 다음, 자신이 진짜 전령임을 보여주는 증거물을 건네고 어서 떠날 채비를 하라고 했다. 그 증거물은 사랑으로 인해 끝이 뾰족해진 화살이었다. 이것은 그녀의 가슴에 금세 꽂혀서 시간이 지날수록 효과를 발휘해, 정해진 시간에 떠날 수 있도록 만들어주는 것이었다.

크리스티아나는 이제 시간이 얼마 안 남았으며 일행 중에 자기가 맨 먼저 강을 건너게 된 것을 알고 안내자 담대함 씨를 불러 얘기했다. 그는 소식을 듣고 무척 기뻐하면서 자기에게도 전령이 와주면 좋겠다고 했다. 그녀는 여행에 필요한 게 뭔지 전부 알려달라고 부탁했다. 그는 이것저것 당부를 한 다음, 이렇게 말했다. "살아남은 우리가 당신을 강기슭까지 배웅하겠습니다."

그 뒤 그녀는 아이들을 불러 축복해 주었다. 그리고는 아이들 이마에 찍힌 표시를 보니 안심이 되고, 아이들이 그곳까지 함께 온데다 옷도 새하얀 걸 보니 기쁘다고 했다. 마지막으로 그녀는 가진 게 비록 적기는 하지만 모두 가난한 사람들에게 나눠주고, 아들과 며느리들에게 전령이 부르러 올 때까지 잘 준비하고 있으라고 당부했다.

안내자와 자녀들에게 할 말을 마친 그녀는 진리의 용사 씨를 불러 이렇게 말했다. "선생님은 언제 어디서나 진실한 분임을 증명하셨습니다. 앞으로도 죽도록 충성하십시오. 그러면 왕께서 생명의 면류관을 씌워주실 겁니다(요한계시록 2:10). 그리고 부디 제 아들들을 잘 보살펴 주십시오. 약해지는 것 같을 때마다 충고해 주십시오. 며느리들은 성실하니까 끝까지 약속을 잘 지킬 겁니다." 그런 다음 꿋꿋함 씨를 불러 반지를 주었다.

다음으로 그녀는 노신사 정직 씨에 관해 말했다. "보십시오. 저 사람이야말로 진정한 이스라엘 사람입니다. 그에게는 거짓이 없습니다."(요한복음 1:47)

그가 말했다. "당신이 시온산으로 떠나실 때 날씨가 화창해서 발을 적시지 않고 강을 건너갈 수 있으면 좋겠습니다."

그러자 그녀가 대답했다. "젖든 안 젖든 꼭 가고 싶습니다. 가다가 날씨가 좋아지면 언제라도 앉아 쉬면서 몸을 말릴 수 있을 테니까요."

그때 섣부른 중지 씨가 그녀를 보러왔다. 그녀가 그에게 말했다. "여기까지 오는 동안 어려움이 참 많았지요. 하지만 그렇기 때문에 당신의 휴식은 더욱 더 달콤할 겁니다. 예기치 못한 때 전령이 올 수 있으니 깨어서 준비하십시오."

그 뒤로 의기소침 씨와 그 딸 극심한 두려움이 왔다. 그녀가 그들에게 말했다. "의심의 성, 절망 거인의 손에서 건져주신 것을 늘 감사한 마음으로 기억하십시오. 여러분이 이곳까지 안전하게 올 수 있었던 것은 모두 은총 때문입니다. 늘 조심하고 두려움을 버리십시오. 절제하면서 끝까지 희망을 가지십시오."

그런 다음 심약함 씨에게 말했다. "선한 이들을 죽이는 거인의 입에서 구원받아, 이렇게 생명의 빛 가운데 영원히 살면서 왕의 얼굴을 편히 보게 되었으니, 주님께서 부르러 오시기 전에, 쉽사리 두려움에 빠지고 그분의 선하심을 의심하던 죄를 회개하십시오. 그래야 그분께서 오시는 날 그분 앞에서 당신의 죄 때문에 얼굴 붉히는 일이 안 생길 겁니다.”

이윽고 크리스티아나가 떠나야 할 날이 되었다. 그녀가 여행을 떠나는 모습을 보려는 사람들로 거리가 북적거렸다. 강 건너편 둑에는 그녀를 거룩한 도시의 문으로 인도할 말과 마차들이 즐비하게 서 있었다. 그녀는 강기슭까지 배웅 나온 무리들에게 작별인사를 건네면서 강으로 걸어 들어갔다. 그녀가 마지막 남긴 말은 바로 이것이었다. “주여, 주님과 살기 위해, 주님을 경배하기 위해, 제가 갑니다!”

강둑에서 크리스티아나를 기다리고 있던 이들이 그녀를 데리고 사라진 뒤, 그녀의 자녀와 친구들은 마을로 돌아갔다. 그녀는 예전에 남편 크리스티안이 그랬던 것처럼, 온갖 기쁨의 예식과 함께 거룩한 문 안으로 들어갔다. 그녀가 떠나고 나자 자녀들이 눈물을 흘렸다. 하지만 담대함 씨와 진리의 용사 씨는 기쁨에 겨워 잘 조율된 하프와 심벌즈를 연주했다. 그런 다음 모두들 자기 거처로 돌아갔다.

시간이 흐른 뒤 또다시 전령이 찾아왔다. 이번에는 섣부른 중지 씨를 찾아내어 이렇게 전했다. "지팡이까지 짚어가며 당신이 사랑하고 따랐던 분의 이름으로 이렇게 찾아왔습니다. 당신께 전할 메시지는, 부활절 다음날 궁전에서 함께 만찬을 드시려고 그분께서 당신을 기다리고 계신다는 것입니다. 그러니 어서 떠날 채비를 하십시오." 그런 다음 자신이 진짜 전령이라는 증거물로 이 말씀을 읊었다. "은사슬이 끊어지고, 금 그릇이 부서졌다."(전도서 12:6)

이 일이 있은 뒤, 섣부른 중지 씨는 동료들을 불러놓고 이렇게 말했다. "나는 부르심을 받았습니다. 하나님께서는 분명 여러분께도 찾아오실 겁니다." 진리의 용사 씨가 그에게 유언을 남기라고 했다. 하지만 살아남은 이들에게 그가 물려줄 거라곤 지팡이와 선한 의지밖에 없었다. 그래서 그가 말했다. "내 발걸음을 따르게 될 아들에게 이 지팡이를 물려주겠습니다. 나보다 더 순례를 잘 이겨내도록 백 가지의 따스한 소원을 담아서 말입니다."

또 담대함 씨에게 그동안의 친절과 보호에 감사를 전한 다음, 그는 여행길에 올랐다. 강기슭에 도착한 그가 이렇게 말했다. "저기 내가 탈 마차와 말이 기다리고 있으니, 더 이상 이 지팡이는 필요 없겠군요." 그가 마지막으로 남긴 말은 이랬다. "생명이여, 환영합니다!" 이윽고 그는 떠났다.

그 일이 있은 뒤, 이번에는 전령이 심약함 씨의 방문 앞에서 나팔을 불었다. 그리고는 안으로 들어와 이렇게 말했다. "주님께서 당신을 필요로 하시니 곧 빛 가운데서 그분을 뵈어야 한다는 말씀을 전하러 왔습니다. 이 전갈이 진짜라는 증거는 이것입니다. '창밖을 내다보는 이들이 침침해질 것이다.'"(전도서 12:3) 심약함 씨는 친구들을 불러 이 소식을 알리고 그것이 진짜라는 증거물도 받았다고 했다. 그런 다음 이렇게 말했다. "나는 물려줄 게 아무 것도 없으니 유언을 할 필요가 뭐 있겠습니까? 한 가지 두고 갈 게 있다면 바로 이 심약함입니다. 내가 갈 곳에서는 이런 게 전혀 필요 없을 테니까요. 이 심약함은 가장 가난한 순례자에게도 필요가 없을 겁니다. 그러니 진리의 용사 씨, 내가 가고 나면 부디 이것을 거름 속에 묻어주십시오." 이윽고 그가 떠나야 할 날이 되었다. 다른 사람들처럼 그도 강 속으로 들어갔다. 그가 마지막으로 남긴 말은 이것이었다. "믿음과 끈기를 잃지 마십시오!" 그런 다음 그는 강을 건넜다.

여러 날이 지난 다음에야 비로소 전령이 의기소침 씨를 찾아왔다. 그리고는 이런 메시지를 전달했다. "떨고 있는 자여, 다가오는 주님의 날에 왕 앞에서 온갖 의심을 떨쳐버리고 기뻐 소리칠 준비를 하라는 말씀을 전하기 위해 왔습니다." 그런 다음 "내 전갈이 진짜라는 증거물은 이것입니다"라고 말하면서, 메뚜기 한 마리를 주었다(전도서 12:5).

의기소침 씨의 딸 극심한 두려움이 이 소식을 듣고 와서는 자기도 아버지와 함께 가겠노라고 했다. 그러자 의기소침 씨가 친구들에게 말했다. "잘 알다시피 나와 내 딸은 여러분 모두를 아주 귀찮게 했습니다. 나와 내 딸의 유언은 이것입니다. 우리가 떠나고 나면 영원히 그 누구도 이런 의기소침과 비천한 두려움을 물려받지 못하도록 해주십시오. 내가 죽으면 이것들이 분명 다른 사람들에게로 옮겨가려 할 겁니다. 쉽게 말해 이것들은 유령입니다. 우리가 처음 순례자가 된 날 이것들을 맞아들였는데, 그 뒤로는 절대로 떼어낼 수가 없었습니다. 이번에도 분명히 거리를 오가며 순례자들에게 자길 맞아달라고 간청할 겁니다. 그러니 우릴 생각해서라도 절대로 문을 열어주지 마십시오." 떠날 시간이 되자 그들이 강기슭으로 나갔다. 의기소침 씨의 마지막 말은 이랬다. "잘 가라, 밤이여! 어서 와라, 낮이여!" 그의 딸도 노래를 부르며 강을 건넜는데, 뭐라고 노래하는지는 잘 들리지 않았다.

그로부터 한참 뒤에 전령이 마을에 와 정직 씨를 찾았다. 그의 집으로 간 전령은 다음과 같은 편지를 건네주었다. "오늘부터 일곱 밤 이내로 아버지 집에서 주님을 만나 뵐 준비를 하라는 명령을 가져왔습니다. 내 전갈이 진짜라는 증거물은 이것입니다. '음악하는 여자들은 다 쇠하여질 것이다.'"(전도서 12:4) 정직이 친구들을 불러놓고 말했다. "나는 죽지만, 유언은 하지 않겠습니다. 내 정직함은 나와 함께 갈 것입니다. 나중에 오는 자에게도 그렇게 전해 주십시오." 떠날 날이 되자 그는 강으로 나갔다. 그런데 강둑까지 물이 불어나 있었다. 하지만 정직 씨는 생전의 약속대로 그곳에서 선한 양심을 만나게 되었다. 선한 양심이 그의 손을 잡고 강을 건널 수 있도록 도와주었다. 정직 씨의 마지막 말은 이것이었다. "은총이 통치하신다!" 그렇게 그는 세상을 떠났다.

이 일이 있은 뒤, 진리의 용사 씨가 전령으로부터 전갈을 받았고 그 전갈이 진짜라는 증거물로 '샘에서 물 뜨는 물동이가 깨진다'(전도서 12:6)는 말씀을 받았다는 소문이 파다하게 퍼졌다. 그 소문의 뜻을 알아챈 그가 친구들을 불러놓고 말했다. "이제 나는 아버지 집으로 갈 겁니다. 여기까지 오느라 수많은 어려움을 겪었지만, 결국 이곳에 도착했으니 조금도 후회하지 않습니다. 내 칼은 나의 순례를 뒤따르는 자에게 주고, 내 용기와 기술은 그걸 받을만한 자에게 줄 것입니다. 내 상처와 흉터는 그대로 갖고 가서, 내게 보답해 주실 분을 위해 내가 얼마나 열심히 싸웠는지를 증명하겠습니다." 그가 떠날 날이 되자 수많은 사람들이 강기슭으로 나왔다. 그는 강으로 들어가면서, "죽음아, 너의 독침이 어디에 있느냐?"라고 말하고, 좀 더 깊은 곳으로 들어가서는, "죽음아, 너의 승리가 어디에 있느냐?"고 말했다(고린도전서 15:55). 그가 강을 건너자, 건너편에서 그를 위한 나팔소리가 우렁차게 들려왔다.

그 뒤로 꿋꿋함 씨도 전갈을 받았다. 이 꿋꿋함 씨는 매혹의 땅에서 무릎을 꿇고 있다가 다른 순례자들에게 발견된 사람이었다. 전령이 편지를 펴서 손에 들고 있었다. 그 내용은 주님께서 더 이상 그와 멀리 있고 싶지 않다고 하시니 어서 삶의 변화를 준비하라

는 것이었다. 이 편지를 읽은 꿋꿋함 씨는 깊은 생각에 잠겼다. 그
러자 전령이 이렇게 말했다. "그렇게 내 전갈이 진짜인지 의심하
지 않아도 됩니다. '바퀴가 우물 위에서 깨진다'(전도서 12:6)는 말씀
이 그 증거물이니까요."

그러자 그가 안내자였던 담대함 씨를 불러 이렇게 말했다. "선생
님, 순례를 하는 동안 선생님과 함께 한 시간은 그리 길지 않았지
만 얻은 게 참 많습니다. 그런데 나는 아내와 어린 자식들을 다섯
이나 집에 남겨두고 순례를 떠나왔습니다. 그러니 돌아가시거든
(선생님은 또다시 거룩한 순례자들을 인도하기 위해 주인님의 집
으로 되돌아가실 거라는 사실을 잘 압니다) 꼭 내 가족에게 사람을
보내서 그동안 나에게 일어난 일들을 모두 전해주겠노라고 약속해
주십시오. 내가 여기 안전하게 도착했고, 이곳에서 얼마나 행복한
삶을 살았는지, 내 가족에게 꼭 알려주십시오. 또한 크리스티안과
그 아내 크리스티아나에 관한 이야기도 들려주십시오. 그녀가 아
이들을 데리고 어떻게 남편을 뒤따라왔는지, 여기서 얼마나 행복
한 노후를 보냈는지, 그리고 어디로 갔는지도 말입니다. 내 가족을
위해 남길 거라곤 기도와 눈물밖에 없습니다. 하지만 그 이야기를
모두 들려주면 아마도 잘 알아들을 겁니다."

꿋꿋함 씨는 이 말을 마친 다음 서둘러 강으로 내려갔다. 강물은
너무나도 잠잠했다. 강을 반쯤 건너가던 꿋꿋함 씨가 잠시 멈춰 서
더니 친구들을 향해 이렇게 말했다. "이 강은 수많은 사람들에게

공포의 대상이었습니다. 예, 나도 가끔은 두려운 생각이 들었습니다. 하지만 지금 나는 이렇게 편안한 마음으로 서 있습니다. 내 발은 그 옛날 이스라엘이 이 요단강을 건널 때 언약궤를 맨 제사장들의 발이 딛었던 바로 그곳을 밟고 서 있습니다(여호수아 3:17). 이 강물은 사실 차갑고 쓰지만, 건너편에서 나를 기다리고 있는 호위군을 생각하면 마음이 뜨거워집니다.”

“이제 내 여정은 끝났습니다. 고된 시절은 다 지나갔습니다. 이제는 나를 위해 가시면류관을 쓰시고 얼굴에 침을 맞으신 주님을 뵈러 갑니다. 예전에는 풍문과 신앙으로 살았지만, 이제는 그곳에 가서 직접 뵙고 그분과 함께 기쁨을 누리며 살 것입니다. 나는 주님의 말씀을 듣기 좋아했고, 주님께서 이 땅에 남기신 발자국을 따라 어디든지 가려 했습니다. 주님의 이름은 내게 영묘향과도 같아서, 그 어떤 향기보다도 황홀합니다. 주님의 음성은 너무나도 감미로워서, 간절히 햇빛을 바라던 때보다도 더 간절히 그분을 보고 싶어졌습니다. 나는 주님의 말씀을 양식 삼아 먹었고, 마음이 약해질 때도 말씀을 먹고 기운을 차렸습니다. 주님께서 나를 붙들어주시고, 내 죄악에서 건지셨습니다. 예, 그분의 길을 걸을 때 내 발걸음은 담대했습니다.”

그렇게 이야기하고 있는 동안 그의 용모가 변하기 시작했다. 그는 “제가 주님께 갑니다. 저를 받아주옵소서”하고 말한 다음 사라졌다.

　나는 영광스럽게도 말과 마차, 나팔수와 피리 부는 사람들, 노래하는 사람과 현악기를 연주하는 사람들이 빼곡히 서서 아름다운 도시의 문으로 줄지어 올라가는 순례자들을 환영하는 모습을 직접 볼 수 있었다.

　크리스티아나가 데리고 온 크리스티안의 네 아들들은 내가 떠나올 때까지도 그곳에서 처자식과 함께 지냈다. 돌아온 이후에도 나는 그들이 여전히 살아 있으며 그곳에 한참을 머물면서 교회를 확장하고 있다는 소식을 들을 수 있었다.

　만일 그곳에 다시 갈 기회가 생긴다면, 내가 여기에서 다하지 못한 이야기들을 좀 더 듣고 싶어 하는 이들에게 이야기해 줘야겠다. 독자들이여, 잠시 안녕.